DE

L'ÉTAT DES TERRES

ET DES PERSONNES

DANS LA PAROISSE D'AMBLAINVILLE

(VEXIN FRANÇAIS)

DU XIIe AU XVe SIÈCLE

PAR

A<small>YMAR</small> DE MANNEVILLE.

BEAUVAIS

IMPRIMERIE D. PERE, RUE SAINT-JEAN. — A. CARTIER, GÉRANT.

1890.

DE

L'ÉTAT DES TERRES

ET DES PERSONNES

DANS LA PAROISSE D'AMBLAINVILLE.

DE

L'ÉTAT DES TERRES

ET DES PERSONNES

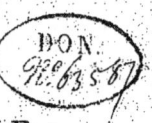

DANS LA PAROISSE D'AMBLAINVILLE

(VEXIN FRANÇAIS)

DU XIIe AU XVe SIÈCLE

PAR

A<small>YMAR</small> DE MANNEVILLE.

BEAUVAIS

Imprimerie D. PERE, rue Saint-Jean.

1890.

AVANT-PROPOS.

Nous recherchions des documents sur le passé d'Amblainville, quand nous eûmes la bonne fortune de rencontrer le travail qui va être présenté au public.

Il est de ceux qui appellent l'attention ; c'est le fruit d'un grand labeur et l'œuvre d'un esprit droit, savant, réfléchi. C'est, en outre, la première étude de ce genre que nous connaissions sur notre département. Elle a d'autant plus de valeur à nos yeux, qu'elle nous apporte le texte de plusieurs centaines de pièces intéressant l'histoire du Vexin.

Par leur publication, ces pièces, qui font, en majorité, partie des Archives nationales, viennent, pour ainsi dire, reprendre leur place dans le trésor de nos archives de province. Nous pensons qu'on ne saurait trop multiplier ces transferts intelligents ; car, si, ce qu'à Dieu ne plaise, un malheur arrivait un jour au grand dépôt des Archives, des travaux du genre de celui-ci seraient un bienfait consolateur pour l'histoire et pour la science.

L'auteur, Charles-André-Aymar de Manneville, né à Soissons le 24 juin 1851, appartenait à notre département par sa famille paternelle, établie depuis la fin du siècle dernier au château du Fay, commune d'Amblainville, et à La Villeneuve-le-Roy. Il fit ses études au lycée de Reims, et, en sortant de cet établissement, il entra à l'École nationale des Chartes pour obtenir le brevet d'archiviste-paléographe, qui lui fut décerné en janvier 1876. Entre temps, il avait été attaché par M. Magne au service des Archives centrales du ministère des Finances, pour seconder M. de Boislisle, son cousin, dans le classement et la publication des Papiers du Contrôle général des finances conservés aux Archives nationales. Mais, atteint d'un mal cruel et irrémédiable presque au lendemain de sa soutenance de thèse d'archiviste, il succomba le 15 mars 1876, à Paris, et fut enterré cinq jours plus tard à La Villeneuve-le-Roy, dont la propriété lui était échue par la mort prématurée de son père.

AVANT-PROPOS.

Pour sujet de la thèse qu'il devait soutenir à sa sortie de l'École, M. de Manneville avait choisi la commune d'Amblainville, contiguë à celle de La Villeneuve-le-Roy, et sur laquelle le riche dépôt des Archives nationales, où il travaillait à côté de M. de Boislisle, lui offrait une très grande quantité de documents anciens; et ce sujet, il s'était attaché à le traiter d'après les données établies par M. Léopold Delisle dans son étude si connue sur l'état des classes agricoles en Normandie au moyen âge.

« Ses examinateurs », lisons-nous dans la *Bibliothèque de l'École des Chartes* (1876, p. 134), « accueillirent cette étude avec les éloges les plus flatteurs. En effet, sans sortir de son sujet, M. de Manneville était parvenu à constituer un cartulaire de quatre ou cinq cents pièces, et il y avait joint une introduction très sobre, mais propre cependant à faire ressortir l'utilité que présentaient ces documents d'histoire locale aux points de vue les plus divers : agriculture, droit féodal, droit ecclésiastique, statistique, histoire des familles, histoire des classes, état des personnes, formation des noms patronymiques ou des noms de lieux, etc. Le jugement porté sur cette thèse nous autorise à considérer la mort prématurée de notre nouveau confrère comme une perte regrettable pour les études auxquelles l'enseignement de l'École l'avait si bien préparé. »

Il est probable que M. de Manneville avait espéré nous faire profiter de son travail, et qu'il comptait en proposer la publication à la Société Académique de l'Oise. C'est seulement au bout de douze ans que son vœu se trouvera exaucé. La famille de notre jeune et regretté compatriote s'est prêtée avec empressement à cette œuvre pieuse. De notre côté, nous avons cru qu'il convenait de laisser au travail de M. de Manneville toute son intégrité primitive, sans y faire aucune retouche, en soumettant seulement la Notice, et surtout les Pièces justificatives, à une collation attentive, pour laquelle M. de Boislisle a bien voulu nous assurer son précieux concours. Nous l'en remercions d'autant plus vivement que personne aussi bien que lui ne pouvait surveiller avec fruit un travail de ce genre.

BARRET,
Curé d'Amblainville.

DE

L'ÉTAT DES TERRES ET DES PERSONNES

DANS LA PAROISSE D'AMBLAINVILLE

(Vexin français)

DU XII° AU XV° SIÈCLE.

Les fonds ecclésiastiques, aux Archives nationales, renferment un assez grand nombre de titres relatifs à la paroisse d'Amblainville (1). En réunissant ces documents aux pièces que m'ont fournies les Archives départementales de l'Oise et de Seine-et-Oise, et la collection du Vexin, à la Bibliothèque nationale, j'en ai fait une série qui commence au XII° siècle, devient très complète au XIII°, et se continue ainsi jusqu'à la fin du XV° siècle.

La partie du Vexin français à laquelle se rapportent ces pièces a été peu étudiée, malgré son voisinage de Paris : j'ai pensé qu'elle pouvait faire l'objet d'un travail dont le modèle m'était fourni par les Prolégomènes du cartulaire de Saint-Père de Chartres, et surtout par l'ouvrage de M. Léopold Delisle sur *la Condition de la classe agricole en Normandie*. J'ai essayé de suivre le plan général que m'indiquaient les deux savants auteurs; mais on comprendra que mon étude, restreinte aux limites d'une paroisse, ne puisse offrir la variété inépuisable de détails qui caractérise le livre de M. Delisle.

---

(1) Saint-Victor, L 888-898, S 2071-2079; Feuillants (abbaye du Val), L 944, LL 1541, S 4170-4171; Mathurins, S 4266, etc.

CHAPITRE I.

AMBLAINVILLE. — SON TERRITOIRE.

Amblainville est aujourd'hui une commune du canton de Méru, département de l'Oise. Son vaste territoire, qui s'étend sur plus de 2100 hectares, renfermait autrefois, outre le chef-lieu, plusieurs hameaux ou écarts : Sandricourt est le seul qui ait encore de l'importance; les autres sont considérablement réduits, ou même ont disparu.

Au point de vue ecclésiastique, avant 1789, Amblainville faisait partie de l'archevêché de Rouen, archidiaconé du Vexin français (1), doyenné de Chaumont. La juridiction appartenait au bailli de Pontoise, dans le ressort du parlement de Paris. Quant à l'administration civile, le pays dépendait de la généralité de Paris et de l'élection de Pontoise.

Sa population paraît avoir toujours atteint un chiffre assez élevé : si, d'un côté, au XIIIe siècle, les habitations étaient moins proches les unes des autres qu'actuellement, le nombre des lieux habités alors, et qui ne le sont plus, permet de croire que le chiffre des habitants se rapprochait beaucoup de celui d'aujourd'hui (778 habitants). Les renseignements que nous avons sur cette époque manquent de précision : le pouillé du diocèse de Rouen, rédigé dans les premières années de l'épiscopat d'Eudes Rigaud (1248-1275), donne 170 paroissiens ou chefs de famille (2). Vers le commencement du XIVe siècle, l'état des revenus de la châtellenie de Pontoise (3), dressé en 1332 pour l'établissement du douaire de la reine Jeanne de Bourgogne, contient les chiffres suivants : Amblainville, 106 feux; Sandricourt, 30 feux; Le Fay-aux-Ânes,

---

(1) En 1255, l'archevêque de Rouen établit à Pontoise, pour gouverner cette circonscription, un vicaire qui avait le titre de « vicaire à Pontoise et dans le Vexin français. » (Arch. nat., S 213.)

(2) Bibl. nat., lat. 11052, f° 103. En prenant une moyenne de quatre personnes par famille, on aurait, pour cette partie du XIIIe siècle, 680 habitants.

(3) Arch. nat., P 26, cote 89.

21 feux ; total : 157. Mais le nombre des feux est en rapport avec la richesse du pays, non avec sa population. Celle-ci dut diminuer dans la seconde partie du xiv° siècle, et ne put se relever qu'à la fin du xv° : le pays, étant sur le chemin des invasions anglaises qui venaient par la Normandie, fut plusieurs fois pillé et ruiné par les armées ennemies (1).

C'est l'abbé de Saint-Martin de Pontoise qui présentait à la cure d'Amblainville. Une charte, émanée de l'archevêque de Rouen, Hugues d'Amiens, et que dom Estiennot place vers 1146 (2), porte que l'abbé de Saint-Martin a justifié de ce droit devant son supérieur ecclésiastique. Le revenu de cette cure était, au xiii° siècle, de 50 livres. Il y eut deux curés jusqu'en 1467. A cette époque, l'un des titulaires étant mort, le survivant, Jean de Merly, demanda la réunion des deux parties sur sa tête, attendu que les revenus étaient devenus insuffisants pour fournir à deux personnes le vivre et le vêtement (3). Après examen de la requête par ordre du vicaire général de l'archevêque, il y fut fait droit, moyennant que l'abbé de Saint-Martin prendrait, en compensation, un muid de grain de rente annuelle sur les revenus de l'église.

Voici les noms des curés d'Amblainville mentionnés dans les actes, du xiii° au xv° siècle :

Garnier.................................. 1206, 1214, 1221, 1223.
Hainon................................... 1224.
Gilbert................................... 1231, 1232.
Garnier (4)............................. 1236.
Roger.................................... 1236, 1253.
Thomas (*Pouillé du diocèse*).

---

(1) Voyez les Pièces justificatives, 3 mars 1365 et 18 novembre 1424, à la suite du 1 septembre 1450.

(2) Bibl. nat., lat. 12741, p. 260. Antiq. Velocassium.

(3) 6 janvier 1467 a. s. — Fructus, redditus et proventus ambarum portionum fuerunt et sunt adeo tenues et rari, quod exinde duo rectores sive curati ex eisdem victum et vestitum sibi necessarium invenire et in suis portionibus hujusmodi residere non possunt.

(4) Peut-être le même qu'un G. qui résigne sa portion entre les mains d'Eudes Rigaud, le 8 des nones de juin 1258. Reg. visit., p. 309.

Gautier du Plessis (*Pouillé du diocèse*).
Pierre de Pontoise (*Pouillé du diocèse*). 1282.
Gautier, Hugues.................. 1295.
Jean Bercher, Pierre Mengent......... 1374.
Jean Tarent .... 1403.
Nicolas Legros, Jean de Merly........ avant 1467.
Jean de Merly seul................. 6 janvier 1467,
   démissionnaire en............... 1480.
Jean de Laumône................... novembre 1480.

Il y avait à Amblainville une léproserie. Un accord est passé, le 18 septembre 1275, entre les représentants de cette maladrerie et les chanoines de Saint-Victor de Paris, au sujet de la dîme du vin. Ce sont six paroissiens (1) qui représentent les intérêts des malades; ils agissent en même temps *nomine communitatis*, ce qui nous indique que notre paroisse était une communauté, à la différence du village voisin de Villeneuve-Saint-Mellon, aujourd'hui La Villeneuve-le-Roy, auquel Philippe-Auguste avait accordé, en 1200, les mêmes droits de commune que ceux dont jouissaient les habitants de Senlis (2), bien que, quatre ans auparavant, par l'association formée avec le chapitre de Saint-Mellon de Pontoise pour la fondation du nouveau centre dans les bois d'Hénonville, il se fût engagé à n'y pas établir de commune (3). Ce texte est du reste le seul où paraissent les administrateurs séculiers d'Amblainville. C'étaient les habitants eux-mêmes, et non un délégué spécial, qui faisaient les affaires de la *communitas* et passaient les actes sous leur responsabilité individuelle (4).

L'abbaye de Saint-Martin de Pontoise possédait, outre la cure,

---

(1) Johannes dictus Faber, Petrus dictus Toispel, Johannes dictus Toispel, Angeranus dictus de Venencuria, Theobaldus Florie et Johannes dictus le Charon, tunc de parochia Ambleville. 18 septembre 1275.

(2) *Ordonnances*, t. XI, p. 278. — Plusieurs copies de cette charte de commune se trouvent dans les cartulaires de Philippe-Auguste, entre autres dans JJ 26, f° 102.

(3) Arch. nat., J 397, n° 4. Copie, K 191, n° 11. — Extrait dans Estiennot : Bibl. nat., lat. 12741, p. 257.

(4) Voyez L. Delisle : *Cond. agric.*, p. 137.

un prieuré sous le titre de Saint-Pierre. Estiennot place sa fondation vers 1120; il nous a laissé, d'après le cartulaire de Saint-Martin, malheureusement perdu, un extrait de la charte par laquelle Adèle de Moncy, assistée de Pierre et Grégoire, ses fils, et de Foulques Halegroud, son gendre, donne aux moines *quicquid in ecclesiis Umblevillæ et in eadem villa habebant*, sauf la dîme, le fief d'Ansculphe de Neuve-Rue et le *ligamentum saccorum* (1).

Je n'ai pu retrouver l'original de cette donation. Il est certain que les moines de Pontoise avaient des possessions à Amblainville dès le commencement du XII° siècle, car Lévrier, d'après le même cartulaire, nous a conservé la transcription de la donation d'un hôte à Amblainville, faite par Arnould Mauclavel, au temps de l'abbé Thibaut, qui mourut en 1123.

Quoi qu'il en soit, la chapelle de Saint-Pierre existait en 1136 : l'archevêque Hugues confirme en faveur des moines qui y résident les aumônes et oblations faites par les paroissiens du lieu et par tous autres fidèles, et il relève en même temps les habitants d'une excommunication prononcée contre eux par son prédécesseur, Guillaume Bonne-Ame (2).

Une note écrite sur un feuillet de l'obituaire de Saint-Martin fixe le droit de procuration dû par le prieur à l'abbé, au XIII° siècle, à 30 sous (3).

Le prieuré d'Amblainville avait lui-même une dépendance, la chapelle d'Hamecourt, sous le titre de Saint-Jean, à laquelle Philippe de Beaumont, en 1195, donne 5 sous de cens à Courcelles, pour la fondation d'un anniversaire. Le revenu de cette chapelle est laissé à bail, le 5 septembre 1270, à Mathieu de Neuilly, prêtre, pour une somme annuelle de 20 sous, moyennant que le service divin y sera régulièrement célébré comme auparavant.

---

(1) Saccorum consuetudo seu præstatio saccorum ad frumentum dominorum adducendum *(Glossarium* de Du Cange). — Ici, c'est un droit de fermeture des sacs.

(2) Voir, à la suite de la confirmation archiépiscopale de 1136, une longue note du président Lévrier *(Histoire du Vexin)* sur les circonstances dans lesquelles cette excommunication aurait été prononcée.

(3) Lat. 13889, f° 189 v°.

Le prieur souffrit, comme tout le monde, des guerres qui, pendant la plus grande partie du xv⁰ siècle, désolèrent la contrée. En 1424, dans une transaction qu'il passe avec Saint-Victor, qui lui devait une rente de trois muids de grain sur la dîme du lieu, nous lisons que, « depuis l'an mil quatre cens dix-huit, avoit et a eu presque continuellement guerre ès environs de Paris et entour la ville de Pontoise, et que, pour lesdits empeschemens et autres, en ladite ville d'Amblainville et terrouer d'icelle n'avoit esté riens labouré ne semé » (1). En 1459, nouvelle composition « pour cause que la terre d'Amblainville est en grant ruyne à l'occasion des guerres »; la rente est réduite à deux muids pendant six ans (2). Les baux de maisons « en ruyne » passés à la même époque témoignent de l'état dans lequel se trouvait le pays.

J'ai relevé les noms suivants des prieurs d'Amblainville depuis le xiii⁰ siècle :

Arnould .... 1214.
Yves .... 1214.
Bernier .... 1250, 1258.
Robert de Dampont .... 1374.
Pierre Boucher .... 1424.
Jean de Nesle (*Obit. saint Martin, 4 cal. april*)... 1476, 1477.
Antoine Martinot (*ibid.*, 3 *non. decemb.*) .... 14..
Gilles des Lyons (*ibid.*, 17 *cal. jun*) .... 14..

Un autre prieuré existait sur le territoire d'Amblainville, celui de la Trinité du Fay, appartenant à l'ordre des Mathurins. Il était là dès le commencement du xiii⁰ siècle. Le bon accord ne régnait pas toujours entre les frères et le curé d'Amblainville, témoin une charte du doyen de Chaumont, du 14 août 1224, qui leur ordonne de vivre en paix à l'avenir, à peine de cent sous d'amende contre l'infracteur. En 1228, les Trinitaires obtiennent, malgré l'opposition de l'abbé de Saint-Martin, l'autorisation d'établir un cimetière au Fay, à condition que la sépulture n'y sera donnée à aucun paroissien d'Amblainville ou étranger décédé dans cette paroisse (3), sans l'assentiment des curés. Par

---

(1) Arch. de Seine-et-Oise : prieuré d'Amblainville.

(2) Arch. de Seine-et-Oise : prieuré d'Amblainville.

(3) Nullum parrochianum ecclesie de Amblevilla, seu quemlibet alium

lettres données à Pontoise, en mars 1258, le roi saint Louis amortit en faveur du ministre et des frères du Fay le lieu où sont bâtis le prieuré et la chapelle (1).

D'autres établissements religieux avaient des propriétés à Amblainville. Saint-Victor de Paris y possédait une ferme importante, dont le revenu se montait, en 1790, à 6349 livres (2). L'abbaye du Val, près l'Isle-Adam, avait la ferme des Granges (les Granges de Beauvoir) et une autre à Fromentel ; une déclaration de 1303 contient le détail des terres qui en dépendaient. Enfin la commanderie d'Ivry-le-Temple, distante de deux lieues environ, était propriétaire de quelques pièces de terre sur le territoire.

Nous ne trouvons pas dans les chartes, au moins d'une façon constante, de famille portant le nom d'Amblainville. Un Heimar d'Amblainville, assisté de ses sept enfants, passe, devant le comte de Beaumont, en 1165, un accord avec l'abbaye du Val (3); un Guillaume d'Amblainville figure comme témoin du même acte. Puis toute trace disparaît d'une si nombreuse lignée. Presque un siècle plus tard, une famille du pays joignit souvent à son nom celui d'Amblainville, celle de Jean Bauche (4), qui figure dans des actes de 1248, 1253, 1265, et meurt avant 1274, laissant deux fils, Simon et Étienne, qui prennent le titre d'écuyers. Son frère, Thibaut, paraît dans la pièce de 1253. Enfin un autre frère, messire Philippe d'Amblainville, clerc, est doyen de Rouen en 1282. Sa nièce, damoiselle Marie des Prés ou d'Amblainville (5),

---

extraneum in dicta parrochia decedentem, nisi regularis persona decedens, fuerit vel aliqua persona cathedralis ecclesie in dignitate constituta que ibi eligat sepulturam. 22 février 1228 a. s.

(1) Ministres de la Trinité depuis la fin du xiiie siècle : fr. Raoul, 1279; fr. Arnoul, 1300; fr. Jean, 1323; Jean Langlois, 1347; Laurent de Parthemont, 1367; fr. Aubry, 1398; Jean Châtel, doyen de Chaumont, 1470; Jean Chesneau, 1478; Jean Leguerre, 1481.

(2) Lebeuf : *Hist. du dioc. de Paris*, édit. Cocheris, t. III, p. 602, n. 2.

(3) Publié par M. Douët d'Arcq : *Histoire des comtes de Beaumont*, Preuves, p. 16.

(4) Inventaire des sceaux des Arch. nat., n° 1161. Croix fleuronnée.

(5) Inv. des sceaux, n° 2086. Son sceau offre la représentation de la Vierge, sa patronne.

est mariée à cette époque à Jean d'Ercuis, écuyer; les deux époux paraissent encore dans un acte de 1303.

La seigneurie d'Amblainville relevait directement du roi à cause du château de Pontoise. Elle appartenait, au moins depuis la fin du XIIe siècle, à la famille de Vallangoujard, une des plus anciennes du Vexin (1), dont la dernière héritière, Jeanne, épousa Jean de Villiers, maréchal de France, mort en 1437. Je donnerai rapidement quelques détails sur les membres de cette famille qui ont eu la seigneurie d'Amblainville, et je résumerai dans le tableau généalogique ci-contre les renseignements nombreux que m'ont fournis sur eux les documents du XIIIe siècle.

Thibaut de Vallangoujard était fils de Girard, qui, blessé mortellement au siège de Neufmarché, en 1152, se fit recevoir *in extremis* moine de Saint-Martin de Pontoise et fut, en cette qualité, enterré dans l'abbaye (2). Girard est inscrit dans l'obituaire, avec Marie, sa femme, au 5 des ides de février. Thibaut et sa mère ratifient, en 1165, une vente faite à l'abbaye du Val. Ce même Thibaut fut fait prisonnier dans le combat livré à Richard d'Angleterre, près de Gisors, le 28 septembre 1198 (3).

Girard, l'aîné de ses fils, chevalier (1206), épousa : 1° Agnès, 2° Jeanne (4). Il fit un grand nombre de donations aux établissements religieux. Son nom figure dans le dénombrement des fiefs du Vexin (5).

Thibaut, son fils, chevalier, mourut en novembre 1243; il fut

---

(1) D'après une note d'Estiennot (lat. 12741, p. 89), les Vallangoujard seraient une branche de la famille de Montmorency.

(2) Lévrier : *Hist. du Vexin*, t. XIII, pr. n° 502. — C'est par ce Girard que les Vallangoujard sortiraient de la famille de Montmorency.

(3) *Historiens de la France*, t. XVII, p. 589; Ann. de Roger de Hoveden.

(4) Son sceau est inscrit sous le n° 3804 de l'Inventaire. L'écusson porte une croix pattée.

(5) Girardus de Valengugart : campipartem de Ambleville et nemora ejusdem ville, et duo feoda que dominus Johannes de Tria tenet de eo apud Amblevillam et apud Hayanviller et apud Fay, et unum feodum quod Theobaldus, frater ejus, tenet de eo apud Amblevillam. (Dénombrement des fiefs du Vexin 1219-1223. — Lévrier, XIV, n° 824, art. 87.)

enterré à l'abbaye du Val, ainsi qu'un autre Thibaut, son oncle, qui mourut en juillet 1268 (1). Il laissa un fils, Girard, qui, qualifié d'écuyer en 1262, de chevalier en 1291, mourut le 10 novembre 1292, et fut également enterré à l'abbaye du Val (2).

Anseau de Vallangoujard, fils de Girard, mourut en 1312 d'après son épitaphe, qui se voyait dans l'église Saint-Martin de Vallangoujard (3).

Après lui, je ne trouve plus que des indications éparses sur les Vallangoujard :

Philippe de Vallangoujard, écuyer en 1310, et ses deux frères, Regnaut et Guillaume, chanoine de Rouen ;

Jean de Vallangoujard, écuyer en 1315, neveu de Philippe ;

Guillaume de Vallangoujard, chevalier en 1331 (4) ; ses héritiers l'année suivante (5).

Enfin le dénombrement de la seigneurie, rendu en 1399, indique un autre Philippe comme étant le dernier de la famille qui ait eu le fief d'Amblainville.

La seigneurie passe alors à la maison d'Aumont, qui l'acquiert pour la joindre à son domaine de Méru. Le 5 août 1399, le dénombrement est rendu au roi par Pierre d'Aumont, dit Hutin, chevalier, conseiller et premier chambellan du roi, seigneur d'Aumont, Méru et Amblainville (6).

---

(1) Lebeuf : *Hist. du dioc. de Paris*, t. IV, p. 214. Ils sont inscrits à l'obituaire du Val (lat. 10999) : le premier, au 9 des calendes de décembre ; le second, au 5 des nones de juillet.

(2) Son sceau (n° 3805) porte la croix pattée cantonnée de deux étoiles en chef et deux croissants en pointe. Deux autres sceaux du même (n°s 3806 et 3807) sont des types de fantaisie.

(3) Bibl. nat. : Estiennot, lat. 12741, p. 433.

(4) Arch. nat., P 26, cote 34. (Douët d'Arcq : *Comtes de Beaumont*, Preuves, p. 204.)

(5) Les hoirs feu Mgr Guillaume de Valengoujard, chevalier, tient du Roy en fié en la chastellenie (de Pontoise), en toutes choses, à Amblainville, xxx l. de terre et vii arrière-fiez. Arch. nat., P 26¹, cote 32.

(6) La seigneurie comprend deux fiefs, cent quarante arpents de terre, vingt-quatre arpents de bois, huit arpents de vignes et prés, le droit de champart sur trois cents arpents, les cens en argent ou en nature, droits de justice et autres, et huit arrière-fiefs.

Après lui, son fils Jean, dit Hutin, échanson du roi, tué à Azincourt, en 1415;

Jacques, conseiller et chambellan de Philippe le Bon, duc de Bourgogne;

Ferry, l'un de ses fils, par suite d'un partage fait avec son frère aîné.

Anne d'Aumont, fille de Ferry, épousa, en 1521, Claude de Montmorency, seigneur de Fosseux, et lui apporta la terre d'Amblainville, qui ne devait pas tarder à se réunir à celle de Sandricourt, dont nous allons parler.

Sandricourt n'était d'abord qu'un arrière-fief relevant de la seigneurie d'Amblainville.

Pétronille de Sandricourt, veuve en 1212, a deux enfants : Philippe, marié à Julienne (1218-1227), et Isabelle, mariée à Jean de La Boissière, chevalier, en 1219 (1). D'autres Sandricourt paraissent dans les actes des années suivantes, sans qu'on puisse les rattacher certainement à la famille seigneuriale. En 1259, Jean Charbonnel, écuyer, seigneur de Sandricourt (2), est marié à Isabelle, dont il a un fils, Pierre; il est mort en 1266, et sa veuve remariée à Simon de Dampont, chevalier.

La seigneurie passe dans la famille d'Hédouville, au commencement du xiv° siècle, par le mariage de damoiselle Isabeau de Sandricourt avec Jean d'Hédouville, écuyer (3). Guiot d'Hédouville, écuyer, tient le fief de Sandricourt lors du dénombrement de 1399. Philippe d'Hédouville, maître d'hôtel du roi, appuie, en 1468, la demande d'union des deux parties de la cure d'Amblainville. C'est Louis d'Hédouville, son fils, qui donna à San-

---

(1) Douët d'Arcq : *Comtes de Beaumont*, Preuves, p. 78.

(2) Son sceau n'existe plus; il représentait un lévrier courant. Bibl. nat. : cart. de l'abb. du Val. Lat. 10999, p. 160.

(3) Voyez la donation du 27 août 1309. — Le sceau d'Isabelle de Sandricourt (Inv. n° 2396) la représente tenant un oiseau au poing ; de chaque côté du champ, un petit écusson parti au 1er d'un plein sous un chef chargé d'un petit quadrupède et d'un arbre (?), au 2e, de deux fasces à l'orle de merlettes et un lambel. La dimension restreinte rend cette représentation peu distincte.

dricourt, le 25 septembre 1493, le fameux tournoi connu sous le nom de Pas des armes de Sandricourt, dont la relation a été réimprimée il y a deux ans (1). Louis d'Hédouville avait épousé, le 14 février 1495, Françoise de Rouvroy, fille de Jean de Rouvroy, seigneur de Saint-Simon ; il mourut en revenant d'Italie, sans laisser d'enfants, et sa veuve donna, par testament de 1507, la terre de Sandricourt à Jean de Saint-Simon, son neveu, qui y réunit celle d'Amblainville, acquise du seigneur de Fosseux, son beau-frère. Sandricourt fut érigé en marquisat en faveur des descendants de Jean de Saint-Simon, qui le conservèrent jusqu'en 1755.

Il ne reste aucune trace d'Outrevoisin : habitation seigneuriale, bâtiments d'exploitation, chapelle, tout a disparu au commencement de ce siècle.

Robert d'Outrevoisin, en 1200, était marié à Isabelle ; celle-ci figure encore dans un acte de 1213, avec ses fils, Thibaut et Gautier.

Thibaut d'Outrevoisin, chevalier, épousa une des sœurs de Girard de Vallangoujard, Agnès.

Un peu plus tard, il est fait mention d'un autre Robert d'Outrevoisin, d'Agnès sa femme (1227-1253), et de Jean, leur fils, curé de Qrover (?).

Gace d'Outrevoisin, chevalier (2), qui avait épousé Marguerite de Margicourt, et ses frères, Thibaut, écuyer, et Simon, écuyer en 1269, chevalier l'année suivante, font plusieurs donations à Saint-Victor dans les années comprises entre 1250 et 1270.

---

(1) *Le Pas des armes de Sandricourt*, relation d'un tournoi donné en 1493 au château de ce nom, publiée d'après un manuscrit de la bibliothèque de l'Arsenal et l'imprimé du temps, par A. Vayssière ; Paris, Willem, 1874, in-18.

(2) Gace d'Outrevoisin figure parmi les « novi milites Penthecostes » de 1256. Tab. de Jean Sarrazin. *Historiens de la France*, t. xxi, p. 346 j : « Gace de Outrevoisins, pro vadiis 100 sol., pro equo 24 lib., et palefridus, de rege (néant) » ; et plus loin, p. 360 f : « Pro vadiis 100 sol., pro equo 33 lib., et palefrido 10 lib. » — L'écu de Gace d'Outrevoisin porte une bande. (Sceau n° 3130.)

Un autre membre de la famille, Herbert, est nommé dans un acte de 1259.

A la fin du XIIIe siècle, le nom de la famille d'Outrevoisin ne paraît plus dans aucune pièce : il est probable qu'elle s'éteignit et que sa seigneurie fut réunie à celle de Sandricourt, dont elle ne se sépara plus.

La seigneurie du Fay (Le Fay-aux-Anes) est la dernière de celles que renfermait le territoire d'Amblainville.

En 1208, Guillaume du Fay, clerc, Pétronille, sa sœur, et le chevalier Guillaume, leur neveu, font une donation à Saint-Victor. Guillaume avait épousé Marie de Berville, fille de Gautier de Vallangoujard et nièce de Thibaut (1).

Névelon, leur fils, *domicellus* en 1242, chevalier en 1246, épousa : 1° Alice ; 2° Mathilde. Il fit plusieurs donations à l'abbaye du Val dans ses terres du Fay et de Berville (2).

Thibaut Chomart, chevalier, seigneur du Fay, est nommé dans une donation à la Trinité, de mai 1262.

Au siècle suivant, Villain du Fay, chevalier, obtient, par lettres patentes du roi Jean, le 28 décembre 1355, l'autorisation de fonder une chapellenie dans sa maison du Fay et de la doter de 24 livres de rente. Il meurt sans avoir mis son projet à exécution ; ses héritiers le reprennent cinquante ans plus tard, et, en mars 1405, Charles VI accorde à Pierre du Fay, écuyer, l'amortissement des héritages sur lesquels sera assise la dotation de la chapelle (3), en échange d'une rente de 8 livres que l'héritier de Villain avait droit de prendre sur la botte au poisson de la halle de Paris.

---

(1) Sur son sceau (n° 2127), Guillaume du Fay est représenté à cheval, en costume de guerre ; le bouclier porte une bande.

(2) On a plusieurs sceaux de Névelon (nos 1411, 2130 et 2131) ; ils portent la bande. — Voir la descendance de Guillaume au tableau de la famille de Vallangoujard.

(3) L'hôtel du Fay et ses dépendances, deux arpents de jardin, dont trois quartiers en vigne et cinq autres plantés d'arbres à fruits, un quartier de bois, cinquante arpents de terre, la dîme de quatre journaux, les cens en argent et en nature, droits de justice et autres.

Dans le dénombrement de 1399, le Fay, arrière-fief d'Amblainville, est tenu par Gillot de Fresnel, écuyer.

Cette petite seigneurie ne fut jamais réunie au domaine de Sandricourt : au XVIe siècle, elle était possédée par la famille de Monthiers, qui fournit plusieurs lieutenants de roi à Pontoise; ils la conservèrent jusqu'à la fin du siècle dernier, et le Fay est encore entre les mains de leurs héritiers.

CHAPITRE II.

ÉTAT DES TERRES.

Tout domaine seigneurial, lorsque la féodalité est arrivée à son entier développement, présente la même division en deux parties : l'une, que le seigneur conserve pour lui et qu'il exploite, soit par lui-même, soit par ses hommes, à qui il concède des terres sous certaines conditions ; l'autre, qu'il donne en fief, et pour laquelle ses feudataires relèvent de lui comme il relève de son propre suzerain.

Suivant leur condition, les terres peuvent encore être classées en terres nobles et non nobles. Les premières n'obligent qu'à des services nobles, et, avant tout, au service militaire (1); les terres roturières assujettissent leurs possesseurs au payement de rentes en argent ou en nature et à des corvées.

Le possesseur d'un fief doit la foi et hommage à son suzerain. Il n'y a pas que les terres qui puissent être données en fief : les dignités, les droits féodaux, les rentes sont parfois l'objet de concessions semblables. En 1185, Philippe du Fresnoy donne en fief à Thibaut de Vinnecel une rente de grain sur la dîme d'Amblainville, pour laquelle il lui devra l'hommage et 20 sous à titre de service féodal (2). En 1206, Thibaut d'Outrevoisin, Adam de Vinnecel et Thibaut de Vallangoujard tiennent chacun en fief

---

(1) Maria du Fay, unum feodum et unum aliud feodum, unde debet exercitum et equitatum ad suum custum. (Dénombrement des fiefs du Vexin sous Philippe-Auguste : Lévrier, XIV, n° 824., art. 93.)

(2) 1185. In feodum et in homagium, duos modios et dimidium bladi et unum modium avene et unum tractum in decima Ambleville.

un certain revenu sur le produit de la dîme : ils devront, pour ces fiefs, l'hommage à Saint-Victor, nouveau propriétaire de la dîme (1). Enfin, en 1219, Anseau de Boulonville se reconnaît tenu de la foi et hommage envers l'abbaye du Val pour une rente sur son champart à Noisement (2).

Dans le droit féodal pur, les fiefs ne pouvaient être tenus que par des nobles; mais la règle ne tarda pas à se relâcher : sur les huit arrière-fiefs de la seigneurie d'Amblainville, en 1399, trois, et peut-être quatre, sont tenus par des roturiers (3).

La partie du domaine dont le seigneur s'est réservé la possession comprend les terres qu'il cultive lui-même et celles qu'il a concédées à des tenanciers roturiers moyennant une redevance, les censives. Cette concession est perpétuelle comme le fief; mais elle en diffère par la nature des services dus. En principe, le fief ne doit jamais de prestations pécuniaires, tandis que la censive astreint le tenancier au payement de rentes en argent ou en nature et à des corvées (4).

C'est en grande partie au moyen des corvées que le seigneur faisait cultiver les terres qu'il exploitait lui-même; mais, dès le XIIIe siècle, il trouve plus avantageux de les donner à ferme et d'en toucher le revenu sans avoir l'embarras de la culture. Ces concessions sont faites moyennant le payement d'une rente annuelle, en argent ou en nature, et souvent aussi de redevances; elles varient beaucoup quant à leur durée.

---

(1) 31 décembre 1206. Primum feodum tenet Theobaldus de Utreveisin, de quo debet ecclesie Sancti Victoris homagium et omne servicium, etc.

(2) 1219. De feodo predictorum duorum modiorum bladi et unius modii avene, ego et heredes mei fidelitatem et homagium ecclesie Vallis faciemus.

(3) Ces arrière-feudataires roturiers sont : les héritiers de Manessier le Picart; Pierre Hugier, d'Ibouvillers; Pierre Lemaire, d'Arronville, et Thibaud de Chavençon, demeurant à Pontoise. Dénombrement de 1399, p. 26.

(4) On verra, en parcourant le dénombrement de 1399, qu'un censitaire pouvait devoir un quart ou un huitième de poule ou de chapon ; c'était une conséquence de la division des tenures entre les membres d'une famille. Pour le payement, les parents devaient se réunir, et l'un d'eux portait les cens de la famille au seigneur, ainsi que cela se pratiquait dans les vavassories normandes. Voir Delisle, p. 33.

Les concessions perpétuelles, *ad firmam perpetuam, ad censum perpetuum* (1), sont les plus anciennes. Elles se rapprochent beaucoup de la censive, puisque, comme elle, elles ne sont pas limitées dans leur durée et ont lieu moyennant le payement d'une rente fixe.

Un lot de terres était parfois donné à bail à un certain nombre de personnes habitant le même pays, et divisé entre elles par un seul acte, ce qui ne se ferait plus aujourd'hui, l'usage étant que chaque fermier ait son bail propre. J'en ai trouvé un exemple dans les registres capitulaires du grand prieuré de France, où sont insérées les transcriptions des baux passés par les commandeurs depuis le xive siècle : c'est un bail à rente perpétuelle, passé par le commandeur d'Ivry-le-Temple à plusieurs habitants de La Villeneuve-le-Roy, pour quarante-six arpents et moyennant quarante-six mines de grain :

10 février 1372 (a. st.).

A touz, etc., frère Jehan du Bois, commandeur de la maison de l'ospital d'Yvry le Temple et des appartenances, salut. Savoir faisons que nous, pour le proffit et utilité de nostre religion et par le conseil et assentement de noz frères, avons baillié et ottroié, et par ces présentes baillons et ottroions à plusieurs des habitans de La Ville Neufve le Roy en Vecquecin et à leurs hoirs la somme de XLVI arpens de terre ou environ, nommées les terre de la Pie, lesquelz sont en savarz. Et sont baillez les XLVI arpens dessus diz aux personnes qui s'ensuivent pour le pris et somme de XLVI mines de grain annuelle et perpétuelle, c'est assavoir les II pars blef et le tiers avoine, que il en seront tenuz et obligez de paier pour eulz ou pour leurs successeurs à nous ou à celui qui pour le temps sera commandeur, touz les ans, portans ou non lesdictes terres, à la Saint Martin d'yver. C'est assavoir : Thebaut le Mercier, pour XIII arpens de terre XIII mines ; Jean Cuer de Roy, dit Louvet, pour VI arpens VI mines ; Symonnet Pascouart, pour IIII arpens quatre mines ; Heudin Lefèvre, pour IIII arpens IIII mines ; Raulin Campion, pour III arpens et LX perches trois mines et demie ; Amant du Chesne, pour IIII arpens IIII mines ; Jehan et Guillaumes de Mons, pour IIII arpens et demi IIII mines et demie ; Jehan Ermeline, pour VI arpens et demi

---

(1) 1er mai 1279, 6 août 1296, 1318, 17 novembre 1328, 24 février 1306, 9 octobre 1401, 22 avril 1447, etc.

VI mines et demie. Et à greigneur seurté de nous et de ladicte maison de l'ospital d'Yvry, les dessus diz nommez s'en obligent, tant pour eulx comme pour leurs hoirs et comme pour leurs ayans cause, en touz leurs biens, tant meubles comme heritages, presens et advenir; lequel bail et choses dessus dictes nous promectons à avoir et tenir ferme et estable, et non venir contre la teneur de ces presentes. En tesmoin, etc., de nostre seel, le xix° jour de févri r l'an m ccc lx et douze (1).

Souvent le bail à ferme est fait pour la vie des preneurs et pour celle de leurs héritiers, ou pour celle des preneurs seulement (2) : c'est une concession à vie, ou encore pour un temps très long. Les exemples que j'ai trouvés de cette dernière sorte de concession varient entre quarante et soixante-dix ans (3).

Enfin on fait des baux pour un temps très court, depuis vingt ans jusqu'à un an (4). C'est le dernier état du régime nouveau des terres, celui auquel elles sont restées soumises. Aujourd'hui, les plus longs baux sont de dix-huit ans; mais la durée habituelle est de douze ou neuf ans. Ces baux à durée limitée, ne liant le seigneur que pour un petit nombre d'années, ne l'exposaient plus, comme les concessions perpétuelles ou à long temps, à voir ses revenus devenir peu à peu insignifiants, par suite de l'altération des monnaies et du changement qui se produisait dans la valeur marchande de l'argent (4).

La métairie, ou tenure à moitié, ne paraît pas, d'après les titres qui nous restent, avoir été en usage à Amblainville; mais j'en ai trouvé plusieurs exemples parmi les baux de la comman-

---

(1) Arch. nat., MM 29, f° 74 v°.

(2) 6 juillet 1448. Bail par l'abbaye du Val à Jean Yvernel, de Mons, et Jeanne, sa femme, « à la vie d'eulz deux et de chacun d'eulz, de Katerine, fille dudit Jehan Yvernel et de feue Guillemette, sa première femme, des effens qui seront nez et procréez de leur mariage, et du survivant d'eulz tous, que le derrain yra de vie à trespassement ». Autres : 22 août 1489, 8 janvier 1494 a. s.

(3) 18 mai 1456, 1ᵉʳ mai 1474 (voyez 20 mars 1483 a. s.), 12 mars 1484 a. s., 14 mai 1496.

(4) 6 juillet 1465, 18 février 1479, 8 juillet 1496, 23 septembre 1497, 7 juillet 1499. Arch. Seine-et-Oise : prieuré d'Amblainville.

(4) Delisle : *Condit. agric.*, p. 52.

derie d'Ivry-le-Temple. Les frais de culture sont partagés entre le propriétaire et le locataire, et les produits de la récolte sont répartis entre eux dans la même proportion. Je donne ici un de ces baux, tant comme type de ce mode de tenure que pour les détails qu'il fournit sur la garniture de la ferme.

20 juillet 1375.

Bail à moitié pour six ans, par le commandeur d'Ivry, à Pierre Leblanc, de toutes les terres d'Ivry-le-Temple, sauf celles d'Alleré et de La Villeneuve (1).

Sachent tuit que nous, frère J. du Jardin, commandeur d'Ivry et de La Landelle...., avons bailllié et par ces presentes baillons à Pierre Le Blanc et à Perrenelle, sa femme, et à ceulz qui d'eulz auront cause, toutes les terres labourables, prez et courtiz appartenans au corps de ladicte maison d'Ivry le Temple, excepté les prez et terrez d'Alleroy, les terres de La Ville Nuefve, et les terres de la Pie, jusques au terme de six ans et six despouilles continuez et entresuivanz et accompliz, et commencera le premier an, terme et despouille à la Magdeleine l'an mil CCC LXXV, à moitié ; c'est à savoir que nous, commandeur dessusdit, ou ceulz qui de nous auront cause, prenrons la moitié ès dictes terres labourables et courtiz de toutes les despouilles et fruiz creuz ès dictes terres et courtilz, tant en mars comme en blez, les VI dictes années durant, et lesdiz mariez aront l'autre moitié de toutes les despoillez et exfruiz desdites terres. Et serons tenuz de bailler et livrer audiz mariez, lesdictes six années durant, la moitié des semences tant en mars comme en blez, pour semer lesdictes terres et courtilz, et lesdiz mariez livreront et baudront l'autre moitié desdictes semences pour semer lesdictes terres et courtilz, tant en blez comme en mars. Item et seront cuilliz lesdiz grains au fraiz et au coulz de nous et desdiz mariez par egal porcion. Et parmi ce lesdiz mariez seront tenuz de cultiver et labourer lesdictes terres et courtilz, semer ycelles et amener en grange lesdiz fruiz d'icelles à leur propres coulz et fraiz, senz ce que nous soions tenus de mettre ès diz labours aucune chose excepté ce que par avant a esté exprimé et dit. Item, lesdiz mariez semeront du leur propre et de leur propre semence la derrenière année, qui sera mil CCC IIII^{xx} et VII, et ycelle année nous lairont franche et quitte, senz y prenre aucune chose ; et en ycelle derrenière

---

(1) Cf. bail à moitié d'un arpent de vigne à Jean de Mons, 1356, MM 28, f° 56, qu'on trouvera plus loin.

année ne serons tenus de livrer aucune semence ausdiz mariez, pour ce que lesdiz mariez prennent la moitié à ceste presente année, senz aucune mise par eulx faicte. Item, baudront et livreront lesdiz mariez en ladicte derrenière année les jaschières II fois faictes ou lieu où ilz sont à présent, c'est assavoir : devant la porte au lonc de la Noeroye, XVIII arpens, II fois faiz, et toute la pièce de dessoubz Frocourt, II foiz faicte, cinq arpens assis aux Noes, II fois faiz, et les terres du bois du Chenay, une fois faiz. Et baudront lesdiz mariez et livreront les blez et les mars faiz et prests de cuillir et mettre en grange, c'est assavoir : toute la Longue Roye, contenant LXXII arpens, XVIII arpens aus Cloux Colin, cinq arpens ainsi comme on va à Henonville soubz le chemin, et V arpens à la Bouloye. Et puent monter lesdiz blez environ cent arpens. Item, baudront et livreront lesdiz mariez en mars, c'est assavoir : en avoines, en veces et en pois, les terres des Logez acoustumées à faire ; item, V arpens vers la Couarde soubz le chemin comme l'en va à la Ville Nuefve ; item, soubz Frocourt, VII arpens ; item, à la Ragette, III arpens ; item, V arpens sur le chemin comme on va à Henonville ; item, VI arpens d'avoine vers les Noez, au dismage Guyart de Traynel. Et tous ses blez et mars et jaschères dessus diz baudront et lairont lesdiz mariez tous près de cuillir en ladicte derrenière année de toutes choses quelconques, lesdiz mariez à leurs propres coulz et fraiz. Item, labourront lesdiz mariez et menront lesdictes terres par compoture et par solles acoustumées, sans ycelles dessaisonner. Item, menront et conduiront lesdiz mariez les fiens de la dicte maison et dicte terre à leur propres coux et frès. Item, ne baudront nulz des feurrée de ladicte maison sans nostre congié. Item, ne pourront lesdiz mariez labourre en nostre labours que et terre dessusdicte. Item, paieront lesdiz mariez aux religieux, abbé et convent de Sant Martin lès Pontoisse trente six mines de granc par chascun an, leurs dictes années durant, c'est assavoir : trente mines de blé ; et [les]dictes dismes seront cuilliz desdiz mariés à leur frès et mises avec lesdit labours, au prouffit de nous et desdiz mariés. Item, les autres grans que ladicte maison puet devoir par an separeront lesdiz mariés et de nous par moitié. Item, lesdiz mariés auront tout les prés et fauccheront et faneront iceulx à leurs frès, excepté les prés d'Aleray, parmi ce que les diz mariés nous trouveront foin pour deux chevax toutes foiz que nous serons en nostre dicte maison d'Ivry. Et avec ce seront tenuz lesdiz mariez de trouver foin pour les chevax de Monseigneur le prieur une fois en l'an, quant il visetera. Item, trouveront foin à tous les passans parmi ladicte maison, frères et autres. Item, lesdiz mariés aront leur androit où chauffer ès bois qui sont pour l'usaige de ladicte maison d'Ivry, parmi ce qu'il nous trouveront, et ame[n]ront bois pour ardoir pour nous à leurs frez ; semblablement ame[n]ront et conduiront aux deux vingnerons de l'ostel, à chascun huit charetiers de buche. Item, seront gouverneéz les bestez desdiz vingnerons des fourages de ladicte maison, comme celles desdiz mariés. Item, nous baillons presentement auxdiz mariés huit vinc et onze colliers de charete de hosteaux de trois ans, et, à la fin de trois anx, sont partis. Item, baillons trois chevax, six beufs traiens, acharnoicheez de traiz, de colliers de charrete, de hosteaux, de troiz charreux avesques les fres d'icello, parmi le pris de soixante frans que lesdiz mariés nous randront an bont volenté. Item, ballons audiz mariés XVI bestez à corne, jusques aux troiz ans à moitié, parmi vint livres de crois que lesdiz mariés nous randront à bout de III ans, que lesdictes bestes seront parties... En tesmoing de ce, nous avons mis à ces presentes nostre propre seel duquel nous usons, qui furent le xxe jour de juillet l'an mil ccc lxxv (1).

Il faut enfin mentionner une autre espèce de tenure suivant laquelle le seigneur touche, non plus une redevance fixe, mais un revenu variable, dont la quotité est fondée sur les produits de la terre : c'est la tenure à champart; j'y reviendrai en parlant du droit de champart.

Les obligations le plus souvent inscrites dans les baux sont, pour le preneur, de labourer et fumer les terres en temps utile, de les maintenir en bon état, sans changer l'assolement, de faire les réparations nécessaires aux bâtiments d'exploitation, quelquefois même d'élever des constructions nouvelles, de bâtir une maison (2).

Les divers noms des tenures sont (3) :

La masure (*masura*), qui a remplacé le manse; c'est l'habitation du paysan avec ses dépendances.

L'hôtise (*hostisia*) est la tenure d'hôte. Nous reparlerons de ce censitaire, qui diffère des autres au moins par le nom.

Le censel (*censualis*) (4) est synonyme de masure.

---

(1) Arch. nat., MM 30, f° 43.

(2) 18 mai 1456. Seront tenus lesdits preneurs de maisonner et faire maison et estables pour eulx loger, eux et leurs bestaulx et grains. — 22 août 1489. Et sera tenu ledit preneur de faire et édiffier sur ledit lieu une maison manable, bonne et suffisante.

(3) Voir le dénombrement de 1399.

(4) Ce mot paraît être employé quelquefois aussi dans le même sens qu'hôtise. — 1231. Quatuor censuales..., de quibus Rogerius de Feucheroles hospitatur in uno.

Les noms de manoir et d'hôtel sont donnés aux fermes plus importantes, exploitées par le seigneur, et plus tard par son fermier (1).

Le pourpris (*porprisium* ou *porprisia*) (2), la cour, sont des enclos attenant aux habitations. Clos a le même sens ; c'est le nom qui s'est conservé pour désigner une terre entourée de murs ou de haies, à proximité d'un village. La groue est aussi une terre entourée de haies.

Le courtil (*curticellum*) est une autre espèce d'enclos en culture de jardin. Le mot jardin est employé concurremment.

La couture (*cultura*) est une terre labourable d'une certaine étendue.

On appelle déserts, friches, jachères, les terres en friche ; la gaste vigne est une vigne non cultivée.

CHAPITRE III.

ÉTAT DES PERSONNES.

Les personnes se divisent en deux classes : les nobles et les non nobles.

Les nobles sont, dans le principe, les seuls qui puissent tenir fiefs. Ils reçoivent leur condition de leur père. On distingue les vassaux directs du roi, et les arrière-vassaux, qui relèvent des premiers et ne tiennent pas leur fief directement du suzerain commun. Comme cette hiérarchie s'étend à l'infini, la même terre peut avoir trois ou quatre seigneurs (3), devant l'hommage l'un à l'autre.

Suivant l'importance de la terre, la qualité du possesseur varie. Ce sont d'abord les titulaires de fiefs de dignités, puis les barons et les simples chevaliers (*milites*) ; naturellement, ceux-ci sont les

---

(1) Je n'ai trouvé qu'une fois le mot *borda*, bordé, petite ferme. Les bordiers, en Normandie, constituaient la dernière classe des tenanciers. (Delisle : *Condit. agric.*, ch. I.)

(2) Juin 1219. Terram quamdam ante porprisiam Sancti Victoris.

(3) Pièces justificatives : 1231-1232, septembre 1246, novembre 1254, mai 1257, mars 1259, février 1275 a. s., 19 mai 1282, etc.

plus nombreux. Au-dessous d'eux viennent les écuyers (*armiger, domicellus*); il faut faire une distinction parmi ceux qui portent ce nom : les uns restent écuyers toute leur vie, ce sont les possesseurs de fiefs peu importants; les autres ne portent ce titre que jusqu'à ce qu'ils aient atteint la majorité féodale et aient été armés chevaliers (1).

Les roturiers sont ceux dont le père n'est pas noble. Sont qualifiés de *burgenses* les habitants des villes comme Chambly, Méru, Pontoise (2). Quant aux paysans, leur nom n'est accompagné d'ordinaire que de celui de la paroisse qu'ils habitent. Les expressions de *rusticus, villanus* devaient être employées pour les désigner. Ces hommes sont libres; en dehors des terres qu'ils peuvent tenir à cens du seigneur, ils possèdent des biens à eux, dont ils ont l'entière disposition (3). Une seule classe d'habitants de la campagne a un nom particulier, les hôtes, *hospites*. Il ne faut attacher à ce nom aucune idée de servage. Les hôtes étaient libres sous la seule condition de cultiver des terres et d'accomplir certains services. Leur tenure s'appelait hôtise; elle consistait en une habitation entourée de quelques parcelles de terre, et ne différait donc pas de la masure; mais l'hôte était aliéné avec le fonds qu'il occupait (4); c'est ce qui lui donne une place à part; le seigneur le vendait ou le donnait en même temps que sa tenure. Quant aux services dus, il ne différait pas d'un autre censitaire. Un hôte donné à Saint-Martin de Pontoise par Arnould

---

(1) Ce changement de condition entraînait un changement de sceau et donnait lieu souvent à une ratification nouvelle de conventions antérieures : décembre 1262, amortissement consenti par Girard de Vallangoujard en faveur de Saint-Victor.

(2) 1213, donation par Robert, bourgeois de Chambly, à Saint-Victor; 1212, accord passé devant l'abbé de Ressons avec plusieurs bourgeois de Méru.

(3) 1213 déjà cité; juin 1219, vente par la famille Flastre; 1225, vente par Manassès le Maggycien, de Chambly; novembre 1226, par Barthélemy le Tavernier, d'Amblainville; mars 1257, par Baudoin le Boucher; avril 1260, par Pétronille Aubeter, etc.

(4) 1219 (vente Anseau de Boulonville), « unum hospitem cum hostisia sua »; 22 novembre 1305, vente par Pierre de Gency de quatre hôtises.

Mauclavel, dans les premières années du xiie siècle, rendait : à la Saint-Remi, 12 deniers beauvoisins, soit 18 deniers parisis; au mois de mars, 2 deniers beauvoisins, soit 3 deniers parisis; à Noël, deux oublies, deux chapons et un setier d'avoine (1). La tenure d'hôte, comme toute autre propriété foncière, et comme les droits féodaux, pouvait être aliénée pour partie (2) : il se trouvait alors que l'hôte était partagé entre plusieurs seigneurs, et le payement des redevances devait être fait à chacun suivant sa part de seigneurie.

Il y avait des hôtes qui, par les conditions dans lesquelles ils étaient établis, ressemblaient beaucoup à de véritables fermiers (3).

Une fois les premières années du xive siècle passées, on ne trouve plus le nom d'hôte dans les actes.

De serfs, il n'y en avait plus au xiiie siècle. Les documents du xiie siècle, que j'ai pu recueillir, ne sont pas assez nombreux pour que je puisse être aussi affirmatif quant à cette époque; mais, s'il y en avait encore en 1180, leur nombre ne devait pas être considérable.

CHAPITRE IV.

DES NOMS DE PERSONNES.

L'histoire de l'origine des noms propres n'est plus à faire; je me bornerai à indiquer ceux qui sont les plus fréquents.

Noms d'hommes :

Adam, Albericus, Alermus, Alveredus, Ansculfus, Ansellus, Ansoldus, Arnulfus;

---

(1) 1100-1128.

(2) Août 1228. Les frères du Fay ont reçu en donation de la mère de Jean de Parmain « quintam partem hospitum meorum de Monceout. »

(3) 1214, Girard de Vallangoujard : Concessi preterea memoratis fratribus de Valle ut ipsis liceat habere in masura sua de Venoncort, ad colligendas et custodiendas res et possessiones ipsorum, hospitem unum qui liber sit ab omni consuetudine et exactione. Concessi... ut ipsis liceat... per manum hospitis sui vel alterius... vina sua vendere.

Balduinus, Bartholomeus, Bernardus, Bernerus;
Daalinus, Droco;
Ernoldus, Eustachius;
Fromundus, Fulco;
Gacho, Galterus, Garinus, Gilo, Girardus, Gormundus, Guer-ricus, Guido, Guillelmus;
Haino, Heimardus, Herbertus, Hugo;
Ivo, Johannes;
Lambertus, Laurentius, Lecelinus;
Matheus;
Nevelo, Nicolaus;
Odo;
Paganus, Petrus, Philippus;
Radulfus, Reinaldus, Richardus, Robertus, Rogerius;
Simon;
Theobaldus, Thomas.

Noms de femmes :

Aales, Acona, Agnes, Alda, Ascelina;
Basilia, Beatrix;
Clemencia;
Elisabeth, Emelina, Eva;
Floria;
Gila, Gensciana;
Havydis, Hiecia, Hodierna;
Isabel, Joca, Juliana;
Lecia;
Mabilia, Margareta, Maria, Marota, Matildis, Meneut;
Odelina;
Petronilla;
Richeudis, Rocia, Roes;
Sedilia;
Theophania.

Au XIIIe siècle, tout le monde, ou à peu près, ajoute un second nom au sien propre, le surnom, qui, employé d'abord pour distinguer un individu des autres du même nom, est devenu héréditaire et a été transmis aux enfants par celui qui l'a reçu.

L'origine des surnoms peut se rattacher à plusieurs sources :
1° Les noms de fief, précédés de la préposition *de*. Il y a au-

24 DE L'ÉTAT DES TERRES ET DES PERSONNES

tant de ces noms qu'il y a de fiefs; leur nombre est infini (1).

2° Le pays d'origine :
 L'Anglais. L'Espagnol. Champenois.
 Le Breton. Le Picard.

3° Le métier, la profession :
 Aux ânes. Le chanevacer. Le pelletier.
 Aux bêtes. Le fèvre. Le sueur.
 Aux brebis. Le foulon. Le tavernier.
 Le barbier. Fournier. Le tellier.
 Le berger. Le magicien. Le tréfilier.
 Le boucher. Le ménestrel. Le vacher.
 Le charron.

4° La fortune, la position sociale :
 Aux deniers. Le clerc. Levasseur.
 Bourgeois. Le duc. Mansefève.
 Chastelain. Le maire. Prévost.
 Chef de ville. Le moine. Prieur.
 L'abbé.

5° Une particularité physique :
 A la barbe. Cornu. Le gros.
 A la teste. Fleury. Le jeune.
 Aux dents. Hauchepié. Le roux.
 Aux jambes. Jeune homme. Le sec.
 Brûlé. La blonde. Petit.
 Carré. La poitrine. Poisant.
 Chantecler. Le bossu.

6° Une particularité morale, une habitude, le caractère :
 Boileau. Chauvin. Cœur de roi.
 Certain. Cliquet (2). Constant.
 Champion. Cœur de fer. Justice.

---

(1) Il arrive très souvent que des non-nobles joignent à leur nom celui de la paroisse qu'ils habitent : ce qui, en certains cas, peut exposer à des erreurs sur la condition des personnes dénommées dans un acte.

(2) Bavard.

Mauvilain. Paillart. Turelure.
Milaine (1). Parfait.

7° Les animaux, les objets mobiliers, les mesures :
Boisseau. La mouche. Lévrier.
Caille. Le lièvre. Rossignol.

8° Enfin les propriétés, bâties ou non, et tout ce qui s'y trouve (2) :

De la croix. Des champs. Du bois.
De la dehors. Des prés. Du four.
De la mare. Des quartiers. Du moulin.
De la porte. Du buisson. Du pont.
De la rue.

Quant aux femmes, si elles sont filles, elles portent le nom du père ; si elles sont mariées, elles prennent celui de leur mari. Cependant il arrive que la femme noble conserve le nom paternel, soit sur son sceau, soit dans les actes. Des femmes ou des veuves de paysans portent le nom de leur mari avec addition de la désinence féminine. Enfin j'ai rencontré dans les titres d'Amblainville plusieurs dames de famille noble portant un nom, ou plutôt un surnom, qui n'est ni celui de leur père, ni celui de leur mari (3).

---

(1) Se dit d'un homme flatteur et faux.

(2) Cela doit former, en règle générale, une classe à part, mais il est de ces noms qui, dans certains cas, se rangeront soit parmi les noms de fief, soit parmi ceux qui sont tirés du pays d'origine.

(3) Le sceau de Béatrix, femme de Jean de Valmondois (*Inv. des sceaux*, n° 3818), porte son nom : damoiselle Biétrix de Magicort (17 octobre 1268). — Isabeau de Sandricourt, femme de Jean d'Hédouville, est ainsi dénommée dans la donation du 27 août 1309, et son sceau (n° 2396) porte : damoiselle Ysabiau de Sandycour. — Au contraire, le sceau de Jeanne de Vallangoujard, femme de Girard III (novembre 1270), porte : damoiselle Johanne de Valengoiart (n° 3808) ; Agnès de Marquemont (n° 2721).

Marie d'Amblainville, fille d'un des Bauche, est désignée sur son sceau appendu à un acte de 1289, sous le nom de damoiselle Marie des Prés (n° 2086). De même, Agnès de Vallangoujard, femme de Robert le Tyeis, sous celui d'Annès de Hurtelou (n° 2410). — Voyez aussi les deux sœurs de Girard de Vallangoujard dans l'acte de la donation faite par celui-ci à Saint-Martin de Pontoise, en 1152. (Lévrier, XIII, Preuves, n° 502.)

Une autre remarque à faire, c'est que certains nobles, possesseurs de plusieurs fiefs, prennent alternativement le nom de l'une ou de l'autre de leurs seigneuries (1) : cette variation apparaît quelquefois de l'acte au sceau même qui y est appendu (2).

CHAPITRE V.

DROITS FÉODAUX.

J'examinerai successivement quatre catégories : 1° les droits seigneuriaux proprement dits ; 2° les revenus du domaine ; 3° les droits spéciaux aux seigneurs ecclésiastiques ; 4° les monopoles.

1° Les droits seigneuriaux comprennent :

Les divers droits de transmission ;

Le rachat, relief, relèvement ou remuement, droit de succession qui se paye à tout changement de seigneur ou de vassal, pour les fiefs (3) comme pour les censives. Pour les fiefs, l'ordonnance de mai 1235 fixe sa quotité dans l'étendue du Vexin français : sur les terres labourables et les vignes, il sera de la moitié des fruits d'une année ; sur les étangs, il égalera le revenu d'une année, en prenant la cinquième partie de celui qu'ils donnent pendant une période quinquennale ; sur les forêts, le revenu d'une année, en estimant le rendement pendant sept ans (4).

---

(1) Névelon du Fay, fils de Guillaume du Fay et de Marie de Berville, porte tantôt le nom de son père, tantôt celui de sa mère. Il scelle toujours du premier nom (n°s 1411, 2130 et 2131). Son grand-père, Gautier de Vallangoujard, portait souvent aussi le nom de Berville.

(2) Anseau de Vallangoujard, en juillet 1258, vend à Saint-Victor le fourrage de la dîme sous le nom d'Anseau d'Amblainville, tandis que son sceau (n° 1159) porte : Anseu de Vaenguergart.

(3) 1188 : Duos modios et dimidium bladi et unum modium avene et unum tractum in decima Ambleville... ad relevandum feodum per viginti solidos. Et si contigerit quod Th. de Valle Engueliardis feodum in manu sua capiat..., ad relevandum feodum per triginta solidos.

(4) Arch. nat., JJ 26, reg. de Philippe-Auguste, f° 291 ; Teulet : *Trésor des chartes,* tome II, p. 291.

Les censives doivent également le relief à tout changement de seigneur ou de tenancier (1).

Les droits de vente sont différents pour les fiefs et pour les censives. Le droit payé pour les fiefs est d'ordinaire un cinquième du prix, le quint, et quelquefois encore le cinquième de ce quint ou requint (2). Les censives doivent le droit de lods et ventes, appelé aussi vente, investissement, ensaisinement ou saisine (3).

L'amortissement est le droit payé par une église pour l'acquisition d'un bien noble ou roturier. La concession faite par le seigneur portait le même nom : les actes de cette espèce sont nombreux, surtout dans la seconde partie du xiiie siècle (4).

---

(1) 1218, Girard de Valengoujard : Relevationes, et quociens transeunt de persona in personam, pro unoquoque arpenno habentur xii denarii. — Dénombrement de 1399, p. 25 : Et se relièvent tous les héritages dessus dits tenus de moy à cens de tel cens tel relief, et les masures et terres à campart qui doivent rentes, v sous parisis de relief pour chacune, quand ils eschieent. Item, toutes les terres à campart se relièvent pour chacun arpent xviii deniers. Et tout ce que dit est dessus se relièvent devers moy, en la manière que dit est, de mort, de mariage et de toutes mains.

(2) 1188. Et propter donum hujus feodi triginta libras parisiensis monete mihi donavit, et domino Theobaldo de Vallengoujard quatuor libras ejusdem monete (un septième du prix). — 1219. Vente par Anseau de Boulonville au Val de ce qu'il a à Noisement et à Amblainville, pour 90 livres parisis ; Guillaume d'Osny, seigneur de la terre, reçoit 15 livres (un sixième). Mais cela ne prouve pas que le droit perçu ne puisse pas être plus considérable. — Mai 1257. Vente par Simon de Nesle à Saint-Victor (144 livres) : Thibaut de Margicourt, premier seigneur, reçoit 20 livres ; Raoul de Margicourt, deuxième seigneur, reçoit 10 livres. — Voyez encore mars 1262 et avril 1263.

(3) Dénombrement de 1399, p. 25. Item, toutes les terres à campart..., pour chacun arpent, 12 deniers de saisine.

(4) Voyez mars 1254, mai 1257, 1er septembre 1257, février 1259 a. s., décembre 1262, juillet 1268, octobre 1268, 6 novembre 1270, 22 septembre 1279, 4 avril 1296, juillet 1303, 27 août 1309, 25 avril 1305. Le roi, comme premier seigneur, réclama pour lui les droits d'amortissement, et ceux-ci devinrent un véritable impôt, qu'on levait à de certains intervalles : 16 novembre 1481, mandement du lieutenant du bailli de Senlis et du receveur du bailliage, commissaires sur le fait des francs-fiefs et nou-

Le droit de franc-fief est dû par les roturiers qui possèdent des fiefs.

La justice se divise originairement en haute et basse justice; au xiv⁰ siècle, on admettait une troisième distinction, la moyenne justice. La haute justice n'appartenait qu'aux possesseurs de fiefs d'une certaine importance ; mais il n'était pas de petit seigneur qui n'eût la basse justice sur son territoire.

La haute et la moyenne justice ont la connaissance des affaires capitales, et c'est un privilège auquel les seigneurs tiennent beaucoup : il arrive souvent qu'en aliénant un bien, même de la façon la plus absolue, c'est-à-dire avec tous les droits, ils font à leur profit la réserve de la justice (1).

Les cas réservés sont : le vol (*furtum, latro*) ; le meurtre (*sanguis, sanguinis effusio*), ce que nous appelons assassinat : c'est l'homicide commis avec préméditation ; la meslée (*mesleia*), l'homicide commis sans préméditation, dans une querelle par exemple, une blessure ayant entraîné la mort, sans qu'il y ait eu intention de la donner; le combat singulier (*monomachia*). Nous ne sommes plus à l'époque barbare où il est permis à deux adversaires de vider entre eux leur querelle sans l'intervention de la justice. Pour que le duel puisse avoir lieu, il faut qu'il soit légalement autorisé.

On admet généralement que certains cas : le vol, le meurtre,

---

veaux acquêts, au ministre de la Trinité, « de bailler par devers nous la déclaracion de toutes les revenues et possessions non amorties, par eulx ou leurs prédécesseurs acquises par don de aulmosne ou autrement, depuis cent ans en ça, pour, sur ce, lever finances telles qu'il appartient ».

(1) 1212. Cum omni dominatione et libertatibus universis, excepto furto et monomachia. — 1218. Girard de Vallangoujard. Et sciendum est quod in terris predictis michi retinui mesleiam, sanguinem et latronem tantum. — 1218. Thibaut de Vallangoujard. Omnem dominationem et dominium et justiciam totam et quicquid habebant in eadem campiparte, preter monomachiam et furtum et sanguinis effusionem. — Avril 1257. Magna scilicet justitia preexcepta. — Juillet 1268. Excepta alta justitia.

Sanguis et *latro*, deux cas de haute justice, sont souvent pris dans ce sens. Mais on verra, que parmi les cas réservés, il y en a qui ne sont pas spécialement de la haute justice.

auxquels il faut ajouter l'incendie et le rapt, furent toujours réservés à la haute justice ; cependant, au xiv⁰ siècle, il y eut des moyennes justices qui ressemblaient beaucoup à la haute. Telle est celle de Pierre d'Aumont, à Amblainville : « Item, je ai en tout mondit fief et ou terroir d'icellui seigneurie de *moïenne* et basse justice, c'est assavoir le sanc et le larron, et murtrier prins en cas de present meffait ou de caude traché poursuy » (1). Cette moyenne justice comprenait donc des cas qui étaient essentiellement de la haute justice.

La basse justice connaissait des affaires de moindre importance : l'intérêt engagé ne devait pas dépasser 60 sous (2).

La justice était rendue par le seigneur, plus tard par son délégué, bailli ou prévôt (3).

La justice foncière (4) est le droit que le seigneur a de poursuivre ses censitaires en cas de retard ou de défaut de payement des redevances auxquelles ils sont assujettis, et de prononcer contre eux des amendes. Elle appartient même aux bas-justiciers.

Le suzerain pouvait mettre la main sur les justices de ses feudataires dans le cas où ceux-ci avaient failli à une de leurs obligations. Le prieur d'Amblainville ayant laissé évader de ses prisons un de ses hôtes (5) qui, dans une querelle, avait blessé un certain Jean Buisson, blessure dont celui-ci mourut, la justice du prieur, « qui par simplece avoit reçu ply d'amende », fut

---

(1) Dénombrement de 1399, p. 24.

(2) In justitia bassa, usque ad sexaginta solidos duntaxat ascendente. 18 octobre 1401.

(3) Item, je puis, à cause de mondit fief, instituer et ordonner baillif ou garde de justice et sergens pour tenir mes plaiz et garder et gouverner madite juridiction. Dénombrement de 1399, p. 25.
Le prieur d'Amblainville a... en la court siège pour son prevost et ce qui appartient pour la plaidoyerie en son auditoire pour le fait et la seignourie de sa terre et appartenance, et aussy de ses subgetz, à laquelle seignourie ils sont sortissables. Dénombrement de 1478.

(4) Mars 1405 a. s.

(5) 26 août 1402. Le prieur d'Amblainville a droit de moÿenne et basse justice sur ses hôtes.

saisie par ordre du procureur du roi à Pontoise; main-levée en fut accordée sur la requête des moines de Saint-Martin, justifiant que « le ply d'amende » avait été accepté à leur insu et après que le meurtrier avait obtenu des lettres de rémission.

La voirie (*viaria*) est le droit de connaître des crimes et délits commis sur les routes, la police des chemins (1). Beaumanoir donne une classification des chemins d'après leur largeur, depuis le sentier (*semita*), qui a quatre pieds, jusqu'au chemin de César, qui en a soixante-quatre. Les chemins les plus larges appartiennent au roi ; les autres sont de la juridiction des seigneurs (2).

La gruerie (*griagium*) (3) est la justice forestière. Je reviendrai sur les divers droits qui peuvent être assis sur les bois.

2° Revenus du domaine :

Le champart (*campipars*) est une redevance consistant dans une certaine portion des fruits de la terre que le seigneur a le droit de prendre après la récolte. Sur certaines terres, il est dû en outre du cens ; sur d'autres, il en tient lieu, et c'est là la tenure à champart.

Le champart n'est dû que sur les grains semés ; les vignes ne

---

(1) Juin 1219. Girard de Vallangoujard. Dedi in elemosinam predicte ecclesie totam viaturam in longum et latum de viis que sunt circa eorum proprisiam, et quantum terre durant quas vendiderunt eis Symon Johannis et li Flastre, in magno chemino versus domum Leprosorum ; ita tamen quod si viam fecerint deteriorem, suis sumptibus eam emendabunt, sine alia aliqua emenda ; et si ipsi vel aliquis de familia eorum, vel conducticius vel quocumque modo ad eos pertinens, in predictis viis forisfecerit, tota inde justicia eorum erit. De extraneis vero, si ibi forisfecerint, mea erit justicia. — Dénombrement de 1399, p. 25. Item, je ay à cause de mondit fief par toute la ville, terroir et appartenances d'Amblainville, la moitié de toutes les voiries d'icelle ville, et l'autre moité me appartient à cause d'un autre fief qui fut Philipot Levrier.

(2) *Coutumes de Beauvoisis*, t. I, p. 357. — 13 juin 1376, une maison ou masure... aboutissant par devant au chemin du roy.

(3) J 897, n° 4, fondation de La Villeneuve. Petrus de Tria et Johannes de Monchevrel dicebant se jus habere in griagio hujus nemoris.

sont pas soumises à cette redevance (1). Il se lève sur place, par l'agent du seigneur (*campipartitor*), après que la récolte a été mise en gerbes et avant tout autre droit, même la dîme. Ce qui me semble bien le prouver, c'est la clause fréquemment insérée dans les actes que, lorsque le représentant du seigneur voudra faire la part de son maître (*campipartiri*), il devra prévenir le décimateur, afin que celui-ci envoie quelqu'un pour assister au partage; si, après cet avertissement régulièrement donné, il ne vient personne, le champarteur procédera seul, sous la garantie de sa bonne foi (2). Si le décimateur avait touché sa part avant le seigneur de la terre, il n'aurait plus d'intérêt à savoir ce que prend ce dernier.

La quotité du champart est variable suivant la coutume du pays; dans le même lieu, elle peut aussi différer de seigneur à seigneur. Les champarts dûs à l'abbaye du Val pour sa maison de Fromantel sont perçus à raison de douze gerbes sur cent (la huitième gerbe) (3); dans une donation de juillet 1265 (4), on

---

(1) 6 août 1296, concession par Saint-Victor à Jean des Quartiers et Dreux Giroust de trois arpents et demi de terre, à condition de les planter en vignes : Et quod de ipsis vineis censum et decimam et pressoragium solvent... quod si ipsi vel eorum heredes culturam dictarum vinearum processu temporis diviserint et dictas vineas extirpaverint, quod predicta terra in agriculturam revertetur, et de ea nobis solvent *campipartem* et decimam sicut ante.

(2) Girard de Vallangoujard, dîme d'Amblainville : Singulis annis campipartitor noster vel heredum nostrorum tractoribus decime jurabit quod, quum ibit campipartiri, vocabit secum unum de tractoribus decime; quod si nullum commode invenerit, postmodum, quum aliquem illorum invenerit, ei bona fide dicet quantum et ubi receperit de campiparte. Voyez aussi 1212, confirmation par Girard de la convention faite entre les Sandricourt et Saint-Victor, sur la levée de leur champart dans les terres à dîme de l'abbaye.

(3) Fin du XIVe siècle, champars appartenans à l'ostel de Froitmantel : Et champarte toutes du cent XII.

(4) 14 juillet 1265. Septem jugera... in campiparte dominorum du Plaiz, ad septimam guerbam; duo jugera... in campipartem dominorum de Santecourt, ad septimam guerbam; tria jugera... in campiparte Gerardi et Johannis Bauchez, ad rectam campipartem.

trouve quelques terres qui doivent le champart à la septième gerbe (quatorze gerbes sur cent); mais ce devait être l'exception. Une autre terre est mentionnée ensuite, qui le doit « ad rectam campipartem ».

Quant il y a plusieurs possesseurs du droit de champart, leurs représentants font tous ensemble la levée de la part seigneuriale (1), sauf convention contraire.

Plusieurs redevances accessoires sont perçues en sus du champart :

Les dons (*dona*); dans le dénombrement de 1399, une gerbe et demie par arpent (2);

La rente de compoisson, en nature (3);

Le plait, en argent : un denier par mine de la rente de compoisson (4).

Ces deux dernières sont exceptionnelles, tandis que les dons sont l'accessoire ordinaire du champart, comme la redîme à côté de la dîme.

Les cens sont de plusieurs espèces :

Le chef-cens (*census capitalis*) (5), payé par le vassal à qui son

---

(1) 1212, donation par Girard de Vallangoujard au Val, de son droit de champart à Noisement. Nullus participum campipartem ejusdem territorii campipartiri poterit antequam campipartitor monachorum Vallis advenerit; campipartitor autem monachorum Vallis, si requisitus fuerit, non expectatis aliis qui partem habent de ipso campipartagio, libere et sine aliquo contradicto, quando voluerit, campipartiri poterit et debebit.

(2) Dénombrement de 1399, p. 2 : Pour chacun arpent de terre à champart, je prens une gerbe et demie de don.

(3) Je prens chacun an au terme de Noel, sur plusieurs des heritages dessus declairez, ix mines et ung boisseau de blé, et se nomme la rente de compoisson, et pour chacune mine de blé 1 denier de plait. (Dénombrement de 1399, p. 24).

(4) Dénombrement de 1399.

(5) Février 1231 a. s. Pro triginta solidis capitalis census parisiensis monete, tribus denariis minus, super triginta arpennis terre. — 6 août 1296. Ad censum capitalem, videlicet quodlibet arpentum pro duobus solidis. — 1318. Ladite terre pour 10 sous parisis de annuel et perpétuel chief cens. — 24 février 1396 a. s. A tiltre de chef cenz, portant lotz, vantes, saisines, etc.

DANS LA PAROISSE D'AMBLAINVILLE. 33

seigneur fait une concession perpétuelle de terres, indépendamment des redevances basées sur le produit annuel de l'immeuble. C'est un droit seigneurial ; le cens proprement dit est une redevance foncière.

Le crois de cens ou surcens (1), rente que le tenancier paye en outre du cens.

Le cens proprement dit, établi d'après le produit annuel de la terre. Suivant les conventions faites avec le seigneur, il est payé soit tout en argent ou tout en nature, soit partie en argent, partie en nature. Les redevances ou menues rentes consistent principalement en poules, œufs et chapons ; on donne aussi des porcs gras et des pigeons (2) ; au xii° siècle, il est fait une fois mention d'oublies (3).

Les époques de payement les plus usitées sont : la Saint-Remi (1ᵉʳ octobre), la Saint-Martin d'hiver (11 novembre), Noël (25 décembre), Pâques et la mi-mars ; quelquefois aussi, la Saint-Denis (9 octobre), la Toussaint (1ᵉʳ novembre) et la Saint-André (30 novembre).

Les produits dus à chaque époque sont déterminés. Outre les cens en argent partagés entre les trois termes de la Saint-Remi, Noël et la mi-mars, les censitaires donnent des poules à la Saint-Remi, du grain et des chapons à Noël, des œufs à Pâques (4).

---

(1) 9 octobre 1401. Cette prinse faite pour et parmi 36 sous parisis de crois de cens ou rente annuel et perpétuel.

(2) Dans une énumération des biens de l'abbaye de Saint-Victor, du 28 mai 1545 : « Item, à Amblainville, les cens, dixmes, champars et rentes, pourceaux gras, chappons, pigeons et autres droiz dudit lieu, vallant 94 livres 6 solz tournois ». Bibl. nat., lat. 14672, f° 96.

(3) 1100-1123. Unum hospitem apud Umblevillam, qui solvit ad Nativitatem Domini duas oblatas et duos capones et unum sextarium avene.

(4) Dénombrement de 1399, p. 24. Tous lesquieulx cens et rentes dessusdits valent pour chacun terme ce qui s'ensuit, c'est assavoir : pour le terme de la Saint-Remy, 12 l. 19 s. 11 d. ob. poit., dix-sept poules et le quart d'une ; le terme de Noël vaut en argent 117 s. 1 d. et seize chappons, dix-huit mines d'avoine, quatre mines de blé ; au terme de mi-mars, 9 s. 9 d. et ob. poit., et six corvées de homme, chacun 2 s. ; les œufz

Les corvées étaient des redevances consistant en services personnels, en journées de travail que le tenancier devait à son seigneur pour les semailles, les labours, le charroi des fumiers, des récoltes, l'entretien des routes, etc.

Quand les seigneurs prirent l'habitude de donner leurs biens à ferme, l'utilité de ces prestations fut considérablement réduite; nous les voyons, dans le dénombrement de 1399, évaluées en argent à 2 sous l'une; ce qui semble indiquer au moins que le seigneur, quand il n'avait pas de travaux à exécuter, pouvait faire la conversion, si elle n'était de droit.

Le non-payement des cens au temps fixé entraînait une amende pour le défaillant; de même, si le censitaire dissimulait tout ou partie de sa dette, quand il était appelé devant le représentant du seigneur pour faire la déclaration de sa tenure : dans ce dernier cas, l'amende était beaucoup plus considérable (1).

Quand une masure était abandonnée par le tenancier, le seigneur de la terre ne pouvait mettre la main dessus, pour rentrer dans ses droits, sans accomplir certaines formalités de procédure; après quoi, s'il n'y avait pas d'opposition, l'héritage vacant lui était adjugé, pour en user comme de sa propre chose (2).

---

de Pasques valent cent quarante-six œufz et demi. — *Ibidem*, p. 40. Cens dus pour le fief de Philippot Lévrier. Le total pour les deux fiefs est de : argent, 26 l. 18 s. 13 d.; blé, sept mines et un quartier; avoine, un setier huit mines et un quartier; poules, trente-quatre un quart; chapons, trente et trois quarts; œufs, trois cent un et demi; corvées, onze.

(1) 1218, Th. d'Outrevoisin. Tres denarios nomine census... tali conditione quod si, aliquo casu fortuito, ad predictum terminum non soluti fuerint, predicto censu duplicato pro emenda. — Janvier 1221. 2 deniers d'amende (doublement du cens). — 1er mai 1279. 6 deniers par jour de retard. — Dénombrement de 1399, p. 24. Amendes de cenz ou rentes non paiées, 5 sous d'amende, et de cens forchelez, 60 sous parisis, et de campart, emporte 60 sous parisis.

(2) Le procureur de Saint-Victor expose au prévôt de Pontoise que plusieurs héritages devant cens et rentes à l'abbaye « sont demourez vacans en la main desdiz religieux, tant pour ce que aucuns desdiz possesseurs y avoient renoncié en leur main, comme pour ce que aucun d'iceulz s'estoient absentez du païs des pieça, et les auteurs mors et executés pour leur demerites ». Le prévôt ordonne que les tenures vacante

3° Revenus ecclésiastiques :

La dîme. On caractérise la dîme en disant qu'elle est la part de Dieu, tandis que le champart est celle du seigneur. C'est, comme le champart, une portion des fruits ; mais elle se prend sur tous les produits de la terre, et non pas seulement sur les grains semés ; les petits des animaux y sont également soumis.

La dîme était, dans l'origine, un droit ecclésiastique ; usurpée par les seigneurs, elle fut plus tard rendue par eux aux établissements religieux. Nous assistons, en parcourant nos documents des XII° et XIII° siècles, à de nombreuses restitutions faites par les laïques.

La dîme est généralement, comme l'indique son nom, le dixième du revenu. La redîme est la dîme de la dîme, ou onzième.

Que faut-il entendre par le *tractus decimæ?* Ducange le définit ainsi : « Idem quod redecima, seu pars decimarum quam percipiebat is qui eas colligebat, trahebat seu vehebat in horreum decimatoris. » Il fait observer ensuite que ce revenu appartenait tantôt à un seigneur, tantôt à une église, qui, en fait, ne voiturait pas la dîme, mais que le droit n'en avait pas moins son origine dans la rémunération des charrois de la dîme.

Ce ne serait pas le premier exemple d'une redevance féodale ainsi détournée de sa destination première ; mais il me semble difficile d'appliquer l'interprétation de Ducange à certains passages de la donation de la dîme d'Amblainville faite, le 31 décembre 1206, par Gérard de Vallangoujard, à Saint-Victor. Il y est dit que Thibaut d'Outrevoisin a le tiers de la dîme et un *tractus*; Adam de Vinnecel, 30 setiers d'hivernage et un muid d'avoine et un *tractus*, et Saint-Victor le troisième *tractus* (1) (il apparte-

---

seront criées au marché de Pontoise par trois quinzaines consécutives, « et la quarte d'abondant », ainsi que pendant plusieurs dimanches, à l'issue de la messe, en l'église d'Amblainville. Ce délai expiré, personne n'ayant formé opposition, il prononce l'adjudication, au profit de l'abbaye, des héritages vacants « en fons, saisine et propriété, à avoir, tenir, joir et posseder par eulx, leurs successeurs et aians cause, à tousjoursmaiz, comme leur propre chose ».

(1) Primum feodum tenet Theobaldus de Utreveisin...., et debet unum tractum in decima, et terciam partem tocius decime. Secundum feodum

naît à Girard, qui le lui donne avec sa part de la dîme et la seigneurie du reste). Puis, aussitôt après : « Si *tres* quadrigæ non suffecerint, plures ex consensu parcium querentur. » *Tractus decimæ* et *quadriga* sont donc une seule et même chose. Les *tractores decimæ*, Ducange le dit lui-même, sont les collecteurs de la dîme, qui sont chargés de faire la part du décimateur et de veiller à son transport à la grange.

La redîme et le *tractus* diffèrent absolument, car les curés d'Amblainville ont la redîme de la dîme, et il est dit ensuite : « Presbiteri nichil percipient in mercede tractus ». Le *tractus* est salarié, et notre acte même fixe sa quotité pour les charrois d'avoine : « Quamdiu tractores trahent avenam, singulis diebus operalibus quælibet quadriga habebit duas garbas avene. »

Tractus decimæ est donc le charroi de la dîme, et non un droit supplémentaire perçu à raison de ce charroi. Il faut le ranger parmi les corvées. Ceux qui sont chargés de le faire reçoivent un salaire : le *merces tractus*. Nous verrons que toutes les corvées sont plus ou moins rémunérées, soit en argent, soit en nature.

Les dîmes sont de deux espèces : les grosses dîmes, sur le blé, les céréales ; les menues dîmes, sur le lin, le vin, le chanvre, tout ce qui ne constitue pas la culture principale du pays, et sur les petits des animaux (1). Les bois ne doivent pas la dîme.

Le payement était fait avec les fruits de la terre qui devait le droit, sauf convention contraire : la dîme de la guède est payée par les bourgeois de Méru, à Saint-Victor, en avoine (2).

La donation de Girard de Vallangoujard, en 1206 (3), est la

---

tenet Adam de Vinecel, qui habet triginta sextarios hibernagii et unum modium avene in eadem decima, et unum tractum... Tercium tractum habet ecclesia Sancti Victoris.

(1) Dénombrement du prieuré d'Amblainville, 1478 : le tiers des menues dîmes de vin, de lins, de chanvres, d'aigneaulx, porceaulx, chevres, oysons, et de toutes les choses qu'on dit estre menues dismes.

(2) Pro unoquoque arpenno terre in quo facerent gaisduim, unam minam avene pro decima. 1212, accord passé devant l'abbé de Ressons.

(3) 31 décembre 1206. Le rédacteur de l'original avait mis CC° VII°, mais il a gratté un I ; ce qui prouve que ce changement n'a pas été fait à une époque postérieure, c'est que les ratifications de la même donation sont toutes de l'année 1206 ou du commencement de 1207.

première pièce d'une série d'actes sur la dîme qui donnent des indications très complètes sur le régime de ce droit à Amblainville; l'analyse détaillée des principaux me paraît être le meilleur commentaire qu'on puisse en faire. On verra par ce résumé que Saint-Victor, au bout de cinquante ans environ, était devenu, soit par des ventes, soit par des donations, le décimateur d'une grande partie du territoire. Il avait déboursé en principal, pour les acquisitions à titre onéreux, 1127 livres 10 sous.

31 décembre 1206. Girard de Vallangoujard, de l'assentiment de sa femme et de ses enfants, donne à Saint-Victor le cinquième de la dîme d'Amblainville et le fief de Thibaut d'Outrevoisin se rapportant à ladite dîme (1). Les quatre autres cinquièmes sont rachetés de lui par l'abbaye, ainsi que deux autres fiefs et une censive qui en dépendent, pour la somme de 530 livres parisis. Thibaut d'Outrevoisin, à raison de son fief (le tiers de la dîme et un *tractus*), doit à Saint-Victor l'hommage, le service et le rachat. Adam de Vinnecel, pour le second fief (trente setiers hivernage, un muid avoine et un *tractus*), est l'homme lige de Saint-Victor et doit 30 sous pour le service, et autant pour le rachat. Thibaut de Vallangoujard tient le troisième fief : il a la paille de la dîme, et pas de grain; il doit l'hommage à Saint-Victor et le rachat *ad valorem* pour le service; il conduira à Pontoise ou à une distance égale, à ses frais, trois muids de grain (dix-huit setiers hivernage et dix-huit avoine), Saint-Victor fournissant les sacs. Il doit en outre fournir une ou plusieurs granges suffisantes pour contenir la dîme (2), et donner aux gardiens le coucher et les ustensiles nécessaires (3), ainsi que les clef et verrou pour fermer la grange, et une palissade pour clore la cour. A cet effet, il voiturera le bois nécessaire, et les batteurs de grains le tailleront et mettront les pieux en place; pendant ce travail, il

---

(1) Voyez la constitution de fief de 1188, par Philippe du Fresnoy à Thibaut de Vinnecel.

(2) Vente par Jean du Coudray à Saint-Victor de la moitié de la terre dite la Pointe, moyennant 40 livres parisis, pour y construire une grange, avec faculté d'y placer un gardien. 1206.

(3) Culcitram et duo lintheamina, urnam et ciphum, scutellam et coclear. 31 décembre 1206, donation.

leur fournira le pain nécessaire. Albéric du Marché tient la censive, pour laquelle il rend 12 deniers et prend dix-huit setiers d'hivernage.

Prennent encore dans la dîme :

L'église de Boran (1)...............	1 setier d'hivernage.
Les moines d'Amblainville	7 —
L'église dudit lieu.................	1 —
Les curés dudit....................	1 —
Les religieuses de Variville......	2 —
Le prieur de Belle-Église.........	1 —
Le curé dudit lieu.................	1 —
Le curé de Fresnoy................	1 —
Total	15 —

Tous ces prélèvements doivent être faits suivant l'ancienne mesure qui est dans la grange (2).

Saint-Victor et Thibaut d'Outrevoisin (le possesseur du tiers) placeront des gardiens de la dîme, l'abbaye un ou deux à son choix, Thibaut un seulement. Ils s'accorderont pour y envoyer des batteurs en nombre suffisant. Tous ces gens, comme les charroyeurs, jureront fidélité à Saint-Victor.

Les curés d'Amblainville ont la redîme de toute la dîme; mais ils ne prennent rien sur le salaire des charrois (3).

Vers 1209, Jean de Marquemont et Philippe, sa mère, cèdent à Saint-Victor, pour 87 livres parisis, leur part de la dîme d'Amblainville (deuxième fief); cette vente est approuvée par Adam de Vinnecel, seigneur féodal.

1213, 5 octobre. Thibaut de Vallangoujard et sa femme engagent à Saint-Victor, pour 80 livres parisis, le fourrage de la dîme

---

(1) La même année 1206, Girard donne aux religieuses de Saint-Martin de Boran un muid de blé et un muid d'avoine, à prélever dans la dîme d'Amblainville, pour sa fille Isabelle, qui a pris le voile dans ce prieuré.

(2) Ad antiquam minam que est in grangia recipientur, nec augeri debent nec minui.

(3) Presbyteri de Ambleinville redecimationem habent in tota decima, ita scilicet quod... nichil percipient in mercede tractus. — Le 23 janvier suivant, confirmation publique de cet acte, en présence des délégués de l'archevêque de Rouen.

d'Amblainville (troisième fief), à telle condition qu'ils ne pourront le racheter avant dix ans. Si, après la dixième année, Thibaut veut le racheter, il rendra à Saint-Victor, outre le prix, 40 livres pour les dépenses faites par l'abbaye pour construire sa grange. Après vingt ans, il ne rendra plus que 80 livres. Le relèvement de fief, s'il vient à être dû pendant ce temps, sera payé à Saint-Victor après le rachat du fourrage. L'abbaye pourra disposer du fourrage déjà ancien. Le rachat ne pourra avoir lieu qu'après la construction d'une grange suffisante pour contenir la dîme.

1215. Albéric du Marché et Hodierne, sa femme, rendent un revenu de dix-huit setiers d'hivernage qu'ils avaient le droit de prendre dans la dîme d'Amblainville (la censive).

Janvier 1221 a. s. Thibaut d'Outrevoisin (possesseur du premier fief) donne à Saint-Victor, du consentement d'Agnès, sa femme, la moitié de la dîme du fief de M⁹ Benard; il tiendra l'autre moitié de Saint-Victor, moyennant un cens de 2 deniers. Thibaut ou ses héritiers seront libres d'emporter où ils voudront les fruits provenant de cette moitié. S'il aliène sa part à une personne de main-morte, Saint-Victor pourra la reprendre à l'acquéreur en payant 10 livres.

Mars 1257. Thibaut d'Outrevoisin et sa femme vendent pour 300 livres 10 sous le tiers de la grande dîme d'Amblainville (premier fief), sauf deux muids déjà vendus à l'abbaye (1) par le vendeur et par Gace, son frère, et deux setiers de blé dus aux curés et à l'église d'Amblainville.

Juillet 1258. Anseau d'Amblainville (2), chevalier, vend, du consentement de Marie, sa femme, le fourrage et la paille de la dîme (troisième fief), pour le prix de 205 livres.

Saint-Victor avait encore une partie des dîmes du Fay (3) et de Noisement; l'abbaye du Val avait le reste.

---

(1) Voyez la donation de mars 1251 a. s., l'accord de juillet 1254 et la donation de juin 1255.

(2) Anseau de Vallangoujard (sceau n° 1159), fils de Thibaut.

(3) 1208, donation par Robert du Fay, clerc, du consentement de Pétronille, sa sœur, et de son neveu Guillaume, chevalier, du cinquième

Les chanoines avaient la grande dîme du vin : les administrateurs de la Léproserie ayant émis des prétentions sur le tiers de cette dîme, l'abbaye fut confirmée dans sa possession moyennant 10 livres payées aux malades (1).

Les curés et le prieur se partageaient les menues dîmes ; la redîme était aux curés.

CURE. 28 juin 1282. Pierre, curé d'Amblainville, vend à Robert, intendant de Saint-Victor, pour 6 livres 15 sous, la part qu'il prenait au commencement d'août, tant à titre de redîme qu'autrement, dans la grange de Saint-Victor, tant en froment, seigle, méteil, orge, avoine, que fèves, pois, vesces et autres légumes.

13 mai 1395. Gautier et Hugues, curés d'Amblainville, remettent à Saint-Victor le droit qu'ils avaient de prendre la redîme de toutes les dîmes venant à la maison des religieux, et la dîme du fief au Buchois, comme étant d'une perception trop difficile et onéreuse pour eux, en échange de sept muids de grain (quatre d'hivernage et trois d'avoine) à prendre annuellement dans la grange de l'abbaye. (2).

PRIEURÉ. Janvier 1278 a. s. Échange de dîmes entre Saint-Victor et le prieuré d'Amblainville. Le prieur est confirmé dans la possession des *dîmes des jardins*. Toutefois, il est convenu que, si une des terres cédées par le prieur vient à être convertie en jardin, la dîme restera à Saint-Victor.

10 octobre 1304. Échange de dîmes que prend le prieur sur plusieurs terres de Saint-Victor, et d'une rente de sept setiers, contre une autre rente de trois muids (vingt-six setiers d'hivernage à mesure de dîme, et champart, et dix setiers à la mesure commune), étant réservé seulement au prieur la petite dîme d'Amblainville et celle des terres de Saint-Martin (3).

---

de la dîme du Fay et Noisement, et vente du reste, ainsi que de la grange sise devant la porte de la maison seigneuriale, pour la somme de 300 livres parisis. Sur cette dîme, les moines du Lay prenaient un setier de blé, et les curés d'Amblainville avaient la redîme.

(1) 18 septembre 1275, accord passé devant le vicaire de Pontoise.

(2) Voyez, sur la perception de cette rente, la sentence arbitrale du 13 septembre 1374 et les actes des 26 mai et 24 juillet précédents.

(3) Le dénombrement de 1477 indique les dîmes que prenait le prieur :

J'ai montré que la dîme se prenait après le champart, ou au moins après que les gerbes composant la part du seigneur avaient été mises à part dans le champ. L'enlèvement des deux portions pouvait être simultané, et cela arrivait quand l'une et l'autre appartenaient au même seigneur (1).

La grange où sont renfermés les revenus de la dîme (*grangia decimaria*) est le lieu où sont payables les redevances des tenanciers ; c'est là aussi que se prennent les rentes en nature dont le revenu du décimateur est lui-même grevé.

Je n'ai qu'à mentionner quelques autres revenus ecclésiastiques :

Les oblations (*oblationes*) (2), offrandes faites par les fidèles à l'église ;

Le droit de sépulture (*sepultura*) (3) et les émoluments y attachés.

4° Monopoles :

Pour clore cette liste des droits seigneuriaux, j'ai encore à parler de quelques revenus qui résultent de l'exercice des monopoles que se réserve le seigneur.

Droits sur le vin. Le droit de pressurage (*pressoragium*) (4) : le vassal est tenu d'apporter ses raisins au pressoir du seigneur

---

« A Oultrevoisin, la disme des aigneaulx, pourceaulx, viaulx, oisons, de lins, de chanvres, et de toutes autres choses qui y croissent en ladite ville, toutes menues dismes ; à Amblainville, chacun an, de rente en la grange de Saint Victor et sur toutes les appartenances d'icelle, trois muys de grain... ; item, le tiers des menues dismes de vin, etc. »

(1) L'abbaye du Val, qui avait aussi des dîmes, était propriétaire de la plus grande partie du champart de Noisement. (Acquisitions de 1212, 1213, 1218, septembre 1227, 1228, 1ᵉʳ mai 1275, etc.)

(2) Le prieur d'Amblainville a toutes les oblations qui sont faites en sa chapelle. Dénombrement de 1478.

(3) Les curés tenaient beaucoup à ce privilège, et ils ne s'en dessaisirent pas volontiers. Voyez l'acte déjà cité, du 22 février 1228 a. s., concernant l'établissement d'un cimetière à la Trinité.

(4) 6 août 1296. Quod de ipsis vineis censum nobis solvent et decimam et pressoragium, et in nostro pressorio pressorabunt.

et de payer un droit de fabrication. Il existe encore des droits sur la vente du vin (1) en détail (chantiée) (2), outre que le seigneur a le privilège, pendant un certain temps, de vendre seul sa récolte (banvin).

Il n'est question que rarement de moulins dans nos pièces (3) : les vassaux devaient porter leurs grains au moulin du seigneur, et le droit qu'ils payaient pour la mouture était la moute (4).

Le bornage (*bornagium*, *metatio*) est un droit payé au seigneur pour la délimitation des terres de ses vassaux (5).

Le mesurage (*modiatio*) est un droit dû pour le mesurage des grains (6).

Le rouage (*roagium*) est un droit sur le transport des denrées, et surtout sur celui du vin, institué pour subvenir à l'entretien des routes.

Le droit de tonlieu (7) est un droit de douane sur les marchandises apportées aux foires et marchés.

Il faut encore rattacher à la classe des monopoles un droit qui

---

(1) C'est à ces droits que Girard de Vallangoujard renonce quand il accorde au Val « in masura sua de Venoncort vina sua vendere libere et quiete » sine aliqua consuetudine ». On appelle *consuetudo* les droits ordinaires, par opposition aux droits extraordinaires *(exactio)*, comme amendes, frais de justice.

(2) Juillet 1291.

(3) Novembre 1259. In parrochia de Villa Nova, prope molendinum ad ventum. — Janvier 1264 a. s. Molendinum de Claquest.

(4) Saint-Martin de Pontoise possède à Amblainville, en 1551, « redecimam dimidii molendini [et] annone Radulphi de Alvers. »

(5) Juillet 1224.

(6) 1219, donation par Anseau de Boulonville, au Val, de son champart à Noisement, « ad modiationem duorum modiorum bladi et unius modii avene ».

(7) Dénombrement de 1478 : « Ledit prieur a droit par toute la ville d'Amblainville, le merquedi prochain après la Penthecouste, de toutes les denrées et choses qui sont vendues cedit jour audit Amblainville, il en doit avoir le tonlieu. » Cela donne à croire que, le mercredi de la Pentecôte, il y avait une foire à Amblainville; mais il n'en est fait mention nulle part. Un marché y fut établi le lundi de chaque semaine, par lettres patentes de juillet 1206. (Archives du château de Sandricourt.)

eut de bonne heure le caractère d'impôt, c'est le fouage (*focagium*), appelé dans d'autres pays monnéage, droit payé au seigneur pour qu'il ne change pas la monnaie. La répartition de cet impôt se faisait entre les paroisses d'après le nombre des feux. On a le compte des fouages du Vexin pour l'année 1370 : Amblainville y est inscrit pour 40 francs (1).

CHAPITRE VI.

DES MESURES.

Je n'ai à parler ici que des mesures de superficie et des mesures de capacité pour les grains, laissant de côté les types employés pour le bois et pour les liquides, qui ne rentrent pas dans mon sujet.

Les mesures usitées dans le pays, au XIIIe siècle, ont, sauf deux, survécu jusqu'à l'adoption du système décimal, et elles persistent même dans l'usage, bien que n'ayant plus d'existence légale. Je crois que ces traditions locales sont le meilleur guide à suivre à travers les complications de l'ancien système, sauf à les corriger, s'il y a lieu, par les indications que donnent les documents.

---

(1) Arch. nat., K 49, n° 53. Tardif : *Cartons des rois*, n° 1499. — Je reproduis une partie du rôle qui concerne le doyenné de Chaumont ; on y verra que la paroisse d'Amblainville venait en seconde ligne comme importance, aussitôt après le décanat :

La paroisse de Mons............................	xx fr.	
— de Saint-Crespin........................	xxx fr.	
— de Hénonville...........................	xII fr.	
— de Yvry-le-Temple.....................	xxIIII fr.	
— de Marquemont.........................	xvI fr.	
— d'Amblenville...........................	xL fr.	
— de Berville..............................	vIII fr.	
— de Avonville............................	xvI fr.	
— de Neufville le Roy....................	xvI fr.	
— de Saint-Jehan......................... }		
— de Saint-Martin de Chaumont........ }	IIII^{xx} fr.	
— de Laillerie............................. }		

DE L'ÉTAT DES TERRES ET DES PERSONNES

Les mesures de superficie sont :

L'arpent (*arpennum, arpentum, aripennum*), l'arpent des eaux et forêts de 51 ares 7 centiares. Il se divise en 100 perches. La perche, perche royale (*pertica regis*), est de 24 pieds. Le pied est de 11 pouces.

Les autres divisions de l'arpent sont : la mine ou demi-arpent, et le quartier (*quarterium*) ou quart d'arpent.

Je trouve dans les textes deux autres mesures de superficie qui n'ont pas subsisté :

Le journal ou journée (*journalis, journata*); d'après une donation de mars 1257 a. s., il valait 65 perches (1). Cette mesure est encore usitée en Beauvaisis; elle vaut 66 perches et demie.

Le *jugerum* (2), mesure un peu plus forte que l'ancien journal d'une perche et demie : ce qui lui donne la valeur du journal actuel du pays de Beauvais.

Voici la correspondance de ces diverses mesures avec le système actuel :

Arpent............	51	ares 07	cent. 20
Mine.............	25	53	60
Quartier..........	12	76	80
Perche............	»	51	07
Pied..............	»	02	32
Journal...........	33	19	55
Jugerum.........	34	04	80

Pour les mesures de capacité, la complication est beaucoup plus grande : non seulement elles diffèrent d'une contrée à l'autre et de village à village; mais, dans le même lieu, plusieurs mesures sont souvent usitées concurremment. On trouve à Amblain-

---

(1) Mars 1257 a. s. Decem journatas terre, continentes sex arpenta et dimidium. — Dans le Polyptyque d'Irminon, le journal est de trente-deux ares huit centiares.

(2) Mai 1279. Bail à ferme par Saint-Victor, aux frères de la Trinité, de quarante arpents de terre, dont le détail, fait en *jugera*, donne cinquante-neuf *jugera* trois quartiers (d'arpent). M. Guérard (Cart. de S. Père, proleg., ch. x) évalue le *jugerum* à la moitié de l'arpent : vingt-cinq ares huit centiares.

ville la mesure de Pontoise (1), celle de Chaumont (2), celle d'Hénonville (3), et une mesure locale, qui comprend elle-même plusieurs variétés : la *mensura elemosinæ*, la *mensura decimæ et campipartis*, et la *mensura communis* (4).

La *mensura communis* est la mesure usitée habituellement dans le pays : comme toutes les paroisses dépendant du vicariat de Pontoise ont employé, sous l'ancien régime, les mesures de cette ville, c'est la mesure de Pontoise qui, dans les constitutions de rentes ou autres actes, est la règle, et les autres ne sont que l'exception. La mesure d'Hénonville, mentionnée aussi, ne fait qu'un avec celle de Pontoise, cette paroisse dépendant du vicariat et Saint-Martin y ayant des propriétés. Quant à la mesure de Chaumont, je n'ai relevé son emploi qu'une fois, dans la donation à Saint-Victor, en 1209, d'une partie de la dîme du Fay. Les mesures employées sont donc réduites à deux espèces, et l'une d'elles n'est usitée qu'exceptionnellement.

Qu'était-ce que la *mensura elemosinæ* et la *mensura decimæ*? Les documents ne l'expliquent pas. La première était-elle d'une capacité plus grande que l'autre? Forcément, je dois les laisser de côté.

La mesure de Pontoise étant donc généralement employée, il importe de déterminer sa quotité. Mais d'abord quelles étaient ses subdivisions? Nous trouvons :

Le muid (*modius*), valant 12 setiers. Il diffère de capacité pour le blé et pour l'avoine : le muid de blé vaut 18 hect. 73 lit. 20 c., et le muid d'avoine 37 hect. 46 lit. 40 c., c'est-à-dire le double (5).

---

(1) Voyez l'arbitrage de mai 1316, relativement à une rente de grain prise par Adam de Valmondois sur la grange de Beauvoir; les arbitres décident qu'on suivra la mesure de Pontoise.

(2) 1209.

(3) 1188, 1219, 1232.

(4) 10 octobre 1304.

(5) Si une rente de grains doit être payée moitié en blé, moitié en avoine, le nombre de setiers de blé sera double du nombre de setiers d'avoine; c'est ce qui est exprimé par les mots : deux parts blé, une part avoine. — 18 mai 1456. « Deux muys de grain à la mesure de Pontoise, les deux pars blé et le tiers avoine. »

Le muid avait été fixé par Charlemagne à 70 litres; donc sa valeur a augmenté d'une façon considérable au xiie siècle.

Le setier (*sextarius*) ou douzième du muid. Il y a autant de setiers dans le muid de blé que dans le muid d'avoine; la valeur du setier d'avoine est donc double. Mais les subdivisions inférieures du muid ont la même valeur dans l'un et l'autre cas; c'est leur nombre qui est double pour l'avoine.

La mine (*mina*) : il y en a deux dans le setier de blé, quatre dans le setier d'avoine.

Le minot (*minotus*) : quatre pour le blé, huit pour l'avoine.

Le quartier (*quarterium*) : un huitième et un seizième du setier.

Le boisseau (*boissellus*) : un douzième et un vingt-quatrième du setier.

Le muid de Pontoise est le même, comme valeur, que celui de Paris; mais ses subdivisions diffèrent quelque peu. On le verra en comparant les données qui précèdent au tableau des principales mesures du nord de la France ramenées à la mesure de Paris, qui fut dressé par ordre de la Chambre des comptes, entre 1320 et 1336 (1). Pour le blé, dans l'ancienne mesure de Paris, quartier est synonyme de minot (demi-mine); pour l'avoine, la différence est plus grande : le setier de Paris contient seulement 2 mines, 4 quartiers ou minots et 20 boisseaux. Mais, je le répète, le point de départ, la valeur du muid, reste la même (2).

Voici donc la valeur des anciennes mesures de Pontoise :

Blé.

Muid..................	18 hect.	73 litres	20 c.
Setier.................	1	56	10
Mine..................	»	78	05
Minot.................	»	39	02

---

(1) Bibl. nat., S. Germain lat. 842, f° 54 et suiv. Ce tableau est reproduit dans Ducange au mot *Modius* (éd. Carpentier). Il a été donné d'une façon plus complète par M. Boutaric : *Revue des Sociétés savantes*, deuxième série, t. III, p. 325 et suiv.

(2) Le muid de vin de Pontoise est le même que celui de Paris; il vaut deux hectolitres soixante-huit litres.

Quartier........................... » hect. 19 litres 54 c.
Boisseau........................... »   13

Avoine.

Muid 37   46   40
Setier 3   12   20

Mine, minot, quartier, boisseau. Comme pour le blé.
Je ne dirai qu'un mot de la mesure de Chaumont, puisque son emploi était tout à fait exceptionnel. Le tableau déjà cité, du xiv° siècle, donne sa valeur comparée au muid de Paris; elle était inférieure à ce dernier. Pour le blé, le muid de Paris équivalait à 1 muid et 3 minots de Chaumont; le muid valait 12 setiers, et le setier 4 minots et 16 boisseaux. Le muid d'avoine de Paris valait 1 muid 2 setiers et 1 minot de Chaumont; les subdivisions étaient les mêmes (1).

CHAPITRE VII.

DES TERRES ET DES BOIS.

La partie cultivée du territoire comprend des terres, des vignes, et enfin quelques prés. Les terres labourables ou arables sont en majorité.

TERRES. Une obligation fréquemment imposée au preneur par les baux à ferme est de ne pas changer l'assolement (2), c'est-à-dire le régime auquel est soumise la terre, qui ne reçoit pas deux ans de suite la même culture, étant semée un an en blé (3), un an en avoine, et la troisième année restant en friche. C'est la durée actuelle d'une période d'assolement. Un fermier laisse ainsi reposer chaque année le tiers des terres de sa ferme.

---

(1) Le texte porte dix-sept boisseaux au setier; c'est évidemment une erreur.

(2) Labourer et cultiver lesdites terres par chacun an, sans les dessaisonner. 14 mai 1496.

(3) Anno quo terra portat bladum. Novembre 1239.

J'ai trouvé dans les papiers du château du Fay un compte rendu au Chapitre de Beauvais, en 1300, par le garde de sa maison d'Ailly (1). J'ignore comment cette pièce a pu arriver là, au milieu d'anciens titres de propriété; mais elle contient des indications utiles, soit sur le prix des grains, soit sur l'exploitation d'un domaine rural : pour m'en servir à ce double point de vue, je crois devoir la reproduire intégralement, d'après le rouleau original.

1ᵉʳ AOUT 1299 — 18 JUILLET 1300.

Compotum domini Johannis Painetarii, custodis domus de Alliaco, anno ccc°.

Recepta bonorum pertinentium ad domum de Alliaco, facta per Johannem Painetarium, presbiterum, a festo beati Petri ad Vincula, anno Domini Mº ccº nonagesimo nono, usque ad festum beati Arnulphi anno ccc°, de qua idem Johannes computavit in capitulo Balvacensi, in vigilia beati Arnulphi, anno ccc°.

Summa denariorum de anceribus garbagii, LX s. tur.
Summa censuum in festo beati Remigii, XII libr. et II d. et ob.
Summa cocagii, XXI s. et VIII d.
Summa panagii, XIX s. et VI d.
Summa careragii, LX s.
Summa censuum Nativitatis Domini, XV s.
Summa denariorum de Purificatione beate Marie, XXVIII s. et VIII d.
Summa minute decime, c et XV s.
Summa denariorum Domini Pasche, a presbitero de Alliaco, L s.
Summa moutonnagii, in festo beati Johannis Baptiste, LX et XII s.
Summa ventarum, relevagiarum et emendarum, VII libr. et XII s. et IIII d.
Summa pro lecto de Granchet, VIII s.
Summa reddituum et censuum de terra que fuit Th. Clareenbaut, quondam presbiteri, XII libr.
Summa censuum et reddituum de terra que fuit domini G. de Tournebusc, militis, XIII lib. et IX s.
Summa denariorum porcorum et vacarum, VIII lib. et II s. et VI d.
Summa istorum supradictorum, LXXV libr. et XIII s. et X d. et ob.

Receptio bladi :
Summa bladi recepti granchie de Alliaco, XXX modia et VIII sextaria et una mina.

---

(1) Ailly, cᵒⁿ Gaillon, arr. Louviers (Eure).

Summa bladi garbagii, II modia.
Summa bladi messagii, VII sextaria.
Summa tocius bladi granchie, garbagii et messagii, XXXIIII modia et III sextaria cum una mina.
Item, unum modium revennarum.

Receptio avene :
Summa avene granchie, VIII modia et III sextaria.
Summa messagii avene, III sextaria.
Summa garbagii, XX sextaria.
Summa avene redditus Sancti Andree, XII modia.
Summa tocius avene granchie, garbagii, messagii et redditus, XXII modia et II sextaria.
Summa ordei, XVI sextaria.
Summa pisorum, III modia.
Summa fabarum, XVI sextaria.
Summa : V modia et VIII sextaria.
Summa tocius grani recepti et debiti, LXI modia et unum sextarium cum una mina.

Venditio bladi :
A crastino Purificationis beate Marie usque ad festum beati Albini, vendidi II modia et VII sextaria, quodlibet sextarium XIII s. Summa, XX libr. et IIII s.
Item, inter dictum festum et Letare Jerusalem, vendidi III modia et IIII sextaria, quodlibet sextarium XIIII s. Summa, XXVIII libr.
Item, inter Letare Jerusalem et Pascha, V modia et IIII sextaria, quodlibet sextarium XIII s. Summa, XLI libr. et XII s.
Item, inter Pascha et Ascensionem Domini, V modia et V sextaria, quodlibet sextarium XIIII s. Summa, XLV libr. et X s.
Item, inter Ascensionem Domini et Trinitatem, V modia et V sextaria cum una mina, quodlibet sextarium XII s. Summa, XXXIX libr. et VI s.
Item, inter Trinitatem et festum beati Johannis Baptiste, V modia et VI sextaria, quodlibet sextarium XI s. Summa, XXXVI libr. et VI s.
Item, inter festum beati Johannis et festum beati Arnulphi, V modia et VIII sextaria, quodlibet sextarium XIIII s. Summa, XLVII libr. et XII s.
Item, unum modium revennarum, quodlibet sextarium X s. Summa, VI lib.
Summa tocius bladi venditi et dati, II° LXIIII libr. et IX s.

Venditio avene :
Die lune ante Carniprevium, vendidi IIII modia avene et III sextaria, quodlibet sextarium XIII s. Summa, XXXIII libr. et III s.

Item, inter Carniprevium et Pascha, v modia et IIII sextaria, quodlibet sextarium XIII s. Summa, XLI libr. et XII s.

Item, inter Pascha et Trinitatem, v modia et v sextaria, quodlibet sextarium XIII s. Summa, XLII lib. et v s.

Item, inter Trinitatem et festum beati Johannis Baptiste, IIII modia, quodlibet sextarium XIII s. et VI d. Summa, XXXII lib. et VIII s.

Item, inter festum beati Johannis et festum beati Arnulphi, VIII sextaria, quodlibet sextarium XIII s. Summa, c et IIII s.

Summa tocius avene vendite et date, VII^{xx} et XIII lib. et XII s.

Item, tradidi preposito vestro VIII sextaria ad magnam mensuram, que valent ad parvam mensuram XV sextaria.

Item, paninavi VII sextaria.

Item, pro expensis hospicii, unum modium; et restant in hospicio III sextaria.

Vendilio ordei, pisorum et fabarum :

Die dominica in qua cantatur Reminiscere, vendidi XVI sextaria ordei, quodlibet sextarium x s. Summa, VIII libr.

Item, inter Reminiscere et Letare Jerusalem, vendidi III modia pisorum, quodlibet [sextarium] XII s. Summa, XXI libr. et XII s.

Item, inter Letare Jerusalem et Pascha, XVI sextaria fabarum, quodlibet sextarium VII s. Summa, c et XII s.

Summa ordei, pisorum et fabarum, XXXV libr. et IIII s.

Summa denariorum fourragii minuti et vechie tradite, LI lib. et XIII s.; et restat in granchia I^m et vel circa.

Summa tocius valoris terre supradicte, v^c et IIII^{xx} libr. et XIII s., et x d. et ob.

Expense pro hospicio :

In vino, XII libr.

Item, in carnibus et piscibus, c s.

Item, pro correo emplo et sotularibus familie, XXV s.

Item, custodi nemorum, LX s.

Item, clerico nostro, XXX s.

Item, Martino, servienti nostro, XX s.

Item, custodi porcorum, XII s.

Item, custodi vacarum, XII s.

Item, ancille nostre, XXIIII s.

Item, pro sale, XII s.

Item, pro candela de cepo et cerea, XXV s.

Item, in fabro et ferreis, XV s.

Item, pro rebus emptis pertinentibus ad hospicium, XXXII s.

Summa, XXX libr. et VII s. tur.

Expense alie :
Symoni dicto Boessel, c s.
Item, presbitero de Veteribus Villaribus (1), xx s.
Item, Johanni de Monchellis, x s.
Item, pro expensis factis ad curiam Ebroicensem, x s.
Item, pro vetera *(sic)* aula reparenda, xxxvi s.
Item, ad cooperandum muros de horto et pro duobus hostiis factis in dicto orto, et pro pourtra posita in magna aula, lvi s.
Item, pro omnibus corveis bladi et avene et ad ducendum eas, et pro duobus cableis pertinentibus ad granchiam, viii libr. et xvi s.
Item, pro cultura unius acre terre bladi, xv s.
Item, pro tassotoribus granchie, lx s.
Item, pro duabus corveis ad seminandum bladum, in pane et vino et argento et omnibus, xxxv s.
Item, ad sarclandum avenas de presenti augusto, viii s.
Item, ad femendum iii acras terre, iiii libr. et xii d.
Item, hominibus qui fecerunt stangnum, xx s.
Item, pro expensis factis coram baillivo Rothomagensi pro Guilleberto de Mesnillio, xxxvi s.
Item, ad reparandum muros et portam de la bouverie, xvi s.
Item, pro calce et sabulo ad cooperandum granchiam, et operariis, xxvi s. et viii d.
Item pro expensis nostris factis eundo apud Balvacum, lx s.
Item, pro cambio monete, xxiiii s.
Summa, xxxix libr. et ix s. et viii d. tur.
Et sic summa omnium expensarum : lx et ix lib. et xvi s. et viii d. tur.

Et sic debuit idem Johannes v° et xi libr. et xv s. et ii d. et ob., de quibus tradidit :
Tradidi baillivo die dominica in Ramis palmarum, per manum Amaurici, anno nonagesimo nono, lxviii libr. par.
Item, die dominica post Inventionem sancte Crucis, anno ccc°, octoginta vi lib. et viii sol. par.
Item, in crastino Pentechoste, octoginta libr. par., per manum meam.
Item, die veneris post octabas apostolorum Petri et Pauli, lii libr. par. et decem solid. et vii d. par.
Item, die sabbati ante festum beati Arnulphi, xxx lib. par., per manum meam.
Et sic summa recepta per manum baillivi, ccc et xvi libr. et xviii s. et vii d. par., qui valent ad tur. ccc et iiii^{xx} et xvi lib. iii s. et ii d.

---

(1) Vieux-Villers, c^{on} Louviers, arr. Gaillon (Eure).

Et sic facta compensatione tocius recepte ad expensas et soluciones, debuit idem Johannes capitulo Balvacensi c libr. et xv libr. xii s. et ob. tur.

On voit qu'avant le temps où les propriétaires cessèrent de cultiver leurs terres par eux-mêmes, la plupart des travaux de culture se faisaient par le moyen des corvées. Les tenanciers qui doivent ces corvées sont tenus de les effectuer moyennant un salaire en argent ou en nature. Entre ces travaux, les principaux sont : le transport du fumier dans les champs (1); les labours, dont deux principaux, un à l'automne, pour les grains qui se sèment avant l'hiver, l'autre après l'hiver, pour préparer les semailles de mars ; ensuite l'ensemencement (2), plus tard le sarclage (3), enfin la moisson : il faut couper le grain, le mettre en gerbes, les conduire à la grange, les ranger (tasser) (4), battre le grain (5). Le seul des travaux qui soit encore payé en nature est la moisson (6).

Espèces cultivées. Les blés se distinguent par le temps où on les sème : l'hivernage (*hibernagium*) à l'automne, et le blé de mars (*marceschia*) (7) au printemps.

Nous rencontrons ensuite :

Le froment (*frumentum*) ;

Le seigle (*siligo*) : on le sème le plus souvent mélangé dans une certaine proportion avec le blé, ce qui constitue le méteil (*mistolium*) ;

L'avoine (*avena*), la culture la plus répandue avec le blé d'hiver ;

---

(1) Ad femendum iii acras terre, iiii libr. et xii s.

(2) Pro duabus corveis ad seminandum bladum, in pane et vino et argento et omnibus, xxxv s.

(3) Ad sarclandum avenas de presenti augusto, viii s.

(4) Pro tassotoribus granchie, lx s.

(5) Excussores bladi : 31 décembre 1206.

(6) On donne quatre quartiers de blé par arpent, c'est-à-dire un demi sac, le sac contenant un setier.

(7) 1209 et avril 1257. Il y a du blé de plusieurs qualités : 1188, de primo blado ; 8 mars 77, blé bon, loyal et marchand.

L'orge;

Le chanvre, cultivé dans la plaine du côté de Méru (1).

Parmi les légumineuses :

Les fèves (*fabæ*), les pois (*pisi*), la vesce (*vechia*).

Enfin, on cultivait une plante tinctoriale, la guède (2).

Les prés n'ont jamais été bien nombreux sur le territoire, cependant il y en avait plus au XIIIe siècle que maintenant : une partie des marais mentionnés dans les actes de cette époque (3) ont été ramenés à la culture des céréales après dessèchement.

Les vignes ont été à la veille de disparaître complètement. Cependant le vin qu'elles produisaient, comme qualité, atteignait une bonne moyenne ; mais la fabrication du cidre, et surtout, je crois, la mise de fonds qu'exige la culture de la vigne, jointe à l'incertitude du rapport, avaient failli paralyser absolument cette industrie (4). On commence à refaire quelques plants sur les hauteurs.

Les titres d'Amblainville comprennent quelques baux de vignes; mais il n'en est pas qui donnent de renseignements détaillés sur le mode de culture employé. Un bail de la commanderie d'Ivry, tiré des registres du grand prieuré (5) auxquels j'ai déjà fait quelques emprunts, comble cette lacune :

18 novembre 1356.

A tous, etc., frère Jehan Berteran, commandeur d'Yvry et des appartenances, avons baillé, etc., à faire à moitié à Jehan de Monz, demourant à La Villeneuve le Roy, un arpent de vigne que on dit la Vigne Rouge, jusques à la fin de VI anz et par VI despoullez, par telle manière que lidiz Jehan doit labourer ladicte vigne de toutez façons bien

---

(1) Les filières de Méru : 16 mai 1283.

(2) 1212 : accord passé entre les bourgeois de Méru et Saint-Victor, relativement à la dîme des terres portant de la guède.

(3) Magnum maresium, mai 1284. Stannum de Genteuil.

(4) 6 août 1296 : concession de terres faite par Saint-Victor à Jean des Quartiers et Dreux Giroust, de La Villeneuve, à condition de les planter en vignes. Mais la mention des vignes est très fréquente : voyez le dénombrement de 1399.

(5) Arch. nat., MM 28, chap. de 1356, f° 55 v°.

et suffisamment, touz les VI ans durant, à ses propres coulz ; et doit ledit Jehan faire chacun an IIII° prouvains en ladicte vigne, s'il est que on les puisse trouver bonnement à faire, et ou cas que il ne les y feroit, il les feroit l'année ensuivant. Et doit ledit commandeur livrer fiens au pertuiz de la vigne pour fumer lesdiz prouvains, et doit lidiz preneur aidier à chargier ledit fiens pour mener audit pertuis, et le doit ledit preneur porter en la vigne. Et doit faire faire les eschalaz à ses propres coulz pour la vigne, et le commandeur li doit monstrer le bois à les faire et les mener à ses chevaux en ladicte vigne. Lequel bail escript, etc., le dimanche après la Saint Martin d'yver, l'an M CCC LVI.

On fume la vigne au printemps et on fouit la terre ; puis il faut tailler, attacher les ceps aux échalas, et, après la vendange faite, les coucher pour faire des provins.

La vigne est soumise à la dîme ; mais elle ne doit pas le champart (1). Elle paye un cens au seigneur de la terre ; les produits sont soumis au droit de pressurage (2), qui subsiste quand le monopole n'existe plus en fait.

Bois. Bien que l'agriculture occupât une grande partie du pays, il restait encore, au milieu du XIII° siècle, d'assez grands espaces boisés. Nous avons les titres d'acquisitions par Saint-Victor de cent arpents environ aux bois de Carnelle et de la Fortelle (3). L'abbaye du Val avait aussi des bois (4).

Des droits de diverses natures étaient assis sur les bois (5).

Droits de pâturage. Les particuliers avaient le droit d'envoyer leurs animaux paître dans les bois, pourvu qu'il n'en résultât pas de dommage pour le propriétaire ; une redevance était due en échange. Les chèvres étaient exclues, et certaines époques de l'année étaient réservées (6).

Droits d'usage. Dans plusieurs baux, il est stipulé que le fer-

---

(1) Concession du 6 août 1296, déjà citée.

(2) *Ibidem.*

(3) Décembre 1262, juillet 1268, 17 octobre 1268, 6 novembre 1270.

(4) Voyez les baux des 6 juillet 1448 et 18 mai 1456.

(5) Sexdecim arpenta nemoris... libera ab omni obligatione et censu, usuario et servitute prediali et personali. Juillet 1268.

(6) L. Delisle : *Condit. agric.*, ch. XIV, p. 369.

mier aura le droit de prendre du bois pour son chauffage, pour la réparation des bâtiments d'exploitation, et qu'il pourra faire ramasser le gland et la faîne pour nourrir ses animaux (1). De son côté, il doit charrier le bois de chauffage destiné au propriétaire (2).

Le droit de chasse est réservé au seigneur: Raoul de Margicourt, donnant cinquante-quatre arpents de bois à Saint-Victor, en décembre 1262, le retient expressément pour lui-même (3). Les chanoines de Saint-Victor n'auraient pu en profiter; mais les ecclésiastiques séculiers ne se refusaient pas cette distraction, au risque d'encourir les réprimandes de leurs supérieurs : Eudes Rigaud, dans une visite du doyenné de Chaumont, adressa de sévères reproches à deux de ses curés qui avaient des chiens et qui chassaient (4), et ces pauvres prêtres ont leur place dans le *Registrum visitationum*, parmi de bien plus gros pécheurs.

Les bois étaient sous la surveillance d'agents spéciaux (*serviens, custos nemorum*).

Les bois ne sont pas soumis à la dîme; il n'en est pas de même des défrichements (essarts, novales) : ceux-ci, par le fait même de leur mise en culture, doivent la redevance comme les autres terres (5).

---

(1) 6 juillet 1448, 12 mars 1484 a. s.

(2) 20 juillet 1375 : bail à moitié par le commandeur d'Ivry à Pierre Leblanc. (Voir chap. II.)

(3) Excepta venatione tantummodo, que appellatur vulgaliter *chace*. Décembre 1262.

(4) Ibidem, invenimus quod Egidius, capellanus de Ivriaco, infamatus est de incontinencia de uxore Garnerii Carpentaria. Item, decanus, de quadam pedisseca sua. Item, presbyter de Valle Domni Petri non residet bene in ecclesia sua, ut deberet. Item, Martinus, presbyter de Moleincort, tenet canes et venatur, et est infamatus de incontinencia de Burgeta. Item, presbyter de Lateinvilla venatur. Item, presbyter de Lateinvilla infamatus est de incontinentia. Item, presbyter de Bahervilla notatus de ebriositate. Item, capellanus de Henovilla, de ebriositate. Omnes istos diligenter monuimus ut a talibus abstinerent. — Reg. visit., 8 des nones de mars 1248. Ed. Bonnin, p. 33.

(5) 1206 : In decimatione de Amblevilla, tam in novalibus quam in aliis terris. — 1206 : Decimas novalium, tam ruptorum quam rumpendorum.

CHAPITRE VIII.

VALEUR ET PRODUIT DES TERRES.

Indépendamment de la difficulté qu'on éprouve à déterminer la valeur relative de la monnaie à une époque donnée du moyen âge (1), les renseignements que nous offrent les documents sur le prix des terres ne peuvent être acceptés sans réserve. Plusieurs causes peuvent influer sur ce prix, qui le modifieront profondément, comme la qualité du sol ou les charges, souvent si nombreuses, qui grèvent l'immeuble; mais les résultats obtenus, tout incertains qu'ils soient isolément, permettent, en les rapprochant, d'obtenir une moyenne.

La monnaie employée est le type parisis : livre, sou (vingt à la livre), denier (douze au sou), obole ou maille (demi-denier), pite ou poitevine (quart de denier). On trouve aussi quelquefois le petit tournois, autre fraction du denier.

Prix des terres. — Les renseignements sont nombreux pour le XIII° siècle :

En 1213, deux arpents sont vendus 12 livres.

En 1214, trois arpents, 11 livres 10 sous (l'arpent, 3 livres 16 sous environ).

La même année, neuf arpents, 34 livres (l'arpent, 3 livres 14 sous).

En 1218, trois arpents, 27 livres.

En décembre 1220, deux *frustra* (l'arpent, 4 livres).

En novembre 1226, deux *jugera*, 8 livres.

En décembre 1230, deux journaux, 7 livres 10 sous (le journal, 3 livres 15 sous).

En 1233, deux journaux, 12 livres.

En avril 1236, deux journaux et demi, 8 livres (le journal, 3 livres 4 sous).

En novembre 1254, six arpents, 34 livres (l'arpent, 5 livres 12 sous).

---

(1) Voyez L. Delisle : *Condit. agric.*, ch. xx, p. 372.

En mars 1256 a. s., deux arpents, 5 livres 5 sous (l'arpent, 2 livres 12 sous 6 deniers).

En mars 1259, l'arpent, 3 livres.

En février 1259 a. s., deux arpents, 12 livres.

En mars de la même année, huit arpents moins sept perches, 55 livres 10 sous.

En avril 1260, cinq arpents moins dix-sept perches, 24 livres 18 sous.

Le même mois, une journée, 55 sous.

En novembre 1268, trois arpents, 12 livres.

Le 31 décembre, sept quartiers, 7 livres.

Le 20 avril 1269, un arpent et demi et six perches, 6 livres 5 sous (l'arpent, 4 livres).

Le 30 janvier 1274 a. s., deux arpents et demi, 11 livres 3 sous 10 deniers ob.

Le 1er mai 1275, trois arpents quatre perches et trois quarts de perches, 10 livres 3 sous 3 deniers.

Le 16 mai 1283, sept arpents moins vingt perches, 34 livres (l'arpent, 5 livres).

Ainsi, le prix de l'arpent varie entre 9 livres et 1 livre.

Prix des bois. — En décembre 1262, cinquante-quatre arpents un quartier et six perches sont vendus 271 livres 11 sous (l'arpent, 5 livres).

En juillet 1268, seize arpents moins un quartier et quatre arpents moins huit perches de terre, 76 livres.

Le 17 octobre, quatorze arpents, 50 livres (l'arpent, 3 livres 10 sous).

Le 6 novembre 1270, douze arpents, 50 livres (l'arpent, 4 livres 3 sous).

Prix de location des terres. — Les mêmes circonstances que j'ai indiquées en commençant ce chapitre influent sur le prix de location des terres (1).

Le 6 août 1296, trois arpents et demi de terres à planter en vignes sont concédés moyennant un chef-cens de 20 sous par arpent.

---

(1) J'ai compris dans ce tableau les cens, et même les chefs-cens, bien que ceux-ci ne soient pas, à proprement parler, un prix de location.

En 1348, une pièce contenant deux arpents, pour 10 sous de chef-cens.

Le 17 novembre 1323, sept arpents, pour 12 deniers de cens par arpent.

Le 19 février 1372, quarante-six arpents en savarts, pour quarante-six mines de grain, deux tiers blé, un tiers avoine (1).

Le 10 juin suivant, une masure et sept quartiers de terre en friche, pour 16 sous et un chapon (2).

Le 14 février 1387, une masure, pour 24 sous et deux chapons. Autre, pour 8 sous et deux chapons (3).

Le 12 février 1388, un courtil, pour deux chapons.

Le même jour, une masure, pour 12 sous et deux chapons (4).

En 1395, deux journaux de terre payent 6 livres 8 deniers de cens ; un journal, 12 deniers obole.

D'après le dénombrement de la seigneurie d'Amblainville rendu le 5 août 1399, une maison, cour et jardin, à Darnetal, est affermée 60 sous ; trois quartiers de vigne, 24 sous ; un manoir, cour, jardin, grange, pressoir et les appartenances, avec quatre arpents de bois et soixante arpents de terre, est donné à ferme pour sept muids de grain, deux tiers blé, un tiers avoine.

Parmi les cens, je relève les chiffres suivants : masure, demi-perche, 1/2 denier ; demi-perche, 1/2 pite ; maison et lieu contenant trois quartiers et un journal de terre, 2 livres 12 sous ; maison, un quartier, 9 deniers ; censel, un quartier, pite tournois ; un demi-quartier, 18 deniers ; huit perches, 1 obole ; lieu, un quartier, 13 deniers ; demi-quartier, 5 deniers ; demi-arpent, 6 sous 4 deniers ; deux perches, 4 deniers ; un arpent, 2 sous ; place, demi-quartier et perche, 1 obole ; courtil, demi-journal, 8 deniers ; jardin, un quartier, 3 deniers obole ; groue, quatre perches, 3 oboles ; terre, un journal, 3 sous ; quinze perches, 4 deniers ; quatre perches, 3 deniers ; demi-arpent, 12 deniers ; quartier et demi, 8 deniers ; deux arpents, 8 sous ; trois quartiers, 8 sous ; six arpents, 7 sous ; trois quartiers, 12 deniers

---

(1) Baux de la commanderie d'Ivry. Voyez ch. II, ci-dessus, p. 15.

(2) MM 29, f° 57.

(3) MM 31, f° 44.

(4) MM 31, f° 90.

poitevine ; un journal, 2 deniers ; six arpents, l'arpent 12 deniers ; deux quartiers et demi, 2 deniers obole ; vingt perches, 8 deniers ; un quartier, 2 deniers poitevine ; un demi-arpent, 9 deniers ; un demi-arpent, 6 deniers ; trois quartiers, 13 deniers obole ; demi-arpent et demi-quartier, 2 deniers ; demi-quartier, 2 deniers poitevine ; vingt perches, 8 deniers ; un arpent et un quartier, 2 sous 3 deniers ; un quartier, 4 deniers obole ; un arpent et demi, 18 deniers ; trente perches, 7 deniers ; demi-arpent, 3 deniers ; un journal, 2 sous ; demi-arpent, 12 deniers ; un arpent, 1 obole ; un arpent, 12 deniers ; deux journaux, 5 sous 6 deniers ; un arpent, 6 sous.

Vigne : demi-arpent, 3 sous ; demi-quartier, 6 deniers ; quartier et demi, 12 deniers ; un quartier, 6 sous 6 deniers ; un quartier, 3 sous ; quartier et demi, 2 deniers ; un quartier, 2 deniers ; un quartier, 3 sous. Gaste vigne : demi-quartier, 6 deniers ; trois quartiers, 14 deniers ; un quartier, 9 deniers.

Le 9 octobre 1401, une masure, avec jardin et vigne, est donnée à ferme pour 36 sous de croît de cens.

En 1403, un journal, 3 sous 4 deniers de cens.

Le 14 février 1415, une maison, avec terre contenant un arpent environ, pour 16 sous de croît de cens.

Cette rente est établie à la place des cens dont était grevé l'immeuble, savoir : une demi-mine de blé, un setier d'avoine, 4 deniers et deux chapons à Noël, vingt œufs à Pâques, 4 deniers à la Notre-Dame de mai, 4 deniers et trois poules à la Saint-Remi.

Le 7 juin 1417, un arpent de pré, pour 6 deniers de chef-cens, un boisseau et demi de froment, une mine d'avoine et un chapon.

Le 22 avril 1447, une maison en ruine, jardin et vigne, pour 20 sous de cens.

Le 6 juillet 1448, un hôtel, jardin, terres et champars et un quartier de bois, pour trois setiers de blé.

Le 18 mai 1456, un hôtel en ruine (ferme de Beauvoir) et ses appartenances, sauf les bois, pour deux muids de grain, deux tiers blé, un tiers avoine.

Le 13 avril 1471, une masure, cour et jardin, pour 12 deniers de cens, une mine de blé, un setier d'avoine et deux chapons (1).

---

(1) Arch. de Seine-et-Oise : prieuré d'Amblainville.

Le 17 janvier 1476, un arpent de jardin en friche et un quartier de vigne pour 5 sous 6 deniers (1).

Le 15 novembre 1477, un demi-arpent de terre, pour 20 deniers et un chapon (2).

Le 10 juillet 1483, une masure, cour et jardin, pour 12 deniers de cens, une mine de blé, un setier d'avoine et deux chapons (3).

Le 12 mars 1484 a. s., la ferme des Granges de Beauvoir, sauf les bois, pour trois muids de grain, deux tiers blé, un tiers avoine.

Le 22 août 1489, deux arpents de terre, pour 4 sous.

Le 14 juillet 1490, un demi-arpent, pour 6 deniers et un chapon (4).

Le 2 juillet 1491, deux arpents de terre plantés en bois, pour 2 sous de chef-cens par arpent, et une pièce de terre en friche, pour 12 deniers (5).

Le 4 mai 1493, une masure, jardin et lieu, pour un minot de blé, un setier d'avoine, 12 deniers de chef-cens et deux chapons (6).

Le 8 janvier 1494 a. s., trois arpents de terre, pour 4 sous.

Le 14 mai 1496, quatre journaux, pour 5 sous.

Le même jour, plusieurs pièces de terre contenant onze arpents et cinq journaux, l'arpent, 2 sous.

Le 9 février 1498, cinq journaux, pour 2 deniers de cens et 2 sous 6 deniers de rente (7).

Prix des rentes. — Les rentes qui font l'objet des transactions sont des rentes de grains :

En 1165, une rente de six mines d'hivernage et six mines d'avoine, sur la terre de Beauvoir, est vendue à l'abbaye du Val 100 sous.

---

(1) Arch. de Seine-et-Oise : prieuré d'Amblainville.

(2) *Ibidem.*

(3) *Ibidem.*

(4) *Ibidem.*

(5) *Ibidem.*

(6) *Ibidem.*

(7) *Ibidem.*

DANS LA PAROISSE D'AMBLAINVILLE.   61

En 1210, une autre rente de dix-huit setiers d'hivernage sur la dîme d'Amblainville est vendue à Saint-Victor 45 livres.

En 1220, deux muids de blé et un muid d'avoine sur la grange de Beauvoir, 70 livres.

En 1252, un muid de blé méteil de bonne qualité (*bladi boni mistolii*), sur la dîme d'Amblainville, 46 livres.

En 1255, un autre muid, 40 livres.

Prix des grains. — Pour le XIIIᵉ siècle, notre compte d'Ailly donne des renseignements intéressants sur les variations de prix aux diverses époques de l'année.

Blé : du 3 février au 1ᵉʳ mars............ le setier, 13 sous.
   du 1ᵉʳ au 20 mars .... — 14 —
   du 20 mars au 10 avril............ — 13 —
   du 10 avril au 19 mai............ — 14 —
   du 19 mai au 5 juin............ — 12 —
   du 5 au 24 juin............ — 11 —
   du 24 juin au 18 juillet............ — 14 —
Avoine : au 21 février............ — 13 —
   du 23 février au 10 avril............ — 13 —
   du 10 avril au 5 juin............ — 13 —
   du 5 juin au 24 juin............ — 13 s. 6 d.
   du 24 juin au 18 juillet............ — 13 sous.

Le prix de l'avoine varie beaucoup moins que celui du blé.

Orge : au 6 mars............ le setier, 10 sous.
Pois : du 6 au 20 mars............ le muid, 12 —
Fèves : du 20 mars au 10 avril............ le setier, 7 —

Dans l'état des revenus de la châtellenie de Pontoise dressé en 1332 (1), le muid de blé est évalué 5 livres, le muid d'avoine 3 livres.

En 1347 (13 mai), quarante-deux mines de blé, dues par les frères de la Trinité à Saint-Victor, sont évaluées 27 livres 10 sous, « compris dedans 18 sols dus pour cause semblable ».

Enfin, bien que cela dépasse un peu la date qui forme la limite de mon travail, en 1547, je dirai qu'on trouve dans l'énumération des revenus de Saint-Victor, pour la ferme d'Amblainville (2),

---

(1) Arch. nat., P 26¹, cote 89.

(2) Bibl. nat., lat. 14672, f° 92 : « A Amblainville, la ferme dudit lieu,

les prix suivants : froment, le muid, 15 livres tournois; méteil, 12 livres; avoine, 7 livres 13 sous.

CHAPITRE IX.

DES AGENTS D'EXPLOITATION DU DOMAINE.

Tout domaine rural un peu important exige, pour être bien administré, la présence d'un délégué du maître, d'un intendant qui le représente et surveille les domestiques ou journaliers.

C'est ainsi que se montrent les domaines de Saint-Victor et de l'abbaye du Val, au XIII° siècle. L'intendant qui les administre s'appelle *magister domus*, maître d'hôtel. Le *magister domus* d'un établissement religieux est, en général, un moine : il n'y a aucun doute à cet égard pour l'intendant du Val (1); celui de Saint-Victor, de 1271 à 1282, s'appelle Robert, sans que son nom soit suivi d'aucune qualification : était-il clerc ou laïque ?

Le *magister domus* réside au chef-lieu de l'habitation, dans l'hôtel ou manoir. Il passe des actes, sous son nom, pour le propriétaire qu'il représente : nous avons plusieurs acquisitions au nom de l'intendant de Saint-Victor (2); leur présence parmi les titres de l'abbaye indique que son rôle était celui d'un simple procureur.

Au-dessous du *magister* sont les *servientes*, sergents, les gardes des terres, des vignes et des bois, qui ont la surveillance extérieure, constatent les délits et contraventions, avec pouvoir de mettre la main sur les délinquants. Le sergent garde des bois de Saint-Victor a, d'après un amortissement de Girard de Vallangoujard donné en confirmation d'une vente de bois faite par Raoul de Margicourt (mars 1262 a. s.), le droit de saisir ceux

---

pour trois muys forment vallant 45 livres tournois, deux muys méteil vallant 24 livres tournois, ung muy six septiers avoine vallant 11 livres 5 solz tournois ; pour ce, icy 80 livres 5 solz tournois. »

(1) Frater Richardus, magister de Belvaier, 5 septembre 1232.

(2) 30 janvier 1271 a. s., 9 avril 1271, 12 décembre 1276, 30 janvier 1276 a. s., 16 mai 1283.

qu'il trouvera coupant du bois sans la permission des moines, ou les animaux y pâturant, et de les retenir jusqu'à complète réparation du dommage (1).

---

(1) Si serviens dictorum abbatis et conventus, qui pro tempore dictum nemus custodierit, invenerit aliquem vel aliquos incidentem vel incidentes in nemore memorato, sive aliqua animalia depascentia ipsum nemus, quod ille serviens possit, propria auctoritate dictorum abbatis et conventus hujusmodi, incidentem vel incidentes ac animalia capere et detinere quousque fuerit eisdem abbati et conventui de dampno plenarie satisfactum.

Je transcris ici, d'après le registre MM 30 (f° 184 v°), les provisions d'un sergent garde des bois de la commanderie d'Ivry :

Office de sergenterie d'Ivry-le-Temple.

A touz ceulz qui ces lettres verront, frère Robert de Juilly de la sainte maison de l'ospital Saint Jehan de Jerusalem, humble prieur en France, esleu maistre dudit hospital, salut en Nostre Seigneur. Savoir faisons que nous, considérant les bons et agreables services que nostre amé varlet Regnaut Iveres, portant ces lettres, a faiz par long temps à nous et à nostre religion, fait de jour en jour, et fera de bien en mieux, se comme nous esperons, et du conseil et assentement de noz freres, avons donné et ottroyé, et par ces presentes donnons et ottroyons audit Regnaut, tant comme il vivra, l'office de sergenterie et foresterie de nostre maison, terre, jurisdiction et boys d'Ivry, et son vivre en icelle maison, tel comme à sergent et forestier doit appartenir, avecques les gaiges, proffiz et emolumentz quelconques appartenans à ladicte sergenterie et foresterie. Et en oultre, de grace especial, avons ottroyé audit nostre sergent et forestier que, tant comme il sera ou service de nostre religion, et en cas de maladie et d'impotence, il puisse faire deservir ledit office de sergenterie et foresterie par personne souffisante et convenable à ce, et d'icelle vendre et faire son proffit une foiz, se bon lui semble, et transporter à telle personne comme il vouldra, laquelle personne ait son vivre en ladicte maison aussi comme aroit nostredit sergent et forestier, se il y estoit présent. Auquel nostre sergent et forestier tant comme il vivra, et au commis et deputé de par lui et en lieu de lui, tant comme il sera ou service de la religion et ès cas dessuzdiz, nous donnons povoir, auctorité et mandement especial de adjourner, saisir, arrester, prenre et desgaiger touz malfaicteurs en nostredicte maison, terre, jurisdiction et boys, faire touz rappors et toutes autres choses que bon et loyal sergent et forestier puet et doit faire par raison. Pour quoy nous don-

Les sergents ne sont pas des agents subalternes ; leurs fonctions ont une certaine importance, et le titulaire d'une charge de cette espèce peut la vendre ou la céder à un tiers. Ces officiers jouissent d'une certaine aisance, qui leur permet de prendre place parmi les bienfaiteurs de l'établissement dont ils tiennent leur office.

Ainsi, en 1218, Eudes de Sandricourt, sergent de Saint-Victor, et Isabelle, sa femme, donnent à l'abbaye neuf arpents qu'ils ont acquis de Girard de Vallangoujard et qu'ils tiennent de lui à champart. En mars 1257 a. s., Nicolas l'Anglais, demeurant dans la grange de Saint-Victor, donne à l'abbaye dix journaux dont il se réserve l'usufruit sa vie durant, Saint-Victor devant toucher, pendant ce temps, le champart seulement.

Tout fait supposer que c'est un de ses successeurs que ce Robert Brisset de Pomponne, qui, en novembre 1283, déclare avoir demeuré dans la maison et grange de Saint-Victor pendant vingt-cinq ans et plus, et qui, assisté de sa femme, confirme à l'abbaye deux donations générales (1) sous réserve d'usufruit des biens meubles et immeubles, présents et à venir, acquis par les époux pendant leur mariage à Amblainville et à Pomponne, et ajoute aux conventions antérieures quelques clauses à noter : Robert devra mettre dès maintenant l'abbaye en possession des

---

nons en mandement et commandement au commandeur de nostredicte maison qui à present est, ou à celui qui pour le temps à venir sera, que ledit Regnaut il institue oudit office, et d'icellui, avecques les prouffiz et emolumens qui y appartiennent, le lessent et facent joir et user paisiblement, ou son commis et deputé pour luy, en la forme et manière que dessus est dit, et li administre et delivre son vivre en nostredicte maison ; et au procureur de noz boys, qu'il li paie lesdiz gaiges acoustumez chascun an. Mandons à touz noz subgiez, prions et requerons tous autres que audit nostre sergent et forestier, tant comme il vivra, et au commis et deputé de par lui, tant comme il sera ou service de nostredicte religion, et ès cas dessusdiz, obeissent et entendent diligemment et leur prestent conseil, confort et ayde, se mestier est en faisant et exerçant ledit office dûement et loyaument. En tesmoing de ce, nous avons seellé ces lettres du seel de nostre prioré de France. Donné à Paris le derrenier jour de juing, l'an de grace mil ccc soixante et quatorze.

(1) Juillet 1265, visant une donation précédente de 1258.

terres d'Amblainville ; en récompense, les moines les feront cultiver à leur frais et lui donneront la moitié de la récolte sa vie durant; il pourra en outre prendre dans la grange de l'abbaye le fourrage et la paille nécessaires à ses animaux, et le fumier sera employé à fumer les terres ; enfin, l'abbé devra lui fournir un cheval toutes les fois qu'il voyagera pour ses affaires. Si la femme survit au mari, elle recevra de Saint-Victor, sa vie durant, une rente annuelle de 30 sous, un setier de pois et un de fèves, en échange de quoi elle rendra un porc. Bien des avantages, comme on le voit, étaient assurés au donateur ; mais il s'agissait de récompenser un vieux serviteur.

Rentrent dans la classe des *servientes*, mais à un degré inférieur :

Les *campipartores* ou champarteurs (1), chargés de lever le champart sur place, après la récolte, et de faire mettre à part les gerbes dues au seigneur.

Les *tractores decimæ* ont pour office de lever la dîme dans les champs après que le champart a été prélevé en leur présence, ou eux dûment appelés, et de la conduire ensuite à la grange du décimateur. Ils sont payés en nature ; les champarteurs devaient l'être aussi. Dans la donation de la dîme en 1206, il est dit que leur salaire n'est pas soumis à la redîme. Pour les charrois d'avoine, chaque journée de voiture est payée deux gerbes d'avoine, et, à défaut, deux gerbes de vesce. Une convention antérieure devait fixer le prix du charroi de blé, dont il n'est pas question (2).

Les gardes de la dîme (*custodes decimæ*) étaient, comme l'indique leur nom, préposés à la garde des produits de la dîme enfermés dans la grange. Ils habitaient dans cette grange même ou dans un bâtiment attenant (3).

Les batteurs de grain (*excussores bladi*) sont des agents de la classe inférieure, des journaliers. Ils sont chargés de couper le

---

(1) 5 novembre 1273 : A servienti suo qui pro tempore fuerit destinatus ad levandum guarbas terrarum.

(2) Quamdiu tractores trahent avenam, singulis diebus operalibus, quelibet quadriga habebit duas garbas avene, et, quum avena defécerit, duas garbas vicie.

(3) Donation du 31 décembre 1206.

bois que Thibaut de Vallangoujard fait voiturer pour clore la cour de la grange, et de mettre la clôture en place. Mais, en raison de la nature de leur travail, ils doivent présenter certaines garanties : ils jurent fidélité à Saint-Victor, comme les collecteurs et les gardes de la dîme (1).

Quant aux autres journaliers, aux laboureurs et aux gardiens des bestiaux, aucune disposition spéciale ne les concerne. Je prends dans le compte d'Ailly (2) l'indication des gages payés aux principaux serviteurs de la maison du Chapitre de Beauvais :

Au garde des bois............ 60 sous.
Au clerc..................... 30 —
A Martin, sergent............ 20 —
A la servante................ 24 —
Au vacher................... 12 —
Au porcher.................. 12 —

Le garde des bois a le salaire le plus important, après le représentant du propriétaire, bien entendu, lequel n'est pas compris dans l'énumération; le clerc, qui a des appointements moindres de moitié, est sans doute le secrétaire de Mᵉ Jean Painetier, celui qui a rédigé le compte; le sergent Martin ne vient qu'après la femme de ménage chargée de la basse-cour et de la cuisine; enfin, le vacher et le gardien des pourceaux ont la dernière place.

CHAPITRE X.

ACTES PRINCIPAUX, LEURS CARACTÈRES.

Je terminerai par quelques observations générales sur les actes qui composent mon recueil de pièces, et je vais examiner : 1° leurs principaux caractères extérieurs, les autorités dont ils émanent, les personnes qui y sont appelées, soit comme garants, soit comme simples témoins, ou pour donner leur con-

---

(1) Tam custodes decime quam excussores, quam et tractores qui in campis decimas colligunt, fidelitatem facient ecclesie Sancti Victoris.

(2) Ci-dessus, chap. VII, p. 50.

sentement; 2° certains actes qui, par leurs dispositions ou par leur nature même, méritent une mention spéciale.

I. Au point de vue de l'autorité dont émanent les actes, il y a une distinction tranchée entre les années antérieures à 1250 et la période suivante. Au XII° siècle et dans la première partie du XIII°, les seigneurs font rédiger les actes en leur nom; ils les scellent de leur sceau; s'ils n'ont pas de scribe, ou qu'ils préfèrent, pour une autre cause, faire rédiger la charte par un ecclésiastique, c'est le doyen du lieu (1), ou simplement le curé (2), qui certifie que devant lui se sont accomplies les formalités de la vente. Il peut remonter plus haut dans la hiérarchie ecclésiastique et s'adresser à l'évêque (3). Les vassaux font constater leurs transactions soit par leur seigneur, soit par l'autorité ecclésiastique.

Après 1250, tout change : nous avons des actes émanés des agents de l'autorité civile, les prévôts; d'autres rédigés par les officiaux (4), délégués de l'évêque. Les seigneurs continuent à en émettre eux-mêmes, mais plus rarement. Un acte étant passé pour eux à l'officialité, on rédige en même temps que la pièce intitulée au nom de l'official : « Notum facimus quod in nostra presentia constitutus… », et portant le sceau de cet official, une autre pièce écrite au nom du seigneur : « Notum facio

---

(1) Actes émanés des doyens de Chaumont : Barthélemy, 1209, 1213, 1215; Eudes, 14 août 1224, mars 1231 a. s.; Simon, 1240, 1244, 1246; Pierre, mars 1253. — Doyens de Trie : Laurent, septembre 1227; Guillaume, 1208. — Doyen de Nogent, juin 1225. — Doyen de Presles, février 1231.

(2) 1233, Gilbert, curé d'Amblainville; avril 1236, Roger, curé d'Amblainville; 1229, 1230, 1236, Eudes, curé (doyen) d'Ivry; 1232, J., curé de Montberlant; 1232, le prieur du Lay.

(3) Juillet 1212, Philippe, évêque de Beauvais. Je ne parle pas ici des confirmations émanant de l'évêque comme seigneur, non plus que des actes de ratification émanant du roi en cette même qualité.

(4) Un acte de mars 1227 émane déjà de l'official de l'archidiacre de Pontoise; mais il faut observer que les donateurs sont des habitants de cette ville.

quod ego...... », et scellée de son sceau. Cette seconde rédaction sauvegardait en apparence les privilèges de la noblesse; mais avait-elle d'autre résultat bien réel que celui d'augmenter les frais ?

Nous trouvons des actes de l'officialité de Rouen et de l'officialité de Paris ; quand l'archevêque a établi un vicaire à Pontoise, c'est lui qu'on va trouver le plus souvent (1).

Au xiv° siècle, les actes émanés des prévôtés augmentent de nombre ; on prend l'habitude de s'adresser davantage à l'autorité civile (2).

Au xv° siècle, les actes portent deux noms : celui du garde du scel de la prévôté ou châtellenie dont le sceau authentique la pièce, et celui du notaire-tabellion juré, auteur de la rédaction (3). Les actes émanés de la juridiction ecclésiastique sont réservés aux affaires religieuses.

Une remarque qu'on ne peut s'empêcher de faire dès qu'on a sous les yeux des pièces des xii° et xiii° siècles, c'est le nombre de personnes qui y apparaissent pour donner leur consentement. Tous les membres de la famille, l'un après l'autre, déclarent qu'ils approuvent ce qui a été fait, les jeunes enfants comme les autres, bien qu'ils n'aient pas l'âge légal, et on s'engage pour eux à ce qu'ils respectent la convention lorsqu'ils auront atteint leur majorité (4).

Les seigneurs de qui le bien aliéné est tenu en fief donnent

---

(1) Official de Rouen, décembre 1248 et mars 1251 a. s.; official de Paris mars 1257 a. s. et juillet 1265. Le premier acte émané du vicaire de Pontoise est de mars 1256 à. s.

(2) Garde de la prévôté de Paris : 4 avril 1296, 23 octobre 1337 et 10 juin 1343; mai 1316, garde du scel de la châtellenie de Pontoise ; 8 novembre 1284, prévôt de Beaumont, Garnier Froutel, avec un sceau curieux : une fleur de lis accostée d'une plus petite et d'un soufflet de forge, et, au revers, un soufflet de forge entre deux fleurs de lis. (Sceau n° 4741.)

(3) 5 avril 1421, garde du scel des obligations de la vicomté de Rouen; 6 juillet 1448, garde du scel de la châtellenie de Pontoise et ...clerc, tabellion juré; 18 mai 1456, *idem* de l'Isle-Adam.

(4) 1188 : Petro, in etatem provecto, annuente ; juin 1219 : ab eisdem pueris inviolabiliter observande, cum ad etatem venerint ; mai 1257 : postquam ad etatem legitimam pervenerit.

aussi leur approbation : on en voit souvent trois ou quatre apporter ainsi leur consentement par acte séparé (1). Au contraire, il est rare que le consentement de tous les membres d'une famille, en tant que parents, ne soit pas réuni dans une seule pièce. Quant aux témoins, dans la première période, leur nombre varie suivant l'importance de l'acte; on en trouve depuis seize jusqu'à deux (2). Plus tard, devant les autorités légalement constituées, leurs noms ne sont plus exprimés, l'acte étant suffisamment garanti par son intitulé.

A côté des témoins, il faut placer les plèges (*plegii*) ou cautions, qui se portent garants de l'exécution de l'acte, même corporellement (3). Les plèges sont souvent témoins.

Les témoins, par leur nombre, assurent la publicité de l'acte. Les conventions importantes se passent en outre dans un lieu public, sur une place, devant l'église, dans le cimetière (4).

Dans la seconde moitié du XIIIe siècle, les actes écrits en langue vulgaire ne sont pas très fréquents : je signale ceux des 1er septembre 1257, 19 mai 1282, 8 novembre 1284 (prévôté de Beaumont), 4 avril 1296 (prévôté de Paris).

II. Parmi les actes qui, par leur essence ou les conventions qu'ils renferment, présentent quelques particularités, je dois

---

(1) 1231-1232, premier et deuxième seigneur; septembre 1246, premier et deuxième seigneur; mars 1259, trois seigneurs; février 1275, trois seigneurs; 19 mai 1282, deux seigneurs, etc.

(2) 1188, trois témoins pour chaque partie; 31 décembre 1206, seize témoins, et multi alii; 1213, deux témoins; janvier 1220 a. s., trois témoins, et multi alii; 1223, six témoins, et multi alii; juillet 1258, huit témoins, et plures alii.

(3) Septembre 1211 : Hujus venditionis plegii fuerunt... qui omnes, fide interposita, promiserunt quod, si aliquod dampnum vel gravamen jam dicte ecclesie propter hoc evenerit, ipsi infra Vulcassinum, ubi ecclesia Sancti Victoris voluerit, prisoniam tenebunt, non exituri quousque ecclesie predicte fuerit in omnibus satisfactum. — Autres : 5 octobre 1213, juin 1219, janvier 1220 a. s. et juin 1225. — Contre-plège, garantie spéciale donnée sur certains biens des vendeurs : mars 1253 et mai 1257.

(4) Janvier 1207 : Omnia ista puplice facta sunt apud Ambleinvillam, in cimiterio. — 1214 : Actum publice.

citer d'abord les ventes déguisées sous le nom de donations ; les libéralités de ce genre satisfaisaient l'amour-propre du donateur, sans attaquer son revenu. Il se faisait donner par le bénéficiant une somme à peu près équivalente à la valeur de la chose donnée (1).

J'en rapproche le prêt dissimulé sous la forme d'une vente à réméré : le prêteur donne à l'emprunteur une somme d'argent en échange d'un bien que celui-ci pourra reprendre au bout d'un certain temps, en rendant le prix ; dans l'intervalle, la jouissance de la chose tient lieu d'intérêt (2).

Les donations générales de biens sont de deux sortes : ou le donataire entre en jouissance de suite, le donateur se réservant seulement l'usufruit ; ou la libéralité n'aura son effet qu'après la mort du donateur, et alors c'est une véritable disposition testamentaire. Pour le premier cas, je renvoie à ce que j'ai dit de la donation faite par Robert Brissel à Saint-Victor, en 1283 (3). Une donation faite au Val, en 1232, réunit les caractères des deux genres : Herbert de Sandricourt et sa femme donnent une pièce de terre et une rente d'un demi-muid de blé leur vie durant, laquelle sera réduite de moitié par la mort d'un des deux époux ; de plus, après leur décès, trois journaux de terre et leur maison de Pontchermont, ainsi que tous les biens meubles qu'ils posséderont à ce jour : en sorte que, lorsqu'un des donateurs mourra, l'abbaye prendra sa part, et qu'elle aura la part de l'autre quand il mourra à son tour. Ils se réservent seulement la libre disposition de leurs vêtements et de ce qu'ils voudront laisser à leur église ou à leur curé (4).

Nous avons, non pas un testament, mais un acte d'exécution testamentaire fait après le décès de Jean Charbonnel, seigneur de Sandricourt, qui avait laissé un fils mineur, Pierre (5). Sa

---

(1) Voyez 1200 : Donation par Jean du Coudray de la moitié du champart de deux pièces de terre, moyennant une somme de 50 sous.

(2) 5 octobre 1213 : Engagement par Thibaut de Vallangoujard à Saint-Victor, du fourrage de la dîme d'Amblainville, pour 80 livres.

(3) 12 novembre 1283 et 6 avril 1285.

(4) 1232 et février 1240.

(5) Vidimus du 20 octobre 1266.

veuve, Isabelle, est remariée à Simon de Dampont, chevalier, et nous la trouvons, avec son second mari, devant le vicaire de Pontoise, le 25 juillet 1265, consentant à ce que Mᵉ Bernier, prieur d'Amblainville, et les autres exécuteurs testamentaires du défunt prennent une rente annuelle de 30 sous pour la distribuer conformément à ses volontés (1). Il est convenu que Pierre, devenu majeur, rendra à son beau-père 20 livres pour l'indemniser du service de la rente jusqu'à cette époque ; s'il meurt avant sa majorité, ses héritiers payeront cette somme.

Il est enfin une classe d'actes qui occupent une large place parmi les titres du domaine : ce sont les compromis et arbitrages. Je ne citerai que les plus saillants. Ils portaient d'ordinaire sur la possession des droits de dîme ou de champart ; la propriété donnait lieu à moins de contestations.

En novembre 1219, jugement rendu par le chantre et l'archidiacre de Paris, juges délégués par le Saint-Siège apostolique, sur la propriété des terres acquises au terroir de Noisement, par l'abbaye du Val, depuis l'an 1213. En présence des procureurs des parties, après les avoir entendus en leurs conclusions et requêtes respectives, ils prononcent, en l'absence du troisième juge, l'archidiacre, légalement excusé, que le Val devra mettre ces terres hors de sa main dans l'an et jour qu'il en sera requis par Saint-Victor, seigneur du territoire pour partie (2).

En janvier 1346, autre arbitrage entre Saint-Victor et Saint-Germer de Fly. Par actes passés dans leurs Chapitres respectifs, les parties nomment des arbitres : Mᵉ Jean de Villescoublain, doyen de Saint-Thomas du Louvre, et Pierre de Chaumont, écuyer, qui sont autorisés à s'adjoindre un tiers pour les départager. La partie non comparante aux opérations de l'enquête payera à l'autre 40 sous par jour de non-comparution ; celle qui ne se soumettra pas à la sentence des arbitres payera une

---

(1) A l'abbaye du Val, 10 sous ; à l'église paroissiale d'Amblainville, 5 sous ; aux marguilliers, 5 sous ; au prieuré de Saint-Pierre, 5 sous ; à la Trinité du Fay, 5 sous.

(2) L'exécution traîna en longueur ; c'est seulement trois ans plus tard que la question fut définitivement réglée par voie d'amiable composition (1222).

amende de 100 sous. La question fut longue à résoudre, car la sentence des arbitres n'est rendue que dix-huit mois plus tard, le 14 juillet 1348 (1).

Un dernier exemple : en 1374, un différend naît entre l'abbaye de Saint-Victor et les curés d'Amblainville, qui prétendent avoir droit de prendre leur rente de grain sur la grange des moines, même dans les années de disette. On s'en remet à la décision de trois arbitres : frère Robert de Dampont, prieur d'Amblainville, Charles de Saint-Arnould, écuyer, et un simple paroissien, Laurent Justice. Les arbitres ont un mois pour prononcer du jour de la réception du compromis, sauf prorogation de leurs pouvoirs. La partie qui contreviendra à leur sentence payera 10 livres, applicables par moitié au vicaire de Pontoise et par moitié à l'autre partie. Le 13 septembre, la décision arbitrale est confirmée par les intéressés devant le vicaire de Pontoise (2).

---

(1) Voyez, au 13 mars 1365, un acte interprétatif de cette convention.

(2) Autres arbitrages : 1206, entre l'abbaye du Val et Girard de Vallangoujard ; 1212, accord sur la dîme de la guède, entre Saint-Victor et les bourgeois de Méru ; 1220, sur la dîme du fief de M. Renard ; 18 septembre 1275, entre les représentants de la Léproserie et Saint-Victor, sur la dîme du vin.

TABLEAU GÉNÉALOGIQUE DE GIRARD DE VALLANGOUJARD.

GIRARD DE VALLANGOUJARD, marié à MARIE, mort en 1192. Il avait deux sœurs : (1)
Sausaine ou Louise, mariée à Adam de La Boissière;
Hudruide ou Cenay, mariée à Yves d'Édouville.

Thibaut de Vallangoujard, marié à Mayenne, 1165-1206.

Girard, 1200, chevalier, 1290, marié à : 1° Agnès, 1206; 2° Jeanne, 1221-1226.

De son premier mariage.

Thibaut, 1219, chevalier, 1228, marié à Jeanne, mort en novembre 1243.

Girard, douzier, 1262, chevalier, 1291, marié à Jeanne en 1295, mort le 10 novembre 1302.

Anseau, mort en 1312.

Agnès, mariée à Robert le Tyeis, seigneur de Theuville, 1291.

Jean, douzier, 1315, novou de Philippe.

Guillaume, chevalier, 1331.

Hodnes, 1219.

Philippe, douzier, 1310.

Raouaut.

Guillaume, chanoine de Rouen.

Elisabeth, religieuse de N.-Martin-de-Boran, 1203.

Mathilde et autres, non dénommées.

De son second mariage.

Jeanne, mariée à Guillaume de Génicourt, chevalier, 1258.

Geoffroy, 1230, chevalier, marié à Orson, 1232.

Guillaume, chevalier, 1230, chanoine de Bayeux.

Thibaut, dit Cœur-de-Fer, 1206, chevalier, 1213, marié à Richilde, 1214-1243, mort en juillet 1268.

Ameline de Vallangoujard ou d'Amblainville, dit Cœur-de-Fer, marié à Marie, 1258.

Mathilde.

Aloé, 1206, mariée à Guillaume d'Oven, 1213-1230, dont :

Pierre, Thibaut, Eloi, Raoul et Rigoles.

Marie, mariée à Robert, 1206.

Hermosine, mariée à Guillaume d'Élaine, 1209.

(1) Lévrier, XIII, Preuves, n° 502.

TABLEAU GÉNÉALOGIQUE DE GIRARD DE VALLANGOUJARD.

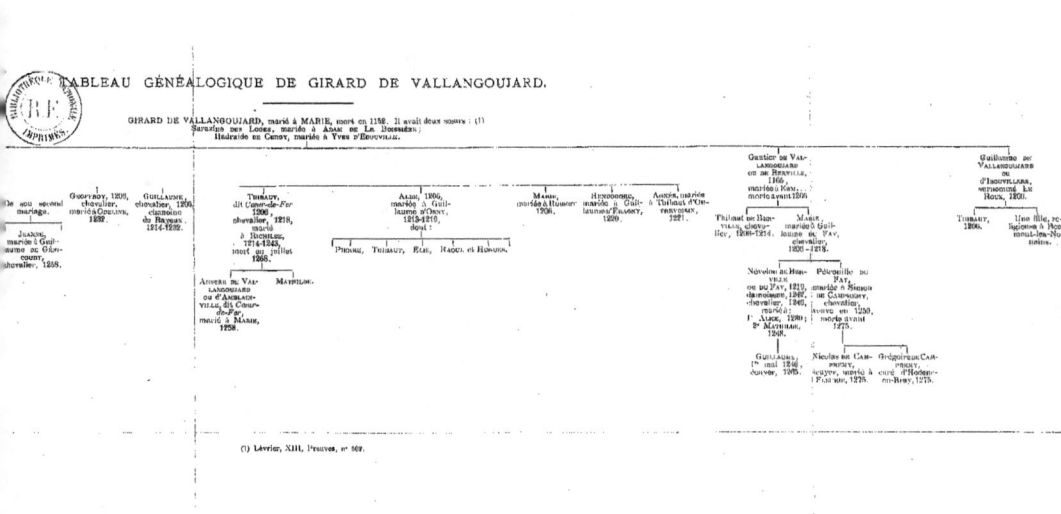

(1) Lévrier, XIII, Preuves, n° 507.

PIÈCES JUSTIFICATIVES.

Donation par Arnoul Mauclavel, de Méru, à l'abbaye de Saint-Martin de Pontoise d'un hôte à Amblainville.

1100-1128.

Opere pretium est memorie tradere quod Arnulphus Malusclavellus, de Meru, dedit Deo et ecclesie Sancti Martini Pontisariensis (1) quemdam hospitem apud Umblevillam, qui solvit unoquoque anno in festivitate sancti Remigii duodecim denarios belvacenses, seu decem et octo parisienses, et in mense Martio duos belvacenses denarios, sive tres parisienses, et ad Nativitatem Domini duas oblatas et duos capones et unum sextarium avene. Hoc donum factum fuit in capitulo, istis audientibus, Gerardo, canonico de Insula, etc.

Postea vero, uno fere anno transacto, domnus abbas Theobaldus (2), de urbe Belvaci rediens, ad domum illius divertit atque quod ante isdem Arnulphus dederat coram testibus confirmavit, uxoremque suam filiosque suos hoc ipsum concedere fecit. Hujus rei testes sunt Hugo, presbiter de Sancto Andrea, Robertus et Johannes, filii Herberti de Espeis (3).

Cartulaire de Saint-Martin de Pontoise. Bibl. nat. Lévrier : *Histoire du Vexin.* Preuves, tome XII, n° 539.

Donation par Adèle de Monchy et ses enfants à l'abbaye de Saint-Martin de Pontoise de ce qu'ils avaient dans l'église et au bourg d'Amblainville, sauf la dîme et le fief d'Ansoulphe de Neuve-Rue.

Vers 1120.

Certum sit omnibus quod Adela de Montiaco (4) et filii ejus Petrus et Gregorius, et Fulco Halegroudus, qui sororem eorum in conjugio

---

(1) Saint-Martin de Pontoise, abbaye de Bénédictins fondée en 1069.
(2) Thibaut Ier, mort en 1128.
(3) Épiais, canton de Marines, arrondissement de Pontoise (Seine-et-Oise).
(4) Monchy, aujourd'hui Mouchy, canton de Noailles, arrondissement de Beauvais.

habuerat, et filia ejusdem Fulconis Halegroudi dederunt ecclesie Sancti Martini Pontisarensis quidquid in ecclesiis Umbleville et in eadem villa habebant, preter decimam et feodum Ansculphi de Nova Rua, et preter ligamentum saccorum...... Hujus doni testes fuerunt Ansculfus de Nova Rua, Ramboudus presbiter.....

Extrait. — Bibl. nat. Lat. 12741, p. 253.

Hugues, archevêque de Rouen, confirme à Thibaut, abbé de Saint-Martin de Pontoise, la possession de la chapelle Saint-Pierre d'Amblainville, et relève les paroissiens de l'excommunication qui avait été prononcée contre eux par l'archevêque Guillaume.

1136.

Hugo, Dei gratia Rothomagensis archiepiscopus, dilecto filio Theobaldo (1), abbati Sancti Martini Pontisariensis, ejusque successoribus canonice substituendis in perpetuum. Equum est ut qui gratie Dei assidue deserviunt et pacem que Dei est eque hominum corde atque operum exibitione sectantur, gratiam et pacem ab his qui gratis acceperunt consequantur. Nos itaque, quieti et paci omnium, et precipue eorum qui, in congregatione sancta positi, Domino sub disciplina religionis deservire videntur studentes, episcopali nostra auctoritate concedimus et presenti pagina corroboramus ut capella Sancti Petri de Umblenvilla et fratres monachi videlicet Sancti Martini Pontisariensis hanc libertatem donatione nostra obtineant, ab omni inquietatione liberi sint, et elemosine et oblationes que ibi a fidelibus seu parrochianis matris ecclesie illius ville sive a quibuscumque aliis fidelibus offeruntur capelle et monachis remaneant. Nemo igitur, nec sacerdos nec laicus, eos deinceps super his inquietet; specialis enim nostra est, et sub manu propria capellam illam, sicut et alia que abbatie Sancti Martini proprii juris esse dinoscuntur, tenendo fovemus et protegendo retinemus. Facta est a nobis hec donatio anno Incarnationis dominice MCXXXVI. Parrochianos autem memorate ville, qui excommunicationem domini Guillelmi, Rothomagensis archiepiscopi (2), timebant, ab ipsa excommunicatione absolvimus.

Arch. de Seine-et-Oise: Saint-Martin de Pontoise, prieuré d'Amblainville. — Bibl. nat. Copie dans Lévrier : *Histoire du Vexin*. Preuves, t. XII, n° 412. — Cart. de Saint-Martin.

---

(1) Thibaut II, mort en 1146.

(2) *Note du président Lévrier.* — Nous apprenons par là que Guillaume Bonne-Âme, archevêque de Rouen dès l'an 1079 et mort en 1110, avait prononcé une excommu-

L'archevêque de Rouen déclare au clergé du Vexin que l'abbé de Saint-Martin de Pontoise a justifié devant lui de son droit de présentation à la cure d'Amblainville, et défend en conséquence à toute personne de l'y troubler.

Vers 1146.

Hugo (1), Dei gratia Rothomagensis archiepiscopus, carissimis

---

nication contre les paroissiens d'Amblainville. Il est assez naturel de se demander quelle était la cause de cette excommunication. Je vais proposer mes conjectures.

Cette excommunication, à ce que je présume, n'était prononcée que contre ceux de cette paroisse qui fréquenteraient la chapelle de Saint-Pierre d'Amblainville, de laquelle il s'agit dans la charte ci-dessus, et la raison de cette excommunication était, sans doute, qu'elle n'avait pas été autorisée, approuvée ou bénite par l'archevêque. L'abbaye de Pontoise, située dans l'archidiaconé du Vexin et fondée par les comtes qui possédaient cet archidiaconé, se regardait comme exempte de la juridiction épiscopale. Guillaume Bonne-Ame est le premier qui ait entrepris de se soumettre cette abbaye, par suite du don simoniaque que lui fit le roi Philippe Ier, en l'année 1092, de l'abbaye de Saint-Mellon de Pontoise et de l'archidiaconé du Vexin, pour le récompenser de la faveur qu'il avait accordée au mariage adultère de ce monarque avec Bertrade, mariage célébré par Eudes, évêque de Bayeux, du consentement de Guillaume, archevêque métropolitain. L'abbé de Pontoise, qui était alors saint Gautier, premier abbé, ne reconnut jamais l'archevêque, et, soit que la chapelle de Saint-Pierre d'Amblainville ait été construite du temps de Gautier ou de Thibout Ier, son successeur, elle le fut par leur autorité seule et sans l'attache de l'évêque, par suite des privilèges du monastère. L'archevêque contesta sans doute ces privilèges, comme il contesta ceux de l'abbé de Fontenelles ou Saint-Vandrille, qui furent confirmés du temps de Guillaume le Conquérant. Le prélat, ne pouvant réussir, mit en œuvre ses dernières armes, celles de l'excommunication, pour intimider ces bons paysans paroissiens d'Amblainville et les empêcher d'aller prier Dieu à la nouvelle chapelle. Il paraît néanmoins qu'ils y allèrent; mais, la conscience de quelques-uns en étant peut-être alarmée, l'archevêque Hugues, après avoir amené les religieux de Pontoise où il voulait, c'est-à-dire à le reconnaître pour leur supérieur épiscopal, leur accorda d'ailleurs toutes les confirmations qu'ils pouvaient demander, et aux paroissiens la levée de l'excommunication, que peut-être ils ne demandaient pas. Quel poids pouvait avoir une censure de cette espèce, de la part d'un prélat qui avait encouru lui-même celle de Rome, et qui demeura longtemps suspendu et interdit? Au surplus, le motif du respect et de la soumission est toujours louable de la part des simples fidèles, qui ne sont pas chargés de réprimer les abus.

Remarquez que l'archevêque Hugues, en parlant de cette excommunication, ajoute qu'il ne pensait pas qu'elle eût quelque efficacité, car il ne dit pas qu'il absout les paroissiens de l'excommunication qu'ils avaient encourue, mais de l'excommnication que des paroissiens ou certains paroissiens craignaient.

(1) Hugues III d'Amiens, archevêque de Rouen de 1129 à 1164.

filiis suis decanis, presbyteris et omnibus Dei fidelibus, clericis et laicis, per Vilcassinum constitutis, salutem, gratiam et benedictionem. Noverit omnium vestrum universitas quoniam filius noster Willelmus (1), abbas Pontesariensis, legitimis testibus et sacramento disrationavit ante nos personatum et presentationem presbiterorum ecclesie de Umblevilla, ecclesie sue Pontesariensi jure pertinere. Quapropter mandamus atque precepimus quatenus eandem presentationem bene et in pace amodo habeat, nec de ea aliquis eidem contrarius existat, salvo jure pontificali et parrochiali.

Cart. de Saint-Martin de Pontoise. — Bibl. nat. Lévrier : *Histoire du Vexin*, Preuves, t. XII, n° 393. — Original : Arch. de Seine-et-Oise, Amblainville. — Saint-Martin de Pontoise. Mense conventuelle.

Hugues, archevêque de Rouen, confirme l'abbaye de Saint-Martin de Pontoise dans tous ses biens, ainsi que dans ses privilèges et immunités.

1151.

Hugo, Dei gratia Rothomagensis archiepiscopus, carissimis filiis suis, Guillelmo (2), abbati, et conventui Sancti Martini Pontisariensis .... Ecclesias quoque et decimas, beneficia et possessiones quas possidetis, auctoritate qua preeminemus, vobis canonice collata confirmamus, atque in posterum quietius possidenda, Deo opitulante, corroboramus, quorum insuper nomina subnotare congruum duximus............: ecclesiam Sancti Martini de Umblevilla et dimidium (3) modium frumenti in decima ejusdem ville, et capellam Sancti Petri in eadem villa, et decimam de Ultravesin, et redecimam dimidii molendini et annone Radulphi de Alvers (4) in eadem villa. .... Quicumque autem, hanc nostre constitutionis paginam sciens, contra eam temere venire temptaverit, secundo tertiove commonitus, si non digne satisfecerit, maledictum et excommunicatum se esse sciat, atque in extremo examine districte ultioni subjaceat.

Cart. de Saint-Martin de Pontoise. — Bibl. nat. Lévrier : *Histoire du Vexin*, Preuves, t. XII, n° 479.

---

(1) Guillaume I*er*, dans le *Gallia Christiana*, était mort en janvier 1129; il s'agit plutôt de Guillaume II de Mello, abbé en 1146. C'est cette année qu'Estiennot assigne comme date de notre pièce.

(2) Guillaume II de Mello, abbé de 1146 à 1161.

(3) On lit dans le texte : *dividunt*.

(4) Auvers, arrondissement et canton de Pontoise (Seine-et-Oise).

Vente par Païen Mauclavel à l'abbaye du Val, par-devant Mathieu, comte de Beaumont, et sous la garantie de celui-ci, d'un cens de six mines d'avoine et six mines de blé d'hiver qu'il payait à l'abbaye pour sa terre de Beauvoir.

1165.

Ego Matheus, comes de Bellomonte (1), notifico presentibus et futuris quod Paganus Malclavellus, me presente et audiente, et Johanne fratre suo volente et laudante, vendidit ecclesie de Valle Sancte Marie (2), per centum solidos parisiensis monete, censum quemdam quem illi annuatim reddere solebat de universa terra quam de jure suo et patris sui apud Bellum Visum possidet : fuit autem census ille vɪ minarum de avena et vɪ de hyemali annona. Concessit hoc et laudavit Theobaldus de Valle Engaiart, de cujus feodo est terra illa, et Galterius frater ejus ; et ipsi pro salute sua et suorum benigne et bono animo promiserunt quod terram illam totam amodo libere omni tempore possidendam illi ecclesie firmiter et fideliter tuebuntur. Horum ita digestorum testes fuerunt Philippus filius meus, Ansculphus de Fleelii, Radulphus de Plesseiz, Johannes filius Reinaldi de Ponponia, Alveredus Anglicus, Lambertus Amplemus, Hugo de Canali, Ernoldus, sagittarius meus. Hanc etiam census venditionem et liberam terre illius possessionem concesserunt cum Theobaldo et Galterio Willemus, frater ipsorum, et Maria, mater eorum, et Matildis, uxor Theobaldi, audientibus et testibus Willelmo, presbitero de Behervilla, Gilleberto Preposito, Adam Parmentario, Helduino, de eadem villa, Petro et Johanne. Quoniam ergo voluntatis mee est et propositi prefatam ecclesiam diligere et sua ei jura defendere, et Paganus Malclavellus rogavit et voluit tam me quam heredem meum custodem fieri et tutorem omnium que ecclesia illa de ipsius jure possidet, volens et statuens ut si ipse vel heres suus aliquando ex parte aliqua a tuitione eorum defecerit, ipse ab omnibus que de meo feodo possidet spolietur, necessarium duxi hec ita disposita scripto commendari et sigilli mei auctoritate communiri, ut ipsa rata sint in perpetuum et heres meus post me ea

---

(1) Mathieu II, comte de Beaumont, chambrier de France, deuxième fils de Mathieu Ier, succéda à son père en 1151, épousa Mahaut de Châteaudun, puis Alice (de la Queue), et mourut entre 1174 et 1177.

(2) Notre-Dame du Val, abbaye de Cisterciens, près l'Isle-Adam, fondée avant 1137 par Anseau de l'Isle.

omni tempore firma et inconvulsa faciat permanere. Actum est hoc anno Incarnati Verbi M° C° LXV° (1).

Arch. nat. LL 1541, cart. de l'abbaye du Val, fol. 22.

Confirmation par Mathieu II, comte de Beaumont, d'un accord passé entre Heimar d'Amblainville et l'abbaye de Notre-Dame du Val, au sujet de la dîme de Beauvoir.

1165.

Ego Matheus, comes de Bellomonte (2), notifico presentibus et futuris quod querela illa que fuit inter Heimarum de Amblevilla filiosque ejus et ecclesiam de Valle Sancte Marie super decima terre illius quam ipsa colit in montibus apud Bellum Visum, communi omnium assensu ad quos decima illa videbatur pertinere, hoc est ipsius Heimari, ad cujus dominium tercia pars illius decime pertinebat, et omnium filiorum ejus, scilicet Willelmi, Theobaldi, Radulfi, Galfredi, Walteri, et filiarum Isabel et Aalis, Isabel etiam uxoris Teobaldi, et Beatricis matris sue, ad quam specialiter spectabant due partes ejusdem decime, sed eas cum filia sua dederat Theobaldo, in hunc modum sospita est et ad pacis firmitatem revocata : hii omnes, quos supra nominavimus, communiter prefatam ecclesiam ab omni debito decime in universa terra quam in predictis montibus jam habet vel in posterum habitura est, cultam vel incultam, de qua ad illos aliqua decima pertineat, absolverunt et liberam fecerunt, ita ut singulis annis reddat Teobaldo, filio Heimari, et heredi suo post ipsum, quasi in censum, pro mutatione illius decime, dimidium modium hyemalis annone et dimidium avene. Ipse autem Teobaldus et Willelmus frater suus sub fide sua promiserunt quod ecclesie prefate adversus omnes homines sub hac conventione sufficientem prebebunt tuitionem, et preterea me ipsum plegeium fecerunt et michi quicquid de meo feodo possident in contraplegium posuerunt. Horum testes sunt : Matheus, filius meus (3), et nepotes mei Hugo et Ivo (4), Petrus de Runcoroliis (5), Ivo Siccus, Petrus Hispidus, Fromundus,

---

(1) Publié par M. Douët d'Arcq : *Recherches sur les anciens comtes de Beaumont-sur-Oise.* Preuves, n° 13.

(2) Mathieu II.

(3) Mathieu III de Beaumont, chambrier de France.

(4) Hugues et Ives, fils de Hugues de Beaumont, seigneur de Persan, frère de Mathieu II.

(5) Ronquerolles, canton de l'Isle-Adam (Seine-et-Oise).

major de Chambli ; ex parte Beatricis, matris uxoris Teobaldi, Willelmus de Amblevilla, Arnulfus de Lormaisons, Paganus Malclavellus, Gislebertus de Monasteriis. Ut hec ergo rata et inconcussa permaneant, necessarium duxi illa scripto commendari et sigilli mei auctoritate communiri (1).

Arch. nat. L 944 et K 24, n° 10⁵ ; copie : LL 1541, f° 21 v°.

Constitution de fief par Philippe du Fresnoy à Thibaut de Vinnecel, de deux muids et demi de blé et un muid d'avoine et un tractus dans la dîme d'Amblainville.

1188.

In nomine sancte et individue Trinitatis, amen. Noverint universi, tam presentes quam futuri, quod ego Philippus Fanie de Fraxineto, Herenburge uxore mea annuente, Theobaldo de Vinnecuel et heredi suo in feodum et in homagium duos modios et dimidium bladi et unum modium avene et unum tractum in decima Anbleville, capiendos in granchia decimali de primo blado et mensuratos ad minam Henoldiville (2), dono, et ad relevandum feodum per viginti solidos, et ad servicium viginti solidorum. Et propter donum hujus feodi, Theobaldus de Vinnecuel triginta libras parisiensis monete michi donavit, et domino Theobaldo de Valle Engueliardis quatuor libras ejusdem monete, ut feodum sibi garantizaret, Petro autem filio meo in etatem provecto hoc annuenti, suscepto homagio Theobaldi vel heredis sui ; et si forte contigerit quod Theobaldus de Valle Engueliardis feodum in manu sua capiat, Theobaldus de Vinnecuel vel heres suus ab eo feodum suum requisierit, si pro defectu meo vel heredis mei contigerit, et homagium sibi cum ligecia fecerit, ad relevandum feodum per triginta solidos et ad servicium triginta solidorum. De cetero dominus Theobaldus de Valle Engueliardis est plegius Theobaldi de Vinnecuel quod hoc tenebitur, et inde habet in contraplegium totum meum feodum. Ne hoc autem possit adnichillari, auctoritate sigilli Theobaldi de Valle Engueliardis, de cujus feodo movet, me et uxore mea et Petro filio meo annuentibus, confirmatur, et ex utraque parte testes subtitulantur : ex parte Philippi, Matheus de Felcheroles (3), Hugo de Corlin (4), Natalis de Baër-

---

(1) Publié dans les *Recherches sur les anciens comtes de Beaumont-sur-Oise*, par M. Douët-d'Arcq, Preuves, p. 16, et dans Tardif, *Monuments historiques*, n° 592.

(2) Hénonville, canton de Méru, arrondissement de Beauvais (Oise).

(3) Feucherolles, terroir d'Amblainville.

(4) Cartulaire : Courlin.

nia (1); ex parte Theobaldi, Odo de Rolleval (2), Petrus de Runcherolis, Robertus, filius Pagani. Sciant autem omnes quod ego Theobaldus maritagium Matildis uxoris mee pro nummis vendidi, et ex nummis ha[n]c decimam emi, ut si aliquis vellet ei super hoc obviare, in pace possideret. Actum hoc anno incarnati Verbi M° C° LXXX° VIII°

Arch. nat. L 890; copie dans LL 1450, cart. de Saint-Victor, fol. 101 verso, pièce 47.

Donation par Philippe, frère du comte de Beaumont, à la chapelle d'Hamecourt, de 5 sous parisis de cens à Courcelles.

1195.

In nomine sancte et individue Trinitatis, amen.
Ego Philippus (3), frater comitis Bellimontis, universis fidelibus in perpetuum. Volumus nosse universitatem vestram quod ecclesie beati Johannis de Haimocort (4) V solidos parisiensium de censu meo in festo Sancti Remigii apud Corcellas constituto accipiendos concedimus, ut in mei memoria et omnium fidelium defunctorum diem anniversarium mei obitus singulis annis incipientes, pie recordationis affectu satagant celebrare. Ut hoc autem donum istius elemosine firmum et illibatum perduret in posterum, ipsum presenti scripto et sigilli nostri impressione, testiumque qui affuerunt subscriptione firmavimus, nomina quorum hibi annotare curavimus : scilicet Hugo de Parcenc (5), Radulfus de Parnis, Teobaldus de Campis, decanus de Joi, sacerdos de Campaniis, sacerdos de Bornel, Petrus de Borrenc, Odo de Rollenvl, Richardus de Borrenc, Garinus, major de Campaniis.

Arch. de Seine-et-Oise. — Saint-Martin de Pontoise, prieuré d'Amblainville, liasse 3.

---

(1) Bernes, canton de l'Isle-Adam, arrondissement de Pontoise (Seine-et-Oise).

(2) Cartulaire : Roneyal; Renouval, communé de Ronquerolles, canton de l'Isle-Adam, arrondissement de Pontoise (Seine-et-Oise).

(3) Philippe de Beaumont, deuxième fils du comte Mathieu II et de Mahaut de Châteaudun.

(4) Hamecourt, commune de Bornel, canton de Méru (Oise).

(5) Persan, canton de l'Isle-Adam, arrondissement de Pontoise (Seine-et-Oise).

Confirmation par Mathieu, comte de Beaumont, de la donation faite par son frère Philippe à la chapelle d'Hamecourt, de 5 sols parisis de cens à Bornel.

1195.

Ego Matheus (1), comes Bellimontis, omnibus fidelibus in perpetuum. Volumus nosse universitatem vestram quod Philippus frater meus ecclesie beati Johannis de Haimocort quinque solidos parisienses de censu suo in festo Sancti Remigii apud Boornellum singulis annis recepturo concessit et donavit, ut in memoriam ejus et memoriam mei et Mathei patris nostri, et Mathildis matris nostre, fratrumque nostrorum, Mathei et Johannis, sororumque nostrarum, quarum quoque dicta fuit Aalidis (2), et omnium antecessorum et decessorum nostrorum, diem anniversarii sui obitus singulis annis incipientes, pie recordacionis affectu satagant celebrare. Ut hoc autem donum ratum habeatur et firmum, sigilli nostri impressione et sigillo Philippi jam prefati, testium quorum qui affuerunt subscriptione firmavimus : Radulfus de Puteolis, Richardus de Borrene, Hugo de Boconviler, Petrus Hisdeus, Garinus Prepositus. Actum publice apud Campanias, anno Incarnati Verbi M° C° XC° V°.

Arch. de Seine-et-Oise. — Saint-Martin de Pontoise, prieuré d'Amblainville, liasse 3.

Donation par Jean du Coudray à l'abbaye de Saint-Victor de la moitié du champart de deux pièces de terre à Amblainville.

1200.

Ego Johannes de Corileto notum facio omnibus presentes litteras inspecturis, quod ego, de voluntate et assensu Philippe uxoris mee et natorum meorum, concessi et dedi in perpetuam elemosinam ecclesie Sancti Victoris Parisiensis (3) totam illam medietatem campipartis quam ego habebam in duabus peciis terre aput Ambleinvillam sitis, quam terram Robertus, presbiter de Vitriaco, vendidit jam dicte

---

(1) Mathieu III.

(2) Mathieu II; Mahaut de Châteaudun; Mathieu, seigneur de Luzarches; Jean, comte de Beaumont; Alice, femme d'Ansel, fils d'Adam, seigneur de l'Isle-Adam, et une autre sœur nommée également Alice. (Douët d'Arcq, *Comtes de Beaumont*, p. xci.)

(3) Saint-Victor, abbaye de chanoines réguliers, fondée par Louis VI, en 1113, au pied de la montagne Sainte-Geneviève.

ecclesie, de assensu et voluntate Girardi de Valengoiart, qui predictam terram tenebat de me in feodum. Hanc autem terram laudavi ego et concessi sepedicte ecclesie, tenendam in perpetuum libere et quiete, nichil juris aut dominii sive servitii michi aut heredibus meis in memorata terra retinens. Pro qua etiam concessione et lauso dedit mihi prefata ecclesia quinquaginta solidos. Ego vero tam donationem istius elemosine mee quam concessionem predicte terre promisi fide data me servaturum et garantizaturum. Et in hujus rei perpetuam firmitatem, presenti pagine sigillum meum apposui. Actum anno Domini M° cc°.

 Arch. nat. L 891; copie dans LL 1450, cartulaire de Saint-Victor, f° 100 verso. — Sceau n° 1922 de l'Inventaire.

Donation par Thibaut de Vallangoujard à l'abbaye du Val d'un demi-muid de grain, moitié blé, moitié avoine, sur les seize mines que Girard son fils prenait dans la grange de Beauvoir; donation par Girard des quatre mines restant; approbation donnée par Thibaut et son fils à la donation de huit mines de grain, moitié blé, moitié avoine, faite à l'abbaye par Raoul d'Outrevoisin, et donation par les mêmes de la dîme de toutes les terres que les religieux ont acquises aux monts de Beauvoir.

1200.

 Ego Theobaldus de Valle Engeuiardi notum fieri volo presentibus pariter et futuris quod ego; pro salute anime mee et predecessorum meorum et omnium amicorum meorum, dedi et in perpetuam elemosinam concessi ecclesie Beate Marie de Valle et conventui, dimidium modium annone de illis sexdecim minis quas annuatim percipiebat in granchia Belli Visus Girardus filius meus, dimidium bladi et dimidium avene, assensu uxoris mee et liberorum meorum, et precipue concessione et assensu prefati Girardi filii mei, qui ad memoriam hujus concessionis sue et ad augmentum elemosine paterne quatuor minas que restabant annuatim in eadem granchia percipiende, predicte ecclesie misericorditer contulit in elemosinam, et de earum redditione fratres in perpetuum absolvit, assensu uxoris sue et heredum suorum. Concessimus etiam, ego Theobaldus et Girardus filius meus, octo minas annone, dimidium bladi et dimidium avene, quas Radulfus d'Outreveisin, assensu uxoris sue Elisabeth et heredum suorum, predicte ecclesie dedit in elemosinam. Preterea concessimus eidem ecclesie decimam omnium terrarum quas acquisiverunt in montibus Belli Visus, eo quidem tenore quod de cetero in feodo nostro nichil amplius acquirerent sine consensu nostro. Quod ut memoriam haberet et stabilitatem, cartam presentem super elemosinis hiis et concessionibus conscriptam sigilli mei impressione roboravi. Actum publice anno ab Incarnacione Domini millesimo ducentesimo. Arch. nat., S 4170, n° 26.

Donation par Geoffroy du Coudray à l'abbaye du Val de six arpents près la croix du Fay et de sa part du champart de la terre de Geoffroy de Jouy, avec confirmation des acquisitions antérieures.

1204.

Ego Gaufridus de Coudroi (1) notum fieri volo presentibus pariter et futuris quod, pro remedio anime mee et uxoris mee et omnium amicorum meorum, de consensu et voluntate filii mei Johannis, dedi et in perpetuam elemosinam concessi ecclesie Beate Marie de Valle vi arpennos terre, sitos prope crucem de Fahi (2), in eadem libertate quam ego possidebam perpetuo possidendos; necnon et campipartem terre Godefridi de Joiaco, quam modo possidet Gerardus de Valle Engueuiardi (3), plenarie quitavi : videlicet partem meam et quicquid in presenti de dono meo vel emptione possidere dinoscitur, sive in terris sive in aliis quibuscumque rebus ad me spectantibus, libere et quiete in perpetuum eidem ecclesie concedo possidendum. Quod ut ratum et inconcussum permaneat, presentem cartulam super hoc conscriptam sigilli mei impressione roboravi. Actum anno ab Incarnatione Domini millesimo cc° quarto. Arch. nat., S 4178, n° 22.

Donation par Girard de Vallangoujard aux religieuses de Saint-Martin de Boran d'un muid d'avoine et un demi-muid de blé de rente dans la dîme d'Amblainville; donation par Isabelle Fante d'un demi-muid de blé dans ladite dîme.

1206.

Notum sit omnibus, tam futuris quam presentibus, quod Girardus de Valengueiart monialibus Sancti Martini de Borrenc (4), pro Isabelle filia sua ibidem moniale facta, dedit in elemosina, assensu Annetis, uxoris sue, unum modium avene et dimidium modium bladii

---

(1) Le Coudray, ferme, canton de Noailles (Oise); déjà p. 81.

(2) Le Fay-aux-Anes, commune d'Amblainville.

(3) Vallangoujard, canton de Marines, arrondissement de Pontoise (Seine-et-Oise); déjà p. 77.

(4) Boran, canton de Neuilly-en-Thelle, arrondissement de Senlis; déjà p. 80.

singulis annis in decima de Unblevilla infra festum Sancti Remigii recipiendos in perpetuum. Similiter Isabellis Fennia predictis monialibus Sancti Martini de Borreno dedit in elemosina, assensu Philippi Fennici, fratris sui, dimidium modium bladi in dicta decima Unblevilla infra festum Sancti Remigii annuatim recipiendum. Ego vero Teobaldus de Valengueiart, cujus feodi hoc totum est, istas elemosinas laudavi et concessi et garandire spopundi. Quod ut ratum et firmum teneatur, paginam istam sigillo meo munivi. Actum anno Domini M° CC° VI°.

Arch. de l'Oise : prieuré de Saint-Martin-lès-Boran, Amblainville.

Confirmation par Thibaut de Vallangoujard, en faveur de l'abbaye du Val, des acquisitions faites et à faire par l'abbaye dans la terre de Gautier de Berville, son frère, et dans celle de Thibaut, son neveu, sauf leurs droits de cens et de champart.

1206.

Ego Theobaldus de Valle Engueuiardi presentibus pariter et futuris notum fieri volo quod Galterus de Beervilla, frater meus, pro remedio anime sue et Ermengardis, uxoris sue, et omnium antecessorum suorum, assensu liberorum suorum Theobaldi et Marie, et Willelmi de Fay, mariti Marie, et Willelmi Ruffi, fratris sui, dedit in perpetuam elemosinam ecclesie Beate Marie de Valle, ubi uxor sua sepulta est, libere et pacifice perpetuo possidendum, quicquid jam dicte ecclesie fratres jam adepti sunt in terra sua et Theobaldi, filii sui, vel in posterum, volente Deo, poterunt adipisci, salvis masuris et campartibus suis. Et ne forte aliqua posterorum malicia presens elemosina ducatur in irritum, ad preces fratris mei, quia sigillum non habebat, presentem cartam cum appensione sigilli Theobaldi, nepotis mei, sigillo meo confirmavi et me garantizatorem constitui. Actum anno ab Incarnatione Domini M° CC° sexto.   Arch. nat., S 4178, n° 21.

Accord passé entre l'abbé de Notre-Dame du Val et Girard de Vallangoujard, au sujet de la dîme d'Amblainville.

1206.

Ego frater Petrus (1), dictus abbas Vallis Beate Marie, et ejus-

---

(1) Pierre 1er, abbé en 1196, est cité dans les actes jusqu'en 1207. *Gallia christiana*, VII, 875.

dem loci conventus, omnibus presentes litteras inspecturis in Domino salutem. Universitati vestre notum fieri volumus quod, cum controversia super quibusdam terris orta inter nos et dominum Girardum de Valle Enguiardi verteretur, que de feodo suo erant, hoc modo sopita est, quod nos de cetero in feodo suo, censiva vel campiparte nichil omnino sine assensu suo et heredum suorum acquirere poterimus, nec etiam, si quid ex elemosina nobis collatum fuerit, sine assensu predictorum retinere. Postmodum vero, cum predictus Girardus vendidisset ecclesie Beati Victoris Parisiensis quicquid habebat vel videbatur habere in decima de Amblevilla, priori servata compositione, ecclesie Sancti Victoris concessimus quod, si contingat nos aliquas terras in posterum acquirere in decimatione de Amblevilla, tam in novalibus quam in aliis terris, quocumque modo easdem terras coluerimus vel ad agriculturam redegerimus, tenebimur de cetero, de terris adquisitis ultra metas a domino Girardo prefixas, decimas, sicut alii privati cultores, plene et sine contradictione in perpetuum persolvere ; nec procurabimus aliquo modo per nos vel per alios de cetero quominus decimas de predictis terris ecclesie Sancti Victoris pacifice et sine diminutione in perpetuum persolvamus. Quod ut ratum permaneat in perpetuum, presentem paginam sigilli nostri testimonio fecimus communiri. Actum Domini m° cc° vi° anno.

Sceau n° 9152 de l'Inventaire. — Arch. nat., L 895, n° 20. LL 1450, cartulaire de Saint-Victor, fol. 105.

Donation par Girard de Vallangoujard et sa femme, à l'abbaye Saint-Victor, d'un cinquième de la dîme d'Amblainville, un fief et une masure, et vente par les mêmes du reste de ladite dîme et de deux fiefs et une censive en dépendant.

31 décembre 1206 (1).

In nomine Patris et Filii et Spiritus Sancti, amen. Noverint universi, presentes pariter et futuri, quod ego Girardus, miles, de Valle Engoiard, et uxor mea Agnes, assensu natorum meorum, dedimus Sancto Victori Parisiensi in perpetuam elemosynam quintam partem decime quam habebamus apud Ambleinvillam, et feodum Theobaldi de Utreveisin (2), ad eandem decimam pertinentem. Dedimus etiam eidem ecclesie unam masuram, liberam ab omni exactione, justicia et viatura. Totum vero residuum dicte decime, licentia,

---

(1) Le rédacteur de l'original avait écrit VII ; on a gratté un 1 : c'est évidemment une erreur, car les autres pièces relatives à la même donation portent 1206.

(2) Outrevoisin, paroisse d'Amblainville ; déjà p. 76.

consensu et auctoritate venerabilis patris Walteri, Rothomagensis archiepiscopi, de manu nostra redemit predicta ecclesia Sancti Victoris, ubicunque fuerit decima illa, sive in terris nostris propriis quas colimus, sive in aliis, et decimas novalium, tam ruptorum quam rumpendorum, cum omnibus incrementis totius memorate decime utcunque proventuris, pro quingentis et triginta libris parisiensium, et duos feodos ad eandem decimam pertinentes, et unam censivam in eadem decima, reddentem duodecim denarios; ita quod nichil juris vel proprietatis nobis vel heredibus nostris in posterum in hac decima aut in predictis feodis retinuimus. Primum feodum scilicet quem dedimus tenet Theobaldus de Utreveisin, de quo debet ecclesie Sancti Victoris homagium et omne servicium et redemptionem juxta consuetudines Veukesini, et habet unum tractum in decima et terciam partem totius decime. Secundum feodum tenet Adam de Vinuncel (1), qui habet triginta sextarios hibernagii et unum modium avene in eadem decima et unum tractum, de quo feodo debet esse homo ligius ecclesie Sancti Victoris et debet triginta solidos de servicio et totidem de redemptione. Tercium tractum habet ecclesia Sancti Victoris, ita tamen quod si tres quadrige non suffecerint, plures ex consensu partium querentur; si quis vero contradixerit, dampnum quod inde acciderit aliis recompensabit. Tercium feodum tenet Theobaldus frater meus, ex parte uxoris sue, qui debet habere stramen tocius decime, et nichil in grano; pro hoc feodo faciet homagium ecclesie Sancti Victoris et debet redemptionem ejusdem straminis ad valorem; pro servicio hujus feodi debet invenire granchiam vel granchias sufficientes ad totam decimam recipiendam. Debet etiam tres modios deferre, scilicet decem et octo sextarios hibernagii et decem et octo avene, usque Pontisaram vel eque longe, suis expensis; saccos tamen inveniet ecclesia Sancti Victoris. Debet etiam prefatus Theobaldus tradere custodibus granchie clavem et seram unam, culcitram et duo lintheamina, urnam et ciphum, scutellam et coclear. Debet insuper de suo emere clausuram ad claudendam curiam granchie, et excussores bladi debent eam incidere; ipse vero Theobaldus vectura sua debet adducere, et, quandiu excussores abscidunt clausuram vel claudunt curiam, Theobaldus debet eis panem sufficientem ministrare. Censivam duodecim denariorum tenet Albericus de Foro (2), qui habet decem et octo sextarios hibernagii in eadem decima. De parte decime Sancti Victoris percipit ecclesia de Bosrenc unum modium hibernagii et unum avene,

---

(1) Adam de Vinecel; déjà p. 79.
(2) Aubri du Marché.

monachi de Ambleinville septem sextarios hibernagii, ecclesia de Ambleinville unum sextarium hibernagii, presbyteri ejusdem ecclesie unum sextarium hibernagii, moniales Wariville (1), duos sextarios hibernagii, monachius *(sic)* de Belle Ecclesia (2) unum sextarium hibernagii, sacerdos ejusdem ville unum sextarium hibernagii, presbyter de Fraxineto (3), unum sextarium hibernagii; et hec omnia ad antiquam minam que est in granchia recipientur, que mina non debet augeri vel minui. Custodes decime ponere debent ecclesia Sancti Victoris et Theobaldus de Utrevisin, ecclesia unum vel duos, et Theobaldus unum. Excussores etiam, quotquot necessarii fuerint, ex consensu parcium apponentur, et tam custodes quam excussores, quam et tractores qui in campis decimas colligunt, fidelitatem facient ecclesie Sancti Victoris ; et Theobaldi excussores nichil habent facere de forragio, nisi quod extra clausuram projicient. Presbyteri de Ambleinville redecimationem habent in tota decima, ita scilicet quod quicunque traxerit decimam, presbyteri nichil percipient in mercede tractus. Quandiu tractores trahent avenam, singulis diebus operalibus quelibet quadriga habebit duas garbas avene, et, quum avena defecerit, duas garbas vicie, quidquid traxerint. Singulis annis, campipartitor noster vel heredum nostrorum tractoribus decime jurabit quod, quum ibit campipartiri, vocabit secum unum de tractoribus decime; quod si nullum commode invenerit, post modum, quum aliquem illorum invenerit, ei bona fide dicet quantum et ubi receperit de campiparte. Dictam quintam partem decime memorate et totum residuum ejusdem decime in manu domini Walteri, Rothomagensis archiepiscopi, ego Girardus et Agnes, uxor mea, et filii mei et filie, resignavimus et predicte ecclesie Sancti Victoris Parisiensis in perpetuum quitavimus et prestito juramento perpetuam contra omnes garantisiam promisimus. Theobaldus etiam, pater meus, et Matildis, mater mea, de quorum feodo predicta decima erat, eandem cum feodo ecclesie Sancti Victoris quitaverunt et garantisiam promiserunt. Philippus etiam, qui dictam decimam nobis vendiderat, et Erenborc, uxor ejus, et Robertus, filius eorum, eandem decimam cum juramento in perpetuum quitaverunt et omnes pro posse suo a reclamatione prohibere promiserunt. Gaufridus et Willelmus, clericus, et Theobaldus, fratres mei, juramento prestito, eandem decimam quitaverunt et garantisiam promiserunt. Alda, soror mea, et Willelmus, maritus ejus, Maria, soror mea, et Robertus, vir ejus,

---

(1) Variville, commune de Litz, canton et arrondissement de Clermont.

(2) Belle-Eglise, canton de Neuilly-en-Thelle.

(3) Fresnoy-en-Thelle, canton de Neuilly-en-Thelle.

Heudiborc et Agnes, sorores mee, Willelmus d'Ibouviller (1) et Theobaldus, filius ejus, Galterus de Beharvilla (2) et Theobaldus, filius ejus, idem fecerunt. Quod ut ratum et inconcussum permaneat, ego Girardus presentem cartam sigilli mei munimine roboravi perpetuo valituram, testibus Yvone, priore de Amblevilla, Roberto, monacho, Garnerio, presbytero de Amblevilla, Yvone de Valle Dampierre (3), Heldwino de Harunvilla (4), Symone de Novovico, Bertino, Lamberto, Radulfo de Monte (5), presbyteris, Anselmo de Insula (6), Ansculfo de Flaerlu, Roberto de Neelle (7), Roberto de Bocheio (8), Symone de Triagnel (9), militibus, Johanne Preposito de Ambleinvilla, Hamerico de Chambli (10), laicis, et multis aliis. Actum anno Verbi incarnati M° CC° VI°, II° kalendas januarii.

Arch. nat., L 895, n° 15.

Confirmation par l'archevêque de Rouen de la donation faite par Girard de Vallangoujard à Saint-Victor d'une partie de la dîme d'Amblainville, et de la vente du reste.

31 décembre 1206.

Omnibus Christi fidelibus ad quos presens scriptum pervenerit, Walterus (11), Dei gratia Rothomagensis archiepiscopus, salutem in Domino. Noverit universitas vestra nos cartam dilecti filii Girardi, militis, de Valle Engolart vidisse et diligenter inspexisse in hec verba: « In nomine, etc... ego Girardus, etc... *(Pièce précédente)* » Ego igitur Walterus, Rothomagensis archiepiscopus, omnibus predictis consentiens et omnia predicta approbans, quia pie, juste et canonice facta sunt, et dictam donationem quinte partis memorate decime, et ejusdem decime residui redemptionem, ut ambe rate et firme et in-

---

(1) Ibouvillers, commune de Saint-Crépin, canton de Méru.

(2) Berville, canton de Marines, arrondissement de Pontoise ; déjà p. 77.

(3) Valdampierre, canton d'Auneuil, arrondissement de Beauvais.

(4) Arronville, canton de Marines, arrondissement de Pontoise.

(5) Monts, canton de Méru.

(6) L'Isle-Adam, arrondissement de Pontoise.

(7) Nesle, canton de L'Isle-Adam.

(8) Buchet, commune de Parnes, canton de Chaumont.

(9) Trainel, aujourd'hui Treigny, commune d'Ivry-le-Temple, canton de Méru.

(10) Chambly, canton de Neuilly-en-Thelle ; déjà p. 79.

(11) Gautier de Coutances, archevêque de Rouen de 1184 à 1207.

concusse permaneant in perpetuum, auctoritate pontificali communimus, presentem paginam sigilli nostri patrocinio roborantes, testibus magistro Columbo, canonico Rothomagensi, magistro Alexandro, canonico Ebroicensi, magistro Johanne Britono, Radulfo de Dalbe, presbitero, Laurentio de Constantiis, Radulfo de Sancto-Macuto (1), clericis nostris, et multis aliis. Datum Rothomago, per manum Roberti de Sancto Nicholao (2), capellani nostri et canonici Rothomagensis, anno Dominice Incarnationis M° CC° VI°, in kalendas januarii. Arch. nat., L 895, n°ˢ 16 et 17; LL 1450, cartulaire de Saint-Victor, fol. 91 verso.

Confirmation par Thibaut de Vallangoujard et Mathilde, sa femme, de la donation faite à l'abbaye Saint-Victor, par Girard, leur fils, du cinquième de la dîme d'Amblainville, et de la vente du reste.

1206.

Ego Theobaldus de Valle Engouiart et Matildis, uxor mea, notum facimus omnibus litteras istas inspecturis quod Girardus, miles, filius noster, et uxor ejus Agnes, assensu natorum suorum, dederunt ecclesie Sancti Victoris Parisiensis in perpetuam elemosinam quintam partem decime quam habebant apud Amblenvillam et feodum Theobaldi de Utreveisin ad eandem decimam pertinentem; dederunt etiam eidem ecclesie unam masuram in predicta villa, liberam ab omni exactione, justitia, viatura et omni alia consuetudine, nichil sibi vel heredibus suis in predicta masura retinentes. Totum vero residuum predicte decime, licencia, consensu et auctoritate venerabilis Walteri, Rothomagensis archiepiscopi, de manu eorum redemit predicta ecclesia Sancti Victoris, ubicumque fuerit decima illa, sive in terris suis propriis quas colunt, sive in aliis, et decimas novalium tam ruptorum quam rumpendorum, cum omnibus incrementis totius memorate decime undecunque proventuris, pro quingentis et triginta libris parisiensium; et duos feodos ad eandem decimam pertinentes, et unam censivam in eadem decima, reddentem XII denarios; ita quod nichil juris vel proprietatis sibi vel heredibus suis in posterum in hac decima aut in predictis feodis retinuerunt. Hanc donationem et redemptionem ego Theobaldus et Matildis, uxor mea, de quorum feodo predicta decima erat, cum supradictis feodis predicte ecclesie Sancti Victoris quitavimus et garan-

---

(1) Saint-Maclou, canton de Mézidon, arrondissement de Bayeux (Calvados).

(2) Saint-Nicolas-de-Coutances, canton et arrondissement de Coutances (Manche).

tiam promisimus. Gaufridus etiam, miles, et Guillelmus, clericus, et
Theobaldus, filii nostri, juramento prestito, hoc idem fecerunt. Quod
ut ratum permaneat in perpetuum, ego Theobaldus presentem cartam fieri et sigilli mei impressione feci communiri. Actum anno
Verbi incarnati M° CC° VI°. Arch. nat., L 895 n° 19.

*Lettres de Guillaume, doyen de Trie, et de Robert, doyen de Meulan,
à l'archevêque de Rouen, qui les avait envoyés pour assister à
l'acte de donation et de vente de la dîme d'Ambleinville à l'abbaye Saint-Victor, par Girard de Vallangoujard.*

Janvier 1207.

Venerabili patri et domino Waltero, Dei gratia Rothomagensi archiepiscopo, Willelmus de Trie (1) et Herbertus de Mullento (2), decani, salutem et omnimodam devote subjectionis obedientiam. Auctoritate mandati vestri ad villam que dicitur Ambleinvilla accessimus
feria tercia ante conversionem beati Pauli (3), quasdam conventiones
que facte sunt inter ecclesiam Sancti Victoris Parisiensis et Girardum, militem, de Valle Engouiart, et uxorem suam Agnetem audituri.
Noverit itaque paternitas vestra quod prefatus miles Girardus et
Agnes, uxor ejus, assensu natorum suorum, quintam partem decime
sue quam habebant apud Amblenvillam, coram nobis et multis aliis
ad hoc ibidem congregatis, protestati sunt se dedisse in perpetuam
elemosinam ecclesie Beati Victoris Parisiensis, et feodum Theobaldi
de *Eutrevisin*, qui terciam partem habet in decima ville jam dicte.
Reliquam vero partem, cum novalibus ruptis et rumpendis et omnibus aliis decime incrementis, tam de propriis terris quam de alienis,
eidem ecclesie Sancti Victoris, assensu natorum suorum, vendiderunt pro quingentis et triginta libris parisiensium, cum omni dominio tocius decime. Vendiderunt preterea idem Girardus et uxor ejus,
assensu eorumdem natorum, cum predicta decima, duos feodos ad
eandem decimam pertinentes, scilicet feodum Ade de Vignocel et
feodum Theobaldi, fratris prefati Girardi, et censivam XII denariorum quam tenet Albericus de Foro. Dederunt etiam jam dicte ecclesie masuram unam, liberam ab omni exactione, justicia et viatura.
Hanc elemosinam et venditionem laudavit, voluit et concessit, et
feodum suum quitavit, insuper garantiam se portare promisit Theo-

---

(1) Trye-Château, canton de Chaumont, arrondissement de Beauvais (Oise).

(2) Meulan, canton et arrondissement de Versailles (Seine-et-Oise).

(3) Le mardi 23 janvier 1207.

baldus, pater predicti Girardi; mater etiam ejusdem Girardi, Matildis, hoc ipsum voluit et laudavit. Ipse etiam Girardus, juramento prestito, cum uxore sua Agnete, perpetuam garantiam contra omnes se portare promisit. Galfridus, Guillelmus, clericus, et Theobaldus, fratres dicti Girardi, hoc idem juraverunt et laudaverunt; Alda, soror predicti Girardi, et Gillelmus, vir ejus, hoc idem laudaverunt et juraverunt; Maria, soror ejusdem Girardi, et Robertus, maritus ejusdem Marie, hoc idem laudaverunt et juraverunt; Heudeborc et Agnes, sorores ejusdem Girardi, hoc idem laudaverunt et quitaverunt; Guillelmus de Ibovilers, avunculus ipsius Girardi, et Theobaldus, filius Guillelmi, hoc idem laudaverunt et quitaverunt; Galterus de Beherviler, avunculus Girardi, et Theobaldus, filius dicti Galteri, hoc ipsum laudaverunt et quitaverunt. Philipus etiam (1), qui predictam decimam jam dicto Girardo vendiderat, et Eremborc, uxor Philippi, et filius eorum Robertus, juramento prestito, ipsam decimam quitaverunt, et promiserunt se nunquam de cetero reclamare et reclamantes pro posse suo inhibere. Omnia ista puplice facta sunt apud Ambleinvillam, in cimiterio, assistentibus Ivone, monaco Sancti Martini de Pontisara, priore Sancti Petri de Amblenvilla, et domino Roberto, dicti prioris socio et monacho, et Garnerio, presbitero ejusdem ville, et Ivone de Valle Domni Petri, et Heulduino de Aronvilla, et Radulfo de Monte, presbiteris, et domino Anselmo de Insula, et Ansculfo de Flaellu, et Roberto de Neella, et Roberto de Bucheio, et Simone de Triagnel, militibus, Johanne Preposito de Amblenvilla, Simone de Novo Vico, Bertino, Lamberto et Heimerico de Chambli, laicis, et pluribus aliis. Inquisitione autem facta diligentius super his omnibus, nullam contradictionem invenimus, et hoc per litteras nostras patentes vobis significamus, unde ea que facta sunt discretioni vestre relinquimus consummanda.

 Arch. nat., L 895, n° 11; LL 1450, cartulaire de Saint-Victor, fol. 92 verso. — Sceau n° 7933 de l'Inventaire.

Diplôme royal portant confirmation de la donation faite par Girard de Vallangoujard et sa femme, à l'abbaye Saint-Victor, d'un cinquième de la dîme d'Amblainville, d'un fief et d'une maison, et de la vente par les mêmes à ladite abbaye du reste de la dîme, de leurs fiefs et d'une censive en dépendant.

 [2 avril-31 octobre] 1207.

 In nomine sancte et individue Trinitatis, amen. Philippus, Dei

---

(1) Philippe Fanio du Fresnoy; déjà p. 79, 84 et 87.

gratia Francorum rex (1). Noverint universi, presentes pariter et futuri, quod, sicut ex litteris Girardi de Valle Engueuiardi, militis, cognovimus, ipse et uxor sua Agnes, de assensu natorum suorum, dederunt Sancto Victori Parisiensi in perpetuam elemosinam quintam partem decime quam habebant apud Amblemvillam, et feodum Theobaldi de Utreveisin, ad eandem decimam pertinentem; dederunt etiam eidem ecclesie unam masuram, liberam ab omni exactione, justicia et viatura. Totum vero residuum dicte decime, licentia, consensu et auctoritate Galteri, Rothomagensis archiepiscopi, de manu predictorum redemit predicta ecclesia Sancti Victoris, ubicumque fuerit decima illa, sive in terris eorum propriis quas colunt, sive in aliis, et decimas novalium, tam ruptorum quam rumpendorum, cum omnibus incrementis tocius memorate decime ubicumque proventuris, pro quingentis et triginta libris parisiensium, et duos feodos ad eandem decimam pertinentes, et unam censivam in eadem decima, reddentem duodecim denarios; ita quod predicti Girardus et Agnes nichil juris et proprietatis sibi vel heredibus suis in hac decima vel in predictis feodis in posterum retinuerunt. Primum feodum scilicet quod dederunt tenet Theobaldus de Utreveisin, de quo debet ecclesie Sancti Victoris homagium et omne servitium et redemptionem juxta consuetudines Wekesin, et habet unum tractum in decima et terciam partem tocius decime. Secundum feodum tenet Adam de Vinuncella, qui habet triginta sextarios ibernagii et unum modium avene in eadem decima et unum tractum, de quo feodo debet esse homo ligius ecclesie Sancti Victoris, et debet triginta solidos de servitio et totidem de redemptione. Tercium tractum habet ecclesia Sancti Victoris, ita tamen quod, si tres quadrige non suffecerint, plures ex consensu parcium querentur; si quis vero contradixerit, dampnum quod aliis inde acciderit eis recompensabit. Tercium feodum tenet Theobaldus, frater dicti Girardi, ex parte uxoris sue, qui debet habere stramen tocius decime, et nichil in grano : pro hoc feodo faciet homagium ecclesie Sancti Victoris, et debet redemptionem ad valorem ejusdem straminis. Pro servicio hujusmodi feodi debet invenire granchiam vel granchias sufficientes ad totam decimam recipiendam. Debet etiam tres modios deferre, scilicet decem et octo sextaria ibernagii et decem et octo avene, usque Pontisaram vel eque longe, suis expensis; saccos tamen inveniet ecclesia Sancti Victoris. Debet etiam prefatus Theobaldus tradere custodibus granchie clavem et seram, unam culcitram et duo linteamina, urnam et ciphum, scultellam et coclear. Debet

---

(1) Philippe-Auguste, 1180-1223.

insuper de suo emere clausuram ad curiam granchie claudendam, et excussores bladi debent eam incidere; ipse vero Theobaldus vectura sua debet eam adducere, et, quamdiu excussores abscidunt clausuram vel claudunt curiam, Theobaldus debet eis panem sufficientem ministrare. Censivam duodecim denarios *(sic)* tenet Albericus de Foro, qui habet decem et octo sextarios hibernagii in eadem decima. De parte decime Sancti Victoris percipit ecclesia de Borrenc unum modium hibernagii et unum avene, monachi de Ambleinvilla septem sextaria hibernagii, ecclesia de Amblevilla unum sextarium hibernagii, presbiteri ejusdem ecclesie unum sextarium hibernagii, moniales Warinville duos sextarios hibernagii, monachus de Bella Ecclesia unum sextarium hibernagii, presbiter de Fraxineto unum sextarium hibernagii; et hec omnia ad antiquam minam que est in granchia recipientur, que mina non debet augeri vel minui. Custodes decime ponere debent ecclesia Sancti Victoris et Theobaldus de *Utreveisin*, ecclesia unum vel duos, et Theobaldus unum. Excussores etiam, quotquot necessarii fuerint, ex consensu parcium apponentur, et tam custodes quam excussores et tractores, qui in campis decimas colligunt, fidelitatem faciant ecclesie Sancti Victoris et Theobaldo. Excussores nichil habent facere de forragio, nisi quod extra clausuram projicient. Presbiteri de Ambleinvilla redecimationem habent in tota decima, ita scilicet quod quicunque traxerit decimam, presbiteri nichil percipient in mercede tractus. Quamdiu tractores trahent avenam, singulis diebus operabilibus quilibet quadriga habebit duas garbas avene, et, quando avena defecerit, duas garbas viscie, quicquid traxerint. Campipartor dicti Girardi et heredum suorum singulis annis tractoribus decime jurabit quod, quando ibit campipartire, vocabit unum secum de tractoribus decime; quod, si nullum commode invenerit, postmodum, quando aliquem illorum invenerit, ei bona fide dicet quantum et ubi receperit de campiparte. Hanc quintam partem decime memorate et totum residuum ejusdem decime in manu predicti Galteri, Rothomagensis archiepiscopi, dictus Girardus et Agnes, uxor ejus, et tam filii quam filie eorum resignaverunt et predicte ecclesie Sancti Victoris Parisiensis imperpetuum quitaverunt et, prestito juramento, perpetuam contra omnes garantisiam promiserunt. Theobaldus et Matildis, parentes dicti Girardi, de quorum feodo predicta decima erat, eam cum feodo ecclesie Sancti Victoris quitaverunt et garantisiam promiserunt. Philippus etiam, qui dictam decimam Girardo et Agneti vendiderat, et Eremborc, uxor Philippi, et Robertus filius eorum, eandem decimam cum juramento imperpetuum quitaverunt, et omnes pro posse suo a reclamatione prohibere promiserunt. Galfridus et Willelmus, clericus, et Theobaldus, fratres Girardi, juramento prestito, eandem decimam quitaverunt et garantisiam promiserunt. Alda et Maria, sorores dicti Girardi, et Willelmus et Robertus, mariti earum, et Hildeburgis et Agnes, alie sorores dicti Girardi, et Guillelmus d'Ibouviller et Theobaldus, filius ejus, et Galterus de Beharvilla et Theobaldus, ejus filius, idem fecerunt. Quia vero supradicta decima movet de feodo nostro, ut hec perpetua stabilitatis robur obtineant, sigilli nostri auctoritate et regii nominis karactere inferius annotato presentem paginam, in quantum ad nos pertinet, confirmamus. Actum Parisius, anno ab Incarnatione Domini M° CC° VI°, regni nostri anno vicesimo septimo, astantibus in palatio nostro quorum nomina supposita sunt et signa. Dapifero nullo. Signum Guidonis buticularii (1). Signum Mathei camerarii (2). Signum Droconis constabularii (3). Data vacante (*Locus monogrammatis*) cancellaria, per manum fratris Garini (4).

Arch. nat., K 27, n° 11. — L. Delisle, *Catalogue des actes de Philippe-Auguste*, n° 981.

Anseau de Mézières ayant cédé à Thibaut d'Outrevoisin le fief du tiers de la dîme d'Amblainville, Girard de Vallangoujard déclare avoir attribué ce fief à l'abbaye Saint-Victor, de qui Thibaut le tiendra directement.

(Vers 1207.)

Ego Girardus de Valle Engouiart notum facio omnibus presentes litteras inspecturis quod Ansoldus de Meisieres (5) precepit Teobaldo de Utreveisin ut feodum tercie partis decime de Amblenvilla reciperet de me, quia idem Ansoldus predictum feodum noluit a me redimere, et insuper predictum feodum eidem quitavit. Ego autem, quando vendidi decimam de Amblenvilla ecclesie Sancti Victoris, assignavi prefatum Teobaldum ecclesie Sancti Victoris ut sepedictum feodum ab eadem ecclesia principaliter, et sine alio mediante, reciperet et teneret. Hoc autem per litteras meas testificor, et ubi opus fuerit, si ecclesia Sancti Victoris voluerit, viva voce testificabor. In cujus rei testimonium presenti scripto sigillum meum apposui.

Arch. nat., L 895, n° 10; LL 1450, cart. de Saint-Victor, fol. 101 v°.

---

(1) Gui IV de Senlis, bouteiller de France en 1186, mort en 1221.

(2) Mathieu III, comte de Beaumont, chambrier dès 1190, mort en 1214.

(3) Dreux IV de Mello, connétable en 1194, mort en 1218.

(4) Fr. Garin, garde des sceaux vers 1203, évêque de Senlis en 1213, chancelier en titre à l'avènement de Louis VIII, se démit de sa charge vers 1228.

(5) Mézières, canton de l'Isle-Adam, arrondissement de Pontoise (Seine-et-Oise).

Girard de Vallangoujard déclare que Thibaut d'Outrevoisin n'a aucun droit sur ses défrichements et qu'il a reçu de l'abbaye Saint-Victor le prix de la dîme qu'il lui a vendue.

(Vers 1207.)

Ego Girardus de Valle Engoiart notum facio omnibus presentes litteras inspecturis et in veritate testificor quod Theobaldus de Utreveisin numquam habuit aliquid in assartis meis que feci de nemoribus meis, quia, quoniam non habui decimam ejus ad modiationem, ego per me feci trahere decimam essartorum meorum et posui in granchia mea pro voluntate mea. Presentibus etiam litteris testificor quod ab ecclesia Sancti Victoris Parisiensis recepi quingentas et xxx libras pro decima quam vendidi eidem ecclesie, et quod nichil amplius michi debet.

Arch. nat., LL 1450, cart. de Saint-Victor, fol. 103.

Confirmation par Girard de Vallangoujard de la vente faite par Jean du Coudray à l'abbaye Saint-Victor de la moitié de la terre dite la Pointe, à Amblainville.

1208.

Ego Girardus de Valle Engoiart notum facio omnibus presentes litteras inspecturis quod Johannes de Coudroi, assensu et voluntate Philippe, uxoris sue, vendidit pro XL solidis parisiensium ecclesie Sancti Victoris medietatem terre que dicitur la Pointe, ad granchiam faciendam. Ego autem predictam venditionem laudavi et totam terram cum justicia et viatura predicte ecclesie quitavi, nichil michi vel heredibus meis in eadem retinens, tali tamen modo quod de ipsa terra hostisiam non poterunt facere nisi de assensu et voluntate mea; poterunt tamen ibi quemcumque voluerint sine contradictione ponere ad custodiendam granchiam suam et alia que ibidem habebunt. Quod ut ratum permaneat, presentem paginam sigillo meo communivi. Actum anno Domini M° CC°VIII°.

Arch. nat., LL 1450, cart. de Saint-Victor, fol. 102.

Donation par [Robert du Fay à l'abbaye Saint-Victor d'un cinquième de la dîme du Fay, et vente par le même du reste de la dîme et de la grange du Fay.

1208.

Guillelmus, decanus de Tria, notum facio omnibus presentes litteras inspecturis quod Robertus, clericus, de Fai, in presentia nostra constitutus, quitam partem decime ejusdem ville et de Noisement, assensu et voluntate Petronille, sororis sue, et Guillelmi, militis, de Fai, nepotis ejusdem Roberti, ad quos predicta decima jure hereditario devenire debebat, pro sua et parentum suorum salute, in perpetuam elemosinam dedit ecclesie Sancti Victoris Parisiensis. Ecclesia vero Sancti Victoris totum residuum predicte decime, ubicumque fuerit, sive in terris predicti Guillelmi de Fai, sive in aliis, sive etiam in terris ruptis vel rumpendis, et quicquid in eadem decima habebant, cum grangia ante portam Guillelmi militis sita, auctoritate et voluntate capituli Rothomagensis, a predictis Roberto et Guillelmo milite, assensu uxoris sue Marie, et a Petronilla, sorore predicti Roberti, assensu et voluntate Henrici mariti sui, de cujus feodo pars predicte decime erat, cum ipso feodo, pro trecentis libris parisiensium redemit. Sepedicti autem Robertus clericus et Guillelmus miles et uxor ejus Maria, et Petronilla et Henricus, maritus ejus, predictam decimam et quicquid in ea habebant resignaverunt in manu nostra, qui ad hoc videndum et audiendum auctoritate Rothomagensis ecclesie intereramus, et ecclesie Sancti Victoris quitaverunt et, fide et juramento interpositis, contra omnes garantisiam promiserunt. Ego vero ecclesiam predictam Sancti Victoris de eadem decima investivi. Hoc totum concesserunt Guillelmus, miles, de Baancort (1), et Wernes et Johannes, nepotes predicti Roberti et cognati Guillelmi militis, et, fide interposita, plegii fuerunt juste garantie portande; et dominus Galterus de Baharvilla plegius, fide interposita. Sciendum etiam quod in predicta decima redecimationem percipiunt presbiteri de Ambleinvilla, qui istam redemptionem voluerunt et laudaverunt, et monachi de Laio (2) unum sextarium bladi, et monachi Vallis Beate Marie de duabus culturis decimam quitam in elemosinam habent, de aliis vero terris omnibus quas colunt in eadem decimatione decimam in integrum solvunt. Dominus autem Girardus, de cujus feodo tota predicta decima erat, assensu et voluntate prefati Henrici, qui partem decime de ipso in feodo tenebat, istam redemptionem voluit et laudavit, et quicquid in eadem decima habebat cum ipso feodo ecclesie Sancti Victoris quitavit, et insuper de predictis conventionibus tenendis, fide interposita, plegium se

---

(1) Blaincourt, commune de Jouy-le-Comte, canton de l'Isle-Adam, arrondissement de Pontoise (Seine-et-Oise).

(2) Le Lay, prieuré à la collation de l'abbaye du Bec, fondé en 1180 par Mathieu III, comte de Beaumont. La Tour-du-Lay, commune de Ronquerolles, canton de l'Isle-Adam (Seine-et-Oise).

constituit, nichil sibi vel posteris suis in posterum retinens. Quod ut ratum et inconcussum futuris temporibus permaneat, presentem cartam sigilli mei munimine confirmavi. Actum anno Verbi incarnati M° CC° VIII°.

Arch. nat., L 900, n° 30; LL 1450, cart. de Saint-Victor, fol. 94. — Sceau n° 7933 de l'Inventaire.

Renonciation par Robert et Guillaume du Fay, devant le chapitre de Rouen, aux dîmes de Noisement et du Fay.

1208.

Omnibus Christi fidelibus presens scriptum inspecturis, Richardus decanus (1) totumque Rothomagensis ecclesie capitulum, salutem in Domino. Noveritis quod Robertus, clericus, de Fai, et Guillelmus, miles, de Fay, in capitulo nostro personaliter constituti, tactis sacrosanctis evangeliis, abjuraverunt quicquid juris habebant in decimis de Noisement (2) et de Fai; super quo, nobis presentibus, litteris veritati testimonium perhibemus. Datum, etc.

Arch. nat., LL 1450, cart. de Saint-Victor, fol. 100.

Confirmation par Girard de Vallangoujard, à l'abbaye Saint-Victor, de la donation d'un cinquième de la dîme du Fay et de la vente du reste et de la grange du Fay.

1208.

Ego Girardus de Vallangujard notum facio omnibus litteras istas inspecturis quod Robertus, clericus, *deu Fai*, quintam partem decime ejusdem ville et de Noisement, assensu et voluntate Petronille, sororis sue, et Guillelmi, militis, *deu Fai*, nepotis ejusdem Roberti, ad quos predicta decima jure hereditario devenire debebat, pro sua et parentum suorum salute, in perpetuam elemosinam dedit ecclesie Sancti Victoris Parisiensis. Ecclesia vero Sancti Victoris totum residuum predicte decime, ubicumque fuerit, sive in terris predicti Guillelmi *deu Fai*, sive in aliis, sive etiam in terris ruptis vel rumpendis, et quicquid in eadem decima habebant, auctoritate et voluntate domini Roberti, archiepiscopi Rothomagensis, et capi-

---

(1) Richard I*er* de Malpalud, qui fut doyen depuis 1200.
(2) Noisement, lieudit, commune d'Amblainville.

tuli ejusdem ecclesie, a predictis Roberto et Guillelmo milite, assensu uxoris sue Marie, et a Petronilla, sorore predicti Roberti, assensu et voluntate Henrici, mariti sui, de cujus feodo pars predicte decime erat, cum ipso feodo pro trecentis libris parisiensium redemit. Sepedicti autem Robertus, clericus, et Guillelmus, miles, et uxor ejus Maria, et Petronilla et Henricus, maritus ejus, predictam decimam et quicquid in ea habebant resignaverunt in manu Guillelmi, decani de Tria, et ecclesie Sancti Victoris quitaverunt, et, fide et juramento interposito, contra omnes garantisiam promiserunt. Hoc totum concesserunt Guillelmus, miles, de *Baancourt*, Wernes et Johannes, nepotes predicti Roberti et cognati Guillelmi militis, et fide interposita plegii fuerunt juste garantie portande, et dominus Galterus de Baharvilla, plegius fide interposita. Sciendum etiam quod in predicta decima redecimationem percipiunt presbiteri de Amblenvilla, qui istam redemptionem laudaverunt et voluerunt, et monachi de Laio unum sextarium bladi, et monachi Vallis Beate Marie de duabus culturis decimam quitam in elemosinam habent, de omnibus vero aliis terris quas colunt in eadem decimatione decimam in integrum solvunt. Ego autem Girardus, de cujus feodo tota predicta decima erat, voluntate et assensu uxoris mee Agnetis, assensu etiam predicti Henrici, qui partem decime de me in feodo tenebat, istam redemptionem volui et laudavi, et quicquid in eadem decima habebam cum ipso feodo ecclesie Sancti Victoris quitavi, et insuper de predictis conventionibus tenendis, fide interposita, plegium me constitui, nichil mihi vel posteris meis in posterum retinens. Testes qui affuerunt sunt hii : Hilduinus de Arunvilla, Petrus de Neuvilla in Bosco (1), Garnerus de Ambelenvilla, Radulfus de Montibus, sacerdotes, Theobaldus de Utreveisin, Johannes de Coudrai, laici. Quod ut maneat futuris temporibus ratum et stabile, presentem cartam sigilli mei testimonio communivi Actum anno Domini M° CC° VIII°.

Arch. nat., L 900, n° 27.

Confirmation par Guillaume du Fay de la donation faite par Robert du Fay, à l'abbaye Saint-Victor, d'un cinquième de la dîme du Fay et de la vente du reste et de la grange du Fay.

1208.

Ego Guillelmus de Faiaco notum facio omnibus presentes litteras inspecturis quod Robertus de Faiaco, avunculus meus, quintam

---

(1) Neuville-Bosc, canton de Méru, arrondissement de Beauvais (Oise).

partem decime de Faiaco et de Noisement, assensu et voluntate mea et Petronille, sororis sue, ad quos predicta decima jure hereditario devenire debebat, pro sue et parentum suorum animarum salute, dedit in perpetuam elemosinam ecclesie Sancti Victoris Parisiensis. Predicta vero ecclesia Sancti Victoris totum residuum predicte decime, ubicumque fuerit, sive in terris nostris, sive in aliis, ruptis vel rumpendis, cum ipso feodo et quicquid in eadem decima habebamus, cum granchia ante portam meam sita, auctoritate et voluntate capituli Rothomagensis, a me et Roberto, avunculo meo, et Petronilla, sorore sua, redemit pro trecentis libris parisiensium. Hoc concessit et voluit Maria, uxor mea, et Henricus, maritus Petronille, amite mee, de cujus feodo pars predicte decime erat; hoc etiam concesserunt Willelmus, miles, de Baancort, et Wernes et Johannes, cognati mei, et, fide interposita, plegii fuerunt juste garantisie portande; et dominus Galterus de Baliarvilla, plegius fide interposita. Sciendum est autem quod in predicta decima redecimationem habent presbiteri de Ambleinvilla, qui istam redemptionem voluerunt et laudaverunt et procuraverunt, et monachi de Laio unum sextarium bladi, et monachi Vallis Beate Marie de duabus culturis decimam quietam in elemosinam habent; de aliis vero terris quas colunt predicti monachi Vallis Beate Marie in eadem decimatione decimam in integrum solvunt. Dominus etiam Girardus de Valle Engeiard, de cujus feodo tota decima erat, assensu et voluntate predicti Henrici, qui partem decime de ipso in feodum tenebat, istam redemptionem voluit et laudavit, et quicquid in eadem decima habuit ecclesie Sancti Victoris quitavit, nichil sibi vel heredibus suis in posterum retinens, et insuper de predictis omnibus fideliter observandis, fide interposita, plegium se constituit. Quod ne possit in posterum oblivione vel malignitate mutari, presentibus litteris sigillum meum apposui. Actum anno Verbi incarnati M° CC° VIII°.

Arch. nat., L 900, n° 26; LL 1450, cart. de Saint-Victor, fol. 94 v°. — Sceau n° 2827 de l'Inventaire.

Confirmation par l'archevêque de Rouen.

1208.

Universis Christi fidelibus ad quos scriptum presens pervenerit, Robertus (1), divina miseratione Rothomagensis ecclesie minister

---

(1) Robert Poulain (*Pullus*) ou Le Baube, archevêque de Rouen de 1208 à 1221. *Gallia christiana*, XI, 59.

humilis, salutem in Domino. Noverit universitas vestra nos diligenter inspexisse cartam Guillelmi, militis, de Fai, in hec verba : « Ego Guillelmus de Fai, etc. .... » Nos vero religionem et caritatis opera que in domo Sancti Victoris Parisiensis vigere novimus, ac devotionem quam canonici ibidem Deo servientes ad nos et ecclesiam Rothomagensem habent, pariter attendentes, hanc redemptionem et elemosinam, sicut juste et canonice facta est, gratam et ratam habentes et perpetua volentes firmitate gaudere, eam presenti scripto et sigilli nostri munimine roboravimus. Actum anno Incarnationis M° cc° octavo.

Arch. nat., L 900, n° 26; LL 1450, cart. de Saint-Victor, fol. 93 v°.

Diplôme royal portant confirmation de la donation faite par Robert du Fay à l'abbaye Saint-Victor d'un cinquième de la dîme du Fay et de la vente du reste et de la grange.

1209.

In nomine sancte et individue Trinitatis, amen. Philippus, Dei gratia Francorum rex. Noverint universi, presentes pariter et futuri, quod nos cartam Guillelmi, militis, de Faiaco diligenter inspeximus, in hec verba : « Ego Guillelmus, etc....... » Nos vero, quia supradicta decima de nobis principaliter movet, predicta, sicut superius continentur expressa, rata habemus, laudamus et approbamus, et, ut hoc perpetue stabilitatis robur obtineat, sigilli nostri auctoritate et regii nominis karactere, inferius annotato, presentem paginam confirmamus. Actum Parisius, anno Incarnationis dominice M° cc° nono, regni vero nostri anno tricesimo, astantibus in palatio nostro quorum nomina supposita sunt et signa. Dapifero nullo. Signum Guidonis buticularii. Signum Bartholomei de Roia (1), camerarii. Signum Droconis constabularii. Data vacante *(Locus monogrammatis)* cancellaria, per manum fratris Garini.

Arch. nat., K 27, n° 28; LL 1450, cart. de Saint-Victor, fol. 94 v°.

Vente par Jean de Marquemont et sa femme, à l'abbaye Saint-Victor, de leur part de la dîme d'Amblainville.

(1209.)

Omnibus presentes literas inspecturis, ego Johannes de Marque-

---

(1) Barthélemy de Roye, chambrier de France depuis 1209, en remplacement de Mathieu III de Beaumont.

mont notum facio quod ego et Philipa, uxor mea, vendidimus ecclesie Sancti Victoris Parisiensis quicquid habebamus in decima de Ambleynville, octoginta septem libras et decem solidos, nichil nobis vel posteris nostris in eadem decima retinentes, et de ipsa decima nos devestivimus et eam abjuravimus in manu domini Roberti, Rothomagensis archiepiscopi. Et ipse archiepiscopus predictam ecclesiam Sancti Victoris Parisiensis de ea investivit, Adam de Vinecel, de cujus feodo predicta decima erat, concedente et ipsum feodum in manu domini Roberti archiepiscopi abjurante, testibus istis astantibus : magistro Herberto de Andeli, Johanne Le Breton, fratre Hemerico, Petro, capellano de Liencort (1). Quod ut perpetuam obtineat firmitatem, presentem paginam sigilli domini Gaufridi (2), patris mei, appositione communivi.

Arch. nat., L 895, n° 12; LL 1450, cart. de Saint-Victor, fol. 103. — Sceau n° 1921 de l'Inventaire.

Vente par Jean de Marquemont et sa femme, à l'abbaye Saint-Victor, de leur part de la dîme d'Amblainville.

(1209.)

Ego Bartholomeus, decanus Calvimontis, omnibus notum facio Johannem de Marquemont et uxorem ejus Philipam quicquid habebant in decima de Amblevilla, ad opus ecclesie Beati Victoris, in manu mea reddidisse, et me predictam ecclesiam, ad preces illorum, in presentia sociorum meorum Helduini de Arunvilla, R. de Mez, Petri de Novavilla in Bosco, Petri de Liencort, A. de Bobiez (3), W. de Flori (4), G. de Marquemont, de eadem decima investisse. Sciendum etiam prefatam ecclesiam Sancti Victoris octoginta septem libras et dimidium pro redemptione predicte decime prefatis Johanni et uxori ejus contulisse, prefatos vero Johannem et uxorem ejus, fide data, omnimodam garentiam super prefata decima predicte ecclesie promisisse. Quod ne valeat oblivione deleri, sigilli mei feci caractere subnotari.

Arch. nat., L 895, n° 13; LL 1450, cart. de Saint-Victor, fol. 104. — Sceau n° 7884 de l'Inventaire.

---

(1) Liancourt-Saint-Pierre, canton de Chaumont, arrondissement de Beauvais.

(2) Geoffroy du Coudray.

(3) Boubiers, canton de Chaumont, arrondissement de Beauvais (Oise).

(4) Fleury, canton de Chaumont, arrondissement de Beauvais.

Confirmation par l'archevêque de Rouen de la donation faite par Jean de Marquemont, à l'abbaye Saint-Victor, de sa part de la dîme d'Amblainville.

25 mai 1209.

Omnibus Christi fidelibus ad quos presens scriptum pervenerit, Robertus, Dei gratia Rothomagensis archiepiscopus, salutem in Domino. Ad universitatis vestre noticiam volumus pervenire quod Johannes de Markemont omne jus quod habebat in decima de Ambleinvilla in manu nostra resignavit et in perpetuum elemosinavit ad opus ecclesie Sancti Victoris Parisiensis, assensu Adam de Vignecel, de cujus garantizatione erat decima illa quam predictus Johannes elemosinavit. Juravit etiam idem Johannes, tactis sacrosanctis euvangeliis, quod de cetero, nec per se nec per alium, impediret quominus canonici predicte ecclesie Sancti Victoris Parisiensis eamdem decimam in pace possiderent, et quod contra omnes homines pro posse suo eam eisdem canonicis garantizaret. Hoc ipsum supradictus Adam de Vignecel, qui decimam illam a predictis canonicis tenebat in feodo eamque prefato Johanni garantizabat, juravit coram nobis. Nos siquidem, attendentes quod domus Sancti Victoris pre aliis domibus regni Francie in Dei servicio elaborat, eamdem decimam eidem domui Sancti Victoris donavimus in perpetuum possidendam, testibus Radulfo, abbate de Insula Dei (1), magistris Herberto de Andeli (2), canonico Rothomagensi, et Johanne Brittone, clericis nostris, Petro de Liencort, presbitero, et multis aliis. Actum anno Verbi incarnati M° CC° nono, VIII° kalendas junii.

Arch. nat., L 895, n° 21; LL 1450, cart. de Saint-Victor, fol. 101. — Sceau n° 6365 *bis* de l'Inventaire.

Donation par Jean de Mussegros et sa femme, à l'abbaye Saint-Victor, de leur part de la dîme du Fay.

(1209.)

Omnibus presentes litteras inspecturis, ego Johannes de Mucegros (3) notum facio quod ego et Johanna, uxor mea, assensu filiorum

---

(1) Raoul, abbé de l'Isle-Dieu dès 1203, abbaye de l'ordre de Prémontré, au confluent de la Seine et de l'Andelle, fondée vers 1187.

(2) Les Andelys, chef-lieu d'arrondissement (Eure).

(3) Mussegros, commune d'Ecouis (Eure).

nostrorum, pro salute animarum nostrarum, dedimus in perpetuam elemosinam ecclesie Sancti Victoris Parisiensis quicquid habebamus in decima de Fai, nichil nobis vel posteris nostris in eadem decima retinentes, et de ipsa decima nos devestivimus et eam abjuravimus in manu domini Roberti, Rothomagensis archiepiscopi; et ipse archiepiscopus predictam ecclesiam Sancti Victoris de ea investivit. Sciendum est autem quod presbiter ecclesie de Fai singulis annis percipit unum modium in illa decima ad mensuram Calvimontis, medietatem hybernagii et medietatem marceschie. Hanc elemosinam concesserunt et, fide interposita, garantire promiserunt Johannes de Gahengni (1) et Comitissa, uxor ejus, et filii eorum, de quibus tenui decimam illam in feodo, eo tenore quod ecclesia Sancti Victoris singulis annis in festo Sancti Remigii decem solidos solvet eidem Johanni et heredibus suis de recognitione, ita quod in decima illa Johannes et ejus heredes de cetero nichil amplius exigere potuerint. Quod ut perpetuam obtineat firmitatem, presentem paginam sigilli mei appositione munivi. Arch. nat., L 900, n° 27; LL 1450, cart. de Saint-Victor, fol. 104. — Sceau n° 3000 de l'Inventaire.

Confirmation par Jean de Gagny et sa femme, de la donation faite par Jean de Mussegros et sa femme, à l'abbaye Saint-Victor, de leur part de la dîme du Fay, moyennant un cens annuel de dix sous.

(1209.)

Omnibus presentes litteras inspecturis, ego Johannes de Gahengni notum facio, quod ego et Comitissa uxor mea, assensu filiorum nostrorum, laudamus et concessimus in perpetuum ratam fore donationem decime quam Johannes de Mucegros dedit in elemosinam ecclesie Sancti Victoris Parisiensis, et quia predicta decima de feodo nostro erat, nos ipsum feodum et quicquid in eadem decima habebamus abjuravimus et quitavimus ecclesie Sancti Victoris, ita quod predicta ecclesia Sancti Victoris, singulis annis, decem solidos parisiensium nobis et heredibus nostris solvet de recognitione in festo Sancti Remigii. Quod ut perpetuam obtineat firmitatem, presentem paginam sigilli mei apposicione communivi.
Arch. nat., L 900, n° 25; LL 1450, cart. de Saint-Victor, fol. 103 verso. — Sceau 2475 de l'Inventaire.

---

(1) Gagny, ferme, commune de Loconville, canton de Chaumont, arrondissement de Beauvais (Oise).

Confirmation par l'archevêque de Rouen de la donation faite par Jean de Mussegros et sa femme, à l'abbaye Saint-Victor, de leur part de la dîme du Fay.

26 mai 1209.

Omnibus sancte matris ecclesie filiis ad quos presens scriptum pervenerit, Robertus, Dei gratia Rothomagensis archiepiscopus, salutem in Domino. Noverit universitas vestra nos vidisse et diligenter inspexisse cartam Johannis de Mucegros in hec verba : « Omnibus presentes litteras inspecturis, ego Johannes de Mucegros, etc.... ....» Nos vero, canonicorum Sancti Victoris religionem et devotionem in Domino plurimum commendantes et prescriptam donationem, sicut eis juste et intuitu pietatis facta est, ratam et gratam habentes, eam auctoritate nostra duximus confirmandam, presenti pagine sigillum nostrum, ad hujus rei testimonium, apponentes. Actum Rothomago, anno Verbi incarnati M° CC° nono, VII kalendas junii.

Arch. nat., L 895, n° 22; LL 1450, cart. de Saint-Victor, fol. 98 v°.

Donation par Jean de Chavençon à l'abbaye Saint-Victor du cinquième de son droit de champart dans la dîme de Noisement et vente du reste.

Septembre 1211.

Ego Johannes de Chavencun (1) notum facio omnibus presentes litteras inspecturis quod ego, de assensu Rencie, uxoris mee, et matris mee Eremburgis, Hugonis et aliorum natorum meorum, dedi in elemosinam ecclesie Sancti Victoris Parisiensis quintam partem tocius campipartis quam habebam in decimatione de Noisement, ubicumque sit, et totum residuum vendidi predicte ecclesie pro sexaginta et tredecim libris et dimidia, et totam justiciam et dominium et quicquid habebam in ipsa campiparte et in fundo ipsius terre, nichil michi vel posteris ibidem retinens meis, et, fide interposita, super hoc garantisiam me portaturum promisi. Et quia predicta campipars erat de dote matris mee, illa hanc venditionem laudavit, et quicquid in ea habebat quitavit eidem ecclesie et abjuravit. Hoc laudavit etiam et voluit uxor mea Rencia; laudavit hoc similiter et voluit Girardus de Vallengoiart, de quo ego Johannes tenebam in feodo predictam campipartem, et super hoc, fide interposita, garantisiam promisit.

---

(1) Chavençon, canton de Méru, arrondissement de Beauvais.

Hujus venditionis plegii et laudatores fuerunt Johannes de Coudroi, Simon de Triaignel, Petrus li Koquiers, et Girardus de Val Engoïart, qui omnes, fide interposita, promiserunt quod si aliquid dampnum vel gravamen jam dicte ecclesie propter hoc evenerit, ipsi infra Vulcassinum, ubi ecclesia Sancti Victoris voluerit, prisoniam tenebunt, non exituri quousque ecclesie predicte fuerit in omnibus satisfactum. Huic vendicioni affuerunt testes, scilicet : Petrus, sacerdos Nove ville in Bosco, Radulphus, sacerdos de Montibus, Bertinus, serviens regis, et Symon Faber de Ivri (1), et plegii predicti, scilicet : Symon de Triangulo, miles, Petrus de Chavencun et domina Aeliz de Nova villa (2), et Eimbold de Boornel (3). Quod ne in posterum delere possit oblivio, presenti pagine sigillum meum feci apponi. Actum anno gratie M°CC°XI°, mense septembri.

Arch. nat., L 904, n° 10⁴; LL 1150, cart. de Saint-Victor, fol. 101. — Sceau n° 1822 de l'Inventaire.

Confirmation par Girard de Vallangoujard de la donation faite par Jean de Chavençon à l'abbaye Saint-Victor du cinquième de son champart dans la dîme de Noisement, et de la vente du surplus par le même à ladite abbaye.

Septembre 1211.

Ego Girardus de Valengoiart notum facio omnibus presentes litteras inspecturis, quod Johannes de Chavencun, assensu Rencie, uxoris sue, et Eremburgis, matris sue, Hugonis et aliorum natorum suorum, dedit in elemosinam ecclesie Sancti Victoris Parisiensis quintam partem tocius campipartis quam habebat in decimatione de Noisement, ubicumque erat, et totum residuum vendidit predicte ecclesie pro sexaginta et tridecim libris et dimidia, et totam justiciam et quicquid habebat in ipsa campiparte et in fundo ipsius terre, nichil sibi vel posteris suis ibidem retinens ; et super hoc, fide interposita, contra omnes garantisiam se portaturum promisit. Ego vero Girardus de Val Engoiart, de quo predictus Johannes tenebat predictam campipartem in feodum, assensu et voluntate Agnetis, uxoris mee, venditionem istam laudavi, et, fide interposita, plegium me constitui et contra omnes garantisiam me portare promisi. Quod ne

---

(1) Ivry-le-Temple, canton de Méru, arrondissement de Beauvais.

(2) La Villeneuve-le-Roy, canton de Méru.

(3) Bornel, canton de Méru ; déjà p. 80.

deleat oblivio, presenti pagine sigillum meum apposui. Actum anno gratie M° CC° XI°, mense septembri.

Arch. nat., L 904, n° 11; LL 1150, cart. de Saint-Victor, fol. 100.

Diplôme royal portant confirmation de la vente par Jean de Chavençon à l'abbaye Saint-Victor de son champart de Noisement.

Avril-octobre 1211.

In nomine sancte et individue Trinitatis, amen. Philippus, Dei gratia Francorum rex. Noverint universi, presentes pariter et futuri, quod Johannes de Chavencone, miles, de assensu et voluntate Girardi de Valle Engoiart, domini sui, vendidit ecclesie Sancti Victoris Parisiensis in perpetuum campipartem quam habebat in Noisement, que valet circa duos modios annone. Nos igitur, ad petitionem utriusque partis, venditionem istam ratam habemus et sigilli nostri munimine roboramus. Actum Parisius, anno Domini M° CC° XI°, regni vero nostri anno tricesimo secundo, astantibus in palatio nostro quorum nomina supposita sunt et signa. Dapifero nullo. Signum Guidonis buticularii. Signum Bartholomei camerarii. Signum Droconis constabularii. Data vacante *(Locus monogrammatis.)* cancellaria. (1).

Arch. nat., K 27 n° 31; LL 1450, cart. de Saint-Victor, fol. 96 v°.

Cession par Robert de la Tournelle à l'abbaye Saint-Victor de ses droits sur la terre vendue à l'abbaye par Simon et Philippe de Marquemont, à Amblainville.

1211.

Ego Robertus de Tornella, miles, notum facio omnibus presentes litteras inspecturis quod, de voluntate et consensu Marie, uxoris mee, quitavi ecclesie Sancti Victoris Parisiensis totum jus et dominium quod habebam in terra quam predicta ecclesia emit a Symone de Marquemont et Philippa, matre sua, que terra sita est apud Amblevillam, ante porprisiam jam dicte ecclesie Sancti Victoris. Et quia uxor mea, scilicet Maria, ratione dotalicii feodum ibi habebat, juri suo penitus renunciavit. Ad cujus rei confirmationem presentes litteras sigilli mei munimine feci roborari. Actum anno Domini M° CC° XI°.

Arch. nat., L 895, n° 23; LL 1450, cart. de Saint-Victor, fol. 98 v°. — Sceau n° 3737 de l'Inventaire.

---

(1) L. Delisle, *Catal. des actes de Philippe-Auguste*, n° 1278.

Confirmation par Pierre du Marché et Élisabeth, sa femme, de la vente faite par Jean du Coudray à l'abbaye Saint-Victor d'une partie de la dîme d'Amblainville.

Juillet 1212.

Philippus, Dei gratia Belvacensis episcopus (1), omnibus presentes litteras inspecturis, in Domino salutem. Universitati vestre notum facimus quod Petrus de Mercato et uxor ejus Elizabet et heredes ipsorum venditionem quam Johannes de Coudroi fecit ecclesie Sancti Victoris Parisiensis, super decima de Ambleinvile, ratam habent et firmam; et crahantavit dictus Petrus coram nobis, fide interposita, quod nec dictam ecclesiam nec aliquem qui prefatam decimam possideret in posterum super dicta decima molestaret; et hoc idem Elizabet, uxor ipsius, coram domino Nicholao de Chambli, capellano nostro, fide interposita, crahantavit. Quod ut ratum et firmum permaneat, cartulam istam sigilli nostri munimine fecimus roborari. Actum anno gratie M° CC° duodecimo, mense julio.

Arch. nat., L 895, n° 25; LL 1450, cart. de Saint-Victor, fol. 103.

Donation par Girard de Vallangoujard à l'abbaye du Val de son champart à Noisement et de neuf arpents à la Pommeraie, que les moines tenaient de lui à champart.

1212.

Ego Gerardus de Vallengengard universis notum facio, presentibus pariter et futuris, quod, de concessione et voluntate Agnetis, uxoris mee, et liberorum meorum Theobaldi, Hugonis, Elysabeth, Matildis et aliorum, dedi et concessi in puram et perpetuam elemosinam ecclesie Beate Marie de Valle et fratribus ibidem Deo servientibus totam campipartem quam tenebam et possidebam in territorio de Nocumento, cum omni dominatione et libertatibus universis quas in eadem campiparte habebam, excepto furto et monomachia. Sciendum autem quod fratres Vallis talem dominationem in tota campiparte territorii de Nocumento habebunt et in perpetuum tenebunt, quod nullus eorum qui partem habent in eodem campipartagio sine assensu abbatis et conventus Vallis terras emere poterit vel acquirere in predicto territorio; fratres vero Vallis sine assensu eorum qui partem in eadem campiparte habent terras emere poterunt, ac-

---

(1) Philippe de Dreux, évêque de Beauvais de 1175 à 1217. *Gallia christ.*, IX, 792.

quirere et possidere libere et sine omni contradictione, salvo jure dominorum, videlicet bonnagio, saisina, venditionibus, campiparte, in quibus omnibus partem habent monachi de Valle. Preterea nullus participum campipartis ejusdem territorii campipartiri poterit antequam campipartitor monachorum Vallis advenerit; campipartitor autem monachorum Vallis, si requisitus fuerit, non expectatis aliis qui partem habent in ipso campipartagio, libere et sine aliquo contradicto, quando voluerit, campipartiri poterit et debebit. Sciendum preterea quod novem arpennos terre quos ecclesia Vallis de me tenebat ad campipartem, sitos apud Pomeroie, extra territorium de Nocumento, sub annuo censu sex denariorum annuatim in festo Sancti Remigii reddendorum, ipsi ecclesie tenendos in perpetuum concessi et campipartem quitavi. Ad hanc rem firmiter tenendam et contra omnes homines semper et ubique garantizandam, ego et prefata uxor mea fidem corporaliter dedimus et fiduciavimus. Quod ut ratum permaneat in perpetuum, presentem cartam sigilli mei impressione feci communiri. Actum anno gratie M° CC° duodecimo.

Arch. nat., S 4171, n° 22.

Confirmation par Jean du Coudray de la donation faite par Girard de Vallangoujard, à l'abbaye du Val, de son champart à Noisement.

1212.

Ego Johannes de Coldreto notum facio presentibus pariter et futuris quod elemosinariam donationem quam Girardus de Vallengeugard, de assensu et voluntate mea, fecit ecclesie Beate Marie de Valle et fratribus ibidem Deo servientibus, de tota campiparte sua quam tenebat et possidebat in territorio de Nocumento, que de feodo meo erat, cum omni dominatione et libertatibus universis quas in eadem campiparte habebat, excepto furto et monomachia, que duo sibi retinuit, ratam habui et, fide corporaliter prestita, eidem ecclesie in perpetuum tenendam concessi. In cujus rei testimonium et confirmationem presentem cartam sigilli mei impressione feci communiri. Actum anno gratie M° CC° duodecimo.

Arch. nat., S 4171, n° 7. — Sceau n° 1932 de l'Inventaire.

Confirmation par Girard de Vallangoujard de la convention faite par Pétronille de Sandricourt et Philippe, son fils, avec l'abbaye Saint-Victor, sur leur droit de champart dans les terres à dîme de l'abbaye.

1212.

Ego Gerardus de Val Engoiart notum facio omnibus presentem

paginam inspecturis dominam Petronillam de Sandrecort (1) et Philippum, filium ejus, in elemosinam concessisse ecclesie Beati Victoris Parisiensis quod ipsi et heredes ipsorum de cetero campipartem suam recipient in ipsis campis, ubicumque sit, in decimatione Beati Victoris aput Ambleinvillam, ita quod, singulis annis, campipartitor eorum vel heredum eorumdem tractoribus decime Sancti Victoris jurabit quod semper, quando ibit campipartiri, vocabit secum unum de tractoribus decime, ut ipsa decima et campipars simul capiantur. Quod si nullum illorum commode invenerit, postmodum quam cito invenerit aliquem illorum, ei bona fide dicet quantum de campiparte ipsa receperit et ubi. Hoc autem factum est de voluntate et assensu hominum qui de predictis Petronilla et filio ejus Philippo tenent. Ego etiam, de quo memorati Petronilla et Philippus jam dictam campipartem tenent in feodum, concessionem istam laudavi, et, fide interposita, promisi quod, si sepedicti Petronilla et Philippus aut eorum heredes ab eadem vellent concessione resilire, ego facerem ipsam concessionem ab eisdem Petronilla et Philippo et eorum heredibus observari et inconcusse teneri. Ad cujus rei confirmationem et testimonium presentem paginam sigilli mei feci appensione muniri. Actum anno Domini M° CC° XII°.

Arch. nat., L 895, n° 26; LL 1450, cart. de Saint-Victor, fol. 102.

Confirmation par Jean de Trie de la convention faite par Pétronille et Philippe de Sandricourt avec l'abbaye Saint-Victor, concernant leur droit de champart sur les terres à dîme de l'abbaye à Amblainville.

1212.

Ego Johannes de Tria notum facio omnibus presentem paginam inspecturis dominam Petronillam de Sandricort et Philippum, filium ejus, in elemosinam concessisse ecclesie Beati Victoris Parisiensis quod ipsi et heredes eorum campipartem suam de cetero recipient in ipsis campis, ubicumque sit, in decimatione Beati Victoris apud Amblevillam, ita videlicet quod, singulis annis, campipartitor eorum vel heredum eorumdem tractoribus decime jurabit quod semper, quando ibit campipartiri, vocabit unum secum de tractoribus decime, ut ipsa decima et campipars simul capiantur; quod, si nullum illorum commode invenerit, postmodum quam cito invenerit aliquem illorum, ei bona fide dicet quantum de campiparte ipsa receperit et ubi. Factum est autem istud de voluntate et assensu hominum de

---

(1) Sandricourt, hameau, commune d'Amblainville, canton de Méru, arrondissement de Beauvais (Oise).

Sendricort de meo feodo qui de predictis Petronilla et filio ejus Philipo tenent. Ego autem, de quo memorati Petronilla et Philippus partem jam dicte campipartis tenent in feodo, concessionem istam laudavi et concessi, salvo jure meo, ita videlicet quod, si sepedicti Petronilla et Philippus aut heredes eorum ab eadem vellent concessione resilire, ego facerem ipsam concessionem ab eisdem Petronilla et Philippo et eorum heredibus observari. Ad cujus rei confirmationem et testimonium presentem paginam sigilli mei munimine roboravi. Actum anno gratie millesimo ducentesimo duodecimo.

Arch. nat., L 895, n° 27; LL 1450, cart. de Saint-Victor, fol. 102.

Accord passé devant l'abbé de Ressons entre les bourgeois de Méru et l'abbaye Saint-Victor, au sujet de la dîme d'Amblainville.

1212.

Viris venerabilibus et discretis Roberto, decano (1), Stephano, archidiacono, Willelmo, cantori Silvanectensibus, L., abbas de Ressons (2), salutem in Domino. Discretioni vestre significamus quod, ad mandatum nostrum nobis auctoritate apostolica commissum, Petrus de Autueil (3), Radulfus de Sandeucort, Alermus Fullo, Rogerus Pichoz, Johannes de Quercu, Odo de Quercu, Hugo Faber, Hugo de Belvaco, Johannes Maigniens, Fromundus, filius Odonis de Asini curia (4), Radulphus, frater ejus, Gormondus de Asini curia, Odo Bocenel, Haimardus de Avesnes (5), burgenses de Meru (6), in presentia nostra constituti, fide prestita, concesserunt se reddituros, in crastino Sancti Johannis Baptiste, canonicis Sancti Victoris Parisiensis, pro uno quoque arpenno terre in quo facerent gaisdium, unam minam avene pro decima, in domo sua apud Amblainvile. Petrus de Autueil et Radulfus de Sandeucort se plegios recognoverunt hujus compositionis tenende.

Arch. nat., L 895, n° 24; LL 1450, cart. de Saint-Victor, fol. 96 v°.

---

(1) Robert Ier, cité dans les actes de 1212 à 1223. *Gal. christ.*, x, 145.

(2) La liste des abbés (*Gal. christ.*, xi, 338) donne un Raoul Ier depuis 1209; cependant l'initiale L se trouve dans le cartulaire comme dans l'original. — Ressons, canton de Noailles, arrondissement de Beauvais, abbaye de l'ordre de Prémontré, fondée en 1150.

(3) Auteuil, canton d'Auneuil, arrondissement de Beauvais.

(4) Agnicourt, commune et canton de Méru, arrondissement de Beauvais.

(5) Avernes, canton de Marines, arrondissement de Pontoise.

(6) Méru, chef-lieu de canton, arrondissement de Beauvais; déjà p. 73.

Approbation par le doyen, l'archidiacre et le chantre de Senlis d'un accord passé devant l'abbé de Ressons, entre les bourgeois de Méru et l'abbaye Saint-Victor, sur la dîme d'Amblainville.

1212.

Robertus, decanus, Stephanus, archidiaconus, Willelmus, cantor Silvanectenses, notum fieri volumus omnibus presentes litteras inspecturis, quod, cum questio verteretur coram nobis, auctoritate apostolica, inter canonicos Sancti Victoris Parisiensis ex una parte et burgenses de Meru ex altera, super decima de gaidis, et de pace tractaretur et compositio interveniret, mandavimus viro venerabili abbati de Ressuns ut confessionem et recognitionem predictorum burgensium super forma pacis audiret et per litteras suas de ea nos certificaret. Ipse vero litteras suas patentes nobis transmisit, quarum tenor talis est : « Viris venerabilibus, etc......... L., abbas de Ressons, etc......... » Nos igitur, de assensu parcium, compositionem istam approbavimus et sigillorum nostrorum appositione confirmavimus. Actum anno Domini M°CC°XII°.

Arch. nat., L 895, n° 24 ; LL 1450, cart. de Saint-Victor, fol. 96 v°.

Confirmation par l'archevêque de Rouen de la donation faite par Girard de Vallangoujard, à l'abbaye Notre-Dame du Val, de son champart à Noisement et de neuf arpents à la Pommeraie, moyennant un cens de six deniers.

16 février 1212 (1213).

Omnibus Christi fidelibus ad quos presens scriptum pervenerit, Robertus (1), Dei gratia Rothomagensis archiepiscopus, salutem in Domino. Noverit universitas vestra nos vidisse cartam Gerardi de Valle Engeugart, continentem quod ipse, de concessione et voluntate Agnetis, uxoris sue, et liberorum suorum Theobaldi, Hugonis, Elysabelle, Matildis et aliorum, in perpetuam elemosinam dedit ecclesie Beate Marie de Valle et fratribus ibidem Deo servientibus totam campipartem quam tenebat et possidebat in territorio de Noisemento, cum omni dominatione et dominio et libertatibus universis quas in eadem campiparte habebat, excepto furto et monomachia. Continebatur etiam in eadem carta quod fratres Vallis talem dominationem in tota campiparte territorii de Noisemento habebunt im-

---

(1) Robert Poulain.

perpetuum et tenebunt, quod nullus eorum qui partem habent in eodem campipartagio sine assensu abbatis et conventus Vallis terras emere poterit vel adquirere in predicto territorio ; fratres vero Vallis sine assensu eorum qui partem in eadem campiparte habent terras emere poterunt, adquirere et possidere libere et sine omni contradictione, salvo jure dominorum, videlicet bonnagio, saisina, venditionibus, campiparte, in quibus omnibus partem habent monachi de Valle. Preterea nullus participum campipartis ejusdem territorii campipartiri poterit antequam campipartitor monachorum Vallis advenerit ; campipartitor autem monachorum Vallis, si requisitus fuerit, non expectatis aliis qui partem habent in ipso campipartagio, libere et sine aliquo contradicto, quando voluerit, campipartiri poterit et debebit. In carta etiam predicti Girardi superadditum erat quod novem arpentos terre quos ecclesia Vallis de ipso tenebat ad campipartem, sitos apud Pomeroie, extra territorium de Noisemento, sub annuo censu sex denariorum annuatim in festo Sancti Remigii reddendorum, ipsi ecclesie tenendos imperpetuum concessit et campipartem quitavit. Expressum etiam erat in carta quod dictus Girardus et uxor sua predicta ad hec omnia firmiter tenenda et contra omnes homines semper et ubique garantizanda fidem corporaliter dederunt. Vidimus etiam cartam Johannis de Coudreio, de cujus feodo fuisse dinoscitur campipartum de Noisemento, in qua continebatur ipsum Johannem elemosinariam donationem factam ecclesie de Valle a prefato Girardo concessisse et ratam habuisse, sicut superius est expressum. Dicti etiam Girardus et Johannes, in presentia nostra apud Monasterium Villare (1) postmodum constituti, ad majorem securitatem ecclesie de Valle, fidem in manu nostra dederunt de predicta elemosina eidem ecclesie bona fide imperpetuum conservanda, sicut in cartis eorum, quas coram eis legi fecimus, plenius continetur. Nos vero prescriptam elemosinam, sicut juste facta est et in cartis predictorum Girardi et Johannis plenius est expressa, ratam habemus et confirmamus, et presentis scripti et sigilli nostri patrocinio communimus. Datum apud Monasterium Villare, anno gratie M° CC° XIII°, XIIII° kalendas martii.

Arch. nat., L 944.

---

(1) Montivilliers, abbaye de femmes, ordre de Saint-Benoît, fondée par saint Philibert en 682; chef-lieu de canton, arrondissement du Havre (Seine-Inférieure).

Convention passée entre Thibaut de Vallangoujard et Richoud, sa femme, et l'abbaye Saint-Victor, au sujet du fourrage de la dîme d'Amblainville.

5 octobre 1213.

Omnibus presentes litteras inspecturis, Bartholomeus, decanus Calvimontis (1), in Domino salutem. Noverit universitas vestra quod Theobaldus de Valengugart et Richoudis, uxor ejus, pignori obligaverunt ecclesie Sancti Victoris Parisiensis, pro quater viginti libris parisiensium, forragium et quicquid habebant in forragio totius decime de Amblenvilla, quod ipsi tenebant in feodo de abbate Sancti Victoris, tali modo quod usque ad decem annos illud redimere non poterunt. Ecclesia vero Sancti Victoris de ipso forragio quod diu fuerit invadiatum facere poterit quicquid voluerit et decimam trahere ad granchiam suam in eadem villa. Si autem predicti Theobaldus et Richoudis vel eorum heredes a decimo anno usque ad vicesimum ipsum forragium redimere voluerint, reddent ecclesie Sancti Victoris decem libras pro expensis quas posuit in facienda granchia ad opus ipsius decime, preter supradictas quater viginti libras pro quibus forragium fuerat invadiatum. Et si ipsum forragium in vadio remanserit supra viginti annos, et postea voluerint ipsum redimere, de predictis decem libris nichil reddent, sed tamen predictas quater xx libras. Si autem relevementum feodi interim acciderit, reddetur ecclesie Sancti Victoris, quando ipsum forragium redimetur. Nec poterunt predicti invadiatores vel eorum heredes ipsum forragium redimere, vel extra curiam predicte granchie ducere, quousque granchiam fecerint sufficientem ad totam decimam competenter recipiendam sine dampno ecclesie Sancti Victoris, sicut continetur in litteris que facte sunt inter ecclesiam Sancti Victoris et dominum Girardum de Vallengugart, qui predictam decimam ei vendiderat. Hanc invadiationem laudaverunt et voluerunt Theobaldus de Utreveisin, Isabel, mater ejus, et Galterus, frater ejusdem, et de ea fideliter servanda in manu nostra fidem dederunt. Hujus etiam invadiationis fideliter servande plegii sunt Girardus de Valengugard et Gaufridus, frater ejus, Guillelmus de Ooni (2), sororius eorumdem, Hugo de Roonel (3), Gilebertus des Pastiz, Galterus *li Chanevacer*, Galterus

---

(1) Chaumont-en-Vexin, chef-lieu de canton, arrondissement de Beauvais (Oise.)

(2) Osny, canton et arrondissement de Pontoise (Seine-et-Oise).

(3) Rosnel, hameau, commune de Neuville-Bosc.

Alard et Lecelinus Furnerius, qui omnes in manu mea fidem dederunt quod, si dampnum aliquid ecclesie Sancti Victoris evenerit occasione istius invadiationis pro defectu predictorum Theobaldi et Richoudis, ejus uxoris, ipsi plegii prisonem tenebunt ubicumque ecclesia Sancti Victoris voluerit infra Vulcassinum, quousque eidem ecclesie fuerit in omnibus satisfactum. Hec omnia coram me facta sunt apud Relliacum (1), tertio nonas octobris, anno Domini M° CC° tercio decimo. In cujus rei testimonium, ad petitionem utriusque partis, sigillum meum apposui scripto presenti.

Arch. nat., L 895, n° 29 ; LL 1450, cart. de Saint-Victor, fol. 99.

Confirmation par l'archevêque de Rouen de la convention passée entre Thibaut de Vallangoujard et l'abbaye Saint-Victor, au sujet du fourrage de la dîme d'Amblainville.

1213.

Universis Christi fidelibus presentes litteras inspecturis, Robertus, Dei gratia Rothomagensis archiepiscopus, in Domino salutem. Noverit universitas vestra quod nos litteras Bartholomei, nostri decani Calvimontis, inspeximus in hec verba : « Omnibus presentes litteras inspecturis, Bartholomeus, etc.... » In cujus rei testimonium, etc.

Arch. nat., LL 1450, cart. de Saint-Victor, fol. 93.

Donation par Robert de Chambly à l'abbaye Saint-Victor de deux arpents de terre à Amblainville.

1213.

Omnibus ad quos littere presentes pervenerint, R., prior Laii, Belvacensis dyocesis, salutem. Noverit universitas vestra quod Robertus, filius Majorisse, burgensis de Chambli, in presentia nostra, assensu et voluntate Aeleis, uxoris sue, et Guidonis, filii et heredis sui, dedit et concessit Deo et canonicis Sancti Victoris Parisiensis duos arpentos terre quos habebat aput Ambleinvillam, contiguos ortis de subtus Venocurt, tenendos et habendos in perpetuum libere et quiete ab omni exactione seculari. Pro hac autem donatione et concessione dictus Robertus percepit de caritate domus Sancti Victoris, per manum Gaufridi canonici, tunc sartrinarii Sancti Victoris, duodecim libras parisiensium. Actum fuit hoc anno gratie M° CC° XIII°,

---

(1) Reilly, canton de Chaumont, arrondissement de Beauvais.

in presencia Garnerii, fratris predicti Roberti, et Willelmi de Peiz, domini prefate terre, qui prefatam donationem et concessionem benigne concesserunt. Et si contigerit processu temporis quod dictus Robertus et heredes sui prememoratam terram sepedictis canonicis non poterunt garantizare, prefatis canonicis pro predicta terra solventur XVII libre parisiensium. Hanc vero donationem et concessionem fideliter observandam predictus Robertus et Aeleis, uxor ejus, et Guido, filius, affidaverunt. In hujus rei testimonium, presenti scripto, de consensu partium, apponi fecimus sigillum capituli nostri.

Arch. nat., S 2071, n° 72 ; LL 1450, cart. de Saint-Victor, fol. 102 v°. — Sceau n° 9404 de l'Inventaire.

Vente par Girard de Vallangoujard à l'abbaye du Val de la partie du champart de Noisement qu'il avait acquise de Béatrix la Cossette.

1213.

Ego Gerardus de Vallengeugard notum facio presentibus et futuris quod, cum dedissem in elemosinam ecclesie Beate Marie de Valle et fratribus ibidem Deo servientibus totam campipartem, cum manu firma, quam tenebam et possidebam in territorio de Noisement, cum omni dominatione et libertatibus universis quas in eadem campiparte et eadem manu firma habebam, excepto furto et monomachia, postea vendidi eidem ecclesie, de assensu Agnetis, uxoris mee, totam partem ejusdem campipartis cum manu firma quam comparaveram a Beatrice cognomento *la Cossette*, volens ut prefata ecclesia eam libere et quiete possideat in perpetuum cum eadem dominatione et libertatibus eisdem quas habebam in eadem campiparte et manu firma. Ad hanc venditionem firmiter tenendam et garantizandam, ego et prefata uxor mea fidem dedimus et fidutiavimus. Hoc siquidem concessit Johannes de Coldreto, de quo tenebam illam campipartem et de cujus feodo erat. Quod ut ratum permaneat, presentem cartam conscribi et sigilli mei impressione feci communiri. Prefatus vero Johannes, in testimonium concessionis sue et ad majorem cautelam, sigillum suum apposuit et factam venditionem approbavit. Actum anno gratie M° CC° terciodecimo.   Arch. nat., S 4171, n° 21.

Girard de Vallangoujard donne son approbation à l'amortissement fait par Philippe de Sandricourt de toutes les terres soumises à son droit de champart, et acquises par l'abbaye du Val depuis la mort de son père, pour lequel amortissement Philippe a reçu six livres parisis.

1213.

Ego Gerardus de Valengougard universis presentibus pariter et

futuris notum facio quod, constitutus in presentia mea, Philippus de Sandoucort concessit ecclesie Beate Marie de Valle ut omnes terras quas prefata ecclesia adquisierat post obitum patris sui in campipartagio suo, libere et pacifice possideret in perpetuum, salva campiparte sua. Preterea sciendum quod, si campipartem vendere voluerit ecclesie Sancti Victoris Parisiensis vel alii ecclesie, ecclesia de Valle terras prescriptas liberas et immunes a campiparte possidebit; quod si alii persone, nisi sibi propinquitate consanguinitatis conjuncta fuerit, dictam campipartem suam vendere voluerit, ecclesia de Valle, dato precio quod alius daret, eam poterit retinere. Abbas igitur et conventus Vallis, liberalitatem memorati Philippi attendentes, pro concessione hac et conventionibus suprascriptis vi libras parisiensium de caritate domus ipsi Philippo liberaliter contulerunt. Ad hanc rem firmiter tenendam, ipse Philippus corporaliter fidem dedit. Ego autem rem istam, sicut facta est, ratam habeo et bona fide concedo. Quod ut ratum et inconcussum permaneat, ego Gerardus, ad preces ipsius Philippi, presentem cartam conscribi et sigilli mei impressione feci communiri. Actum anno gratie M° CC° terciodecimo.
 Arch. nat., S 4170, n° 10.

Vente par Guillaume de Vallangoujard à Robert, curé de Vitry, de trois arpents de terre sis à Amblainville.

Juin 1214.

Omnibus ad quos littere iste pervenerint, Willelmus, clericus, de Vallengeujart, canonicus Baiocensis, salutem. Sciant omnes quod ego vendidi Roberto, presbitero de Vitriaco (1), tres arpennos terre apud Amblevillam sitos, assensu et voluntate Gerardi, fratris mei, militis, domini de Vallengeiart, et aliorum fratrum meorum et sororum. Predicte vero terre medietas est ad campipartem que est Johannis de Coudreio, et alia medietas est libera ab omni censu et campiparte. Predictus vero Robertus presbiter predictam terram poterit dare vel vendere quibuscumque voluerit. Et ut hoc ratum sit et firmum, sigilli mei munimine confirmo. Actum anno Domini M° CC° quartodecimo, mense junio.
 Arch. nat., S 2071, n° 71; LL 1450, cart. de Saint-Victor, fol. 103 v°. — Sceau n° 7730 de l'Inventaire.

---

(1) Vitry, ferme, commune de Berville, canton de Marines (Seine-et-Oise); déjà p. 81.

Confirmation par Girard de Vallangoujard de la vente faite par son frère Guillaume à Robert, curé de Vitry, de trois arpents de terre à Amblainville.

Juin 1214.

Omnibus ad quos littere iste pervenerint, Girardus, miles, dominus de Vallengejart, salutem. Noverint universi quod Willelmus clericus, frater meus, vendidit Roberto, presbitero de Vitriaco, tres arpennos terre apud Amblevillam sitos, in meo dominio, pro XI libris et dimidia libra. Predicte vero terre medietas est ad campipartem que est Johannis de Coudreio, et alia medietas libera omnino a censu et campiparte. Predictus etiam Robertus presbiter sepedictam terram poterit dare vel vendere quibuscumque voluerit. Hanc autem venditionem et pactionem voluerunt omnes fratres mei et sorores, et ego similiter volo et laudo, et sigilli mei munimine confirmo. Actum anno Domini M° CC° quartodecimo, mense junio.

Arch. nat., S 2071, n° 70 ; LL 1450, cart. de Saint-Victor, fol. 103.

Confirmation par Girard de Vallangoujard de la vente faite par son frère Guillaume, chanoine de Bayeux, à Robert, curé de Vitry, de deux pièces de terre à Amblainville.

Juin 1214.

Ego Gerardus de Valle Engojart universis notum facio quod Willelmus, frater meus, canonicus Baujocensis, vendidit Roberto, presbitero de Vitriaco, duo frustra terre apud Amblevillam in meo dominio, pro undecim libris et dimidia. Predicte terre medietas libera fuit et est a censu et campiparte. Reliqua medietas solebat esse ad campipartem que erat Johannis de Codraio ; sed, cum idem Johannes dictam campipartem vendiderit, terra dicta modo tota libera est a campiparte. Dictus etiam presbiter prefatam terram hac emit condicione quod eamdem posset dare vel vendere quibuscunque vellet. Hanc autem venditionem et pactionem voluerunt et laudaverunt omnes fratres mei et sorores, et ego Girardus similiter volui et laudavi, et sigilli mei munimine confirmavi. Actum anno Domini M° CC° quarto decimo, mense junio.

Arch. nat., S 2071, n° 69 ; LL 1450, cart. de Saint-Victor, fol. 97.

*Confirmation par Girard de Vallangoujard de la vente de trois
arpents de terre à Amblainville, faite à l'abbaye Saint-Victor
par Robert, curé de Vitry, et de celle d'une terre sise au même
lieu, faite à ladite abbaye par Robert de Chambly.*

1214.

Ego Girardus de Val Engoiart significo omnibus presentes litteras inspecturis quod ego terram illam quam Willelmus, clericus, frater meus, vendidit Roberto, presbitero de Vitriaco, scilicet tres arpennos aput Ambleinvillam sitos, in dominio meo, pro undecim libris et dimidia, cujus terre medietas est ad campipartem que est Johannis de Coudreio, alia autem medietas ab omni censu et campiparte libera est : quam etiam venditionem volui ego, et omnes fratres mei et sorores voluerunt, sicut in litteris meis hujus venditionis testimonialibus plenius et expressius continetur; illam memoratam terram concedo ego et laudo ecclesie Sancti Victoris Parisiensis, libere, quiete et pacifice in perpetuum possidendam; quam terram dicta ecclesia emit a presbitero predicto ; et hanc ipsam quam jam dictus presbiter fecit memorate ecclesie venditionem, me garantire promitto. Preterea terram illam quam Robertus, filius Majorisse, burgensis de Chambli, vendidit eidem ecclesie pro duodecim libris, de voluntate et assensu Aeliz, uxoris sue, et Guidonis, filii et heredis sui, quam terram idem Robertus habebat aput Ambleinvillam, contiguam ortis de subtus Venencort, tenendam et habendam libere et quiete ab omni exactione seculari; quam venditionem Garnerius, frater memorati Roberti, concessit, et Willelmus de Peiz, dominus ejusdem terre; sicut ego ipse in litteris prioris del Lai expressum vidi et audivi ; illam memoratam terram laudo ego et concedo, de cujus feodo est eadem terra, ecclesie Beati Victoris Parisiensis, tenendam et ab eadem ecclesia quiete et pacifice possidendam in perpetuum, et hujusmodi terre venditionem, quam prenominatus Willelmus de Peiz eciam in manu mea laudavit et concessit, me garantizare promitto. In cujus rei testimonium, presenti scripto sigillum meum apposui. Actum anno Domini M° CC° XIIII°.

Arch. nat., S 2071, n° 67 ; LL 1450, cart. de Saint-Victor, fol. 96.

Donation par Girard de Vallangoujard à la chapelle Saint-Pierre d'Amblainville de trois parts du champart qu'il avait sur les terres de ladite chapelle.

Juillet 1214.

Ego Gerardus de Valle Engueuiart, miles, notum facio universis presentes litteras inspecturis me dedisse et concessisse in puram et perpetuam elemosinam, pro animabus parentum meorum et omnium antecessorum, uxoris mee, meique pariter et heredum meorum, Deo et capelle Sancti Petri de Amblevilla, tres partes campipartis que me contingebant in terris que pertinent ad dictam capellam, cum omni justicia libere et quiete perhenniter possidendas, tali condicione quod quicunque jam dicte capelle possessor extiterit reddet annuatim dimidium modium bladi pro eadem campiparte, ponendum in necessarios usus jam dicte capelle. Insuper, inter me et abbatem Sancti Martini de Pontisara ita convenit quod bladum illud infra capellam ponetur in archa duabus clavibus confirmanda, quarum una servabitur a predicte domus possessore et altera a famulo meo, et ad dispositionem abbatis et meam, vel heredum meorum, in voluntatem ecclesie expendetur. Preterea concessi ipsis quod, quocunque tempore, quartam partem, que de feodo meo est, quam uxor domini Henrici de Montengni (1) possidet poterint adquirere libere et absolute possideant. Quod ut firmum et stabile permaneat, sigilli mei presenti scripto apposui munimentum. Actum anno Domini M° CC° XIIII°, mense julio.

Arch. de Seine-et-Oise : Saint-Martin de Pontoise, prieuré d'Amblainville, liasse I.

Confirmation par Nicolas du Marché de la vente faite par Albéric du Marché et Hodierne, sa femme, à l'abbaye Saint-Victor, de dix-huit setiers de seigle dans la dîme d'Amblainville.

1214.

Ego Nicholaus, Belvacensis canonicus, notum facio omnibus presentes litteras inspecturis, quod Albericus de Foro et Hodierna, uxor ejus, vendiderunt ecclesie Sancti Victoris Parisiensis, pro quinquaginta et v libris parisiensium, xviii sextarios hibernagii quos

---

(1) Montagny, commune de Bornel, canton de Méru (Oise).

habebant de conquestu suo in decima predicte ecclesie aput Amblenvillam, et ab eadem ecclesia Sancti Victoris dictam annonam tenebant ad censum xii denariorum annuatim. De venditione ista firmiter tenenda et garantizanda dederunt fidem prefatus Albericus et dicta Hodierna. Eandem venditionem laudaverunt filii eorum, scilicet Johannes, presbiter, et Galterus de Mercato, et fidem dederunt quod venditionem istam firmiter observarent et garantizarent. Guillelmus etiam et Albericus, filii predictorum, eandem venditionem laudaverunt. Insuper Maria et Isabeth, filie predictorum, et Stephanus, maritus Isabeth, sepedictam venditionem laudaverunt. Ego etiam Nicholaus, Belvacensis canonicus, frater prefati Alberici, supradictam venditionem laudavi, et, quia idem Albericus, frater meus, sigillum non habuit, ad petitionem ejus, in testimonium hujus venditionis, litteris presentibus sigillum meum apposui. Actum anno Incarnationis dominice m° cc° xiiii°.

Arch. nat., L 895, n° 31 ; LL 1450, cart. de Saint-Victor, fol. 97 v°.

Donation par Girard de Vallangoujard à l'abbaye du Val de huit journaux de terre au Marchois-Huboud et de quatre journaux à la croix du Fay, dont les fruits serviront à une pitance pour les moines le jour anniversaire de son décès; d'un hôte dans la masure de l'abbaye, à Venencourt, et du droit pour l'abbaye d'y vendre ses vins, avec abandon de tous ses droits sur cette masure.

1214.

Ego Girardus de Valle Engeuiardi notum facio presentibus pariter et futuris, quod. pro remedio anime mee et uxoris mee (1) et omnium amicorum meorum, de assensu fratrum meorum et liberorum meorum, dedi et in puram et perpetuam elemosinam concessi ecclesie Beate Marie de Valle et fratribus ibidem Deo servientibus octo jornellos terre, sitos in loco qui dicitur le Marchois Huboud, liberos ab omni consuetudine preterquam de decima, et quatuor jornellos sitos prope crucem de Fay, in quibus medietatem campipartis recipit Johannes de Coldreto, quos ipsis antea contuleram in elemosinam pro anima uxoris mee (2), eo quidem tenore quod fructus ex predictis terris proveniens vel equipollens annuatim cedet

---

(1) Un blanc dans le manuscrit.
(2) *Idem.*

in usus conventus ad pitantiam in anniversario die obitus nostri, nec in alios usus poterit tranferri. Concessi preterea memoratis fratribus de Valle ut ipsis liceat habere in masura sua de Venoucort, ad colligendas et custodiendas res et possessiones ipsorum, hospitem unum qui liber sit ab omni consuetudine et exactione, et asiamentis terre mee communicet sicut homines mei. Concessi nichilominus predictis fratribus ut ipsis liceat, si voluerint, per manum hospitis sui vel alterius, in masura sua de Venoucort, vina sua vendere libere et quiete, sine aliqua consuetudine; ipsis enim dedi in elemosinam quicquid juris habebam in eadem masura. Quod ut perpetuam stabilitatem optineat et inconcusse perseveret, presentem cartam sigilli mei impressione feci communiri Actum [anno gratie] millesimo ducentesimo quarto decimo.

Arch. nat., S 4178, n° 20.

Vente par Thibaut de Vallangoujard à l'abbaye du Val de neuf arpents de terre sis au Marchois-Huboud, à Venencourt et à Noisement.

1214.

Ego Theobaldus de Valle Engeuiardi notum facio presentibus pariter et futuris quod ego vendidi abbati et monachis Vallis Beate Marie novem arpennos terre, quinque videlicet sitos in loco qui dicitur le Marchois Huboud, et unum situm in masura de Venoucort, et tres sitos in manu firma de Noisement, liberos ab omni consuetudine et exactione, excepto quod quinque priores arpenni siti in Marchois Huboud decimam debent et redecimam, et in tribus arpennis sitis in manu firma de Noisement medietatem campipartis recipit Johannes de Coldreto; ultimus, qui situs est in masura de Venoucort, liber est ab omni consuetudine et exactione preterquam de decima. Istos, inquam, novem arpennos, de assensu et voluntate Richildis, uxoris mee, et fratrum meorum Willelmi, clerici, Gaufridi, militis, et domini Girardi, de cujus feodo movere noscuntur, qui etiam concedit prefatis abbati et monachis de Valle, in puram et perpetuam elemosinam, quicquid juris habebat in predictis arpennis, vendidi prenominatis abbati et monachis pro triginta et quatuor libris parisiensium, ita quod ego et prefata uxor mea venditionem istam fideliter et bona fide ecclesie de Valle conservabimus cum fructu presenti, et semper et ubique contra omnes garantizabimus, fide nostra in manu fratris Roberti de Charz corporaliter prestita et juramento confirmata. Huic rei interfuerunt dominus Arnulfus, tunc temporis prior Sancti Petri de Ambleinvilla, Garnerus presbiter, Johannes prepositus, Bartholomeus de Pastiz, frater Willelmus et frater Robertus de Charz (1), et frater Johannes, hujus carte scriptor. Quod ut ratum permaneat et inconcussum, dominus Girardus, frater meus, qui se hujus venditionis plegium et garantizatorem constituit, scripto presenti sigillum suum cum sigillo meo fecit appendi. Actum publice apud Amblevillam, anno gratie millesimo ducentesimo quarto decimo. Arch. nat., S 4170, n° 20.

Thibaut de Vallangoujard ayant vendu neuf arpents de terre à l'abbaye du Val, et sa femme ayant fait valoir ses droits sur six arpents, il lui assigne en compensation deux muids de son champart au Bellay, et Girard, frère de Thibaut, consent à cet arrangement.

1214.

Ego Girardus de Valle Engeuiardi universis presentibus pariter et futuris notum facio quod, cum Theobaldus, frater meus, abbati et monachis Vallis Beate Marie vendidisset novem arpennos terre pro triginta et quatuor libris parisiensium, et super sex arpennis, ratione maritagii sui, reclamasset uxor ipsius et venditioni prefate contradiceret, postea viro suo prebuit assensum, assignata ei recompensatione maritagii sui, tali quidem tenore quod singulis annis assignavit, et Theobaldus, frater meus, duos modios campipartis sue de Amblevilla site in loco qui dicitur Beclei, reponendos in grangia fratrum de Valle que dicitur Bellumvisum, qui tempore congruo annuatim vendentur, donec ac plenum receperit uxor prefati Theobaldi, fratris mei, summam predicte pecunie, videlicet triginta et quatuor librarum, quas iterum in comparationem terrarum tenebitur expendere, ad restitutionem maritagii quod prediximus. Ne igitur prescripta novem arpennorum venditio, qui de feodo meo fore noscuntur, aut prescripta maritagii restitutio, presentium vel posterorum malicia, possint in irritum revocari, scripto presenti, in testimonium rei facte et mei consensus argumentum, sigillum meum cum sigillo predicti Theobaldi, fratris mei, appendere procuravi. Actum anno gratie millesimo ducentesimo quarto decimo.

Arch. nat., S 4170, n° 6. — Sceau n° 3809 de l'Inventaire.

Vente par Albéric et Hodierne du Marché à l'abbaye Saint-Victor de dix-huit setiers d'hivernage dans la dîme d'Amblainville.

1205.

Ego Bartholomeus, decanus Calvimontis, notum facio omnibus

---

(1) Chars, canton de Marines, arrondissement de Pontoise (Seine-et-Oise).

presentes litteras inspecturis quod Albericus de Foro et Hodierna, uxor ejus, in presencia mea constituti, vendiderunt ecclesie Sancti Victoris Parisiensis, pro quinquaginta et quinque libris parisiensium, XVIII sextarios hibernagii quos habebant de conquestu suo in decima predicte ecclesie aput Amblenvillam et ab eadem ecclesia Sancti Victoris tenebant ad censum XII denariorum annuatim. Hanc venditionem laudaverunt filii eorum, Johannes, presbiter, et Galterus de Mercato, et fidem dederunt quod venditionem istam firmiter observarent et garantizarent, sicut vidi in litteris Nicolai, Belvacensis canonici, fratris prefati Alberici. Guillelmus etiam et Albericus, filii predictorum Alberici et Hodierne, eandem venditionem laudaverunt. Insuper Maria et Isabeth, filie predictorum, et Stephanus, maritus Isabeth, sepedictam venditionem laudaverunt, sicut in litteris predicti Nicolai perspexi, que facte sunt in testimonium hujus venditionis. Ut autem sepedicta venditio debitam optineat firmitatem, presentibus litteris sigillum meum apposui. Actum anno Incarnationis dominice M° CC° quinto decimo.

Arch. nat., L 895, n° 8?; LL 1450, cart. de Saint-Victor, fol. 96.

Abandon par Girard de Vallangoujard de tous ses droits sur les terres vendues ou données à l'abbaye Saint-Victor dans ses possessions, sauf ceux de haute justice et de larron.

(Vers 1218.)

Ego Girardus de Valle Angoiart universis notum facio quod, in terris quas ecclesia Sancti Victoris Parisiensis in territorio meo per elemosinam vel emptionem acquisivit, nichil aliud michi vel meis nisi justiciam sanguinis et latronis reservavi; proventus omnes alii dictarum terrarum ejusdem sunt ecclesie. Porprisia vero ejusdem in Amblevilla in eo statu remanet in quo per cartam domini regis debet permanere.

Arch. nat., S 2071, n° 68; LL 1450, cart. de Saint-Victor, fol. 103 v°.

Jean, abbé de Saint-Victor, reconnaît que le couvent ne peut établir des hôtes dans les terres qu'il tient de Girard de Vallangoujard, à Amblainville, sans le consentement du seigneur, lequel s'y est réservé la haute justice.

Avril 1218.

Ego Johannes (1), Sancti Victoris Parisiensis abbas, et ejusdem

---

(1) Jean l'Allemand, abbé de Saint-Victor de 1204 à 1229.

loci conventus, notum facimus universis quod nos in terris quas in territorio domini Girardi de Valle Angoiart, ad Amblevillam, adquisivimus, hospites facere non possumus absque voluntate et assensu ejusdem Girardi vel heredum suorum. Et in eisdem terris idem Girardus sibi retinuit justiciam sanguinis et latronis solummodo. Proventus vero dictarum terrarum, quicumque sint, ecclesie Sancti Victoris liberi remanent et immunes. Et sciendum quod de porprisia quam ecclesia Sancti Victoris ad Amblevillam habere dinoscitur, in litteris istis nulla est mentio, sed, sicut in carta domini regis continetur, ita de dicta porprisia ratum remanet et immotum. Actum anno Domini M° CC° XVIII°, mense aprili.

Arch. nat., S 2071, n° 107.

Confirmation par Girard de Vallangoujard de la donation faite par Thibaut et Richilde de Vallangoujard, à l'abbaye du Val, d'un muid de grain de revenu dans leur champart d'Amblainville, et de la vente par les mêmes, à ladite abbaye, du reste dudit champart.

1218.

Ego Girardus de Valenguiart omnibus notum facio, presentibus pariter et futuris, quod Theobaldus, frater meus, et Richildis, uxor ejus, assensu liberorum suorum Anselli et Matildis, amore Dei et remedio animarum suarum, dederunt Deo et ecclesie Beate Marie de Valle et monachis ibidem Deo servientibus unum modium annone annui redditus in campiparte sua quam habent apud Amblevillam, in festo sancti Remigii (1) singulis annis percipiendum. Preterea idem Theobaldus et predicta Richildis, uxor ejus, assensu similiter et voluntate eorum predictorum liberorum suorum, vendiderunt supradictis monachis totum residuum omnis campipartis quam habebant in toto territorio de Ambleinvilla, et omnem dominationem et dominium et justiciam totam et quicquid habebant in eadem campiparte, preter monomachiam et furtum et sanguinis effusionem, pro sexaginta et X libris parisiensis monete, ab ipsa ecclesia libere, quiete et pacifice in perpetuum possidendam. Ad hanc venditionem fideliter et bona fide tenendam, prefatus Theobaldus et predicta uxor ejus Richildis, de cujus maritagio ipsa campipars fuerat, fidem corporaliter dederunt. Ego autem istam venditionem, quoniam ipsa campipars de feodo meo erat, ratam habens et inconcussam teneri volens, presentem cartam conscribi et sigilli mei impressione feci

---

(1) Le 1er octobre.

communiri. Predictus autem Theobaldus, frater meus, ad majorem cautelam sigillum suum apposuit. Actum anno gratie millesimo ducentesimo octavo decimo. Arch. nat., L 914.

Confirmation par Girard de Vallangoujard de la vente faite par Thibaut et Richilde de Vallangoujard à l'abbaye du Val de leur droit de champart à Amblainville.

1218.

Ego Gerardus de Vallengeuiard universis notum facio presentibus pariter et futuris, quod Theobaldus, frater meus, et Richildis, uxor ipsius, assensu liberorum suorum Anselli et Mathildis, vendiderunt ecclesie Vallis Beate Marie et fratribus ibidem Deo servientibus omnem campipartem quam habebant in toto territorio de Ambleinvilla, et omnem dominationem et dominium et justiciam totam, et quicquid habebant in eadem campiparte, preter monomachiam et furtum et sanguinis effusionem, pro sexaginta et decem libris parisiensis monete, ab ipsa ecclesia libere, quiete et pacifice in perpetuum possidendam. Ad hanc venditionem fideliter et bona fide tenendam, prefatus Theobaldus et predicta uxor ejus Richildis, de cujus maritagio ipsa campipars fuerat, fidem corporaliter dederunt. Ego autem istam venditionem, quoniam ipsa campipars de feodo meo erat, ratam habens et inconcussam teneri volens, presentem cartam conscribi et sigilli mei impressione feci communiri. Predictus autem Theobaldus, frater meus ad majorem cautelam sigillum suum apposuit. Actum anno gratie millesimo ducentesimo octavo decimo.

Arch nat., L 944.

Donation par Thibaut d'Outrevoisin, à l'abbaye du Val, de la moitié du champart qui avait appartenu à Thibaut de Vallangoujart, à Amblainville, mettant l'autre moitié sous la censive des religieux et s'engageant à leur payer un cens annuel de trois deniers.

1218.

Ego Theobaldus de Utreveisin omnibus notum facio, presentibus pariter et futuris, quod, cum Theobaldus de Valengoiart, miles, campipartem suam in territorio Ambleinville sitam, quam de maritagio Richildis, uxoris sue, cognate mee, possedit, monachis Vallis Beate Marie vendendam optulisset, ego, nolens campipartem illam ad me jure hereditatis pertinentem ad alienos devolvi, ipsam, ratione consanguinitatis et propinquitatis, dato pretio, ad me ipsum retraxi et revocavi. Postmodum vero, affectionem et devotionem quam erga conventum prefate Vallis Beate Marie habebam attendens, omnem medietatem illius campipartis, pro salute anime mee et omnium antecessorum meorum, eidem ecclesie in perpetuam elemosinam dedi, et libere, quiete et pacifice possidendam in perpetuum concessi; de reliqua vero medietate, quam in manu mea reservavi, ita disposui quod, pro reverentia et dilectione quam erga eandem ecclesiam habeo et habere, quamdiu vixero, propono, ut magis obligatus ecclesie Beate Marie existam, ipsam medietatem meam censive ipsius ecclesie submisi, ita quod, singulis annis in octavis beati Dionisii, tres denarios nomine census fratribus ejusdem loci persolvam, tali conditione quod, si aliquo casu fortuito ipsi tres denarii ad predictum terminum soluti non fuerint, predicto censu duplicato pro emenda et satisfactione, medietatem meam in pace tenebo. Quod ut perpetuam stabilitatem optineat, presentem cartam conscribi et sigilli mei impressione feci communiri. Actum anno gratie millesimo ducentesimo octavo decimo. Arch. nat., S 4170, n° 33.

Confirmation par Girard de Vallangoujard de la vente faite à l'abbaye du Val par Philippe de Sandricourt, du consentement de Julienne, sa femme, de ses filles Pétronille et Isabelle, et de Pétronille, sa mère, de six mines de blé de rente annuelle qu'i prenait dans la grange de Beauvoir, du droit de champart qu'il avait sur les terres de l'abbaye, pour dix-huit livres parisis, et du champart de huit journaux de terre et de tous leurs droits de seigneurie et justice sur lesdites terres.

1218.

Extrait. — Bibl. nat., ms. lat. 5462, p. 177.

Donation par Girard de Vallangoujard à l'abbaye Saint-Victor du champart de neuf arpents de terre donnés à l'abbaye par Eudes de Sandricourt, ainsi que du champart de plusieurs autres pièces de terre.

(Vers 1218.)

Ego Girardus de Valle Engoiart notum facio, tam presentibus quam, futuris, quod Odo de Sandrecourt, serviens Sancti Victoris Parisiensis, assensu Ysabel, uxoris sue, dedit in perpetuam elemosinam ecclesie Sancti Victoris Parisiensis novem arpennos terre quos in territorio meo idem Odo de conquestu suo habebat et de me ad campipartem tenebat, videlicet Sabulum Landarum, et unum arpennum in Eissartis Calumpinosis, et duo jugera es Favernis, et duo jugera in Campo Presbiteri. Ego Girardus dicte terre campipartem ecclesie Sancti Victoris Parisiensis in elemosinam dedi et in perpetuum habere concessi; et preterea campipartem septem arpennorum in terra Johannis Prepositi, et septem arpennorum in terra Berengarii Gibosi, et duorum arpennorum in terra Ancelmi et Roes, ad Campum Sacerdotis, et trium arpennorum in terra Meneut, uxoris Johannis Carpentarii, ecclesie prefate in elemosinam perpetuam concessi et fide prestita garantire promisi, ita tamen quod terre predicte justiciam michi reservavi. Et ad predictorum confirmationem litteris presentibus sigillum meum apponere dignum duxi.

Arch. nat., L 896; LL 1450, cart. de Saint-Victor, fol. 97.

Donation par Girard de Vallangoujard à l'abbaye Saint-Victor du champart de vingt-huit arpents de terre à Amblainville.

1218.

Ego Bartholomeus, Calvimontis decanus, universis notum facio quod Girardus de Valle Engoiart, miles, in perpetuam elemosinam dedit et habere concessit ecclesie Sancti Victoris Parisiensis campipartem viginti octo arpennorum terre apud Amblevillam, de quibus Odo de Sandoucort, serviens ecclesie predicte, tenet novem; Johannes Prepositus, septem; Menout, uxor Johannis Carpentarii defuncti, quatuor; Antelmus et Roes, duos; Berengerus Gibosus, sex. Et sciendum quod in terris predictis Girardus prefatus sibi retinuit mesleiam, sanguinem et latronem tantum. Omnes alii proventus dictarum terrarum prefate sunt ecclesie, sicut campipars et venditiones, investiture, metationes, relevationes et dona gelinarum. Si vero aliquid in predictis terris ultra viginti et octo arpennos habundat, totum est ecclesie prenominate. Dictus autem Girardus, miles, elemosinam, de qua premissum est, fide prestita promisit garantire. Et in hujus rei testimonium et confirmationem perpetuam, ad petitionem utriusque partis, presentem cartulam sigilli mei munimine roboravi. Actum anno Incarnationis Domini Nostri Jhesu Christi millesimo ducentesimo decimo octavo.

Arch. nat., L 895, n° 84; LL 1450, cart. de Saint-Victor, fol. 100 v°.

Donation par Girard de Vallangoujard à l'abbaye Saint-Victor de vingt-huit arpents de terre à Amblainville.

1218.

Ego Girardus de Valle Angoiart, miles, universis notum facio quod ego in perpetuam elemosinam dedi et habere concessi ecclesie

Sancti Victoris Parisiensis campipartem viginti octo arpennarum terre apud Amblevillam, de quibus Odo de Sendecourt, serviens ecclesie predicte, tenet novem; Johannes Prepositus, septem; Meneut, uxor Johannis Carpentarii defuncti, quatuor; Antelmus et Roes, duos; Berengerius Gibosus, sex. Et sciendum quod in terris predictis mihi retinui mesleiam, sanguinem et latronem tantum; omnes alii proventus predictarum terrarum prefate sunt ecclesie, sicut campipars et venditiones, investiture, metationes, relevationes et dona gelinarum. Si vero aliquid in predictis terris ultra viginti et octo arpennos abundat, totum est ecclesie prenominate. Ego autem elemosinam, de qua premissum est, fide prestita garantire promisi. In cujus rei testimonium et confirmationem perpetuam presentem cartulam sigilli mei munimine roboravi. Actum anno Domini Nostri Jhesu Christi M° cc° xviii°.

Arch. nat., L 895, n° 81; LL 1450, cart. de Saint-Victor, fol. 103.

Confirmation par Girard de Vallangoujard de la vente faite par Philippe de Sandricourt, à l'abbaye Saint-Victor, de trois arpents de terre sis entre Sandricourt et la grange de l'abbaye, et du champart de vingt-cinq autres entre le Bois-Bérenger et Sandricourt.

1218.

Ego Girardus de Valle Engoiart universis notum facio quod Philippus de Sandrecort, assensu Juliane uxoris sue, vendidit ecclesie Sancti Victoris Parisiensis pro viginti septem libris parisiensium, tres arpennos terre arabilis inter Sandrecort et granchiam Sancti Victoris sitos, cum toto dominio et justicia quam ibi habebat, nichil juris sibi vel suis retinens in eisdem. In terra autem predicta medietas justicie mea est, videlicet sanguis, latro, mesleia; reliqua medietas est Sancti Victoris. Preterea idem Philippus vendidit dicte ecclesie campipartem viginti quinque arpennorum terre sitorum inter Nemus Berengeri et Sandrecort, cum toto dominio et justicia quam ibi habebat in dicta campiparte : sunt venditiones, dona garbarum, et preterea in sexdecim arpennis sunt relevationes, et, quociens transeunt de persona in personam, pro unoquoque arpenno habentur XII denarii. Dicte campipartis novem arpenni sunt in terra in qua Petrus de Mauleun partitur, sex arpenni in Campo as Closiers, duo arpenni in terra Viviani et Roberti La Blonde, tres arpenni in terra familie Odonis Tresel, duo arpenni in terra familie A la Jardine, tres arpenni qui fuerunt Nicholai de Becherel (1). Ego autem

---

(1) Becquerel.

Girardus de Valle Engoart, a quo predicta movebant, salva justicia latronis, sanguinis et mesleie, in quibus habeo medietatem, et Sanctus Victor aliam, hanc vendicionem concessi et laudavi, et sigilli mei appositione confirmavi. Actum anno gratie M° CC° XVIII°.

Arch. nat., S 2071, n° 65 ; LL 1450, cart. de Saint-Victor, fol. 97 v°.

Vente par Robert, Ives et Isabelle Flastre, à l'abbaye Saint-Victor, d'une terre sise devant l'enclos de l'abbaye, à Amblainville, et donation par Girard de Vallangoujard à ladite abbaye de la voirie des chemins sis autour dudit enclos et de la grande route le long des terres vendues à l'abbaye par Jean de Marquemont et par la famille Flastre.

Juin 1219.

Ego Guillelmus, prior ecclesie Beati Nicholai de Marchesio Radulfi (1), significo omnibus presentibus et futuris quod Robertus Flastre et Odelina, uxor ejus, et Guiardus, filius eorum, et Ysabela, relicta Renoldi Flastre, et Garnerus, filius ejus, in nostra presentia constituti, vendiderunt ecclesie Beati Victoris Parisiensis terram quandam ante porprisiam ejusdem ecclesie sitam aput Amblevillam, et fide prestita garantiam promiserunt, ita etiam quod, si predicti Flastre aliquid juris in dicta porprisia, vel predicte mulieres dotalicium in eadem porprisia vel terra vendita habebant, totum illud omnino eadem obligatione fidei quitaverunt. Preterea dicta Ysabela, relicta Renaldi, licet pro necessitate puerorum suorum predictam terram vendiderit, ipsius tamen venditionis ab eisdem pueris inviolabiliter observande, cum ad etatem venerint, istos plegios eidem ecclesie fide media assignavit, videlicet Renardum de Flori, militem, Matheum, filium ejus, Robertum Flastre et Guiardum, filium ejus, et Iyonem Flastre ; unusquisque autem plegiorum istorum tenetur per fidem et in solidum, et res eorum ad eandem pluvinam obligantur. Nevelo vero, filius Guillelmi de Fai, militis, qui in dicta terra calumpniabatur, Robertus similiter Mocez et uxor ejus Odelina, qui

---

(1) Marcheroux, abbaye de l'ordre des Prémontrés, fondée en 1122 par Ulric, disciple de saint Norbert, dans la forêt de Thelle, et transférée vers 1145, l'abbé ayant reçu cette terre d'Ansculphe du Fay. — Marcheroux (Oise, commune de Beaumont-les-Nonains, canton d'Auneuil, arrondissement de Beauvais.) — L'abbé Guillaume II n'est pas mentionné dans la *Gallia Christiana* ; il se placerait entre Baudoin, mort en 1215, et Adam, mort en 1220.

in dicta terra mittebant calumpniam, terram sepedictam omnino fide prestita quitaverunt. Dominus autem Girardus de Val Engoiart, de cujus feodo erat terra illa, vendicionem istam coram nobis laudavit, concessit, et fide prestita se garantizaturum promisit; Theobaldus etiam, primogenitus ipsius, fiduciavit hoc ipsum coram nobis. Preterea Symon, filius Johannis de Markemont (1), de quo idem Girardus predictam terram tenebat, de assensu matris sue, vendicionem istam laudavit et data fide garantisiam promisit. Sciendum etiam quod ecclesia Beati Victoris poterit edificare in predicta terra ad usum suum, si voluerit, sed ibi hospites ponere non poterit sine assensu sepedicti Girardi vel heredum suorum. Sciendum etiam quod predictus Girardus in presencia nostra recognovit se dedisse in elemosinam predicte ecclesie totam viaturam in longum et latum de viis que sunt circa eorum porprisiam et quantum terre durant quas vendiderunt eis predicti Symon, filius Johannis de Markemont, et li Flastre, in magno chimino versus domum Leprosorum. Hanc elemosinam laudavit et concessit Thebaldus, primogenitus prefati Girardi, ita tamen quod, si prefata ecclesia viam fecerit deteriorem, suis sumptibus eam emendabit, sine aliqua alia emenda; et si ipsi vel aliquis de eorum familia, sive conducticius, sive quocunque modo ad eos pertinens, in predictis viis forisfecerit, tota inde justicia eorum erit; de extraneis vero, si ibi forisfecerint, justicia erit sepefati Girardi vel heredum suorum. Nos vero, quoniam hec que prediximus in nostra facta sunt presentia, ad petitionem partium, presenti scripto sigillum nostrum apposuimus. Actum anno Domini M° cc° xix°, mense junio.

Arch. nat., S 2071, n° 105 ; LL 1450, cart. de Saint-Victor, fol. 98. — Sceau n° 9312 de l'Inventaire.

Confirmation par Girard de Vallangoujard de la vente faite par Robert, Ives et Isabelle Flastre, à l'abbaye Saint-Victor, d'une terre sise devant l'enclos de l'abbaye à Amblainville.

Juin 1219.

Ego Girardus de Valengoiart notum facio omnibus presentem paginam inspecturis quod Robertus Flastre et Edelina, uxor ejus, et Guiardus, filius eorum, Ivo Flastre et uxor ejus Aeliz, et Guillelmus, filius eorum, et Ysabela, relicta Renoldi Flastre, et Garnerus, filius ejus, in mea presentia constituti, vendiderunt ecclesie Beati Victoris

---

(1) Marquemont, canton de Chaumont, arrondissement de Beauvais (Oise).

Parisiensis terram quandam ante porprisiam ejusdem ecclesie sitam aput Amblevillam, et fide prestita garantiam promiserunt, ita etiam quod, si predicti Flastre aliquid juris in dicta porprisia, vel predicte mulieres dotalicium in eadem porprisia vel terra vendita habebant, totum illud omnino eadem obligatione fidei quitaverunt. Preterea dicta Ysabela, relicta Renoldi, licet pro nececitate puerorum suorum predictam terram vendiderit, ipsius tamen venditionis ab eisdem prius inviolabiliter observande, cum ad etatem venerint, istos plegios nobis fide media assignavit, videlicet Renardum de Flori, militem, Matheum, filium ejus, Robertum Flastre et Guiardum, filium ejus, et Ivonem Flastre; unusquisque autem plegiorum istorum tenetur per fidem et in solidum, et res eorumdem. Nevelo vero, filius Guillelmi de Fai, militis, qui in dicta terra calumpniabatur, Robertus similiter Mocet et uxor ejus Odelina, qui in dicta terra mittebant calumpniam, terram sepedictam omnino fide prestita quitaverunt. Ego vero, de cujus feodo erat terra illa, venditionem istam laudavi, et fide data me garantizaturum promisi; Theobaldus eciam, primogenitus meus, fiduciavit hoc idem, et Hugo, minor natu, concessit et laudavit. Preterea Symon, filius Johannis de Markemont, de quo ego Girardus predictam terram tenebam, de assensu matris sue, venditionem istam laudavit, et fide prestita garantiam promisit. Hoc autem volo notum fieri quod ecclesia Beati Victoris poterit edificare in predicta terra ad usum suum, si voluerit; sed ibi hospites ponere non poterit sine meo vel meorum assensu. Sciendum etiam quod ego, de assensu Theobaldi, primogeniti mei, et Hugonis, dedi in elemosinam predicte ecclesie totam viaturam in longum et latum de viis que sunt circa eorum porprisiam et quantum terre durant quas vendiderunt eis predicti Symon Johannis et li Flastre, in magno chimino versus domum Leprosorum, ita tamen quod, si viam fecerint deteriorem, suis sumptibus eam emendabunt, sine aliqua alia emenda, et si ipsi vel aliquis de familia eorum, vel conducticius, vel quocunque modo ad eos pertinens, in predictis viis forisfecerat, tota inde justicia eorum erit; de extraneis vero, si ibi foris fecerint, mea erit justicia. Sciri autem ab omnibus volo quod, si forte mercatum terre predicte per parentelam fuerit revocatum, a me et ab heredibus meis laudabitur nulli ecclesie nisi ecclesie Sancti Victoris, cui jam laudatum est. Et hoc ipsum, ego et Theobaldus, primogenitus meus, fide interposita promisimus firmissime observandum. In cujus rei memoriam presenti scripto sigillum meum apposui. Actum anno gratie M° CC° XIX°, mense junio.

Arch. nat., S 2071, n° 104; LL 1450, cart. de Saint-Victor, fol. 95.

DE L'ÉTAT DES TERRES ET DES PERSONNES

Jugement rendu par le chantre et l'archidiacre de Paris sur un différend existant entre les abbayes du Val et Saint-Victor, au sujet des terres acquises par la première à Noisement.

Novembre 1219.

In nomine Patris, et Filii, et Spiritus Sancti, amen. Nos N., cantor, Ernaudus, archidiaconus Parisienses, judices a sede apostolica delegati in causa que vertitur inter viros religiosos abbatem et conventum Sancti Victoris, ex una parte, et abbatem et conventum de Valle Beate Marie, Cisterciensis ordinis, Parisiensis dyocesis, ex alia, super terris acquisitis in territorio de Nosement a dictis abbate et conventu de Valle Beate Marie post annum ab Incarnatione Domini M^m cc^m decimum tercium, quas terras abbas et canonici Sancti Victoris asserebant eos non posse retinere sine eorum assensu, cum essent manus mortua *(sic)*; presentibus procuratoribus utriusque partis, scilicet pro Sancto Victore Roberto camerario, pro abbacia de Valle Beate Marie magistro Symone, presbitero Sancti Eustacii Parisiensis, auditis que partes voluerunt proponere coram nobis et confessionibus, rationibus et allegationibus, et receptis instrumentis utriusque partis, et omnibus aliis rite actis, habito bonorum virorum consilio, tercio conjudice nostro Stephano, archidiacono Parisiensis ecclesie, absente et legitime excusato, per diffinitivam sentenciam decernimus dictos abbatem et monachos de Valle Beate Marie non posse retinere dictas terras de quibus agitur sine assensu abbatis et canonicorum Sancti Victoris, quos constat habere partem in dominio territorii illius, condempnantes predictos monachos abbati et conventui Sancti Victoris in hoc, ut dictas terras mittant extra manum suam infra annum et diem postquam admoniti fuerint ab eis. Actum anno Domini M° cc° nono decimo, mense novembri.

Arch. nat., L 904, n° 12; LL 1450, cart. de Saint-Victor, fol. 105. — Sceau n° 7415 et *bis* de l'Inventaire.

Cession par Girard de Vallangoujart, à l'abbaye Saint-Victor, du fief de la terre de Jean de Marquemont à Amblainville.

1219.

Ego Girardus, miles, de Valle Engoiart, notum facio omnibus presentes litteras inspecturis quod, de assensu Theobaldis, filii mei, et aliorum puerorum meorum, concessi ecclesie Sancti Victoris Parisiensis jus feodi et quicquid juris habebam in terra Johannis de

Marquemont juxta porprisiam predicte ecclesie sitam apud Amblevillam constituta; quam terram dominus Johannes de Triea de me
in feodum tenebat. Et de hoc Theobaldus predictus, fide sua mediante, garantisiam promisit. Actum anno Domini m° cc° nono decimo.
  Arch. nat., S 2071, n° 108; LL 1450, cart. de Saint-Victor, fol. 98 v°.

*Cession par Jean de Trie à l'abbaye Saint-Victor de ses droits sur
la terre vendue à l'abbaye par Simon de Marquemont.*

1219.

Ego Johannes, dominus Trie, miles, notum facio omnibus presentes litteras inspecturis quod, de consensu et voluntate Aelidis,
uxoris mee, et Mathei, filii mei, militis, quitavi ecclesie Sancti
Victoris Parisiensis totum jus et dominium quod habebam in terra
quam predicta ecclesia emit a Symone de Markemont et Philipa,
matre sua, quam terram idem Symon tenebat de me in feodum; et
sita est terra illa apud Ambleinvillam, ante porprisiam jam dicte
ecclesie Sancti Victoris; nichil michi vel posteris meis in eadem
terra retinens. Ad cujus rei confirmationem presentes litteras sigilli
mei munimine roboravi. Actum anno Domini m° cc° nono decimo.
  Arch. nat., S 2071, n° 106; LL 1450, cart. de Saint-
  Victor, fol. 103 v°.

*Vente par Anseau de Boulonville à l'abbaye du Val de tout ce qu'il
possédait, tant au terroir de Noisement qu'à celui d'Amblainville, et donation par le même de son champart de Noisement,
moyennant une redevance de deux muids de blé et un d'avoine,
livrables à la Saint-André.*

1219.

Ego Ansellus de Bolonvilla, miles, universis notum facio, presentibus pariter et futuris, quod vendidi abbati et monachis Vallis
Beate Marie omne nemus cum fundo terre quod habebam in territorio de Ambleinvilla, et omnem terram quam habebam in eodem
territorio, et unum hospitem cum hostisia sua, et totum feodum
quod Guillelmus de Chambliaco de me tenebat in territorio de Noisement, et quicquid habebam vel habere debebam, cum omni dominatione et dominio et justicia et jure, tam in territorio de Noisement quam in territorio de Ambleinvilla, pro octoginta et decem
libris parisiensis monete; tali conditione quod, post decessum Beatricis de Margecort, que sub nomine dotis partem tam nemoris
quam terre tenet, quicquid ipsa in eodem territorio pro dote sua
possidet ad abbatem et monachos prescriptos libere et quiete et sine

omni contradictione revertetur. Omnem vero campipartem quam ego habebam in toto territorio de Noisement dedi sepedictis monachis, et concessi libere et quiete et pacifice in perpetuum possidendam, ad modiationem duorum modiorum bladi et unius modii avene in festo sancti Andree (1), ad minam Hanoville, michi et heredi meo reddendorum. Si quis autem, in parte illa quam Beatrix predicta possidet, dampnum aliquod vel impedimentum monachis prefatis post decessum illius intulerit, ipsi monachi tamdiu sibi retinebunt unum modium bladi modiationis quam michi debent quoadusque partem illam quam dicta Beatrix tenet ego vel heres meus monachis liberaverim et dampna plenius restituerim. De feodo vero predictorum duorum modiorum bladi et unius modii avene ego et heredes mei fidelitatem et homagium ecclesie Vallis faciemus, et illos tres modios nulli ecclesie preterquam ecclesie Vallis vendere vel pignori obligare, vel in elemosinam poterimus conferre. Omnes vero supradictas venditiones et pactiones voluit et concessit Cecilia, uxor mea, que omnem dotem quam habebat in prescripta venditione et modiatione bona fide quitavit et concessit, et super hac quitatione fideliter et firmiter tenenda fidem corporaliter prestitit. Hoc ipsum voluerunt et concesserunt Johannes, frater meus, Maria et Agnes, sorores mee, et mariti earum, Hemardus et Petrus. Quod ut ratum in perpetuum teneatur, ego super prescriptis convencionibus bona fide et legitime in perpetuum tenendis fidem corporaliter dedi, et super hoc presentem cartam sigillo meo confirmavi. Actum anno gratie millesimo ducentesimo nono decimo.

Arch. nat., S 4171, n° 4. — Sceau n° 1467 de l'Inventaire.

Approbation donnée par Girard de Vallangoujard à la vente faite par Anseau de Boulonville à l'abbaye du Val de tout ce qu'il possédait aux terroirs de Noisement et d'Amblainville, en réservant pour lui la haute justice.

1219.

Ego Girardus de Valengeuiart universis notum facio, presentibus pariter et futuris, quod, cum Ansellus de Bolonia *(sic)*, miles, vendidisset ecclesie Beate Marie de Valle et fratribus ibidem Deo servientibus quicquid omnino habebat in feodo et dominio in toto territorio de Noisement et de Ambleinvilla, Guillelmus de Ooni et Alda, uxor ejus, soror mea, ad cujus maritagium feodum facte venditionis spectabat, et liberi eorum, Petrus primogenitus, fide interposita,

---

(1) Le 30 novembre.

Theobaldus, Helias, Radulfus, Hugo, et etiam Guillelmus de Chambliaco et uxor ejus Odelina, totum feodum quod in eadem venditione ejusdem territorii habebant et omnem dominationem et omnes libertates et omne jus et universa que in ipso feodo vel pertinentiis ejus habebant vel habere debebant, bona fide prenominate ecclesie in perpetuum quitaverunt, et ad hanc quitationem firmiter et fideliter tenendam fidem corporaliter dederunt, et venditionem istam ecclesie Vallis factam concesserunt, laudaverunt et ratam habuerunt, ita quod prenominatus Guillelmus de Chambliaco et Odelina, uxor ejus, et heredes ipsorum sibi jure posteritatis succedentes, eandem fidelitatem cum homagio quam prius, pro parte sua feodi quod ipse Guillelmus in eodem territorio possidet, prefato Ansello faciebat et facere debebat abbati et conventui pretaxate ecclesie, sine omni contradictione et occasione facere tenebuntur, ita quod ipse Guillelmus et Odelina, uxor ejus, et heredes ipsorum feodum illud vel partem ipsius nulli unquam ecclesie preterquam ecclesie Vallis vendere vel pignori obligare vel in elemosinam poterunt conferre. Illud autem sciendum quod predictus Guillelmus, sororius meus, et Alda, uxor ejus, soror mea, quindecim libras parisiensis monete de manu abbatis et conventus Vallis pro hac concessione et quitatione facienda susceperunt. Ego igitur, quoniam totum territorium de Noisement ad feodum meum primarie et in capite spectare dinoscitur, et venditionem et quitationem factam volui et concessi, et me super hoc tutorem et garantizatorem constitui, et in toto territorio ipso furtum, monomachiam et sanguinem et omnem justitiam viature michi et heredibus meis reservavi. Hoc concesserunt Theobaldus et Hugo, filii mei. Quod ut perpetue stabilitatis robur optineat, presentem cartam conscribi et sigilli mei impressione feci communiri. Guillelmus autem de Ooni, ad majorem cautelam, sigillum suum apposuit. Actum anno gratie M°CC° XIX°. — Arch. nat., S 4170; n° 17.

Vente par Anseau de Boulonville, à l'abbaye du Val, de deux muids de blé et un muid d'avoine qu'il percevait à titre de redevance sur la grange de Beauvoir.

1220.

Ego Ansellus de Bolonvilla universis notum facio, presentibus pariter et futuris, quod vendidi ecclesie Vallis Beate Marie, pro sexaginta et decem libris parisiensis monete, assensu et voluntate Cecilie, uxoris mee, et Johannis, fratris mei, et sororum mearum Marie et Agnetis, et maritorum ipsarum, Haimardi et Petri, duos modios bladi et unum modium avene quod jure feodi ab abbate et monachis Vallis tenebam, et eos in grangia de Beauveer nomine modiationis annuatim percipiebam, ab eadem ecclesia libere, quiete et pacifice in perpetuum, sine reclamatione mei vel alicujus heredum meorum, tenendos et possidendos. Ad hanc venditionem fideliter et bona fide tenendam ego et prefata uxor mea fidem dedimus corporalem. Eadem vero uxor mea, ad majorem cautelam, dotem suam quam habebat in prescriptis tribus modiis bona fide quitavit, et super quitatione firmiter et legitime tenenda fidem corporaliter prestitit. Quod ut ratum et firmum in perpetuum teneatur, ego super hac venditione fideliter in perpetuum tenenda et garantizanda presentem cartam conscribi et sigilli mei impressione feci communiri. Actum anno gratie M° CC° vicesimo.   Arch. nat., S 4071, n° 31.

Gui de Champagne se constitue garant de la vente faite par Anseau de Boulonville à l'abbaye du Val du champart de Noisement, sous cette condition que la part de Béatrix de Margicourt dans ledit champart sera remise aux religieux après son décès; pour sûreté de quoi Anseau engage son clos de Bloart.

1220.

Ego Guido de Campaniis (1) universis notum facio, presentibus pariter et futuris, quod, ad preces Anselli de Bolonvilla, constitui me plegium erga abbatem et monachos Vallis Beate Marie, sub hac conditione quod portio illa quam domina Beatrix de Margecort in campiparte territorii de Noisement, que ab eodem Ansello ecclesie Vallis vendita est, nomine dotis tenet, post decessum ipsius Beatricis ad prenominatam ecclesiam, sine ulla dilatione vel reclamatione sui, vel alicujus heredum suorum, libere et pacifice deveniet. Ipse vero Ansellus prefatis abbati et monachis clausum suum de Bloart, duos arpennos vinee continentem, de assensu meo, in contraplegium constituit et assignavit, sub hac forma quod, si ecclesia Vallis, post decessum jam dicte Beatricis, super parte illa quam ipsa nomine dotis in territorio de Noisement possidet, aliquod detrimentum vel impedimentum incurrerit, pretaxati monachi prescriptos duos arpennos vinee tenebunt et habebunt, et fructus earum annuatim percipient, donec illa portio campipartis que ab ipsa Beatrice in dote possidetur libere ad ecclesiam Vallis fuerit devoluta, et dampna ex integro fuerint restituta. Ego vero, in testimonium hujus conventionis et fidejussionis, cum ipse Ansellus de me prescriptos duos arpennos in feodo teneat, presentem cartam, super hac re confir-

---

(1) Champagne, canton de l'Isle-Adam, arrondissement de Pontoise (Seine-et-Oise).

manda conscriptam, sigilli mei impressione feci communiri. Actum anno gratie millesimo ducentesimo vicesimo.

Arch. nat., S 4170, n° 4. — Sceau n° 1703 de l'Inventaire.

Donation par Girard de Vallangoujard à l'abbaye Saint-Victor d'un arpent de terre à Amblainville, dans le Val.

1220 (1).

Ego Gerardus de Valle Engoiart universis notum facio quod ego, non admonitus vel requisitus, immo propria voluntate inductus, antequam filias meas nuptum traderem, ecclesie Sancti Victoris Parisiensis in puram elemosinam dedi arpennum unum terre juxta terram que fuit Pagani de Biarz, in Valle situm, et querelam quam adversus dictam ecclesiam habebam de incremento in terra Guillelmi fratris invento, eidem ecclesie, cum tota terra, quitavi, et imperpetuum dictam terram possidendam concessi, assencientibus filiis meis Theobaldo et Hugone. Quod ut ratum permaneat, presentes litteras sigilli mei apositione communivi. Actum anno Domini millesimo cc° vicesimo.

Arch. nat., S 2071, n° 103; LL 1150, cart. de Saint-Victor, fol. 100.

Confirmation par Girard de Vallangoujard de la vente faite par Payen de Biards à l'abbaye Saint-Victor de deux parcelles de terre à Amblainville.

Décembre 1220 (2).

Ego Gerardus de Valle Angoiart universis notum facio quod Paganus de Biarz, de assensu et voluntate uxoris sue Marie et puerorum suorum, vendidit ecclesie Sancti Victoris Parisiensis duo frustra terre apud Amblenvillam, arpennum pro quatuor libris. Pars autem una terre vendite contigua est terre Gileberti de Pascuis, in Valle; pars vero reliqua contigua est terre Monachi in superiori parte. Sciendum autem quod dictus Paganus totum jus et dominium habebat in terra vendita, scilicet venditiones, metationes et investituras, et unum arpennum liberum a campiparte; Symon autem de Markemont in residuo terre dicto habet medietatem campipartis absque dominio, ita etiam quod prefatus Paganus absque dicto Symone campipartiri posset, si idem Symon ad campiparciendum ve-

---

(1) Date: *Repertor. chart. S. Vict.*, Bib. nat., lat. 15056, p. 421, n° 21.
(2) *Id.*, p. 420, n° 18.

nire vel mittere non vellet; deberet tamen jam dictus Paganus prefato Symoni campipartem suam mittere et fidem facere se juste campipartitum fuisse, si super hoc suspectus haberetur. Hoc modo tenebat prefatus Paganus terram sepedictam, et hoc modo vendidit eam ecclesie Sancti Victoris Parisiensis, et venditionem istam fide prestita inviolabiliter se tenere promisit. Ego vero Gerardus, etc.

Arch. nat., LL 1450, cart. de Saint-Victor, fol 97.

Nouvelle confirmation de la donation précédente par Girard de Vallangoujard, qui se réserve la haute justice à l'égard des étrangers.

Décembre 1220.

Ego Gerardus de Valle Engoiart universis notum facio quod Paganus de Biarz, etc. (*comme à la pièce précédente*). Ego vero Gerardus de Valle Engoiart, de cujus feodo terra movebat, retenta justicia sanguinis quantum ad extraneos, assentientibus filiis meis Theobaldo et Hugone, venditionem istam laudavi et ecclesie sepedicte in perpetuam elemosinam habere concessi, ita etiam quod garantie portande fide prestita me obligavi; verumtamen, si accideret quod Sanctus Victor terram prenominatam tenere non posset, loco illius tantum terre et arpennum pro arpenno in mea cultura Forestelle in perpetuum possideret, ubi eam in eadem cultura accipere vellet. Que omnia ut ratam habeant stabilitatem, presentes litteras sigilli mei appositione communivi. Actum Parisius, anno Domini M° CC° vicesimo, mense decembri. Arch. nat., S 2071, n° 102; LL 1450, cart. de Saint-Victor, fol. 90 v'.

Cession par Girard de Vallangoujard à l'abbaye Saint-Victor et à Thibaut d'Outrevoisin de la dîme du fief de Maître-Renard.

1220.

Ego Girardus de Valle Engeuiart notum fieri volo, tam presentibus quam futuris, quod, cum ego feodum Magistri Renardi in manu mea tenerem, quia nullus de hereditariis ejus ipsum feodum voluit redimere, vertebatur contentio inter me et ecclesiam Sancti Victoris et Theobaldum de Utreveisin super decima ejusdem feodi. Ecclesia enim Sancti Victoris et Theobaldus dicebant ipsam decimam pertinere ad magnam decimam de Amblevilla, quam ipsi ecclesie prius vendideram, quod ego non dicebam. Tandem, sano usus consilio, facta inquisitione ab his qui super hoc rei veritatem scire credebantur, quitavi et concessi predictis ecclesie et Theobaldo decimam ejusdem feodi, ad quemcumque ipsum feodum in posterum devenerit, sive michi et heredibus meis remaneat, sive ad heredes magistri Renardi revertatur. Hoc autem feci voluntate et consensu predicti Theobaldi, et Isabel, matris ejus, et Galteri, fratris ipsius, ad quos ipsum feodum jure hereditario pertinebat, cum ipsam decimam illius feodi ad magnam decimam de Amblenvilla asserent pertinere. Quod ut ratum et inconcussum futuris temporibus permaneat, presenti scripto et sigilli mei munimine confirmavi.

Arch. nat., L 896; LL 1450, cart. de Saint Victor, fol. 99.

Donation par Thibaut d'Outrevoisin à l'abbaye Saint-Victor de la moitié du fief de Maître-Renard, et aveu de cassalité pour l'autre moitié, à deux deniers de cens.

Janvier 1220 (1221).

Ego Theobaldus, miles, de Ultravicinos, omnibus presentes litteras inspecturis notum facio quod, de consensu et voluntate Agnetis, uxoris me, concessi ecclesie Sancti Victoris Parisiensis medietatem feodi quod dicitur Magistri Renardi, cum omni jure et dominio apud Ambleivillam; aliam vero medietatem, cum omni jure et dominio ad meam medietatem pertinentibus, ego et heredes mei tenebimus a predicta ecclesia Sancti Victoris ad duos denarios censuales in festo Sancti Remigii persolvendos; qui si statuto termino soluti non fuerint, emenda quamtitatem census non excedet, scilicet duos denarios. Si autem contingat me vel heredes meos medietatem meam in manum mortuam transferre, ille vel illi ad quos eadem medietas devenerit, eam sine consensu ecclesie Sancti Victoris tenere non poterunt, sed prefata ecclesia, solutis decem libris, eam sibi, si voluerit, in perpetuum quiete vendicabit. Si vero dictam medietatem extra manum mortuam alicui vel aliquibus donare vel vendere, vel quocunque alio modo alienare voluero, ille vel illi cui vel quibus alienata fuerit eodem modo et eadem libertate qua et ego, sine contradictione aliqua, possidebunt. Campipartiri vero aut metas figere, vel aliam jurisdictionem exercere pars una sine consensu alterius non poterit. Michi autem et heredibus meis, quamdiu sepedictam medietatem tenebimus, licebit fructus ejusdem medietatis quocumque voluerimus absportare. Actum anno Domini M° CC° vicesimo.

Arch. nat., L 892; LL 1150, cart. de Saint-Victor, fol. 102 v°.

Confirmation par Girard de Vallangoujard de la donation faite par Thibaut d'Outrevoisin à l'abbaye Saint-Victor de la moitié du fief de Maître-Renard.

Janvier 1220 (1221).

Ego Girardus de Valle Engoiart, miles, universis notum facio quod, cum ego feodum Magistri Renardi apud Amblevillam in manu mea tenerem, Theobaldo milite de Ultravicinos dictum feodum calumpniante, nec tamen pro eodem michi hominium facere volente, tandem, ne injuriari viderer ei, prefatum feodum pro viginti libris parisiensium eidem quitavi et in perpetuum habere concessi cum toto dominio et justicia, et omnibus ad ipsum feodum pertinentibus, ita quod in eodem feodo nichil juris vel dominii michi vel meis in posterum reservavi. Dictus vero Theobaldus, me volente et presente, Garnero, presbitero de Amblevilla, et Pagano de Biart et Johanne Preposito presentibus et multis aliis, in perpetuum habere concessit ecclesie Sancti Victoris Parisiensis dicti feodi medietatem in eadem libertate in qua ipsum feodum a me receperat. Idem tamen Theobaldus vel ejus heredes de medietate sua solvent ecclesie Sancti Victoris Parisiensis duos denarios censuales annuatim. Et sciendum quod quitatio sive vendicio dicti feodi facta est de voluntate et assensu uxoris mee Johanne et filii mei Theobaldi, et omnium aliorum filiorum et filiarum. Preterea de garantisia portanda plegios assignavi, unumquemque in solidum et per fidem, videlicet Guillelmum de Eregni (1) et Willelmum, fratrem meum, canonicum Baiocensem, et Willelmum de Ooni, militem, sororios meos, qui omnes dederunt fidem prisonie tenende ad Pontissaram, si de dicto feodo ecclesie Sancti Victoris Parisiensis gravamen aliquod inferretur, donec ecclesie jam dicte de illato gravamine esset plenarie satisfactum. In cujus rei memoriam presentes litteras sigilli mei apposicione communivi. Actum anno Domini m° cc° vicesimo, mense januario.

Arch. nat., L 895, n° 86 ; LL 1450, cart. de Saint-Victor, fol. 93 v°.

Vente par Anseau de Boulonville et Cécile, sa femme, à l'abbaye du Val, du champart, des bois, des terres et de l'hôte qu'ils avaient au terroir d'Amblainville.

Avril 1222.

Ego Gaufridus, decanus de Nogent (2), universis notum facio presentes litteras inspecturis quod, constituti in presentia nostra, Ansellus de Bolonvilla et Cecilia, uxor ejus, recognoverunt se vendidisse abbati et conventui Vallis Beate Marie totam campipartem, totum nemus, totam terram arabilem, unum hospitem cum hostisia sua, et quicquid possessionis, dominii et juris habebant in territorio de Embloinvilla, ab eisdem scilicet abbate et monachis libere, quiete

---

(1) Éragny, canton de Chaumont, arrondissement de Beauvais.

(2) Nogent, commune et canton de l'Isle-Adam, arrondissement de Pontoise (Seine-et-Oise).

et pacifice in perpetuum, sine reclamatione sui vel alicujus heredum suorum, tenenda et possidenda. Cecilia vero, uxor Anselli, quia in omnibus supradictis dotem habebat, venditionem istam voluit et concessit et quitam clamavit, et ad hanc quitationem firmiter in perpetuum tenendam fidem in manu nostra corporaliter prestitit. Actum anno gratie M°CC° XX° II°, mense aprili.

Arch. nat., S 4171, n° 9. — Sceau n° 7917 de l'Inventaire.

Confirmation par Simon d'Hérouville, du consentement de Richilde, sa femme, d'Anseau, son fils, et de ses filles Odeline et Ade, de la vente faite par Thibaut de Vallangoujard, dit Cœur-de-Fer, à l'abbaye du Val, de son droit de champart à Amblainville, dont une partie était dans le fief dudit Simon.

1222.

Extrait. — Bibl. nat., ms. lat. 5462, p. 183.

Accord passé entre l'abbaye du Val et l'abbaye Saint-Victor, au sujet des terres que la première possède à Noisement.

1222.

Omnibus ad quos presens scriptum pervenerit, Martinus, abbas et conventus Vallis Beate Marie, Cisterciensis ordinis, Parisiensis diocesis, salutem in Domino. Sciant quos scire oportuerit quod, cum discordia verteretur inter nos, ex una parte, et abbatem et conventum Beati Victoris Parisiensis, ex altera, super eo quod ipsi petebant quod nos alienaremus terras quas acquisieramus in territorio de Noisement, prout per judices a sede apostolica delegatos fuerat judicatum ; et super terra defuncti Rollandi, de qua ipsi petebant portionem suam secundum partem quam ipsi habent in campiparte de Noisement; necnon super eo quod dicebant quod nos non debebamus esse potiores in jure vel dominio campiparciendi in territorio de Noisement quam ipsi; conquerebantur etiam de nobis eo quod emeramus a Theobaldo Corde Ferreo quidquid ipse habebat in campiparte de Emblenvilla, cum ipse prius cum eis de venditione tractasset, ut dicebant; nos vero petebamus ut campipars et dominium campipartis de Noisement, que a nobis et ab ipsis possidebantur pro indiviso, dividerentur inter nos et ipsos, ita quod utraque ecclesia in loco determinato et limitato partem suam perciperet pro diviso ; super omnibus hiis, de communi consensu ipsorum et nostro, facta est amicabilis compositio in hunc modum. Feodi de territorio de Noisement, qui tempore hujus amicabilis compositionis ab utraque ecclesia possidebantur pro diviso, apud ipsas remanebunt. Ecclesia nostra tunc temporis habebat feodum Girardi de Val Engoiart, militis, et feodum Anselmi de Bolenvilla, militis, a quo Willelmus de Chambeli tenebat feodum suum quem modo tenet a nobis. Ecclesia vero Sancti Victoris Parisiensis habebat feodum Johannis de Chavenchon, militis. Residuum vero feodi de territorio de Noisement, quod nec a nobis nec ab ipsis tempore hujus compositionis possidebatur, et omnes res ejusdem territorii, in quocunque feodo site sint, ecclesia nostra poterit emere et acquirere quocunque justo titulo, et empta et acquisita possidere et retinere, salvo dominis campipartis in omnibus aliis jure suo, et salva eis decima sua quam habent in territorio de Noisement, sive nos excolamus propriis laboribus et expensis, sive non, compositione olim inter nos et ipsos facta vel privilegio ordinis nostri non obstante, ita tamen quod ecclesia Beati Victoris Parisiensis non poterit compellere ecclesiam nostram ad alienandum empta ibidem vel acquisita. Similiter ecclesia Beati Victoris poterit emere et acquirere quocunque justo titulo, et empta et acquisita possidere in dicto territorio et retinere, salvo dominis campipartis in omnibus aliis jure suo; nec nostra poterit compellere ecclesiam Beati Victoris ad alienandum empta ibidem vel acquisita, ita tamen quod, si alterutra ecclesia emerit aliquid in dicto territorio, tam de residuo feodi supra determinato quam de aliis rebus, altera, si particeps rei empte esse voluerit medietatem precii persolvendo, in re empta medietatem habebit, salvo dominis campipartis in omnibus aliis jure suo et salva eis decima sua, eo excepto quod neutra ecclesia empta vel acquisita ibidem alienare ab altera compelletur. Si vero particeps esse noluerit, altera mercatum suum retinebit sibi. Si etiam alterutri ecclesiarum aliquid in dicto territorio fuerit in puram elemosinam et bona fide donatum vel legatum, illud alienare non compelletur, nec veniet in commune, imo penes ecclesiam cui fuerit donatum vel legatum remanebit, salvo in omnibus jure dominorum campipartis et salva eis decima sua. Si vero suspicio orta fuerit super hujus modi donato vel legato, ecclesia que suspecta habebitur suam tenebitur purgare suspitionem, si ab altera requiratur; quod si facere noluerit, res donata vel legata in commune veniet utrique ecclesie. Si vero aliqua emptio vel conventio intervenerit in donato vel legato, ita quod ex parte ecclesie accipientis aliquid conferatur vel promittatur, fiet estimatio per tres bonos viros electos assensu utriusque ecclesie, et altera ecclesia, medietatem precii persolvendo, in re sic acquisita vel legata medietatem habebit. Preterea campipartores utriusque ecclesie simul campiparcientur in toto territorio de Noisement, nisi contingeret quod alteri requisiti vel non possent vel non vellent interesse; tunc alii, qui vellent et possent interesse, bona fide campipartirentur et dividerent, prestito tamen prius

juramento quod alteram partem prius requirent et bona fide campi-
partientur. Si vero contigerit alterutram partem, postquam requisita
fuerit, abesse, altera que presens fuerit bona, [fide] campipartietur
et dividet, et decimam Sancti Victoris recipiet et ei reservabit. Item
jus et dominium campipartis de Noisement pro indiviso posside-
buntur tam a nobis quam ab ipsis, salvo utrique ecclesie jure suo,
[secun]dum quod in eadem campiparte plusve minusve dinoscitur
obtinere; nec altera ecclesiarum nostrarum agere poterit ad dividen-
dum, reliqua reclamante. Item ecclesia nostra per hanc compositionem habebit imperpetuum totam decimam duodecim arpennorum
in dicto territorio sitorum, scilicet de terra Rollandi et de terra Roberti de Rua quatuor arpennos et dimidium, et de terra Willelmi
de Chambli septem arpennos et dimidium. Insimul et habebit imperpetuum quiete et pacifice totam decimam omnium terrarum quas
possidet in dicto territorio de Noisement, de quibus ecclesia Beati
Victoris numquam habuit decimam, scilicet de campo Garnerii
Bocel, ubi sunt septem arpenni et dimidius, insimul et unus quar-
terius de campo Odonis Champeneis, et de campo Roberti Godin
quatuor arpenni simul, ad arpennum de Embleinvilla, salva campiparte et dominio campipartis in omnibus. Residue vero terre quas
nos tenebamus tempore hujus compositionis, ubicumque site sint in
dicto territorio, ad campipartem et decimam Beati Victoris Parisiensis et ad omnia alia jura territorii remanent obligate. In cujus
rei testimonium et memoriam, presentes litteras sigilli nostri muni-
mi[ne] fecimus roborari. Actum anno Domini millesimo ducentesimo
vicesimo secundo.

    Arch. nat., L 895, n° 38 ; LL 1450, cart. de Saint-Victor,
       fol. 104. — Sceau n° 9153 de l'Inventaire.

*Cession par Josse de Grumesnil et Alamburge, sa sœur, de la terre
vendue par Robert, Yves et Isabelle Flastre à l'abbaye Saint-
Victor, à Amblainville.*

1223.

Ego Hugo de Aunoil (1) notum facio quod Joca de Grumesnil (2)
et filii ejus, in presentia mea constituti, fide prestita in manu camerarii Sancti Victoris Parisiensis, omnino quitaverunt terram quam
Robertus Flastrez et Ivo Flastrez, et Isabella, relicta Renoldi Flastre,
vendiderunt ecclesie Sancti Victoris Parisiensis apud Amblevillam,

---

(1) Auneuil, chef-lieu de canton, arrondissement de Beauvais (Oise).
(2) Grumesnil, commune d'Auneuil.

ante porprisiam dicte ecclesie sitam. Alamborgis similiter, dicte Jocé soror, prefatam terram, fide interposita in mea presentia, quitavit. Quitationi dicte interfuerunt isti quorum nomina secuntur : frater Robertus, camerarius Sancti Victoris Parisiensis, et frater Manasses, sartor ejusdem loci ; Garnerus, presbiter de Amblevilla, Odo de Sandecourt, Robertus Flastre et Yvo Flastre, et multi alii. Quod ut ratum permaneat, sigilli mei appositione presentes litteras communivi. Actum anno Domini M° cc° vicesimo tercio.

Arch. nat., S 2071, n° 101; LL 1450, cart. de Saint-Victor, fol. 97 v°. — Sceau n° 1284 de l'Inventaire.

Sentence arbitrale prononcée par Girard de Vallangoufard sur un différend qui existait entre l'abbaye du Val, d'une part, l'abbaye Saint-Victor et Thibaut d'Outrevoisin, de l'autre, au sujet de la dîme de plusieurs terres sises aux Monts-de-Beauvoir.

Juillet 1224.

Ego Gerardus de Valle Engoiardi universis notum facio presentes litteras inspecturis quod, cum querela verteretur inter abbatem et conventum Vallis Beate Marie, ex una parte, et abbatem et conventum Sancti Victoris Parisiensis et Theobaldum, militem, de Outrevesin, ex altera, super decima quarumdam terrarum que site sunt in monte de Beauvear, tandem, pro bono pacis, in me et Johannem Prepositum de Amblevilla et Guillelmum de Rua tam abbas et monachi Vallis quam abbas et canonici Sancti Victoris unanimiter compromiserunt, assentiente prenominato Theobaldo pro sua parte. Nos igitur, in quantum potuimus inquisita veritate a senioribus terre illius, cum ego in propria persona ad diem statutum venire non possem, de assensu utriusque ecclesie et prescripti militis, prenominati Johannes et Guillelmus, absente utraque parte, metas fixerunt et, de aliis terris de quarum decima questio vertebatur, scilicet tribus arpennis emptis ab Arnulpho Mauclavel, sitis apud Bumorin, et duobus arpennis venditis a Bartholomeo de Sendoucort, et uno jornello terre vendito à Beatrice de Sendoucort, prenominate ecclesie Vallis, post inquisitam diligenter veritatem per dictum et arbitrium suum, omnem decimam imperpetuum contulerunt et confirmaverunt de assensu et voluntate mea. De Grois vero, in quibus mete fixe sunt, predicti Johannes et Guillelmus de octo circiter arpennis omnem decimam imperpetuum ecclesie Sancti Victoris et prenominato militi contulerunt. In cujus rei testimonium, presentes litteras conscribi et sigilli mei impressione feci communiri. Actum anno gratie M° cc° vicesimo quarto, mense julio. Arch. nat., S 4171, n° 17.

Accord intervenu entre les frères de la Trinité du Fay et Hamon, curé d'Amblainville, sur plusieurs litiges existant entre eux.

14 août 1224.

Noverit universitas fidelium ad quos presentes littere pervenerint quod, cum causa verteretur inter fratres Sancte Trinitatis et Captivorum de Faiaco, ex una parte, et Hamonem, presbiterum de Amblevilla, ex altera, coram judicibus Catholon *(sic)*, super campanarum sonitu [in] cappella sua sita in parrochia de Amblevilla, et sepultura cujusdam defuncti data eorum assensu in parrochia de Nova Villa Regis, super etiam conviciis et opprobriis dicto illatis presbitero a quodam fratre eorumdem, et super quibusdam oblationibus quas acceperant de parrochianis de Amblevilla, post multas altercationes, tandem, mandato judicum in omnibus conservato, pacem sortiti sunt sub hac forma : videlicet quod dictus Hamo, presbiter, ab omnibus querelis supradictis quitavit predictos fratres pro bono pacis et absolvit ; utraque vero pars compromisit se, fide corporali prestita, sub pena centum solidorum, istam pacem vere et fideliter servaturam. In hujus pacis testimonio et munimine, ego, Odo, tunc temporis decanus Calvimontis, ad petitionem utriusque partis, sigilli mei apposui munimentum. Actum est hoc vigilia Assumptionis Beate Marie, anno Domini M° CC° XX° IIII°.

Arch. nat., S 4266, n° 24.

Girard de Vallangoujard déclare avoir donné à l'abbaye du Val les dîmes des terres vendues par Ernoul Mauclavel, Barthélemy et Béatrix de Sandricourt, et de toutes celles que l'abbaye possède aux Monts-de-Beauvoir, avant d'avoir vendu aux chanoines de Saint-Victor sa dîme d'Amblainville.

Août 1224.

Ego Girardus de Valengugart, miles, omnibus notum facio, presentibus pariter et futuris, quod dedi in perpetuam elemosinam ecclesie Vallis Beate Marie et fratribus ibidem Deo servientibus, antequam vendidissem canonicis Sancti Victoris Parisiensis decimam meam de Embloinvilla, decimam terre quam Ernulfus Maclavel vendidit monachis Vallis Beate Marie, et decimam terre quam Bartholomeus de Sandoucort vendidit eisdem monachis, et decimam terre quam Beatrix de Sandoucort vendidit eisdem monachis, et decimam omnium terrarum quas dicti monachi tenebant in montibus de Beauveer; die qua venditionem feci predictis canonicis Sanct

Victoris Parisiensis. In cujus rei testimonium, presentem cartam conscribi et sigilli mei impressione feci communiri. Actum anno gratie millesimo ducentesimo vicesimo quarto, mense augusto.

Arch. nat., S 4171, n° 15.

Échange entre Girard de Vallangoujard et l'abbaye du Val de la terre de Geoffroy de Jouy et de celle de Gautier du Marché, sises vers le Fay, contre deux arpents de vigne donnés à l'abbaye par Jean Tyart, de Chambly, et Tiphaine, sa femme.

Août 1224.

Ego Girardus de Valengugart, miles, omnibus notum facio, presentibus pariter et futuris, quod dedi in commutatione ecclesie Vallis Beate Marie terram Godefridi de Joi et terram Galteri de Marcheto, deversus le Fai, pro duobus arpennis vinee quos Johannes, filius Tyart, de Chambliaco, et Theophonia, uxor ejus, dederunt in perpetuam elemosinam eidem ecclesie, ad proprios usus conventus, pro aniversariis suis faciendis. Fructus vero supradictarum terrarum ad proprios usus dicti conventus cedet, salva agricultura. Quod ut perpetuam stabilitatem optineat, presentem cartam conscribi et sigilli mei impressione feci communiri. Actum anno gratie M° cc° xx° quarto, mense augusto.

Arch. nat., S 4178, n° 17.

Échange entre Névelon du Fay et Simon de Campremy et Pétronille, sa femme, de quinze arpents de terre au Bellay et dans la grande couture du Fay, contre la couture sise près du Vivier, à Berville, et celle de l'Aulnaie de Margicourt.

Septembre 1224.

Ego Nevelo de Fayaco notum facio universis litteras istas inspecturis quod ego dedi in excambium domino Symoni de Campo Remigii, militi, sororio meo, et Petronille, ejus uxori, sorori mee, quindecim arpennos terre hereditarie in perpetuum possidendos, scilicet totam terram quam habebam apud Beeloyam ; et id quod ibi de dictis quindecim arpennis terre deest eisdem domino Symoni, militi, et Petronille, ejus uxori, perfeci in magna cultura mea de Fayaco, scilicet in parte illius culture que est versus Meru, sicuti jam bounnata est et partita, pro tota terra quam a me emerunt dicti dominus Symon, miles, et Petronilla, ejus uxor, apud Beherville, scilicet cultura juxta Vivarium, et pro cultura de Alneto de Margicort; quas culturas dicti Symon, miles, et Petronilla, ejus uxor, similiter, in excambium predictorum quindecim arpennorum terre, michi donaverunt et concesserunt hereditarie in perpetuum possidendas. Et de isto excambio firmiter et fideliter tenendo et observando, ego Nevelo et dicti Symon, miles, et Petronilla, ejus uxor, fidem prestitimus corporalem. In cujus rei robur et testimonium, dicto domino Symoni, militi, litteras istas dedi, sigillo meo communitas. Actum anno gratie M° CC° vicesimo quarto, mense septembri.

Arch. nat., S 4266, n° 25.

Donation par Névelon du Fay et sa mère, aux frères de la Trinité du Fay, du bois de la Haie et de trois mines d'hivernage, à prendre dans sa grange, pour fêter le jour de la Trinité.

Novembre 1224.

Ego Nevelo de Faiaco notum facio omnibus presentibus et futuris quod, cum ego, intuitu Dei, contulissem in perpetuam elemosinam fratribus Sancte Trinitatis et Captivorum de Faiaco sex arpennos nemoris mei de la Haie, et etiam cum ipsi fratres ex dono et elemosina domini Theobaldi, quondam avunculi mei (1), haberent unum modium bladi de redditu in grangia mea et domine Marie, matris mee, de Beherville, tandem ita convenit inter me et matrem meam, ex una parte, et dictos fratres, ex altera, quod nos, pro dicto modio bladi quod ipsi fratres nobis et heredibus nostris in perpetuum quittaverunt, dedimus et concessimus totum residuum quod habebamus in nemore supradicto predictis fratribus, in perpetuum libere et absolute possidendum. Et tam ego quam mater mea, de communi assensu et voluntate, intuitu Dei et sancte Trinitatis, dedimus et concessimus in perpetuam elemosinam prefatis fratribus tres minas bladi ybernagii singulis annis percipiendas in grangia nostra predicta, pro festo in die Sancte Trinitatis faciendo. Et super hiis firmiter et fideliter predictis fratribus garandizandis et defendendis, tam ego quam dicta Maria, mater mea, juramentum nostrum super sacrosancta apposuimus. Quod ut ratum et inconcussum permaneat, presentes litteras, de assensu et voluntate dicte Marie, matris mee, sigilli mei munimine et sigillo domine matris mee Marie fecimus communiri. Actum anno Domini M° CC° vicesimo quarto, mense novembri.

Arch. nat., S 4266, n° 11.

---

(1) Thibaut de Berville.

Confirmation par Girard de Vallangoujard de la vente faite par Manassès de Chambly, le mégissier, à l'abbaye Saint-Victor, de treize jugera de terre à Amblainville.

1225.

Ego Girardus, miles, de Valle Engoiard, notum facio omnibus presentes litteras inspecturis quod, cum Manasses de Chambeli, li megeiciers, in feodum teneret de me in territorio de Ambleinville XIII jugera terre arabilis, quorum sex sita sunt in Hupeinval et IIII in manso de Sandecort, et tria juxta ortos de Sandecort, idem Manasses, de consensu Agnetis, uxoris sue, totam terram predictam vendidit ecclesie Sancti Victoris Parisiensis, nichil juris vel dominii sibi vel heredibus suis in predicta terra retinens; et quicquid in eadem terra habebat vel habere poterat in perpetuum quitavit, et rectam garantisiam portandam promisit contra omnes, fide sua mediante. Ego vero Girardus, dominus feodi, jam dicte ecclesie predictam terram in perpetuum possidendam concessi et rectam garantisiam promisi. Theobaldus etiam, filius meus, predictam vendicionem laudavit et concessit, et, fide sua interposita, promisit quod jam dictam ecclesiam super hoc non molestabit. Quod ut ratum et firmum sit, presentem paginam sigilli mei munimine feci roborari. Actum anno Domini millesimo cc° xx° v°.

Arch. nat., S 2071, n° 96; LL 1450, cart. de Saint-Victor, fol. 97 verso. — Sceau n° 3804 de l'Inventaire.

Abandon par Agnès, femme de Manassès de Chambly, de ses droits sur les treize arpents de terre vendus par son mari à l'abbaye Saint-Victor.

Juin 1225.

Ego Gaufridus de Nogento, decanus christianitatis, notum facio omnibus presens scriptum inspecturis quod Agnes, uxor Manasses le Mesgeicier de Chambli, in manu nostra reliquit quicquid juris vel dotis habebat in XIII jugeribus terre arabilis, quorum sex sita sunt in Hupenval et quatuor in mes de Sanducort, et tria juxta ortos de Sanducort, que jugera scilicet Manesses, maritus ejus, vendidit ecclesie Sancti Victoris Parisiensis. Uterque vero dederunt fidem in manu nostra de non reclamando; super hoc autem dederunt plegios quorum nomina sunt : Ivo Alutarius, Manasses Tabarnarius, Teobaldus Bequet. Quod ut ratum et firmum permaneat, ad petitionem utriusque partis, presentem paginam sigilli nostri munimine roboravimus. Actum anno Domini m° cc° xxv°, mense junio.

Arch. nat., S 2071, n° 97; LL 1450, cart. de Saint-Victor, fol. 103 v°.

Confirmation par Girard de Vallangoujard des ventes faites par Philippe de Sandricourt, Raoul du Fay, Aubry de Vallangoujard, Hyles de Chabus, et de la donation par le sergent Eudes, de plusieurs pièces de terre et d'un champart à Amblainville.

Juin 1225.

Ego Girardus, miles, de Valle Engeuiart, notum facio omnibus presentes litteras inspecturis quod, cum ecclesia Sancti Victoris Parisiensis acquisivisset apud Ambleinvile, in feodo meo, tres arpennos terre quos comparavit a Phylippo de Sandeucort, et quamdam campipartem juxta boscum Berangarii, et tres arpennos quos eadem ecclesia comparavit a Radulfo de Fai, et quatuor arpennos terre sitos prope granchiam d'Embleinvile, quos Odo, serviens jam dicte ecclesie, comparaverat a Herveio Belot et eidem ecclesie, de consensu Ysabellis, uxoris sue, in elemosinam contulerat ; et duos arpennos sitos in cultura ante portam jam dicte granchie, comparatos ab Alberico de Valle Engeuiart, et quamdam portionem terre que comparata est a Hylone de Chabus, sitam juxta jam dictam granchiam ; ego, dominus Girardus, hec omnia predicta jam dicte ecclesie quitavi et laudavi, et in perpetuum possidenda concessi libere et quiete. Preterea Theobaldus, filius meus major natu, et Hugo, minor, hec eadem laudaverunt, et, fide interposita, de non reclamando quitaverunt. Et ne super hoc in posterum questio moveatur, presentibus litteris sigillum meum feci apponi. Actum anno gratie M° CC° vicesimo quinto, mense junio.

Arch. nat., S 2071, n° 99; LL 1450, cart. de Saint-Victor, fol. 96.

Donation par Pétronille de Montagny à l'abbaye Saint-Victor du champart d'un arpent de terre à Amblainville.

1225.

Noverit universitas fidelium ad quos presentes littere pervenerint, quod ego Petronilla de Monteneio dedi et concessi, pro salute anime mee et antecessorum meorum, Deo et ecclesie Sancti Victoris Parisiensis campipartem de uno arpento terre in parrochia de Amblevilla, tenendam et possidendam in perpetuum, in puram et perpetuam elemosinam. Ut hec autem mea donatio in posterum inconcussa permaneat, presentem cartam sigilli mei munimine roboravi. Actum anno Domini M° CC° XX° V°.

Arch. nat., L 895, n° 89; LL 1450, cart. de Saint-Victor, fol. 99 v°.

Donation par Anseau de Boulonville et Basilie de Margicourt, sa femme, aux frères de la Trinité du Fay, de deux arpents de terre à la croix d'Amblainville.

Mars 1225 (1226).

Ego Ansellus de Boulonvile, miles, et ego, Basilia de Margicort, ejus uxor, notum facimus universis, presentibus pariter et futuris, quod nos, de communi assensu nostro, ob remedium animarum nostrarum et animarum predecessorum nostrorum, contulimus in puram et perpetuam elemosinam domui ordinis Sancte Trinitatis et Captivorum de Fay et fratribus ibidem Deo et Beate Marie servientibus, duos arpennos terre arabilis, sitos ad crucem de Ambleinvile, ad me Basiliam, scilicet jure hereditario, spectantes, et de dictis duobus arpennis terre arabilis et de omni jure, dominio et justicia que in illa terra habebamus, fratres domus memorate nomine elemosine perpetue investivimus. Quod ut ratum sit et firmum, presentes litteras sigillis nostris fecimus roborari. Actum anno Domini M° CC° vicesimo quinto, mense martio.   Arch. nat., S 4266, n° 26.

Confirmation par Renault Le Duc, d'Amblainville, et Florie, femme de Thibaut Mauclavel, de Sandricourt, de la vente faite par Barthélemy Tavernier à l'abbaye Saint-Victor de deux jugera de terre à Amblainville, moyennant huit livres parisis et quatre deniers de cens annuel.

Novembre 1226.

Sciant omnes, tam futuri quam presentes, quod ego Reinoldus Dux, de Ambleinvilla, et ego Floria, uxor Theobaldi Mauclavel, de Sandecort, concessimus et creantamus benigne et pacifice venditionem quam Bartholomeus Tabernarius et pueri ejusdem, de Ambleinvilla, fecerunt de duobus jugeribus terre sitis apud Fossam as Beloz ecclesie Sancti Victoris Parisiensis, pro octo libris parisiensium, quos idem Bartholomeus jam accepit; ita tamen quod dicta ecclesia eidem Bartholomeo et heredibus ejus quatuor denarios censuales in festo Sancti Remigii in perpetuum persolvet. Ad majorem vero securitatem venditionis facte, et quia sigillum proprium non habemus, ad peticionem nostram, dominus Radulphus, miles, de Lardieres, de quo supradictam terram tenemus, venditionem terre nominate benigne et pacifice creantavit. Quod ut ratum sit et firmum permaneat in futurum, presentes litteras sigilli sui munimine roboravit. Actum anno dominice incarnationis M° CC° vicesimo sexto, mense novembri.

Arch. nat., S 2071, n° 95; LL 1450, cart. de Saint-Victor, fol. 100 v°. — Sceau n° 2546 de l'Inventaire.

Confirmation par Pierre de Baillet et ses fils de la vente faite par Thibaut de Vallangoujard à l'abbaye du Val, de son droit de champart à Amblainville.

Février 1226 (1227).

Ego Petrus de Ballolio (1), miles, universis notum facio, presentibus pariter et futuris, quod, cum Theobaldus Cor Ferreum et Richildis, uxor ejus, vendidissent ecclesie Vallis Beate Marie et fratribus ibidem Deo servientibus quandam campipartem in territorio de Amblevilla, in circiter sexdecim arpennis terre consistentem, que de feodo meo erat, ego et Johannes, primogenitus meus, Garnerius et Guido, liberi mei, predictam venditionem voluimus, ratam habuimus et concessimus, et quicquid juris in dicta campiparte habere debebamus quitum ecclesie prefate bona fide clamavimus. Et ad hanc quitationem firmiter et fideliter imperpetuum tenendam, tam ego quam prenominati liberi mei, fidem prestitimus corporalem. Et quia sepedictam campipartem a prefata ecclesia volo imperpetuum quiete et pacifice possideri, presentem cartam conscribi et sigilli mei impressione feci communiri. Actum anno gracie M° CC° vicesimo sexto, mense februario. — Arch. nat., L 944.

Donation par Jean Foumer et Rocie, sa femme, à l'abbaye du Val, de leur terre sise au terroir d'Amblainville, au lieu dit le Potier-Voisin.

Mars 1227.

Odo, officialis archidiaconi Pontisarensis, omnibus presentes litteras inspecturis, salutem in Domino. Notum facimus quod Johannes Foumer, de Pontisara, et Rocia, uxor sua, pro remedio patrum, matrum et animarum suarum, in puram et perpetuam elemosinam donaverunt et concesserunt ecclesie Vallis Beate Marie et fratribus ibidem Deo servientibus totam suam terram quam habebant in territorio de Onblainville quod dicitur Poterium Vicinum, dominium et quicquid juris habebant vel habere poterant, promittentes, fide prestita corporali in manu nostra, quod predictam ecclesiam super predicta elemosina de cetero nullatenus molestabunt. Quod ut ratum et inconcussum permaneat, presentes litteras, ad peticionem predictorum Johannis et Rocie, uxoris sue, sigilli nostri munimine fecimus roborari. Actum anno gratie M° CC° vicesimo septimo, mense martio. — Arch. nat., S 4170, n° 16.

---

(1) Baillet-sur-Esches, aujourd'hui Fosseuse, canton de Méru, arrondissement de Beauvais (Oise).

Vente par Jean Foumer et Rocie, sa femme, à l'abbaye du Val, de la terre dite le Bois-Baudry et Beauchamp, sise au terroir d'Amblainville.

Mars 1227.

Odo, officialis archidiaconi Pontisarensis, omnibus presentes litteras inspecturis, salutem in Domino. Notum facimus quod Johannes Foumer et Rocia, uxor sua, vendiderunt ecclesie Vallis Beate Marie et fratribus ibidem Deo servientibus totam terram suam quam habent in territorio de Onblainvilla, quod dicitur Bus Baudrici et Bellumcampum, imperpetuum possidendam, dominium et quicquid juris habent et habere possunt, promittentes, fide prestita corporali in manu nostra, quod predictam ecclesiam et predictos fratres super predicta vendicione de cetero nullatenus molestabunt. Quod ut ratum et inconcussum permaneat, presentes litteras, ad peticionem predictorum Johannis et Rocie, uxoris sue, sigilli nostri munimine fecimus roborari. Actum anno gratie M° CC° vicesimo septimo, mense martio.

Arch. nat., S 4170, n° 5. — Sceaux n°s 7502 et 7502 *bis* de l'Inventaire.

Abandon par Robert d'Outrevoisin et Agnès, sa femme, à l'abbaye du Val, de tous leurs droits sur le huitième du champart de Noisement, et confirmation de cette concession par Gautier de la Fontaine.

Septembre 1227.

Ego Laurentius, decanus de Tria, universis notum facio presentes litteras inspecturis quod, constituti in presentia mea, Robertus de Outrevesin, de Amblevilla, et Agnes, uxor ejus, voluerunt et concesserunt ut ecclesia Vallis Beate Marie et fratres ibidem Deo servientes imperpetuum pacifice teneant et possideant quicquid ipsi, sive per emptionem sive per elemosinam, seu alio qualicumque modo, adepti sunt et in posterum, largiente Domino, poterunt adipisci in octava parte campipartagii tocius territorii de Noisement, que videlicet octava pars ad predictos Robertum et Agnetem, uxorem ejus, jure hereditario respiciebat, salvo jure suo, scilicet octava parte campipartis prefati territorii et octava parte vendicionum et octava parte investicionum et octava parte bonnagiorum, sibi et heredibus suis imperpetuum reservatis. Et ad hanc quitationem firmiter et fideliter imperpetuum tenendam, tam dictus Robertus quam prenominata uxor sua fidem corporaliter prestiterunt. Galterus vero de Fonte, de quo predictus Robertus jam dictam octavam partem tenebat, hoc ipsum voluit et concessit, et ad hoc etiam fideliter tenendum fidem corporalem prestitit. Et quia sigillum proprium non habebat, ego, in hujus rei testimonium, presentes litteras, ad petitionem partium, feci conscribi et sigilli mei impressione consignari. Actum anno gracie M° CC° vicesimo septimo, mense septembris.

Arch. nat., L 944. — Sceau n° 7932 de l'Inventaire.

Confirmation par Dreux de Lardières de la vente faite par Philippe de Sandricourt, à l'abbaye Saint-Victor, du champart de vingt arpents de terre à Amblainville.

Novembre 1227.

Ego Droco de Lardieres (1) notum facio omnibus presentes litteras inspecturis quod Philippus de Sendecort vendidit ecclesie Sancti Victoris Parisiensis campipartem vinginti arpennorum terre arabilis, site juxta Nemus Berengarii. Ego autem, huic venditioni benignum assensum tribuens, cum predicta campipars de feodo meo inmediate moveret, quicquid juris in eadem campiparte habebam, nichil michi vel heredibus meis ibidem retinens, dicte ecclesie in perpetuum quitavi et garantisiam promisi. Ne igitur super hoc in posterum oriri valeat dissensio, presentes litteras sigilli mei munimine feci roborari. Actum anno Domini millesimo ducentesimo vicesimo septimo, mense novembri.

Arch. nat., L 895, n° 40; LL 1450, cart. de Saint-Victor, fol. 100 v°.

Vente par Yves le Cordonnier, de Sandricourt, et Mabilie, sa femme, à l'abbaye du Val, d'une pièce de terre dite le Bois-Girard, sise devant la porte de Beauvoir.

Juin 1228.

Ego magister Guerricus, presbiter de Chambliaco, universis notum facio presentes litteras inspecturis quod Yvo Cordowanarius, de Sandocort, et Mabilia, uxor ejus, in presentia nostra constituti, recognoverunt quod vendiderant abbati et monachis Vallis Beate Marie unam petiam terre que vocatur le Bus Girardi, ante portam de Beauveer sitam, pro tredecim libris parisiensium. Dicta vero Mabilia, uxor ipsius Yvonis, quicquid juris habuit vel habere debuit, nomine dotis vel aliomodo, in manu nostra resignavit et quitum clamavit, et ad hoc imperpetuum firmiter tenendum fidem in manu nostra corporaliter prestitit. In cujus rei testimonium, presentes

---

(1) Lardières, canton de Méru, arrondissement de Beauvais (Oise).

litteras conscribi et sigilli nostri impressione fecimus communiri. Actum anno Domini M° CC° XX° VIII°, mense junio.

Arch. nat., S 4170, n° 43. — Sceau n° 796) de l'Inventaire.

Donation par Jean de Parmain aux frères de la Trinité du Fay de deux arpents de terre sis devant la porte de la ministrerie, à côté d'un troisième qu'il leur avait donné antérieurement, et approbation de cette donation par Névelon du Fay.

Août 1228.

Ego Johannes de Parmain (1), miles, notum facio omnibus presentes litteras inspecturis quod, cum fratres Sancte Trinitatis et Captivorum de Fay haberent ex elemosina Aelidis, matris mee, quintam partem omnium hospitum meorum de Monceout (2), et etiam haberent ex elemosina mea et elemosina ipsius Aelidis, matris mee, quatuor minas bladi de redditu super tria arpenta terre site ante portam dictorum fratrum, et ego postea, in recompensationem illarum quatuor minarum bladi de redditu et predicte quinte partis hospitum predictorum, dedissem et concessissem predictis fratribus in perpetuum unum arpentum terre de predictis tribus arpentis, tandem ego, intuitu Dei et ob remedium anime mee et animarum antecessorum meorum, dedi et concessi in puram et perpetuam elemosinam predictis fratribus Sancte Trinitatis et Captivorum de Fayaco residua duo arpenta terre supradicte, ita quod ipsi fratres integre predicta tria arpenta terre quam habueram, sita ante portam dictorum fratrum, libere et absolute jure perpetuo possidebunt. Ego vero Nevelo de Faiaco, de cujus feodo predicta terra existit, tam elemosinam predictam quam recompensationem supradictam de predicta terra factam, ut dictum est, laudo, approbo et concedo, et super predictis tribus arpentis terre predictis fratribus, tamquam dominus, garandiam ferre promitto. Quod ut ratum et firmum permaneat, presentes litteras, tam ego dictus Johannes de Parmain, miles, quam ego Nevelo de Faiaco, sigillorum nostrorum munimine fecimus roborari. Actum anno Domini M° CC° vicesimo octavo, mense augusti.

Arch. nat., S 4266, n° 31.

---

(1) Parmain, canton de l'Isle-Adam, arrondissement de Pontoise (Seine-et-Oise).
(2) Montsoult, canton d'Écouen, arrondissement de Pontoise.

Donation par Jean de Parmain à l'abbaye du Val de quatre arpents de terre dans sa couture du Fay, à prendre dans la partie la plus proche des terres de l'abbaye, et confirmation de cette donation par Névelon du Fay.

Août 1228.

Ego Johannes de Parmeng, miles, notum facio presentibus pariter et futuris quod dedi et concessi, pro salute anime mee et omnium antecessorum meorum, ecclesie Vallis Beate Marie et fratribus ibidem Deo servientibus, in puram et perpetuam elemosinam, quatuor arpennos terre in cultura mea de Faio, que sita est juxta stratam que ducit ad Calvum montem; ita quod predicta ecclesia Vallis Beate Marie et predicti fratres jamdictos quatuor arpennos terre in eadem cultura percipient ex ea parte que terris prefate ecclesie et prefatorum fratrum in eodem territorio sitis magis videbitur proximare, et eosdem arpennos terre quitos et immunes ab omnibus preterquam decima quiete et pacifice in perpetuum possidebunt. Ego vero Nevelo de Faiaco, de cujus feodo predicti quatuor arpenni terre erant, predictam elemosinam laudo, approbo et concedo, et super predictis quatuor arpennis terre predictis ecclesie et fratribus, tanquam dominus feodi, garandiam ferre promitto. Quod ut ratum et inconcussum permaneat, presentem cartam, tam ego dictus Johannes de Parmeng, miles, quam ego Nevelo de Faiaco, fecimus conscribi et sigillorum nostrorum munimine roborari. Actum anno Domini M° CC° vicesimo octavo, mense augusti.   Arch. nat., S 4178, n° 33.

Donation par Jean de Parmain à David Brûlé, son sergent, de trois arpents de terre dans la couture du Fay.

Août 1228.

Ego Johannes de Parmaing, miles, notum facio omnibus presentes litteras inspecturis quod ego dedi et concessi David Bruleto, servienti meo, in puram et perpetuam elemosinam, tria arpenta terre site in cultura mea de Faio, juxta terram quam dedi in elemosinam monachis et fratribus Beate Marie de Valle, ita quod ipse David et heredes ejus illa tria arpenta terre ex elemosina mea tenebunt in perpetuum libere et quiete, ad duos solidos censuales michi et heredibus meis singulis annis in festo Sancti Remigii persolvendos. Ego vero Nevelo [de Faio], de cujus feodo predicta terra existit, predictam elemosinam predicto Da[vid gra]tam laudo, approbo et concedo, et eam predicto David et heredibus suis in perpetuum garandire promitto. Quod ut ratum sit et permanens, presentes litteras tam ego Johannes de Parmaing, miles, quam ego Nevelo de Faio, sigillorum nostrorum munimine fecimus roborari. Actum anno Domini M° CC° vicesimo octavo, mense augusti. Arch. nat., M 14.

Guillaume Wales et Odeline, sa femme, confirment à l'abbaye du Val la possession de toutes les terres que les religieux ont acquises ou pourront acquérir au terroir de Noisement.

1228.

Ego Willelmus Wales omnibus notum facio presentibus pariter et futuris quod ego et Odelina, uxor mea, volumus et concessimus ut ecclesia Vallis Beate Marie et fratres ibidem Deo servientes imperpetuum quiete et pacifice teneant et possideant quicquid acquisierunt toto tempore transacto usque ad presentem diem, et similiter quicquid de cetero, tam per emptionem quam per elemosinam, seu alio qualicumque modo, imperpetuum, largiente Domino, poterunt adipisci, in toto territorio de Noisement, quod situm est apud Amblevillam, in quo ego et prefata uxor mea octavam partem campipartagii jure hereditario habebamus, quam etiam octavam partem de predicta ecclesia et predictis fratribus de Valle in feodum tenebamus. Ad hanc autem concessionem atque quitacionem firmiter et fideliter tenendam, ego et prefata uxor mea fidem prestitimus corporalem, salvis tamen nobis et heredibus nostris imperpetuum venditionibus, campiparte et investicionibus nostris. Et ut hoc perpetuam stabilitatem optineat, presentem cartam conscribi et sigilli mei impressione feci confirmari. Actum anno gratie M° CC° vicesimo octavo.
Arch. nat., S 4171, n° 3. — Sceau n° 4088 de l'Inventaire.

Sentence arbitrale rendue par l'évêque et l'archidiacre de Paris sur un différend qui existait entre l'abbaye Saint-Martin de Pontoise et les frères de la Trinité du Fay, à propos de l'établissement d'un cimetière au Fay.

22 février 1228 (1229).

Universis presentes litteras inspecturis Guillelmus (1), permissione divina episcopus, et Giraudus, archidiaconus Parisiensis, eternam in Domino salutem. Notum facimus quod, cum religiosi viri abbas et conventus Sancti Martini Pontisarensis, ex una parte, et fratres Sancte Trinitatis et Captivorum de Fayaco, Rothomagensis dyocesis,

---

(1) Guillaume d'Auvergne, évêque de Paris de 1228 à 1248.

de consensu ministri provincialis in Francia et etiam majoris ministri tocius ejusdem ordinis, ex altera, in nos compromisissent super contentionem que inter easdem partes vertebatur super cimiterio quod dicti fratres habere volebant in domo sua de Fayaco, sita in parrochia de Amblevilla, cujus parrochie patroni esse dicuntur abbas et conventus supradicti, promiserintque partes predicte quod quicquid super eodem negocio statueremus inviolabiliter observarent, prout in dictorum abbatis et conventus, nec non ministri provincialis in Francia et majoris ministri tocius ordinis Sancte Trinitatis et Captivorum, litteris super hoc confectis vidimus contineri; nos, auditis diligenter partibus et intellectis negocii meritis, de consensu parcium, habito prudentum consilio, arbitrando statuimus et ordinamus quod predicti fratres in dicta domo de Fayaco cimiterium proprium de cetero in perpetuum habeant, hoc modo quod ibi sepelient fratres suos, ita tamen quod nullum parrochianum ecclesie de Amblevilla seu quemlibet alium extraneum in dicta parrochia decedentem, nisi regularis persona decedens fuerit, vel aliqua persona cathedralis ecclesie in dignitate constituta, que ibi eligat sepulturam, memorati fratres de Fayaco in predicto cimiterio tradant ecclesiastice sepulture absque consensu et voluntate presbiterorum parrochialium de Amblevilla. Contra premissa vero memorati fratres non venient, nec aliqua defensio habita vel habenda, seu aliquod privilegium impetratum vel impetrandum, eisdem fratribus de Fayaco valebit ut veniant contra premissa. Procurabunt etiam bona fide memorati fratres de Fayaco quod dicti abbas et conventus habeant litteras archiepiscopi Rothomagensis seriem nostri arbitrii continentes, quibus litteris traditis dictis abbati et conventui, memorati fratres de Fayaco cimiterium suum, quando voluerint, facient benedici. Prefati siquidem fratres ministri provincialis in Francia et majoris sui ministri quasdam litteras quas habebant de ratihabitione nostri arbitrii coram nobis tradiderunt parti abbatis et conventus Sancti Martini Pontisarensis. Actum anno Domini millesimo ducentesimo vicesimo octavo, in festo Sancti Petri in Cathedra, mense februario.

Arch. nat., S 4266, n° 28.

Échange entre Daalin de Corbérue et l'abbaye du Val de deux pièces de terre au terroir de Beauvoir, contre la terre de la Pommeraie, sise au terroir du Fay.

1229.

Ego Odo, decanus de Ivri, universis notum facio presentes litteras inspecturis quod, constituti in presentia mea, Daalinus de Corberue, de Nova Villa, et Havidis, uxor ejus, commutaverunt ecclesie Vallis Beate Marie et fratribus ibidem Deo servientibus duas petias terre

sitas in territorio de Belvaier, quod dictus Daalinus et uxor illius
de dicta ecclesia et fratribus ad decimam et campipartem tenebant,
pro quadam petia terre que vocatur la Pomeroie, quam fratres dicte
ecclesie, in territorio de Fai sitam, habebant; ita quod predictus
Daalinus et uxor ejus et heredes ipsorum predictam petiam terre de
ecclesia et fratribus Vallis in perpetuum tenebunt ad septem solidos
census parisiensis monete singulis annis in octabis Sancti Dyonisii
persolvendos; tali conditione quod, si prefatus Daalinus et uxor
ejus vel heredes ipsorum dictam petiam terre pacifice tenere non
possent, ad predictas duas petias terre quas pro commutatione prefate ecclesie et fratribus Vallis dederant, revenerint, et easdem de
dictis fratribus sicut prius tenerent; eodem quoque modo, si fratres
prenominate ecclesie illas duas petias terre pacifice tenere et possidere non possent, eos ad petiam terre quam dicto Daalino et uxori
ejus pro hac commutatione dederant pacifice liceret revenire et sicut
prius tenere. Hanc etiam commutationem Galterus et Johannes, filii
prefati Daalini et uxoris ejus, et Gila, filia ipsorum, in presentia
mea concesserunt et bona fide voluerunt. In cujus rei testimonium,
presentes litteras, ad petitionem partium, conscribi et sigilli mei
feci impressione confirmari. Actum anno gratie m° cc° vicesimo nono.
Arch. nat., L 944.

Vente par Jean de Sandricourt et Hièce, sa femme, à l'abbaye du Val, de deux journaux de terre sis auprès de Beauvoir.

Décembre 1230.

Ego Odo, decanus de Ivri, universis notum facio presentes litteras
inspecturis quod, constituti in presentia mea, Johannes de Sendeucort et Hiecia, uxor ejus, recognoverunt se vendidisse ecclesie et
fratribus Vallis Beate Marie duos jornellos terre prope Belvaier, pro
septem libris et dimidia parisiensis monete. Predicta etiam Hyecia
dotem quam in dicta terra habebat in manu mea resignavit et predicte ecclesie fratribus imperpetuum quitam clamavit, fide corporaliter in manu mea prestita, promittens se nichil in posterum in dicta
terra ratione dotis reclamaturam. In cujus rei testimonium, presentes litteras, ad peticionem partis vendentis et ementis, sigilli
mei impressione signavi. Actum anno Domini m° cc° tricesimo, mense
decembris.   Arch. nat., S 4171, n° 10.

Vente par Guillaume Wales, de Chambly, à l'abbaye du Val, du champart qu'il tenait des religieux à Noisement, et de quatre censels à Feucherolles.

1231,

Noverint universi presentes pariter et futuri quod ego Guillelmus

Wales, de Chambli, assensu et voluntate Odeline, uxoris mee, vendidi ecclesie et fratribus Vallis Beate Marie, pro quadraginta libris parisiensium, totam campipartem, totum feodum, justiciam, dominium, et quicquid habebam vel habere poteram in ipsa campiparte quam tenebam de eisdem fratribus in territorio de Noisement, et quatuor censuales apud Feucherolles, de quibus Rogerius de Feucherolles hospitatur in uno, qui debet novem denarios census, et uxor Walerant et soror ejus tenent unum, qui debet duodecim denarios census, et duos quos tenebam in manu mea pro defectu heredis, qui debent viginti unum denarium, videlicet unus duodecim et alter novem denarios, hec omnia a dicta ecclesia et fratribus libere quiete et pacifice in perpetuum possidenda. Ad hanc autem venditionem firmiter et fideliter in perpetuum tenendam, ego Guillelmus et Odelina, uxor mea, fidem prestitimus corporalem. Quod ut perpetuam stabilitatem obtineat, presentem cartam conscribi et sigilli mei feci munimine roborari. Actum anno Domini millesimo ducentesimo tricesimo primo.

Arch. nat., S 4170, n° 1. — Sceau n° 4088 de l'Inventaire.

Approbation donnée par Odeline, femme de Geoffroy de Vallangoujard, à la vente faite par son mari, à l'abbaye du Val, de six arpents de terre sis au terroir de Remontonlieu, et de trente sous moins trois deniers de chef-cens sur trente arpents sis au même lieu.

Février 1231 (1232).

Omnibus presentes litteras inspecturis, Guido, decanus de Praeriis (1), salutem in Domino sempiternam. Notum facimus quod, in presentia nostra constituta, Odelina, uxor domini Gaufridi de Valle Engoriardi, militis, concessit et ratam habuit venditionem quam predictus maritus ejus fecit ecclesie Vallis Beate Marie et fratribus ibidem Deo servientibus, pro quadraginta libris parisiensis monete, de sex arpennis terre sitis in territorio quod dicitur Remontonliu, et triginta solidis capitalis census, parisiensis monete, tribus denariis minus, super triginta arpennis terre in eodem territorio sitis, cum omni jure, justicia et dominio quod in dicta [terra] et censu habebat. Predicta etiam Odelina omne dotalicium quod in omnibus predictis rebus habebat vel habere poterat, in manu nostra, spontanea, non coacta, resignavit et predicte ecclesie et fratribus imperpetuum quitum clamavit. In cujus rei testimonium, presentes litteras, ad peti-

___

(1) Presles, canton de l'Isle-Adam, arrondissement de Pontoise (Seine-et-Oise).

cionem predicti Gaufridi et uxoris ejus, sigilli nostri impressione fecimus roborari. Actum anno Domini M° CC° tricesimo primo, mense februarii.   Arch. nat., S 4170, n° 32.

Approbation donnée par Girard de Vallangoujard à la vente faite par Geoffroy, son frère, à l'abbaye du Val, de six arpents de terre à Remontonlieu, et d'une rente annuelle de trente sous moins trois deniers sur trente arpents sis au même lieu.

Février 1231 (1232).

Ego Gerardus de Valle Engoiardi, miles, universis notum facio, presentibus pariter et futuris, quod Gaufridus, miles, frater meus, assensu et voluntate Odeline, uxoris sue, vendidit pro quadraginta libris parisiensium ecclesie Vallis Beate Marie et fratribus ibidem Deo servientibus sex arpennos terre sitos in territorio quod dicitur Remontonliu, liberos et immunes ab omni re preterquam a decima, et triginta solidos capitalis census, parisiensis monete, tribus denariis minus, super triginta arpennis terre arabilis sitis in supradicto territorio, et omne jus et justiciam et dominium quod in dicta terra et in dicto censu habebat, tam in venditionibus quam in relevagiis et investitionibus, seu aliis quibusque modis. Et sciendum quod homines qui terras illas tenuerint et possederint predictum censum ecclesie et fratribus de Valle, ad granchiam ipsorum que vocatur Belvaier, singulis annis in festo Sancti Dyonisii, deferent persolvendum. Ad hanc venditionem firmiter et fideliter tenendam, prefatus Gaufridus, frater meus, et predicta Odelina, uxor ejus, fidem corporalem prestiterunt. Guillelmus etiam, canonicus Baiocensis, frater meus, voluit et concessit et ratam habuit dictam venditionem, et quicquid tam in dicta terra quam in censu habebat et habere poterat, fide corporaliter prestita, quitum clamavit. Theobaldus quoque, primogenitus meus, miles, hanc venditionem voluit et concessit, et quicquid in eadem venditione tam jure feodi quam alio quocumque modo habebat et habere poterat prenominate ecclesie et fratribus bona fide in perpetuum quitum clamavit. Ego vero, quoniam prefatus Gaufridus, frater meus, predictam terram et predictum censum de me tenebat in feodum, prefatam venditionem laudavi, volui et concessi, et de ferenda garandia super hac venditione semper et adversus homines fidem prestiti corporalem. Quod ut perpetue stabilitatis robur obtineat, presentem cartam conscribi et sigilli mei feci munimine roborari. Prefati quoque Guillelmus, canonicus Baiocensis, et Gaufridus, miles, fratres mei, et Theobaldus, primogenitus, miles, ad majorem cautelam et confirmationem, presenti carte sigillos suos apposuerunt. Actum anno Domini M° CC° tricesimo primo, mense februario.   Arch. nat., S 4170, n° 14.

Confirmation par Simon de Marquemont et ses sœurs de la vente faite par Paien de Biards et Manassès de Chambly, à l'abbaye Saint-Victor, de terres sises à Amblainville.

Mars 1231 (1232).

Ego Odo, decanus de Calvo Monte, omnibus presentes litteras inspecturis notum facio quod, constituti in presencia nostra, Simon de Marquemont et Philipa, mater ejus, et tres sorores Simonis et mariti earum, videlicet Agnes et Johannes de Moinevilla (1), maritus ejus, Acelina et Petrus de Montibus, maritus ejus, Aales et Radulphus de Alerio (2), maritus ejus, venditionem terrarum apud Amblevillam sitarum quam fecerunt Paganus de Viarz et Maria, uxor ejus, Manases de Chambliaco et Agnes, uxor ejus, ecclesie Sancti Victoris Parisiensis, quas terras tenebant predicti Paganus et Manasses in feodum a domino Girardo de Valle Eengoiart, et dominus G[irardus] a dicto Simone de Marquemont, voluerunt, laudaverunt, et, ut dicta ecclesia pacifice in perpetuum possideret, concesserunt predicti Simon et mater ejus et tres prenominate sorores et mariti earum, et omnes, fide prestita corporali, garantizare promiserunt, nichil penitus juris, nichil dominii in terris illis sibi vel posteris suis retinentes preter medietatem campipartis, quam sibi et posteris suis retinent. Ecclesia vero Sancti Victoris in predictis terris unum arpentum liberum a campiparte possidebit. Mater vero predicti Simonis totum jus et dominium feodi illius, quod ratione dotalicii tenebat, in manu nostra resignavit, et, ut predictum est, jam dicte ecclesie Sancti Victoris, spontanea et non coacta, concessit. Nos vero, ad petitionem utriusque partis, quia sepedicta Philipa non habebat sigillum, nec filie ejus similiter, ne predicta concessio oblivione deleretur vel aliquatenus infringeretur, presentem paginam sigilli nostri munimine fecimus roborari. Actum anno Domini M° CC° XXXI°, mense marcio.   Arch. nat., S 2071, n° 93; LL 450, cart. de Saint-Victor, fol. 99 v°.

Confirmation par Simon du Coudray de la vente faite par Paien de Biards et Manassès de Chambly, à l'abbaye Saint-Victor, de terres sises à Amblainville.

Mars 1232.

Ego Symon de Coudroi universis presentes litteras inspecturis

---

(1) Monneville, commune de Marquemont, canton de Chaumont, arrondissement de Beauvais (Oise).

(2) Alleré, commune de Neuville-Bosc, canton de Méru.

notum facio quod venditionem terrarum apud Amblanvillam sitarum quam fecerunt Paganus de Biart et Maria, uxor ejus, Manasses de Chambliaco et Agnes, uxor ejus, ecclesie Sancti Victoris Pariensis, tamquam secundus dominus; volo et laudo et, fide prestita corporali, garantizare promitto, nichil penitus juris, nichil dominii in terris illis michi vel posteris meis retinens preter medietatem campipartis, quam michi et posteris meis retineo. Ecclesia vero Sancti Victoris Parisiensis in predictis terris unum arpennum liberum a campiparte possidebit. Quod ut ratum permaneat, presentes litteras sigilli mei munimine roboravi. Datum anno Domini M°CC°XXX° secundo, mense martio.

Arch. nat., S 2071, n° 94; LL 1450, cart. de Saint-Victor, fol. 100. — Sceau n° 1923 de l'Inventaire.

Girard de Vallangoujard certifie l'abandon fait par Martin de Marly et Roes d'Arronville, à l'abbaye du Val, de leurs droits sur une pièce de terre sise à Amblainville, au lieu dit Beauchamp.

5 septembre 1232.

Ego Gerardus de Valle Engoiardi, miles, universis notum facio presentes litteras inspecturis quod, cum Martinus, filius Radulphi de Marliaco (1), et Roes de Arunvilla, cognata ejus, reclamarent jus suum in quadam petia terre site apud Amblevillam, que dicitur Beauchamp, quam ecclesia et fratres Vallis Beate Marie longo tempore tenuerant ac possederant, tandem dicti Martinus et Roes, in presentia mea et aliorum bonorum virorum qui aderant apud Amblevillam fide prestita corporali, quitaverunt predictis ecclesie et fratribus quicquid juris habebant vel habere poterant in dicta petia terre, fideliter promittentes quod, nec per se nec per alios, super terra predicta seu omnibus aliis terris quas fratres dicte ecclesie eo tempore tenebant, unquam de cetero contra eos querelam moverent seu molestarent. Huic quitationi interfuimus ego et venerabilis Gaufridus (2), abbas Vallis, et frater Geroudus, monachus hospitalis, frater Galterus, cellarius, frater Johannes de Marinis (3), et frater Richardus, magister de Belvaier, Gilebertus, presbiter de Amblevilla, Theobaldus de Outreveisin, miles, Petrus Prepositus, Guillelmus de Rua, Johannes de Nova villa, Henricus Tassel, Guillelmus Guichart,

---

(1) Marly, canton de Luzarches, arrondissement de Pontoise (Seine-et-Oise).

(2) Geoffroy, abbé de 1226 à 1237.

(3) Marines, chef-lieu de canton, arrondissement de Pontoise.

de Bellomonte. Actum apud Amblevillam, anno Domini M° cc° tricesimo secundo, dominica proxima post festum sancti Gregorii.
Arch. nat., L 944.

Autorisation donnée par Girard de Vallangoujard, à l'abbaye Saint-Victor, de construire une clôture sur l'emplacement d'un sentier existant dans le champ de l'abbaye, à Amblainville, entre la léproserie et la maison des moines.

Décembre 1232.

Ego Girardus de Valle Engouiart et Theobaldus, filius meus, universis presentes litteras inspecturis salutem. Cum semita quam maxime faciebant servientes nostri causa compendii per culturam Sancti Victoris que est inter domum leprosorum de Amblevilla et domum Sancti Victoris, nec nobis, nec aliis prodesset, et per eam dicte ecclesie dampnum provenire posset, volumus, concedimus et laudamus ut de cetero non sit per dictam culturam. Concedimus etiam ecclesie Sancti Victoris ibidem ubi semita erat murum suum erigere, vel portam facere, et pro voluntate sua claudere vel aperire; et hoc totum promittimus garantire. Et ne hoc valeat oblivione deleri vel aliquatenus infringi, presentem paginam fecimus sigillorum nostrorum munimine communiri. Actum anno Domini M° cc° xxx° secundo, mense decembri.
Arch. nat., S 2071, n° 92; LL 1450, cart. de Saint-Victor, fol. 100 v°.

Donation par Herbert de Sandricourt et Lèce, sa femme, à l'abbaye du Val, de trois journaux de terre arable sis au Bois-Bérenger, et d'un demi-muid d'hivernage de rente annuelle, et, après leur mort, de trois journaux de terre au Mès, de leur prairie de Pontcharmont, et de tous leurs meubles.

1232.

Omnibus presentes litteras inspecturis, Petrus, prior de Layo, eternam in Domino salutem. Noveritis quod, in nostra presentia constituti, Herbertus de Sendeucort, et Letia uxor ejus, recognoverunt se dedisse in presenti ecclesie Vallis Beate Marie et fratribus ibidem Deo servientibus, pro salute animarum suarum et pro dilectione et familiaritate quam erga ipsos habebant, tres jornellos terre arabilis sitos in una petia apud Nemus Berengarii, a dicte ecclesie fratribus imperpetuum tenendos atque possidendos, et dimidium modium ybernagii rationabiliter ad mensuram Henoville ab ipsis, quoad

12

vixerint, singulis annis infra festum sancti Remigii eisdem fratribus persolvendum, ita quod, altero eorum defuncto, reliquus qui supervixerit tantum medietatem illius dimidii modii annuatim solvet infra terminum memoratum. Item predicti Herbertus et Letia, uxor ejus, recognoverunt se dedisse imperpetuam elemosinam, post decessum suum, eclesie et fratribus supradictis alios tres jornellos terre in duabus petiis sitos prope Sendeucort, in territorio quod vocatur le Mes, qui erant de acquisitione sua sicut et tres alii supradicti, et domum suam de Ponciermont (1), cum toto porprisio, que debet annuatim tres denarios census parisiensis monete in festo Sancti Remigii, et terciam partem unius caponis cum quodam homine de ipsa villa in Natali Domini. Item recognoverunt se legasse et dedisse in elemosinam predicte ecclesie fratribus universa mobilia que habuerint quando migraverint de hac vita, ita quod, cum alter eorum obierit, fratres Vallis partem defuncti de cunctis mobilibus percipient et habebunt, et similiter partem reliqui, quando obierit. Item sciendum quod predicti Herbertus et Letia concesserunt coram nobis et fideliter promiserunt quod, de omnibus predictis rebus, terris videlicet et mobilibus, de cetero aliter quam dictum est nullatenus ordinabunt, nec inde aliquid alii dare vel vendere, vel alio modo ab ecclesia Vallis imperpetuum poterunt alienare, nisi de assensu et voluntate fratrum Vallis, exceptis vestimentis suis et excepto legato ecclesie sue et presbiteri quale facere voluerint. In cujus rei testimonium, presentes litteras, ad peticionem predictorum Herberti et Letie et fratrum Vallis Beate Marie, sigilli nostri impressione duximus roborandas. Actum anno Domini m° cc° tricesimo secundo.

Arch. nat., S 4170, n° 2. — Sceau n° 9534 de l'Inventaire.

Confirmation par Emmeline, femme de Pierre Le Sueur, de Montherlant, de la vente faite par son mari, à l'abbaye du Val, d'une pièce de terre sise au terroir de Noisement, près du Coudray.

1232.

Omnibus presentes litteras inspecturis, Johannes, presbiter de Montherlant, eternam in Domino salutem. Notum facio quod, in mea presentia constituta, Emmelina, uxor Petri Sutoris, de Montherlant, concessit et ratam habuit venditionem quam dictus maritus ejus fecit viris religiosis abbati et conventui Vallis Beate Marie, de quadam petia terre sita apud Coldretum, in territorio de Noisement, pro decem et octo libris parisiensium, et omnem dotem quam dicta Em-

---

(1) Pontcharmont, annexe du hameau de Sandricourt.

melina in eadem petia terre habebat in manu mea resignavit et predictis abbati et conventui imperpetuum quitam clamavit, fide corporaliter in manu mea prestita ; promittens quod, neque ratione dotis, nec alia, in dicta terra aliquid imperpetuum reclamabit. In cujus rei testimonium presentes litteras, ad peticionem dicte Emmeline, sigilli mei munimine roboravi. Actum anno Domini m° cc° tricesimo secundo.

Arch. nat., S 4178, n° 16.

Vente par Gilbert Fave et Isabelle, sa femme, de Sandricourt, à l'abbaye du Val, de trois journaux de terre sis près la grange de Beauvoir.

1233.

Omnibus presentes litteras inspecturis, Gilebertus, presbiter de Amblevilla, eternam in Domino salutem. Noveritis universi quod, in mea presentia constituti, Gilebertus Fave, de Sendeucort, et Ysabel, uxor ejus, recognoverunt se vendidisse ecclesie et fratribus Vallis Beate Marie, pro xii libris parisiensium, tres jornellos terre sitos prope granchiam de Belvaier, contiguos terris predictorum fratrum, quiete et pacifice ab eisdem fratribus imperpetuum possidendos. Predicta quoque Ysabel omne dotalicium quod in dicta terra habebat in manu mea resignavit et imperpetuum quitum clamavit. Radulphus quoque et Odelina, liberi dictorum Gileberti et uxoris ejus, dictam venditionem voluerunt et concesserunt. Philyppus quoque de Sendeucort, de quo terra ipsa movebat, et Juliana, uxor ejus, voluerunt, et in mea presentia similiter concesserunt ut ecclesia et fratres Vallis imperpetuum teneant et possideant dictam terram. In cujus rei testimonium, presentes litteras, ad petitionem supradictorum, sigilli mei impressione signavi. Actum anno Domini m° cc° tricesimo tercio.

Arch. nat., S 4170, n° 19.

Confirmation par Geoffroy de Vallangoujard, chevalier, de la vente faite par Guillaume Mauclavel, de Sandricourt, avec l'assentiment d'Agnès, sa femme, à l'abbaye du Val, du droit de champart qu'il avait sur deux pièces de terre sises près de la grange de Beauvoir et appartenant à l'abbaye, ainsi que de la donation par le même de trois journaux de terre à la croix de Sandricourt, venant de la succession de sa sœur Odeline.

Août 1235.

Extrait. — Bibl. nat., ms. lat. 5462, p. 180.

*Confirmation par Agnès, veuve de Guillaume Mauclavel, de San-
dricourt, de la donation faite par son mari, à l'abbaye du Val,
du champart de deux pièces de terre sises derrière la grange
de Beauvoir, de ses droits sur toutes ses terres situées depuis
le chemin de Pontoise jusqu'à la croix de Sandricourt et Hai-
moncourt, et de trois journaux à la croix de Sandricourt.*

Mars 1235 (1236).

Omnibus presentes litteras inspecturis, Odo, decanus de Ivriaco, salutem in Domino. Noveritis, quod in nostra presentia constituta, Agnes, relicta Guillelmi Mauclavel de Sendeucort, defuncti, concessit propria voluntate donationem quam predictus vir suus, dum viveret fecit ecclesie et fratribus Vallis Beate Marie de campiparte quam habebat in duabus petiis terre predictorum fratrum sitis post grangiam Belvaier, quarum una dicitur Campus Feron, altera terra Fratris Antelmi, et de tota campiparte, justitia, dominatione et dominio que tam in predictis quam in omnibus aliis terris sitis in montibus de Belvaier, inter stratam Pontisare et crucem de Sendoucort et Haimoncort, idem Guillelmus habebat, et de tribus jornellis terre sitis apud crucem de Sendeucort. Prefata etiam Agnes, fide in manu nostra prestita, promisit quod contra donationem omnium predictarum rerum non veniet in futurum, nec in aliquo predictorum, ratione dotis vel alia, quicquam penitus de cetero reclamabit. In cujus rei testimonium, presentes litteras, ad peticionem dicte Agnetis, sigilli nostri impressione dignum duximus roborandas. Datum anno Domini M° CC° tricesimo quinto, mense martio. Arch. nat., L 944.

*Confirmation par Ade, femme d'Haimard de Foucherolles, de l'é-
change fait par son mari avec l'abbaye du Val de deux journaux
et demi de terre à Beauchamp, contre la terre de Fressencle
de Méru, et de la vente par le même du reste de ladite terre de
Beauchamp.*

Avril 1236.

Omnibus presentes litteras inspecturis, Rogerus, presbiter de Amblevilla, salutem in Domino. Notum facio vobis quod, in mea presentia constituta, Ada, uxor Haimardi de Foucheroliis, voluit et concessit commutationem quam dictus Haimardus, maritus suus, fecit ecclesie et fratribus Vallis Beate Marie, de duobus jornellis terre et dimidio sitis in territorio Bellicampi, in una petia circa quinque jornellos continente, pro terra que fuit Freessendis de Meru, et venditionem quam idem maritus suus fecit eidem ecclesie de residuo predicte terre sue de Bellocampo pro octo libris parisiensium. Predicta etiam Ada, fide corporaliter in manu mea prestita, promisit quod contra dictam commutationem et venditionem, ratione dotis vel alia, non veniet in futurum. In cujus rei testimonium, presentes litteras, ad peticionem prenominate Ade, sigilli mei munimine roboravi. Datum anno Domini M° CC° tricesimo sexto, mense aprilis.

Arch. nat., S 4171, n° 16.

Confirmation par Raoul d'Alleré d'un échange fait entre Haimard de Foucherolles et l'abbaye du Val de cinq journaux de terre sis à Beauchamp, contre la terre qui appartient à Fressende de Méru.

Avril 1236.

Ego Radulphus de Aleroe, scutifer, universis notum facio, presentibus pariter et futuris, quod Haimardus de Foucheroliis, assensu et voluntate Ade, uxoris sue, quandam petiam terre sitam in territorio Bellicampi, circa quinque jornellos continentem, in qua ecclesia et fratres Vallis Beate Marie habebant medietatem campipartis, dedit et concessit eidem ecclesie quiete ac pacifice perpetuo tenendam et possidendam, scilicet duos jornellos et dimidium pro escambio terre que fuit Freessendis de Meru, et residuum ejusdem terre pro octo libris parisiensium; ita sane quod, si ecclesia Vallis Beate Marie eandem terram per aliquod impedimentum non posset pacifice possidere, ad suam terram pristinam reverti liceret; similiter, si prenominatus Haimardus terram que fuit Freessendis in pace tenere non posset, ad suam pristinam terram, solutis prius ecclesie Vallis octo libris parisiensium, redire liceret. Hanc autem commutationem et venditionem sepedictus Haimardus et Ada, uxor ejus, fide corporali prestita, promiserunt se fideliter servaturos. Ego vero Radulphus et Aales, uxor mea, dictam commutacionem et venditionem voluimus, et concessimus, fide prestita, ecclesie Vallis Beate Marie libere et pacifice perpetuo permanere. Quod ut ratum et firmum semper sit, presentem cartam, ad peticionem dictorum Haimardi et uxoris ejus, sigilli mei munimine roboravi. Actum anno Domini M° CC° tricesimo sexto, mense aprili.

Arch. nat., S 4171, n° 6. — Sceau n° 1155 de l'Inventaire.

Donation par Roger Lefèvre, d'Amblainville, et Havide, sa femme, à l'abbaye du Val, de tous leurs conquêts, tant meubles qu'immeubles, après leur décès.

Février 1240 (1241).

Omnibus presentes litteras inspecturis, Symon, decanus Calvimontis, salutem in Domino. Notum facimus quod, in nostra presentia constituti, Rogerus dictus Faber, de Amblevilla, et Havydis, uxor ejus, recognoverunt se dedisse et concessisse in puram et perpetuam elemosinam ecclesie Vallis Beate Marie, ordinis Cisterciensis, tertiam partem omnium conquestuum suorum, tam in mobilibus quam in immobilibus, post decessum suum ab eadem ecclesia libere et pacifice possidendam, promittentes, fide data in manu nostra, quod contra donacionem istam, per se vel per alium, non venient in futurum. In cujus rei testimonium, presentes litteras, ad instantiam ipsorum, sigilli nostri munimine fecimus roborari. Actum anno Domini M° CC° quadragesimo, mense februario.

Arch. nat., S 4170, n° 44. — Sceau n° 7882 de l'Inventaire.

Donation par Thibaut de Vallangoujard, à l'abbaye du Val, de trois setiers de blé du revenu annuel à prendre, après son décès, dans son champart d'Amblainville, et amortissement, en faveur de ladite abbaye, de toutes les acquisitions faites par elle dans les domaines de Thibaut.

Juillet 1243.

Ego Theobaldus de Valle Engoiardi, miles, omnibus tam presentibus quam futuris notum facio quod ego, pro salute anime mee et omnium antecessorum meorum, dedi et concessi ecclesie Vallis Beate Marie, ordinis Cisterciensis, in qua sepulturam meam elegi, in puram et perpetuam elemosinam, tres sextarios bladi annui redditus, percipiendos singulis annis post decessum meum in campi parte mea de Amblevilla. Volui etiam et concessi ut eadem ecclesia Vallis teneat et possideat in perpetuum in manu mortua, sine coactione vendendi vel extra manum suam ponendi, omnes possessiones et res quas acquisivit usque in presens in feodo et dominio meo, salvis redditibus qui michi et heredibus meis de eisdem possessionibus debent reddi. In cujus rei testimonium et munimen, presentem cartam eidem ecclesie contuli sigilli mei munimine roboratam. Actum anno Domini M° CC° quadragesimo tercio, mense julio.

Arch. nat., L 944.

Donation par Jean de Sandricourt et Richarde, sa femme, à l'abbaye du Val, de quatorze jugera de terre sis en la paroisse d'Amblainville, au-dessus de Sandricourt.

8 janvier 1243 (1244).

Universis hec visuris, Symon, decanus de Calvomonte, salutem in Domino. Noverit universitas vestra quod Johannes, filius Guillelmi dicti Prepositi, de Sandeucuria, et Richeudis, uxor sua, in nostra presentia constituti, recognoverunt se contulisse, pro salute animarum suarum et animarum antecessorum suorum, Deo et ecclesie Beate Marie de Valle et monachis ibidem Deo servientibus, quatuordecim jugera terre sita in parrochia de Ombleingvilla, scilicet in monte desuper Sandeucuriam, que quatuordecim jugera terre dicti Johannes et Richeudis, uxor ejus, emerunt, videlicet de Roberto le Trefilier, de Chambliaco, octo jugera, et tria jugera que fuerunt Radulphi dicti Fauce et Petri, sororii ejus, et duo jugera que fuerunt Hubodi, et unum jugerum quod fuit predicti Guillelmi. Promiserunt etiam, fide sua ad hoc prestita corporali, quod contra hanc donacionem de quatuordecim jugeribus antedictis, per se vel per alium, non venient in futurum, et quod dictos monachos super dictis quatuordecim jugeribus non vexabunt, nec in causam trahent, nec illos trahi facient, per se vel per alium, coram judice ecclesiastico seu civili. Promisit etiam dicta Richeudis, uxor dicti Johannis, quod in dictis quatuordecim jugeribus terre, dotalicii nomine seu aliquo alio jure sibi super hoc competenti, per se vel per alium aliquid omnino de cetero non reclamabit nec faciet reclamari, et de hoc tenendo fideliter in manu nostra fidem suam prestitit corporalem, spontanea voluntate et sine ulla coactione, quicquid superius dictum est plenius resignando. Et ut hoc ratum et firmum imperpetuum permaneat, presentes litteras, ad peticionem dictorum Johannis et Richeudis, uxoris sue, dictis monachis munimine sigilli nostri tradidimus roboratas. Actum anno Domini M° CC° XL° tercio, die veneris post Epiphaniam Domini. Arch. nat., S 4170, n° 80.

Approbation donnée par Guillaume de Flavacourt et Pierre de Lormaison à la vente faite par Simon des Patis et Gile, sa femme, à l'abbaye du Val, d'une maison avec son pourpris et une vigne adjacente, sise à Amblainville et mouvant de Baudouin de Lormaison.

Septembre 1246.

Noverint universi, tam presentes quam futuri, quod nos Guillelmus de Flavacort (1) et Petrus de Lormesons, milites, ad instanciam karissimi amici nostri Balduini de Lormesons, armigeri, volumus et concedimus quod ecclesia Vallis Beate Marie, ordinis Cisterciensis, teneat et possideat in perpetuum, sine coactione vendendi vel extra manum suam ponendi, domum et totum porprisium cum vinea adjacente que vendiderunt dicte ecclesie Vallis Symon

---

(1) Flavacourt, canton du Coudray, arrondissement de Beauvais (Oise).

de Pasticiis et Gila, ejus uxor, que res site sunt apud Amblevillam et movebant de dicto Balduino, qui feodum suum de nobis tenet. Promisimus etiam bona fide quod contra concessionem istam, per nos seu per alios, in posterum non veniemus, nec aliquid juris in predictis rebus de cetero reclamabimus, salvo tamen dicto Balduino et ejus heredibus censu decem solidorum parisiensium, in festo beati Remigii annuatim eisdem reddendo. Sciendum est etiam quod, si aliqui, ratione dominii, dictam ecclesiam compellerent ad ponendum extra manum suam res predictas, nos, tamquam domini, dicte ecclesie Vallis dictas res liberare et garandizare tamquam domini tenemur. In cujus rei testimonium, presentes litteras sigillorum nostrorum munimine fecimus roborari. Actum anno Domini M° CC° XL° sexto, mense septembri. Arch. nat., S 4170, n° 24.

Vente par Simon des Patis et Gile, sa femme, à l'abbaye du Val, d'une maison à Amblainville, avec son pourpris et une vigne contiguë.

Novembre 1246.

Omnibus presentibus et futuris, decanus Calvi Montis, salutem in Domino. Notum facimus quod, in nostra presencia constituti, Symon de Pasticiis et Gila, ejus uxor, de Amblevilla, recognoverunt se vendidisse et omnino reliquisse ecclesie Vallis Beate Marie, ordinis Cisterciensis, domum suam, cum toto porprisio et vinea adjacente, quam habebant apud Amblevillam, cum omni jure sibi in predictis competente, pro quadraginta et octo libris parisiensium, de quibus recognoverunt sibi plenarie satisfactum coram nobis in pecunia numerata. Promiserunt etiam, fide in manu nostra prestita corporali, quod, per se nec per alium, in predictis nichil de cetero reclamabunt. Recognovit etiam dicta Gila, sub dicte fidei juramento, quod dictam vendicionem faciebat et fieri consenciebat spontanea, non coacta. In cujus rei testimonium, ad instanciam dictorum Symonis et Gile, cartam istam sigilli nostri munimine fecimus confirmari. Datum anno Domini M° CC° XL° sexto, mense novembri.

Arch. nat., S 4171, n° 18.

Confirmation par Robert d'Hénonville de plusieurs acquisitions faites par les frères de la Trinité à Hénonville, et de l'achat fait à Ernoul de la Porte des terres de la Boulaye et du Pomeret, avec approbation de Jean de Santeuil.

Décembre 1247.

Ego Robertus de Hennovilla, miles, notum facio universis presentibus et futuris quod..... Iterum volo et concedo quod dicti fratres de

Fayaco tencant quiete et pacifice de cetero, jure hereditario, terras quas ipsi fratres emerunt ab Ernulpho de Porta, scilicet terram de la Boulae et terram du Poumeret, salva campiparte dominorum, sine contradictione mei et heredum meorum. Ego vero Johannes de Sanc- toel (1), scutifer, principalis dominus feodi predicti, volo, concedo et approbo, ob remedium anime mee et antecessorum meorum, ad peticionem domini Roberti de Hennovilla, militis predicti, quicquid dictus Robertus, miles, dictis fratribus in hoc presenti scripto con- cessit. Et ut hec prenotata predictis fratribus inconcussa permaneant, ego predictus Robertus de Hennovilla, miles, et ego Johannes pre- dictus de Sanctoel, scutifer, presens scriptum sigillorum nostrorum munimine dignum duximus roborari. Actum anno Domini M° CC° XL° septimo, mense decembri. Arch. nat., S 4266, n° 40.

Donation par Bernard de Valmondois et Hodierne, sa femme, à l'abbaye du Val, de huit jugera de terre sis à Morellicourt, pa- roisse d'Amblainville, et confirmation par eux et les autres seigneurs de la donation de six jugera faite par la veuve de Roger Lefevre.
Juillet 1248.

Noverint universi, presentes pariter et futuri, quod ego Ber- nardus de Vaumondois et Hodierna, uxor mea, pro salute anima- rum nostrarum et antecessorum nostrorum, dedimus in puram et perpetuam elemosinam ecclesie Vallis Beate Marie, Cisterciensis ordinis, octo jugera terre arabilis sita apud Morellam Curiam, in parrochia de Amblevilla, in ipso dominio nostro, ab eadem ecclesia pacifice, in manu mortua, sine coactione vendendi vel extra manum suam ponendi, jure perpetuo possidenda. Et quia dicta terra et sex alia jugera terre ibidem sita que dedit in puram et perpetuam ele- mosinam prefate ecclesie uxor Rogeri Fabri de Amblevilla, jam defuncta, movent de feodo et dominio nostro, et Johannis Bauche, et domicelle Marie de Amblevilla, et domini Johannis de Bobiez, militis, et uxoris ejus, qui participantur nobiscum in feodo supradicto, ego Bernardus, et supradicti Johannes Bauche, et domicella Maria de Amblevilla, et dominus Johannes de Bobiez, et Beatrix de Bellomonte, et Petrus de Ivriaco, qui participantur cum eis, communi assensu volumus et concedimus quod dicta ecclesia Vallis teneat et possideat in perpetuum in manu mortua, sine coactione vendendi vel extra manum suam ponendi, omnia premissa sicut superius sunt expressa, salvis tantummodo decimis et campipartibus que de predictis terris

---

(1) Santeuil, canton de Marines, arrondissement de Pontoise (Seine-et-Oise).

sunt reddende. In cujus rei testimonium, presentes litteras prefate ecclesie contulimus, sigillorum nostrorum munimine roboratas. Actum anno Domini millesimo ducentesimo quadragesimo octavo, mense julio.

Arch. nat., S 4171, n° 5. — Sceaux n°s 1485 et 3817 de l'Inventaire.

Amortissement par Jean de Sandricourt, en faveur de l'abbaye du Val, de toutes les acquisitions faites par les religieux dans son fief et dans celui de son père.

Décembre 1248.

Noverint universi, presentes pariter et futuri, quod ego Johannes de Sendecuria, filius quondam Guillelmi dicti Prepositi, de Sendecuria, volo et concedo expresse quod ecclesia Vallis Beate Marie et monachi Deo servientes ibidem, Cisterciensis ordinis, teneant et possideant in perpetuum pacifice et quiete ab omnibus, in manu mortua, sine coactione vendendi seu alienandi, vel extra manum suam ponendi, omnes res seu possessiones quascumque predicti ecclesia et monachi Vallis Beate Marie acquisiverunt in feodo et dominio meo, necnon et predicti patris mei ac omnium antecessorum meorum; promittens, fide prestita corporali spontanee, quod contra concessionem predictam, ratione hereditatis, elemosine, vel aliqua alia ratione michi competenti, per me vel per alium, non veniam in futurum, et quod dictam ecclesiam Vallis Beate Marie et monachos ibidem Deo servientes ac eorum successores super premissis in aliquo foro ecclesiastico seu seculari nullatenus molestabo, sed ego et heredes mei, sub religione fidei prestite, predictis ecclesie et monachis ac eorum successoribus predictam concessionem contra omnes garantizabimus et ab omnibus penitus liberabimus. In cujus rei testimonium, presentes litteras sigilli mei munimine roboravi. Actum anno Domini M° CC° XL° octavo, mense decembri. Arch. nat., S 1170, n° 7.

Amortissement par Jean de Sandricourt, en faveur de l'abbaye du Val, de toutes les acquisitions faites par ladite abbaye dans son fief et dans celui de son père.

Décembre 1248.

Omnibus hec visuris, officialis curie Rothomagensis, salutem in Domino. Noveritis quod, in nostra presentia constitutus, Johannes de Sendecuria, filius quondam Guillelmi dicti Prepositi, de Sendecuria, voluit et concessit, etc...... In cujus rei testimonium, sigilluim curie nostre, ad instantiam predicti Johannis, salvo jure cujuscumque, presenti scripto duximus apponendum. Actum anno Domini M° CC° XL° octavo, mense decembri. Arch. nat., S 4170, n° 13.

Donation par Pierre de Boissy, aux frères de la Trinité du Fay, de dix sous parisis de cens au Fay, à percevoir sur le revenu du past, et du cinquième de sa terre du Fay, au cas qu'après son décès ils fussent inquiétés par un de ses héritiers.

Mars 1248 (1249).

Notum sit omnibus, tam presentibus quam futuris, quod ego Petrus de Boysi (1), miles, dedi et concessi fratribus ordinis Sancte Trinitatis et Captivorum de Fayaco, in puram et perpetuam elemosinam, ob remedium anime mee et antecessorum meorum, decem solidos parisiensium censuales percipiendos singulis annis ad vincula Beati Petri (2), intrante augusto, apud Fayacum; et illi predicti solidi ad predictum terminum recipientur a predictis fratribus in illo redditu qui vocatur *le past*. Illi autem predicti solidi parisiensium dantur et conceduntur predictis fratribus a me, predicto milite, in pitancia. Et si forte contingerit quod aliquis heredum meorum, post decessum meum, ex predicta elemosina predictos fratres molestaret, ego Petrus predictus de Boysi, miles, dedi et concessi predictis fratribus totam quinctam partem terre mee sitam apud Fayacum, possidendam in perpetuum. Et ut hec prenotata predictis fratribus permaneant inconcussa, ego Petrus predictus de Boisy, miles, presens scriptum sigilli mei munimine ro(boravi). Actum anno Domini M° CC° XL° octavo, mense marcio. Arch. nat., S 4266, n° 41.

Amortissement par Jean, seigneur de Sandricourt, d'une vigne vendue au prieur d'Amblainville par Pierre Auxjambes, moyennant un cens de douze deniers.

Avril 1250.

Ego Johannes, armiger, dominus de Sandicuria, notum facio omnibus presentes litteras inspecturis quod ego, ad peticionem domini Johannis de Boubiez, militis, volo et concedo quod prior Beati Petri de Amblevilla, quicunque pro tempore fuerit, in dicto prioratu teneat et possideat libere, pacifice et quiete imperpetuum in manu

---

(1) Boissy-le-Bois, canton de Chaumont, arrondissement de Beauvais (Oise).

(2) Saint-Pierre-aux-Liens, le 1er août.

mortua quamdam vineam moventem de feodo meo, sitam apud Amblevillam, quam vineam Johannes dictus Aujambes vendidit magistro Bernero, rectori predicti prioratus, ad duodecim denarios censuales reddendos annuatim imperpetuum predicto militi vel heredibus suis in festo sancti Remigii, quam vineam et censum predictus Johannes miles tenet de me in feodo. Et constituo me et heredes meos garandizatores predicte vendicionis dicto prioratui contra omnes; nec a me, nec ab heredibus meis poterit cogi ad vendendam vineam antedictam. Quod ut ratum et firmum permaneat imperpetuum, presentes litteras predicto prioratui concessi, sigilli mei munimine roboratas. Actum anno Domini M° CC° quinquagesimo, mense aprili.

Arch. de Seine-et-Oise, Saint-Martin de Pontoise, prieuré d'Amblainville, liasse 1.

Vente par Gace d'Outrevoisin et Marguerite, sa femme, à l'abbaye Saint-Victor, d'une rente d'un muid de blé méteil à prendre sur le tiers de la dîme d'Amblainville, et approbation de Thibaut d'Outrevoisin.

Mars 1251 (1252).

Universis presentes litteras inspecturis, officialis curie Rothomagensis, salutem in Domino. Notum facimus universis quod, in nostra presentia constituti, Gasco de Outrevaisins, armiger, et Margareta, ejus uxor, nostre dyocesis, asseruerunt et recognoverunt quod ipsi habent, possident pro indiviso et percipiunt singulis annis terciam partem in quadam decima quam religiosi viri abbas et conventus Sancti Victoris Parisiensis habent, possident et percipiunt nomine monasterii sui in parochia de Ambleinvilla, Rothomagensis dyocesis, et quod dictam terciam partem decime percipiunt singulis annis in granchia decimaria dictorum abbatis et conventus, sita apud villam predictam; necnon et quod dicta tercia pars decime movet de hereditate ipsius Gasconis, et quod ipsi dictam terciam partem decime tenebant in feodo et tenent ab abbate et conventu superius nominatis. Item asseruerunt et recognoverunt supradicti Gasco et Margareta, ejus uxor, quod ipsi vendiderunt et quitaverunt, ac etiam quitant, dictis abbati et conventui ac eorum monasterio imperpetuum, pro quadraginta sex libris parisiensium sibi numeratis, traditis et liberatis in pecunia numerata bona, computabili et legali, sicut asseruerunt coram nobis, renunciantes penitus et expresse exceptioni non numerate pecunie, non tradite, non solute seu non liberate, necnon et omni juris canonici vel civilis auxilio quod contra hujusmodi numerationem, solutionem ac liberationem sibi posset competere, unum modium bladi boni mistolii, habendum, possidendum et percipiendum perpetuo singulis annis ab ipsis abbate et conventu in dicta tercia parte ipsos Gasconem et Margaretam contingente in decima memorata, antequam ipsi Gasco et Margareta, vel aliquis nomine eorumdem, sive successores eorum, aliquid percipiant aut levent sive capiant in predicta tercia parte ipsos contingente in decima supradicta. Et promiserunt ipsi Gasco et Margareta, fide in manu nostra prestita corporali, quod ipsi contra venditionem istam, per se vel per alium, non venient in futurum, et quod dictum modium bladi boni mistolii dictis abbati et conventui ac eorum monasterio garantizabunt in perpetuum in manu mortua contra omnes, necnon et liberabunt in judicio et extra, se omnesque successores eorum ad hoc specialiter obligantes ac obligatos penitus relinquentes; promittentes nichilominus sub eadem fidei datione quod non impedient, non perturbabunt nec opponent se, per se vel per alios, quominus dicti abbas et conventus habeant, possideant et percipiant imperpetuum singulis annis dictum modium bladi in dicta tercia parte ipsos contingente in decima memorata, antequam ipsi vel successores eorum, seu illi qui ab ipsis causam habebunt, aliquid percipiant in decima supradicta. Theobaldus vero, frater dicti Gasconis, in nostra presentia similiter constitutus, dictam venditionem voluit, laudavit et concessit, promittens fide in manu nostra prestita corporali quod contra venditionem predictam, per se vel per alium, non veniet in futurum, et quod in dicto modio bladi nichil juris, nichil dominii vel proprietatis, nichil possessionis, per se vel per alium, imposterum reclamabit aut vendicabit, nec impediet aut perturbabit, seu etiam se opponet quin sepedicti abbas et conventus habeant, possideant et percipiant singulis annis dictum modium bladi in dicta tercia parte ipsos Gasconem et Margaretam contingente in decima memorata. Insuper sciendum est quod supradicta mulier quitavit penitus et expresse coram nobis quicquid juris, dominii seu proprietatis ac possessionis habebat aut habere poterat ratione dotis, douarii sive donationis propter nuptias, aut alio quocumque modo, in dicto modio bladi, abbati et conventui memoratis ac eorum monasterio imperpetuum supradicto, promittens fide data in manu nostra quod contra premissa vel aliquid de premissis, per se vel per alium, non veniet in futurum. In cujus rei testimonium, presentibus litteris sigillum nostrum duximus apponendum. Datum anno Domini millesimo ducentesimo quinquagesimo primo, mense martio.   VALTERUS.

Arch. nat., L 895, n° 41.

Approbation donnée par Robert d'Outrevoisin et Agnès, sa femme, à la donation d'une vigne à Oisemont, faite à l'abbaye du Val par Jean de la Mare et sa femme Heudeard.

Juin 1253.

Omnibus presentes litteras inspecturis, Robertus de Ultravicino, salutem in Domino. Noverit universitas vestra quod ego Robertus et Agnes, uxor mea, et omnes heredes presentes nostri, abbati et conventui Beate Marie de Valle omnino elemosinam quam Johannes dictus de la Mare et Heudeardis, uxor ejus, dictis abbati et conventui perpetuam concederant, scilicet vineam sitam in feodo nostro dicto de Noisement, dictis abbati et conventui quitavimus tenendam liberam et quietam, salvo jure nostro, videlicet censubus nostris annuatim ab ipsis recipiendis. Et quia proprios sigillos ad presentes non habuerimus, sigillis domini Rogeri, presbiteri de Ambleinvilla, et domini Johannis, filii nostri, presbyteri de Orouer, Belvacensis diocesis, nostris petitionibus, quod firmum et gratum sit presentes, litteras fecimus roborari. Datum anno Domini m° cc° l° tercio, mense junii. Valete in Domino.   Arch. nat., S 4170, n° 12.

Donation par Garin de Crouy, bourgeois de Chambly, et Aélis, sa femme, à l'abbaye du Val, de deux pièces de terre sises à Amblainville, près du Coudray et de l'orme du Fay.

1253.

(Universis presentes li)tteras inspecturis, ego Garinus de Croyaco (1), burgensis de Chambliaco, et Aelidis, (uxor mea, not)um facimus, quod nos, ob veniam nostrorum peccaminum obtinendam et in remisionem, (communi) assensu dedimus et concedimus ecclesie Vallis Beate Marie et conventui ejusdem (loci duas pecia)s terre apud Amblainvillam, videlicet quamdam peceam terre que fuit prepositi de....., inter le Coudrei et vineas de Amblainvilla, et aliam peceam terre que fuit..... e et Girardi de Ponte, sitam inter Ulmum du Fay et Haias de Veroucort, (in pu)ram elemosinam dicte ecclesie et conventui ejusdem loci et perpetuam possidendas. (Et ego) Aelidis promisi, incoacta, voluntate spontanea, quod in dictis terris, ratione dotis, (dotalicii seu) cujusque juris, nichil de cetero reclamabo, et in manu L., decani christianitatis (de Chambliac)o, super hoc

---

(1) Crouy-en-Thelle, canton de Neuilly, arrondissement de Senlis (Oise).

fidem prestiti corporalem. Quod hoc firmum et stabile permaneat, (e)go Garinus presentes litteras, pro me et uxore mea, sigillo meo roboravi.....m meam, ut major fieret confirmatio dicte elemosine, L., decanus christianitatis (de) Chambliaco, sigillo suo sigillavit. Actum anno Domini M° CC° quinquagesimo tercio (1).

Arch. nat., S 4170, n° 25.

Vente par Jean de Chabus et Gile, sa femme, à l'abbaye Saint-Victor, d'une pièce de terre sise entre la couture de Saint-Victor et le jardin du vendeur.

Mars 1253 (1254).

Omnibus presentes litteras inspecturis, Petrus, decanus christianitatis de Calvo Monte, salutem in Domino. Notum facimus quod, in nostra presencia constituti, Johannes, filius Aaliz de Chabus, et Gila, uxor ejus, recognoverunt se vendidisse ecclesie Sancti Victoris Parisiensis et imperpetuum quitavisse quandam peciam terre site inter couturam Sancti Victoris et ortum predicti Johannis, pro novem libris parisiensium suis quitis sibique solutis, ut dicebant; promittentes fide corporali in manu nostra prestita quod, nec per se nec per alios, non venient in futurum, nec predictam ecclesiam super predicta terra molestabunt, nec facient molestari, et predictam terram predicte ecclesie adversus omnes, ad usus et consuetudines Vulcassini Francie, garantizabunt. Et in contraplegium, predictus Johannes et Gila, uxor ejus, assignant predicte ecclesie domum et ortum situm justa terram superius annotatam, pro garandia ferenda venditionis terre prenotate, si predicta ecclesia super predicta venditione ab aliquo molestaretur. Et quod ut ratum et firmum permaneat, presentes litteras, ad petitionem dicti Johannis et Gile, uxoris sue, concessimus sigillatas. Actum anno Domini M° CC° quinquagesimo tercio, mense marcio.

Arch. nat., S 2071, n° 91.

Amortissement par Jean, Thibaut et Philippe Bauche, en faveur de l'abbaye Saint-Victor, d'une pièce de terre vendue à l'abbaye par Jean de Chabus et sa femme, située près du jardin du vendeur.

Mars 1253 (1254).

Ego Johannes dictus Bauche, et Theobaldus, et magister Philippus, clericus, fratres dicti Johannis, notum facimus presentibus et futuris

---

(1) Le parchemin a été coupé, de sorte que le commencement de chaque ligne manque et que certaines restitutions sont difficiles.

quod nos, de voluntate et assensu Emeline et Ysabellis, uxorum nostrarum, volumus et concedimus quod ecclesia Sancti Victoris Parisiensis teneat et possideat pacifice et quiete in perpetuum, in manum mortuam, quandam peciam terre moventem de feodo et dominio nostro, intra couturam Sancti Victoris et ortum Johannis, filii Aaliz de Chabus, et ejus uxoris, quam terram dictus Johannes, filius Aaliz de Chabus, et Gila, ejus uxor, ecclesie Sancti Victoris Parisiensis pro novem libris parisiensium vendiderunt. Et sciendum est quod ego Johannes dictus Bauche et Theobaldus, frater meus, promittimus nos pro magistro Philipo clerico, fratre nostro, predictam terram adversus omnes garantizaturos. Et quod ut ratum et firmum imperpetuum permaneat, presentes litteras sigillorum nostrorum munimine predicte ecclesie concedimus roboratas. Actum anno Domini M° CC° quinquagesimo tercio, mense marcio.

Arch. nat., S 2075, n° 4.

Accord passé par-devant l'official de Rouen entre Gace d'Outrevoisin et l'abbaye Saint-Victor, à la suite de la non-exécution de la vente de 1252.

Juillet 1254.

Omnibus hec visuris, officialis Rothomagensis, salutem in Domino. Noveritis quod, cum Gasco de Ultravicinis, armiger, et Margareta, ejus uxor, vendidissent, de assensu et voluntate Theobaldi, fratris dicti Gasconis, diu est, viris religiosis abbati et conventui Sancti Victoris Parisiensis, pro quadraginta octo libris parisiensium, eisdem Gasconi et ejus uxori in pecunia numerata solutis, unum modium bladi annui redditus, habendum et percipiendum annuatim ab ipsis abbate et conventu, in tercia parte dictos Gasconem, ejus uxorem et fratrem Gasconis predicti contingente in quadam decima quam ipsi abbas et conventus habent et percipiunt in parrochia de Amblevilla, prout in litteris curie nostre Rothomagensis super hoc confectis plenius continetur, et dicti Gasco et Margareta, ejus uxor, cessassent in solutione dicti bladi per duos annos, et ob hoc fuissent de mandato nostro auctoritate ordinaria excommunicati, tandem, mediantibus probis viris, inter dictum Gasconem, pro se et uxore sua, ex una parte, et predictum abbatem, pro se et conventu suo, ex altera, fuit ita compositum, videlicet quod dicti religiosi debent percipere et habere in augusto proximo instanti, in dicta decima, videlicet in illa parte que dictum Gasconem et ejus uxorem et dictum fratrem suum contingit, tres modios bladi, videlicet duos modios pro duobus annis transactis, et unum modium pro anno presenti. Et si dicti abbas et conventus impedirentur quominus reciperent dictos tres modios bladi, ex tunc venditio dicte decime, prout in litteris supradictis continetur, habebit a tempore date illius littere perpetui roboris firmitatem, salvo eis nichilominus jure repetendi tres modios bladi predictos; si vero dictum bladum perceperint, idem Gasco et uxor sua nichilominus tenebuntur reddere predictis abbati et conventui supradictas quadraginta octo libras parisiensium quas receperunt ex venditione dicti bladi infra octavas Nativitatis Domini proximo venture; et si dictam pecuniam infra dictum terminum non reddiderint, tenebit similiter venditio a tempore date predicte littere curie nostre, prout superius est expressum, et dictam venditionem dicti modii bladi per juramentum a dicto Gascone corporaliter prestitum tenebitur dictis religiosis garantizare contra omnes. Solutis vero dictis blado et pecunia, ipsi abbas et conventus tenebuntur quitare dictum Gasconem, uxorem suam et fratrem suum a venditione predicta, et omnia instrumenta confecta super eadem venditione eidem Gasconi restituere sine mora. Hec autem omnia idem Gasco, pro se et uxore sua et fratre suo, per juramentum suum, dictus vero abbas pro se et conventu suo, bona fide promiserunt se inviolabiliter observaturos, et contra in aliquo non venturos. In cujus rei testimonium, presenti scripto sigillum curie Rothomagensis, ad instantiam partium, duximus apponendum. Actum anno Domini M° cc° quinquagesimo quarto, mense julii. ROBERTUS.

Arch. nat., L. 804.

Accord passé entre Gace d'Outrevoisin et l'abbaye Saint-Victor, à la suite de la non-exécution de la vente de 1252.

Juillet 1254.

Universis presentes litteras inspecturis, Gasco de Ultravicinis, armiger, salutem in Domino. Notum facio universis quod, cum ego et Margareta, uxor mea, vendidissemus, de assensu et voluntate Theobaldi, fratris mei, diu est, religiosis viris abbati et conventui Sancti Victoris Parisiensis, pro quadraginta octo libris parisiensium, nobis in pecunia numerata solutis, unum modium bladi annui redditus, habendum et percipiendum annuatim ab ipsis abbate et conventu in tercia parte nos contingente in quadam decima quam ipsi abbas et conventus habent et percipiunt in parrochia de Amblevilla, prout in litteris curie Rothomagensis super hoc confectis plenius continetur, egoque Gasco et Margareta, uxor mea, cessassemus in solutione dicti bladi per duos annos, et ob hoc fuissemus de mandato venerabilis viri officialis Rothomagensis auctoritate ordinaria excommunicati, tandem, mediantibus probis viris, inter me Gasconem, pro

me et uxore mea, ex una parte, et predictum abbatem, pro se et
conventu suo, ex altera, fuit ita compositum, etc...... Hec autem
omnia ego Gasco, pro me et uxore mea et fratre meo, per juramentum meum, dictus vero abbas pro se et conventu suo, bona fide
promisimus nos inviolabiliter observaturos, et contra in aliquo non
venturos. In cujus rei testimonium, ego dictus Gasco sigillum meum
presentibus litteris feci apponi. Actum anno Domini millesimo cc°
quinquagesimo quarto, mense julii.

Arch. nat., L 895, n° 42.

*Approbation donnée par Thibaut de Margicourt et Julienne, sa
femme, à la vente faite par Gautier de la Fontaine, à l'abbaye
Saint-Victor, de six arpents de terre sis entre Amblainville et
Arronville.*

Novembre 1254.

Universis presentes litteras inspecturis, Theobaldus de Margencourt, armiger, et Juliana, ejus uxor, Rothomagensis diocesis, salutem in Domino. Noverint universi, presentes pariter et futuri, quod
Galterus de Fonte, armiger, et Maria, ejus uxor, vendiderunt in
manu mortua et imperpetuum quitaverunt, pro triginta quatuor libris parisiensium, sibi solutis in pecunia numerata, viris religiosis
abbati et conventui Sancti Victoris Parisiensis et ecclesie eorumdem,
sex arpennos terre arabilis sitos inter Ambleinvillam et Arnouvillam
villas, Rothomagensis diocesis, quittos et liberos ab omni censu,
exactione et coustuma, ac etiam omni alia obligatione, excepta tantummodo decima, necnon et omne jus, omne dominium, omnem proprietatem ac possessionem, districtumque atque juridictionem que
in eis habebant aut habere poterant quoquomodo. Et quoniam dicti
Galterus et Maria, ejus uxor, dictos sex arpennos terre sitos, ut
supradictum est, inter Ambleinvillam et Arnouvillam villas, in territorio dicte Arnouville, inter maresiam et terram que fuit Hubodi
Ad-dentes, tenebant et possidebant a nobis primo loco in feodum,
quittos et liberos ab omni censu et coustuma, nos, supradictas venditionem et quittationem ratas et gratas habentes et approbantes,
volumus et concedimus, tamquam primus dominus feodi, quod dicti
abbas et conventus ac ecclesia eorumdem habeant, teneant et possideant pacifice et quiete perpetuo in manu mortua, sine coactione
ponendi extra manum suam aut alienandi quoquomodo, dictos sex
arpennos terre arabilis, et si quid ultra predictum numerum fuerit
in illa pecia repertum. Et promittimus per stipulationem legittimam
et nostre fidei sacramentum quod dictam terram eisdem abbati et
conventui ac monasterio eorumdem garantizabimus, tamquam primus
dominus feodi, in manu mortua perpetuo contra omnes qui ratione

primi dominii in predicta terra jus aliquod reclamabit, sive vendicare attenptabit, et quod contra premissa vel aliquod de premissis in posterum nullatenus veniemus, nec in predicta terra, quacunque de causa vel occasione, jus aliquod reclamabimus aut vendicabimus. In cujus rei testimonium, ego Theobaldus et Juliana, uxor mea, presentes litteras sigilli mei caractere fecimus communiri. Datum anno Domini millesimo cc° quinquagesimo quarto, mense novembri.

Arch. nat., S 2071, n° 88. — Sceau n° 2705 de l'Inventaire.

Approbation donnée par Raoul de Margicourt et Béatrice, sa femme, à la vente faite par Gautier de la Fontaine à l'abbaye Saint-Victor.

Novembre 1254.

Omnibus presentes litteras inspecturis, Radulfus de Margecort, miles, et Beatrix, ejus uxor, Rothomagensis dyocesis, salutem in Domino. Notum facimus universis quod Galterus de Fonte, armiger, et Maria, ejus uxor, vendiderunt, diu est, in manu mortua, etc...... Nos vero, quia dicti Galterus et Maria, ejus uxor, dictos sex arpennos terre tenebant et possidebant a nobis secundo loco in feodum, supradictas venditionem et quittationem ratas et gratas habuimus et habemus, ac approbavimus et approbamus, volentes et concedentes, etc...... In cujus rei testimonium, ego Radulfus, et Beatrix, uxor mea, presentes litteras sigilli mei caractere fecimus communiri. Actum anno Domini millesimo cc° quinquagesimo quarto, mense novembri.

Arch. nat., S 2071, n° 87. — Sceau n° 2704 de l'Inventaire.

Confirmation par Philippe Mauclavel, Jean Lefèvre et Pétronille, sa femme, de la donation faite par feu Guillaume Mauclavel à l'abbaye du Val du champart de deux pièces de terre dites le Champ-Féron et la Terre de frère Anteaume, de ses droits sur toutes ses terres sises entre le chemin de Pontoise et la croix de Sandricourt, et de trois journaux de terre à la croix de Sandricourt.

Février 1254 (1255).

Nos Philippus dictus Mauclavel, armiger, quondam filius Guillelmi Mauclavel, Johannes Faber et Petronilla, uxor ejusdem Johannis, notum facimus quod nos, communi voluntate et assensu, volumus et concessimus quod ecclesia Vallis Beate Marie, Cisterciensis ordinis, Parisiensis dyocesis, teneat et possideat in perpetuum in manu mortua, sine coactione vendendi vel extra manum suam ponendi, totam campipartem quam predictus Guillelmus de Sendecort habebat in duabus petiis terre predicte ecclesie, sitis prope granchiam de Bellovidere, videlicet quarum una dicitur Campus Feron, altera vero dicitur Terra fratris Antelmi. Volumus etiam et concessimus quod dicta ecclesia teneat et possideat in perpetuum totam campipartem, justiciam, dominium cum omni jure quod dictus Guillelmus habebat tam in predictis quam in omnibus aliis terris sitis in montibus de Bellovidere, inter stratam Pontisare et crucem de Sendecort usque ad Hemoncort, et tres jornellos terre sitos apud crucem de Sendecort, liberos et immunes ab campiparte et omni consuetudine, preter decimam; que quidem premissa dictus Guillelmus, assensu et voluntate uxoris sue Agnetis, dedit et concessit ecclesie memorate. Nos vero, dictam donationem seu concessionem gratam et ratam habentes et in perpetuum habere volentes, remisimus, concessimus et omnino quitavimus in perpetuum dicte ecclesie quicquid habebamus vel habere poteramus in predictis vel qualibet parte eorum, ratione proprietatis seu possessionis, jure feodi seu dominii cujuslibet, ratione conquestus, jure hereditario seu dotalicii, aut alio quoquo modo seu quocumque jure aut quacumque ratione vel titulo quolibet, tacite vel expresse, generaliter seu specialiter; promittentes sub prestita fide quod contra premissa, per nos vel per alios, venire nullatenus attemptabimus in futurum, et quod prefatam ecclesiam contra omnes heredes vel successores nostros conservabimus et defendemus indempnem; ipsos heredes seu successores nostros ad hec omnia et singula tenenda, adimplenda et observanda inviolabiliter perpetuo obligantes et onerantes, obligatos et oneratos esse volentes et relinquentes. In cujus rei testimonium, presentes litteras predicte ecclesie contulimus sigillorum nostrorum munimine roboratas. Actum anno Domini millesimo ducentesimo quinquagesimo quarto, mense februarii.

Arch. nat., L 944. — Sceau n° 2742 de l'Inventaire.

Vente par Gautier de la Fontaine et Marie, sa femme, à l'abbaye Saint-Victor, de six arpents de terre sis entre Amblainville et Arronville, entre le marais et la terre d'Hubout Auædents.

5 mai 1255.

Omnibus presentes litteras inspecturis, officialis curie Rothomagensis, salutem in Domino. Notum facimus universis quod, in nostra presentia constituti, Galterus de Fonte, armiger, et Maria, ejus uxor, Rothomagensis dyocesis, asseruerunt et recognoverunt quod ipsi habebant, tenebant et pacifice possidebant sex arpennos terre arabilis in uno tenenti, sitos inter Ambleinvillam et Arnouvillam villas, Rothomagensis dyocesis, in territorio dicte ville Arnouville, inter maresiam et terram que fuit Huboudi Ad-dentes, in feodo Theobaldi de Margecourt, armigeri, et Juliane, ejus uxoris, ut dicebant, quitam et liberam ab omni censu et exactione ac costuma, ac etiam omni alia obligatione, excepta decima tantummodo. Quos sex arpennos terre liberos et quitos, ut supradictum est, dicti Galterus et Maria, ejus uxor, asseruerunt et recognoverunt coram nobis se vendidisse in manu mortua et in perpetuum quitasse, cum omni jure et dominio suo, proprietate et possessione, districtu atque juridictione, et omnibus aliis pertinentiis suis, viris religiosis abbati et conventui Sancti Victoris Parisiensis et monasterio eorumdem, pro triginta quatuor libris parisiensium, jam sibi solutis in pecunia numerata, tradita et liberata, prout recognoverunt coram nobis; renunciantes penitus et expresse, scientes prudentesque, exceptioni non numerate pecunie, non tradite, non solute et non liberate. Et promiserunt fide in manu nostra prestita, etc...... Dicta vero Maria, coram nobis constituta, quitavit penitus et expresse quicquid juris, etc...... Insuper dicti Galterus et Maria promiserunt per jam fidei prestite dationem quod ipsi procurabunt et efficient erga Theobaldum, armigerum de Margecour, de cujus feodo dicta terra primo loco movere dicitur, et erga Radulphum de Margecour, militem, fratrem ejusdem Theobaldi, ut dicitur, de cujus feodo secundo loco supradicta terra movere dicitur, nec non erga Gazonem de Ultravicinis, armigerum, de cujus feodo eadem terra tercio loco movere dicitur, ac erga uxores eorumdem, quod ipsi dictam venditionem et quitationem laudabunt, quitabunt et concedent perpetuo in manu mortua, et quod promittent, fide prestita corporali, se garantizaturos, etc., ... et quod litteras suas patentes super premissis confectas et sigillis propriis eorumdem sigillatas dictis abbati et conventui dabunt. In cujus rei testimonium, presentibus litteris sigillum curie Rothomagensis fecimus apponi. Actum anno Domini M° CC° quinquagesimo quinto, mense maio, in vigilia Ascensionis Domini.

Facta est collatio. ANGLICUS, XXX d.
Arch. nat., S 2071, n° 88 *bis*.

Approbation par Gace d'Outrevoisin et Marguerite, sa femme, de la vente faite par Gautier de la Fontaine à l'abbaye Saint-Victor.

Mai 1255.

Omnibus presentes litteras inspecturis, Gazo de Ultravicinis, armiger, et Margareta, ejus uxor, Rothomagensis diocesis, salutem in Domino. Noverint universi, presentes pariter et futuri, quod Galterus de Fonte, etc...... Et quoniam dicti Galterus et Maria, etc...... possidebant a nobis tercio loco in feodum, quittos, etc......, nos, suprædictas venditionem et quittationem ratas et gratas habentes et approbantes, volumus et concedimus, etc...... In cujus rei testimonium, ego Gazo et Margareta, uxor mea, presentes litteras sigilli mei caractere fecimus communiri. Datum anno Domini millesimo cc° quinquagesimo quinto, mense maii.

Arch. nat., S 2071, n° 89.

Approbation par Guillaume de Margicourt et Ade, sa femme, de la vente faite par Gautier de la Fontaine à l'abbaye Saint-Victor.

Mai 1255.

Omnibus presentes litteras inspecturis, Guillelmus de Margencourt et domicella Ada, ejus uxor, salutem in Domino. Noverint universi, presentes pariter et futuri, quod Galterus de Fonte, etc...... Et quoniam, etc......, sex arpennos terre, etc...... tenebant et possidebant a Theobaldo de Margencourt, armigero, et Juliana, ejus uxore, primo loco in feodum, et a domino Radulpho de Margencourt, milite, et Beatrice, ejus uxore, secundo loco, et a Gazone de Ultravicinis, tercio loco, quitos, etc.,...... nos, supradictas venditionem et quittationem ratas et gratas habentes et approbantes, volumus et concedimus, quantum in nobis est et quantum ad nos pertinet jure aliquo, dominio, juridictione, justicia et ratione feodi, seu alio quoquomodo, quod, etc...... In cujus rei testimonium, ego Guillelmus, et domicella Ada, uxor mea, presentes litteras sigilli mei caractere fecimus communiri. Datum anno Domini millesimo cc° quinquagesimo quinto, mense maii.

Arch. nat., S 2071, n° 86. — Sceau n° 2703 de l'Inventaire.

Vente par Thibaut d'Outrevoisin et Sybille, sa femme, par-devant l'official de Rouen, à l'abbaye Saint-Victor, d'une rente d'un muid de blé méteil à prendre dans le tiers qu'ils possèdent de la dîme d'Amblainville.

Juin 1255.

Omnibus hec visuris, officialis Rothomagensis, salutem in Domino. Noveritis quod, in nostra presentia constituti, Theobaldus de Outrenvesins, armiger, et Sebilia, ejus uxor, Rothomagensis dyocesis, asseruerunt et recognoverunt in jure quod ipsi habebant, possidebant et percipiebant singulis annis tertiam partem in decima quam viri religiosi abbas et conventus Sancti Victoris Parisiensis habent et possident, nomine monasterii sui, in parrochia de Amblevilla, Rothomagensis dyocesis, excepto uno modio bladi boni mistolii annui redditus, quem Gazo de Outrevesins, armiger, frater dicti Theobaldi, et Margareta, ejus uxor, in dicta tertia parte jampridem vendiderunt, prout ipsi Theobaldus et Sebilia confessi sunt coram nobis; quam tertiam partem, excepto dicto modio, ipsi Theobaldus et ejus uxor annuatim percipiebant, ut dicebant, in granchia decimaria dictorum abbatis et conventus, sita in villa de Amblevilla predicta. Asseruerunt insuper et recognoverunt predictus Theobaldus et ejus uxor coram nobis quod predicta tertia pars movebat de hereditate dicti Theobaldi et quod cesserat in partem suam per divisionem habitam inter ipsum et coheredes suos, et quod illam tenebat de Gazone, fratre suo, in feodum, et dictus Gazo illam tenebat in feodum de predictis abbate et conventu Sancti Victoris. Item asseruerunt et recognoverunt in jure coram nobis predicti Theobaldus et Sebilia, ejus uxor, quod ipsi vendiderunt et quitaverunt, ac etiam quittant coram nobis dictis abbati et conventui ac eorum monasterio in perpetuum, pro quadraginta libris parisiensium sibi jam solutis, traditis et liberatis in pecunia numerata, bona et legali, sicut confessi sunt coram nobis, renuntiantes penitus et expresse exceptioni non numerate pecunie, non tradite, non solute, et omni juris auxilio canonici et civilis quod contra hujusmodi solutionem et liberationem sibi posset competere, unum modium boni bladi mistolii, habendum, possidendum et percipiendum singulis annis ab ipsis abbate et conventu Sancti Victoris, una cum predicto modio bladi sibi, ut dictum est, vendito a dictis Gazone et Margareta, ejus uxore, in dicta tercia parte ipsos contingente in decima supradicta, antequam ipsi Theobaldus et Sedilia (1), ejus uxor, vel aliquis nomine eorumdem, sive successores eorum aliquid percipiant aut levent sive capiant in prediota tercia parte ipsos Theobaldum et ejus uxorem contingente in decima supradicta. Promiserunt etiam predicti Theobaldus et Sedilia, ejus uxor, fide in manu nostra prestita corporali, quod contra venditionem istam, per se vel per alios, non venient in futurum, et quod dictum modium bladi boni mistolii ab eis, ut dictum est, venditum, percipiendum ab eisdem abbate et conventu, una cum alio modio bladi eisdem a predictis Gazone et ejus uxore vendito super dicta tertia parte, garantizabunt et liberabunt in manu mortua, in judicio et extra judicium, perpetuo contra omnes, et ipsos abbatem et conventum super hiis indempnes penitus conservabunt; se et omnes heredes ac successores suos specialiter obligantes ad hoc et in hiis onerantes, ac oneratos et obligatos penitus relinquentes; promittentes nichilominus sub prestite fidei religione quod non impedient nec perturbabunt nec opponent se, per se vel per alios, quominus dicti abbas et

---

(1) Ce nom est écrit tantôt *Sebilia*, et tantôt *Sedilia*.

conventus habeant, possideant et percipiant in perpetuum annuatim utrumque modium bladi in dicta tercia parte decime, antequam ipsi vel eorum heredes seu successores eorum, aut illi qui causam habebunt ab ipsis, aliquid percipiant in decima supradicta. In cujus rei testimonium, presentibus litteris sigillum curie Rothomagensis, ad instanciam dictorum Theobaldi et Sedilie, ejus uxoris, duximus apponendum. Actum anno Domini millesimo ducentesimo quinquagesimo quinto, mense junio. GAUFRIDUS, xxxv denarios.

Arch. nat., L 895, n° 46.

Vente par Thibaut d'Outrevoisin et Sybille, sa femme, à l'abbaye Saint-Victor, d'un muid de blé méteil de revenu annuel dans la dîme d'Amblainville.

Juillet 1255.

Ego Theobaldus de Ultravicinis, armiger, filius quondam defuncti Theobaldi de Ultravicinis, militis, et Sebilia, uxor mea, notum facimus tenore presentium universis presentibus et futuris quod nos, communi assensu et deliberato consilio, vendidimus, concessimus et quictavimus, necnon concedimus et quitamus nomine venditionis predicte religiosis viris abbati et conventui Sancti Victoris Parisiensis, ac eorum monasterio in perpetuum, pro quadraginta libris parisiensium jam nobis numeratis, solutis, traditis et liberatis in pecunia numerata, bona, legali et computabili, renunciantes excepcioni non numerate pecunie, non tradite, non solute et non liberate, unum modium bladi boni mistolii annui redditus, habendum, tenendum et pacifice possidendum perpetuo in manu mortua, necnon et percipiendum annuatim in tertia parte decime bladi de Ambleinvilla et in fructibus ejusdem decime, in granchia decimaria ipsorum abbatis et conventus sita apud Ambleinvillam predictam; que tertia pars decime, cum omni jure suo, proprietate ac possessione, cessit michi Theobaldo jure hereditario sive successorio in partem et portionem per divisionem factam communi assensu inter me et Gazonem, fratrem meum, et alios coheredes meos sive successores, et quam terciam partem nos Theobaldus et Sedilia tenemus et possidemus in feodum a Gazone, fratre meo predicto, et ipse Gazo tenet in feodum ab ipsis abbate et conventu et eorum monasterio. Super qua tercia parte decime, ante divisionem predictam, dictus Gazo, frater meus, me consenciente, concedente et ratum habente, vendidit eisdem abbati et conventui et eorum ecclesie in perpetuum alium modium bladi boni mistolii, habendum et percipiendum annuatim super eadem tercia parte et in fructibus ejusdem decime in granchia antedicta, ante omnem deductionem et perceptionem quamcumque. Et promittimus ego Theobaldus et Sedilia, uxor mea, per fideidationem et stipulationem legittimam interjectam, quod contra suprascripta aut aliquod de suprascriptis in posterum nullatenus veniemus, per nos vel alium, nec etiam venire attemptabimus jure hereditario, ratione dotis, dotalicii sive donationis propter nuptias, aut alio quoquo modo, et quod garantizabimus sepedictis abbati et conventui et eorum monasterio in perpetuum contra omnes et liberabimus, tam in judicio quam extra, quociens ab ipsis abbate et conventu fuerimus requisiti, dictum modium bladi in manu mortua habendum et percipiendum annuatim ex supradicta tercia parte decime et fructibus ejusdem, in granchia memorata, ante omnem deductionem et perceptionem quamcumque, immediate post perceptionem alterius modii bladi supradicti quem, ut supradictum est, supradictus Gazo, frater meus, eisdem antea vendidit super memorata tertia parte; et quod de fructibus sepedicte tercie partis nichil percipiemus aut levabimus, nos nec successores nostri, vel illi qui possidendi causam a nobis habebunt, per nos vel per alium, quousque sepedicti abbas et conventus perceperint integre et plenarie dictos duos modios bladi boni mistolii annuatim in fructibus dicte decime super sepefata tercia parte; cedentes et quittantes eisdem abbati et conventui ac monasterio eorumdem, ex hoc nunc in perpetuum, omne jus, omne dominium, omnem proprietatem et possessionem que habemus vel habere possumus in supradictis duobus modiis bladi, nichil juris, nichil dominii, nichil proprietatis, nichil possessionis nobis aut heredibus nostris sive successoribus in eis penitus retinentes. In cujus rei testimonium, ego Theobaldus, de assensu et consciencia predicte Sedilie, uxoris mee, ac spontanea voluntate, sigillum meum presentibus litteris apposui. Actum anno Domini millesimo cc° quinquagesimo quinto, mense julio.

Arch. nat., L 895, n° 45. — Sceau n° 3834 de l'Inventaire.

Confirmation par Gace d'Outrevoisin et Marguerite, sa femme, de la vente faite par eux-mêmes en 1252, et de celle faite par Thibaut d'Outrevoisin, en 1255, à l'abbaye Saint-Victor.

Juillet 1255.

Ego Gazo de Ultravicinis, armiger, filius quondam defuncti Theobaldi de Ultravicinis, militis, et Margareta, uxor mea, notum facimus quod nos quondam vendidimus, concessimus et quittavimus abbati et conventui Sancti Victoris Parisiensis, in perpetuum, unum modium boni mistolii annui redditus super tercia parte decime quam habebamus in decima de Ambleinvilla, et illam percipiebamus in granchia decimaria dictorum abbatis et conventus sita in villa predicta. Confitemur insuper quod residuum ejusdem tercie partis, per divisionem factam inter me Gazonem et coheredes meos, cessit in partem et portionem Theobaldi, fratris mei, jure hereditario. Qui Theobaldus et Sedilia, uxor ejus, postmodum vendiderunt, concesserunt et quittaverunt eisdem abbati et conventui et monasterio Sancti Victoris, super illo residuo tercie partis decime, alium modium bladi boni mistolii ab ipsis abbate et conventu annuatim habendum et percipiendum in posterum super dicto residuo dicte tercie partis, antequam ab ipsis Theobaldo et ejus uxore vel eorum heredibus percipiatur vel levetur aliquid in eadem tertia parte. Nos autem Gazo et Margareta, de quorum feodo dicta pars tercia movet, et quam tenemus ab ipsis abbate et conventu in feodum, venditionem hujusmodi ab ipsis Theobaldo et ejus uxore factam eisdem abbati et conventui volumus, laudamus pariter et quittamus, ac promittimus, fide in manu decani nostri de Calvomonte, Rothomagensis dyocesis, prestita corporali, quod contra eandem venditionem, concessionem et quittationem jure hereditario, ratione dotalicii sive dotis vel donationis propter nuptias nichil attemptabimus in futurum, et quod dictum modium bladi ab eisdem Theobaldo et Sedilia, ejus uxore, venditum, una cum alio modio bladi a nobis vendito super dicta tercia parte decime supradicte, in manu mortua garantizabimus et liberabimus in perpetuum contra omnes, tam in judicio quam extra judicium, quociens ab eisdem abbate et conventu fuerimus requisiti, nichil juris, dominii, proprietatis vel possessionis seu juridictionis nobis vel heredibus nostris, ratione feodi vel alio quoquomodo, in predictis duobus modiis bladi eisdem abbati et conventui, ut dictum est, venditis, aliquatenus retinentes, nos et heredes nostros ad hoc specialiter obligando ac in hiis omnibus onerando. Nos autem, decanus de Calvomonte, notum facimus universis quod predicti Gazo et Margareta, uxor ejus, coram nobis premissa omnia et singula voluerunt et concesserunt, et fidem in manu nostra corporaliter prestiterunt quod contra premissa nichil in posterum attemptabunt, et quod omnia predicta et singula integraliter adimplebunt. In cujus rei testimonium, nos decanus, ad preces dictorum Gazonis et Margarete, de decanatu nostro et juridictione nostra ratione christianitatis existentium, presentibus litteris sigillum nostrum, huna cum sigillo predicti Gazonis, duximus apponendum. Actum anno Domini millesimo ducentesimo quinquagesimo quinto, mense julio.

Arch. nat., L. 895, n° 44. — Sceaux n°s 3129 et 7883 de l'Inventaire.

Confirmation par Gace d'Outrevoisin de la vente faite par Thibaut d'Outrevoisin et Sybille, sa femme, à l'abbaye Saint-Victor, du tiers de la grande dîme d'Amblainville.

Mars 1256.

Omnibus presentes litteras inspecturis, Gazo de Ultravicinis, miles, salutem in Domino. Ego Gazo de Ultravicinis, miles, notum facio omnibus presentibus et futuris quod frater meus, Theobaldus de Ultravicinis, armiger, et Sedilia, ejus uxor, vendiderunt in manu mortua religiosis viris abbati et conventui Sancti Victoris Parisiensis, de assensu et voluntate mea, necnon et de assensu domine Margarete, uxoris mee, pro trecentis libris et centum solidis parisiensium eisdem Theobaldo et Sedilie, uxori sue, jam in pecunia numerata solutis, traditis et liberatis, terciam partem totius majoris decime de Amblevilla, Rothomagensis dyocesis, moventem de hereditate ipsius Theobaldi et mea, ad ipsum Theobaldum ratione successionis paterne pertinentem, cum omni jure, dominio, proprietate et possessione ac aliis pertinentiis universis que habebant aut habere poterant in eadem, exceptis duobus modiis bladi quos dicti abbas et conventus ante habebant et percipiebant in dicta tercia parte decime supradicte, et duobus sextariis bladi qui debentur presbiteris et ecclesie ejusdem ville, annuatim habendam, tenendam et perpetuo in manu mortua ab ipsis abbate et conventu ac eorum ecclesia pacifice possidendam; quam decimam dicti Theobaldus et Sedilia, ejus uxor, tenebant a me in feodo primo loco, et ego tenebam eamdem in feodo ab eisdem abbate et conventu et ecclesia eorumdem. Quam venditionem volo, laudo ac concedo, ac ratam habeo, et promitto bona fide quod contra, per me vel per alium, non veniam in futurum, et quod dictam terciam partem dicte majoris decime, exceptis hiis que superius sunt excepta, in manu mortua, sine coactione vendendi, distrahendi aut alias extra manum mortuam ponendi, dictis abbati et conventui et ecclesie eorum garantizabo, et tanquam primus dominus feodi liberabo, tam in judicio quam extra, contra omnes, quocienscunque super hoc fuero requisitus. In cujus rei testimonium, sigillum meum presentibus litteris feci apponi. Actum anno Domini millesimo ducentesimo quinquagesimo sexto, mense marcio.

Arch. nat., L 895, n° 47. — Sceau n° 3830 de l'Inventaire.

*Confirmation par Baudoin le Boucher et Aubourg, sa femme,
d'une vente que Mathée, mère de Baudoin, avait faite à l'abbaye
Saint-Victor, de deux arpents de terre sis à Amblainville, au
Favéris, dans le champart de Noisement.*

Mars 1256 (1257).

Universis presentes litteras inspecturis, vices gerens reverendi patris Odonis, Dei gratia Rothomagensis archiepiscopi, in Pontisara et in Vulcassino Francie, salutem in Domino. Noveritis quod, in nostra presencia constituti, Baldoinus Carnifex, filius quondam defuncti Rogeri dicti Parvi, de Amblevilla, ut dicitur, et Auborgis, ejus uxor, recognoverunt et asseruerunt quod Mathea, mater quondam dicti Baldoini, vendiderat, tempore quo vivebat, religiosis viris abbati et conventui Sancti Victoris Parisiensis, pro centum et quinque solidis parisiensium eidem Mathee in pecunia numerata traditis, solutis et liberatis, quandam peciam terre arabilis duos arpennos terre continentem, sitam in parrochia de Amblevilla supradicta, in territorio quod vulgaliter appellatur de Favriz, in campiparte de Noisement, moventem, ut dicebant, de hereditate dicti Baldoini. Quam venditionem dictus Baldoinus et Auborgis, ejus uxor, voluerunt coram nobis, laudaverunt et ratam habuerunt, quitantes penitus et expresse abbati et conventui memoratis et ecclesie eorumdem in perpetuum quicquid juris, quicquid dominii et possessionis habebant aut habere poterant quoquomodo in pecia terre superius nominate; promittentes, fide in manu nostra prestita corporali, quod contra premissa seu aliquid de premissis, per se vel per alium, non venient in futurum. In cujus quitationis recompensationem, recognoverunt et asseruerunt coram nobis se recepisse a religiosis viris superius nominatis unum sextarium bladi et viginti solidos parisiensium in pecunia numerata. In cujus rei testimonium, sigillum nostrum presenti scripto, salvo jure cujuslibet, duximus apponendum. Datum anno Domini M° CC° L° sexto, mense marcio.

Arch. nat., S 2071, n° 84.

*Vente par Thibaut d'Outrevoisin et Sybille, sa femme, à l'abbaye
Saint-Victor, du tiers de la grande dîme d'Amblainville.*

Avril 1257.

Omnibus presentes litteras inspecturis, officialis Rothomagensis, salutem in Domino. Noveritis quod, in nostra presentia constituti, Theobaldus de Ultravicinis, armiger, et Sedilia, ejus uxor, recognoverunt et asseruerunt quod ipsi habebant et possidebant ac tenebant tertiam partem majoris decime de Ambleinvilla, Rothomagensis dyocesis, de hereditate ipsius Theobaldi moventem et ad ipsum Theobaldum ratione successionis paterne pertinentem, ut asserebant, exceptis duobus modiis bladi quos religiosi viri abbas et conventus Sancti Victoris Parisiensis habent et percipiunt annuatim, ut dicitur, in dicta tertia parte, quorum unum dictis religiosis dominus Gazo de Ultravicinis, miles, frater dicti Theobaldi, reliquum vero idem Theobaldus et Sedilia, ejus uxor, vendiderunt; necnon exceptis tribus sextariis bladi et tribus sextariis marceschie quos dicti religiosi percipiunt, et diu est perceperunt ibidem, ut dicitur, ex dono et elemosina defuncti Theobaldi de Ultravicinis, militis, patris dicti Theobaldi, armigeri; et exceptis duobus sextariis bladi qui de eadem tertia parte annuatim debentur presbiteris et ecclesie de Ambleinvilla predicta, sicut ipse Theobaldus et Sedilia, ejus uxor, ac etiam dictus dominus Gazo, miles, asseruerunt et recognoverunt coram nobis. Item asseruerunt supradicti Theobaldus et Sedilia quod ipsi dictam terciam partem decime supradicte tenebant primo loco in feodo a dicto domino Gazone, milite, et quod idem dictus Gazo eamdem decimam tenebat in feodo ab abbate et conventu Sancti Victoris Parisiensis superius nominatis. Quam terciam partem majoris decime predicte dicti Theobaldus et Sedilia, ejus uxor, recognoverunt et asseruerunt coram nobis se vendidisse et perpetuo quitavisse in manu mortua, cum omni jure, dominio, proprietate, possessione ac aliis pertinentiis suis universis, abbati et conventui et ecclesie eorumdem superius nominatis, pro trecentis libris et centum solidis parisiensium ipsis Theobaldo et Sedilie, sicut recognoverunt et confessi fuerunt coram nobis, in pecunia numerata jam solutis, traditis et liberatis ; renuntiantes penitus et expresse exceptioni non numerate pecunie, non tradite, non recepte et non liberate. Et promiserunt dicti Theobaldus et Sedilia, fide in manu nostra prestita corporali, quod contra venditionem et quitationem predictas, per se vel per alium, non venient in futurum, et quod in illa dicta tertia parte decime nichil juris, nichil dominii, nichil proprietatis, possessionis vel detentionis de cetero, per se vel per alium, reclamabunt, necnon et quod dictam terciam partem majoris decime predicte, exceptis duobus modiis et sex sextariis ac duobus sextariis bladi superius nominatis, cum omni jure suo, dominio, proprietate seu possessione ac aliis suis pertinentiis universis, sepedictis abbati et conventui et eorum ecclesie perpetuo garantizabunt in manu mortua, ad usus et consuetudines patrie, contra omnes, et quod etiam liberabunt in judicio et extra, quocienscumque super hoc fuerint requisiti, heredes ac successores suos universos ad hoc specialiter obligantes et volentes remanere obligatos. Dicta vero Sedilia, coram nobis, ut supradictum est, constituta, quitavit penitus et expresse per eamdem fideidationem abbati et conventui et eorum ecclesie supradictis quicquid juris, quicquid dominii, proprietatis, possessionis, habebat aut habere poterat in dicta decima ratione dotis, doarii aut donationis propter nuptias, aut alio quoquo modo, promittens per eamdem fideidationem quod contra, per se vel per alium, non veniet in futurum. Dictus autem Gazo, miles, frater dicti Theobaldi, de cujus feodo dicta decima primo loco, sicut superius est expressum, movere dicitur, coram nobis constitutus, hanc venditionem voluit, laudavit, concessit et ratam habuit, et dictam terciam partem, tanquam dominus, se garantizaturum ecclesie memorate et liberaturum ad usus et consuetudines patrie contra omnes, fide in manu nostra prestita corporali, promisit, et se contra in aliquo, per se vel per alium, non venturum. Insuper Symon, frater dicti Theobaldi et dicti Gazonis, coram nobis constitutus, omnia et singula suprascripta voluit et concessit, et fide data promisit se contra in aliquo in posterum non venturum, et se nullum jus in predicta tercia parte decime ratione successionis paterne aut alio quoquomodo in posterum reclamaturum aut etiam postulaturum. Voluerunt autem et expresse consenserunt predicti Theobaldus, Sedilia, ejus uxor, Gazo et Symon, sub fide predicta prestita corporali, quod dominus Rothomagensis archiepiscopus, dyocesianus loci, predicta omnia et singula, prout superius sunt expressa, rata et grata habentes, auctoritate dyocesiana confirmet. In cujus rei testimonium, nos, ad petitionem dictorum Theobaldi, Sedilie, Gazonis et Symonis, presentes litteras sigillo curie Rothomagensis fecimus sigillari. Actum anno Domini millesimo ducentesimo quinquagesimo septimo, mense aprili.

VALTERUS ROBERTUS, IIII solidos.
Arch. nat., L 895, n° 49.

Échange entre Névelon de Berville et l'abbaye du Val, de tous les droits du premier sur les terres de l'abbaye à Tomberel, du pré de Bertimont et de 18 deniers que les religieux lui devaient pour la terre Drouet, contre un cens annuel de 6 deniers et vingt-deux mines de blé d'hiver que l'abbaye prenait dans la grange de Berville.

Avril 1257.

Ego Nevelonus de Behervilla, miles, universis notum fieri volo, presentibus pariter et futuris, quod ego, assensu et voluntate Maltildis, uxoris mee, dedi et concessi in excambium viris religiosis abbati et conventui Vallis Beate Marie, Cisterciensis ordinis, Parisiensis dyocesis, omne dominium et totam campipartem quam habebam vel habere poteram in omnibus terris quas ipsi nunc possident, et quicquid juris et dominii in eisdem terris habere, tenere seu reclamare poteram, tam adquisiti jure quam hereditatis proprie, tam ratione mei quam heredum omnium Tuumberel *(sic)*, sive alterius cujuscunque, magna scilicet justicia preexcepta. Preterea, ut dicti religiosi teneant a me et heredibus meis totum pratum de Bertimont ad sex denarios censuales, michi vel heredibus meis a dictis religiosis singulis annis, in die sancti Remigii, persolvendos, concessi, voluntate similiter et assensu dicte Matildis, uxoris mee, de quo suam facient per omnia voluntatem et in usus convertent quoslibet prout sibi et ecclesie sue viderint expedire. Insuper eisdem religiosis decem et octo denarios censuales quitavi quos michi quolibet anno debebant de quadam terra que terra Drouet dicitur, cum ceteris omnibus superius annotatis, pro viginti duabus minis bladi hybernagii quas dicti abbas et conventus percipiebant in granchia mea de Behervilla annuatim, quas amodo non habebunt, promittens, fide prestita corporali, me et heredes meos garantizare omnia ista et singula contra omnes. Quod ut perpetuam stabilitatem obtineat, presentem cartam conscribi et sigilli mei impressione feci communiri. Actum anno Domini M°CC° quinquagesimo septimo, mense aprilis (1). Arch. nat., S 4178, n° 11.

Confirmation par l'archevêque de Rouen de la vente par Thibaut d'Outreboisin, à l'abbaye Saint-Victor, du tiers de la grande dîme d'Amblainville.

Mai 1257.

Frater Odo, permissione divina Rothomagensis ecclesie minister indignus, universis presentes litteras inspecturis, salutem eternam in Domino Jhesu Christo. Notum facimus quod nos, anno Domini millesimo ducentesimo quinquagesimo septimo, mense mayo, litteras dilecti et fidelis nostri officialis Rothomagensis, non cancellatas, non abolitas, nec in aliqua sui parte, ut in prima facie apparebat, viciatas, vidimus et inspeximus in hec verba : « Omnibus, etc............ » Nos vero hanc venditionem decime volumus, laudamus et approbamus, ipsamque decimam habendam perpetuo eisdem abbati et conventui et ecclesie eorumdem pontificali auctoritate confirmamus. In cujus rei testimonium, presentes litteras sigillo nostro fecimus sigillari. Datum anno et mense predictis.

Arch. nat., L 895, n° 48.

---

(1) S 4178, n° 13 : ratification de Mathilde, femme de Névelon de Berville, devant le vicaire de Pontoise ; mai 1258.

Vente par Simon de Nesle et Agnès, sa femme, à l'abbaye Saint-Victor, de dix-huit arpents de terre sis à la Couture de la Fortelle et entre Carnelle et la Fortelle, paroisse d'Amblainville.

Mai 1257.

Omnibus presentes litteras inspecturis, Symon, filius domini Yvonis de Naele, quondam militis, armiger, et Agnes, ejus uxor, salutem in Domino. Notum facimus universis, presentibus et futuris, quod nos vendidimus in manu mortua, et perpetuo quittavimus et quittamus religiosis viris abbati et conventui Sancti Victoris Parisiensis et ecclesie eorumdem, pro septies viginti et quatuor libris parisiensium nobis jam solutis, traditis et liberatis in pecunia numerata, computabili et legali, de quibus tenemus nos bene pagatos, renuntiantes exceptioni non numerate pecunie, non tradite, non solute et non liberate, decem et octo arpennos terre arabilis sitos apud Ambleinvillam, Rothomagensis dyocesis, in duabus peciis, quarum una sita est juxta quoddam nemus quod communiter appellatur la Forestele, que pecia vulgaliter vocatur la Cousture de la Forestele, et continet quatuordecim et dimidium arpennos terre, reliqua vero pecia sita est apud eandem villam, inter Canieules et la Forestele, et continet tres arpennos et dimidium terre ; qui decem et octo arpenni terre movent totaliter de hereditate mei, Agnetis, necnon etiam movent et sunt de feodo Theobaldi de Marchecort, armigeri, et Juliane, ejus uxoris, primo loco, ac, secundo loco, de feodo domini Radulphi de Margecort, militis, fratris dicti Theobaldi, et Beatricis, ejus uxoris ; tercio vero loco movent de feodo domicelli Girardi de Valle Engouiart. Et promittimus per stipulationem legittimam et per nostre fidei sacramentum quod contra venditionem et quittationem predictas, per nos nec per alium, in posterum nullatenus veniemus, et quod prenominatos decem et octo arpennos terre arabilis quittos, liberos et immunes ab omni censu, obligatione, exactione et coustuma, ac omni alio jure, excepta decima tantummodo quam ipsi abbas et conventus habent et percipiunt in eisdem, garantizabimus et liberabimus sepedictis abbati et conventui et ecclesie sue, in manu mortua, contra omnes, tam in judicio quam extra, quociens super hoc fuerimus requisiti ; heredes et successores nostros universos ad hoc specialiter obligantes et volentes manere obligatos. Item promittimus per ejusdem fidei nostre sacramentum quod nullum jus, nullum dominium, nullam proprietatem vel possessionem aliquam, nullam jurisdictionem sive districtum, nec justiciam aliquam in sepedictis decem et octo arpennis terre vel pertinentiis eorumdem, per nos vel per alium, de cetero reclamabimus vel petemus, ratione hereditatis, conquestus, dotis aut doarii, sive donationis propter nuptias, aut alio quoquo modo; immo omne jus, omne dominium, omnem proprietatem et possessionem, ac alia universa quecumque habemus aut habere possumus quoquo modo in sepedicta terra, sepefatis abbati et conventui et ecclesie sue quittamus perpetuo in manu mortua, pro pecunia antedicta, nichil omnino nobis aut successoribus nostris retinentes in eadem. In cujus rei testimonium, ego Symon et Agnes, uxor mea, presentes litteras sigilli mei karactere fecimus communiri. Actum anno Domini millesimo ducentesimo quinquagesimo septimo, mense maio.

Arch. nat., S 2071, n° 83.

Vente par Simon de Nesle et Agnès, sa femme, à l'abbaye Saint-Victor, de dix-huit arpents de terre sis à la Couture de la Fortelle, paroisse d'Amblainville.

Mai 1257.

Omnibus hec visuris, officialis Rothomagensis, salutem in Domino. Noveritis quod, in jure coram nobis constituti, Symon, filius quondam domini Yvonis de Naele, militis, armiger, et Agnes, ejus uxor, de parrochia tunc temporis de Naele, Belvacensis dyocesis, recognoverunt et asseruerunt quod ipsi habebant et possidebant apud Ambleinvillam, Rothomagensis dyocesis, decem et octo arpennos terre arabilis in duabus petiis, moventes, ut asserebant, de hereditate dicte Agnetis, quarum una, etc...... Quos decem et octo, etc., ... prenominati Symon et Agnes, ejus uxor, recognoverunt et asseruerunt coram nobis se vendidisse, etc.,..... immo omne jus, etc., ... scientes et prudentes, etc.,...; prestante et affirmante sepedicta Agnete, sub dicta religione prestiti juramenti, quod omnia et singula supradicta faciebat spontanea voluntate, non coacta nec metu inducta. Ad hec sciendum est quod supradicti Theobaldus de Margicort et Juliana, ejus uxor, de quorum feodo primo sepedicta terra movere dicitur, sicut dictum est superius, omnia et singula suprascripta voluerunt, constituti coram nobis, et concesserunt expresse; promittentes, etc...... In cujus rei testimonium, ad petitionem dictorum Symonis et Agnetis, Theobaldi et Juliane, presenti scripto sigillum curie Rothomagensis duximus apponendum. Actum anno Domini millesimo ducentesimo quinquagesimo septimo, mense maio.

Sur le repli : Collatio. — ROBERTUS.

Arch. nat., S 2071, n° 8?.

Approbation donnée par Thibaut de Margicourt et Julienne, sa femme, à la vente faite par Simon de Nesle et Agnès, sa femme, à l'abbaye Saint-Victor, de dix-huit arpents de terre.

Mai 1257.

Universis presentes litteras inspecturis, Theobaldus de Margicort (1), armiger, et Juliana, ejus uxor, Rothomagensis dyocesis, salutem in Domino. Notum facimus universis presentibus et futuris quod Symon, filius quondam domini Yvonis de Naele, militis, armiger, et Agnes, ejus uxor, vendiderunt in manu mortua et in perpetuum quittaverunt religiosis viris abbati et conventui Sancti Victoris Parisiensis et ecclesie eorumdem, pro septies viginti et quatuor libris parisiensium, eisdem Symoni et Agneti solutis, traditis et liberatis in pecunia numerata, decem et octo arpennos terre arabilis, etc...... Nos vero, Theobaldus et Juliana, quia supradicta terra de feodo nostro primo loco movere dinoscitur, quod et recognoscimus et testificamur, supradictas venditionem et quitationem ratas et gratas habemus, laudamus et approbamus, volentes et concedentes, tanquam primus dominus feodi, quod supradicti abbas et conventus et eorum ecclesia habeant, teneant et possideant pacifice et quiete perpetuo in manu mortua, sine coactione ponendi extra manum suam aut alias alienandi quoquo modo, decem et octo arpennos terre arabilis superius nominatos, cum omni jure, dominio, proprietate, possessione et aliis suis pertinentiis universis. Et promittimus per stipulationem legittimam et nostre fidei sacramentum quod contra premissa vel aliquod de premissis non veniemus, per nos aut per alium, in futurum, et quod in predicta terra nullum jus, nullum dominium, nullum districtum, nullam justiciam, excepta justicia sanguinis et latronis, nullam proprietatem, ratione feodi aut alio quoquo jure, sive quacumque de causa, reclamabimus aut etiam vendicabimus in futuro, sed omne jus et omne dominium et quicquid aliud in eadem terra habemus aut habere possumus quoquomodo cedimus ex hoc nunc et quittamus perpetuo in manu mortua ecclesie memorate, excepta justicia sanguinis et latronis superius nominata. Pro qua quittacione facienda, recognoscimus et testificamur nos recepisse et habuisse viginti libras parisiensium in pecunia numerata. Insuper promittimus per stipulationem legittimam et nostre

---

(1) Margicourt, commune d'Arronville, canton de Marines, arrondissement de Pontoise.

fidei sacramentum quod nos, tanquam primus dominus feodi, sepedictam terram totam, cum pertinentiis suis, abbati et conventui sepedictis et ecclesie sue garantizabimus et liberabimus, tam in judicio quam extra, in manu mortua, contra omnes qui, ratione primi dominii feodi, in predicta terra jus aliquod reclamabit *(sic)*, sive vendicare quoquomodo attemptabit. In cujus rei testimonium, ego Theobaldus et Juliana, uxor mea, presentes litteras sigilli mei karactere fecimus communiri. Actum anno Domini millesimo ducentesimo quinquagesimo septimo, mense maio.

Arch. nat., S 2071, n° 81.

Approbation donnée par Raoul de Margicourt et Béatrice, sa femme, à la vente faite par Simon de Nesle, à l'abbaye Saint-Victor, de dix-huit arpents de terre.

Mai 1257.

Universis presentes litteras inspecturis, Radulphus de Margecort, miles, et Beatrix, ejus uxor, Rothomagensis dyocesis, salutem in Domino. Notum facimus universis, presentibus et futuris, quod Symon, filius quondam domini Yvonis de Naele, etc...... Nos vero, Radulphus et Beatrix, quia supradicta terra de feodo nostro secundo loco movere dinoscitur, quod et recognoscimus et testificamur, supradictas venditionem et quitationem ratas et gratas habemus, laudamus et approbamus, volentes, etc...... Et promittimus per stipulationem legitimam, etc...... Pro qua quittatione facienda, recognoscimus et testificamur nos recepisse et habuisse decem libras parisiensium in pecunia numerata. Insuper promittimus, etc...... Ad hec sciendum est quod ego Radulphus obligavi et obligo in contraplegium abbati et conventui sepefatis omnem terram quam habeo et possideo apud Ambleinvillam, pro supradicta terra garantizanda eisdem abbati et conventui, ut dictum est, contra omnes, et precipue contra domicellum Girardum de Valle Engouiart, a quo supradictos decem et octo arpennos terre venditos teneo in feodo, si ipse Girardus, postquam ad etatem legitimam pervenerit, ipsos abbatem et conventum vel ecclesiam eorumdem super sepedictis decem et octo arpennis terre, aut super possessione eorumdem, molestaverit aut inquietaverit quoquo modo. In cujus rei testimonium, ego Radulphus et Beatrix, uxor mea, presentes litteras sigilli mei caractere fecimus communiri. Actum anno Domini millesimo ducentesimo quinquagesimo septimo, mense maio.

Arch. nat., S 2071, n° 80.

Approbation donnée par Pierre de Marines à la vente faite par Jean Machiart et Gile, sa femme, à l'abbaye Saint-Victor, d'une pièce de terre sise devant la porte de la ferme d'Amblainville.

1ᵉʳ septembre 1257.

Je, Pierres de Marines, esquiers, fas à savoir à tous ces qui ces presentes lettres verront que la vente que Jehen Machiart et Gile, sa fame, ont fete à l'abé et au convent de Saint Victor de Paris, d'une pièce de terre qui siet devant la porte de la meson de Saint Victor d'Anbleville, je lou et veoul à tenir à tous jors en morte main, à garantir aus hus et as coustumes de France, sauve la chanpart et la droiture Jehen Bauche, mon home et sire en fié de la devant dite terre. Et se li devant dis Jehans Bauche hi avoit ne cous ne paine, je devant dis Pierres seroie tenus au restorer et au rendre tant comme sires du fié. Et por ce que ce soit ferme chose et estable, je hé seellées ces presentes lettres de mon propre seel, en l'an de l'incarnation Nostre Seignor mil et cc et LVII, le premier jor de setenbre.

Arch. nat., S 2071, n° 79. — Sceau n° 2709 de l'Inventaire.

Échange entre les abbayes du Val et Saint-Victor de sept arpents et demi de terre à Amblainville, sis à la Croix-Ferrée et au Champ-Annel, contre sept autres arpents et demi, sis au même terroir, en divers lieux.

Février 1257 (1258).

Universis presentes litteras inspecturis, frater Guillelmus (1), dictus abbas Vallis Beate Marie, Cisterciensis ordinis, Parisiensis dyocesis, totusque ejusdem loci conventus, salutem in Domino. Notum facimus universis quod nos, habito diligenti tractatu, monasterii nostri utilitate pensata et inspecta, dedimus et concessimus, damus et concedimus, perpetuo nomine permutationis sive excambii, viris religiosis abbati et conventui Sancti Victoris Parisiensis et ecclesie eorumdem septem arpenta et dimidium terre arabilis que habebamus et possidebamus, sita apud Ambleinvillam, Rothomagensis dyocesis, in fundo et dominio monasterii nostri, quorum quatuor sita sunt in territorio quod vocatur Crux Ferrea, de quibus quatuor arpentis debetur decima et redecima, excepta una jorneta seminature, alia autem tria arpenta et dimidium sita sunt in territorio quod vocatur

---

(1) Guillaume Iᵉʳ. (*Gallia christiana.*)

Campus Agnetis, de quibus debetur decima et campipars; pro septem et dimidio arpentis terre arabilis sitis apud eandem villam, intra terras ecclesie nostre, in diversis locis, de quibus similiter debetur decima et campipars; que septem et dimidium arpenta terre dederunt nobis supradicti viri religiosi, nomine permutationis premisse, pro supradictis aliis septem arpentis et dimidio. Et promittimus bona fide quod contra permutationem istam, per nos vel per alium, non veniemus in futurum, et quod supradicta septem arpenta et dimidium terre arabilis supradictis abbati et conventui Sancti Victoris et monasterio eorumdem perpetuo in manu mortua, cum omni jure suo, fundo, dominio, proprietate et possessione et aliis pertinenciis universis, exceptis decima, redecima et campiparte superius nominatis, garantizabimus et liberabimus contra omnes, ad usus et consuetudines patrie, tam in judicio quam extra, quita et libera ab omni alio onere, censu, consuetudine vel coustuma, in judicio et extra, quociens fuerimus ex parte ipsorum abbatis et conventus super hoc requisiti. In cujus rei testimonium, sigillum nostrum presentibus litteris duximus apponendum. Datum anno Domini millesimo ducentesimo quinquagesimo septimo, mense februarii.

Arch. nat., S 2071, n° 77. — Sceaux n°s 9159 et bis de l'Inventaire.

Échange entre l'abbaye Saint-Victor et l'abbaye du Val de sept arpents et demi de terre sis à Amblainville, en divers lieux, contre sept arpents et demi sis à la Croix-Ferrée et au Champ-Annet.

Février 1257 (1258).

Universis presentes litteras inspecturis, frater Robertus (1), dictus abbas Sancti Victoris Parisiensis, totusque ejusdem loci conventus, salutem in Domino. Notum facimus universis quod nos, habito diligenti tractatu, monasterii nostri utilitate pensata et inspecta, dedimus et concessimus, damus et concedimus perpetuo, nomine permutationis sive escambii, viris religiosis abbati et conventui Vallis Beate Marie, Cisterciensis ordinis, Parisiensis dyocesis, et ecclesie eorumdem, septem arpenta et dimidium terre arabilis sita apud Amblevillam, Rothomagensis dyocesis, intra terras dictorum abbatis et conventus, in diversis locis, de quibus debetur decima et campipars, pro septem arpentis et dimidio terre arabilis que habebant et possidebant apud Amblevillam predictam in fundo et dominio monasterii eorumdem, quorum quatuor sita sunt in territorio quod

---

(1) Robert II, de Melun, abbé de 1254 à 1264.

vocatur Crux Ferrea, de quibus similiter quatuor arpentis debetur decima et redecima, excepta una journeta seminature, alia autem tria arpenta et dimidium sita sunt in territorio quod vocatur Campus Annetis, de quibus debetur decima et campipars; que septem arpenta et dimidium terre dederunt nobis supradicti viri religiosi, nomine permutationis premisse, pro septem arpentis aliis et dimidio superius nominatis. Et promittimus bona fide quod contra permutationem istam, per nos vel per alium, non veniemus in futurum, et quod supradicta septem arpenta et dimidium terre arabilis supradictis abbati et conventui Vallis Beate Marie et monasterio eorumdem perpetuo in manu mortua, cum omni jure suo, fundo, dominio, proprietate et possessione, et aliis pertinentiis universis, exceptis decima et redecima et campiparte superius nominatis, garentizabimus et liberabimus contra omnes, ad usus et consuetudines patrie, tam in judicio quam extra, quita et libera ab omni alio onere, censu, consuetudine vel coustuma, in judicio et extra, quociens fuerimus ex parte dictorum abbatis et conventus super hoc requisiti. In cujus rei testimonium, sigilla nostra presentibus litteris dignum duximus apponenda. Datum anno Domini millesimo ducentesimo quinquagesimo septimo, mense februario.

Arch. nat., S 4071, n° 37.

Donation à l'abbaye Saint-Victor, par Nicolas Langlois, sergent de ladite abbaye, demeurant à la grange d'Amblainville, de six arpents et demi de terre sis à Amblainville, près du chemin de Beauvais, au Sablon et au Sentier-Marchie.

Mars 1257 (1258).

Omnibus presentes litteras inspecturis, officialis curie Parisiensis, salutem in Domino. Notum facimus quod, in nostra presentia constitutus, Nicholas Anglicus, serviens Sancti Victoris Parisiensis, ut asserebat, commorans in quadam granchia ejusdem Sancti Victoris sita apud Ambleinvillam, Rothomagensis dyocesis, ut dicebat, dedit, concessit et perpetuo quitavit religiosis viris abbati et conventui Sancti Victoris predicti et ecclesie eorumdem, in puram et perpetuam elemosinam, decem journatas terre, continentes, ut dicebat, sex arpenta et dimidium terre arabilis, sitas apud Ambleinvillam predictam, in tribus locis sive territoriis, videlicet quinque journatas, ut dicebat, subtus iter quo itur Belvaco et Chambeli, ad campipartem tantummodo, et duas journatas desuper terram Sancti Victoris predicti que appellatur le Sablon, ad campipartem similiter, ut dicebat, et tres journatas prope cheminum qui ducit Belvacum, in territorio quod vocatur Sentier Marchie, ad campipartem similiter, ut dicebat, cum omni jure, dominio et proprietate que in predicta terra habebat aut habere poterat quoquomodo, retento tandem ipsi Nicholao, quamdiu vixerit, solummodo in supradictis decem journatis usufructu. Et promisit idem Nicholaus, fide in manu nostra prestita corporali, quod contra donationem, concessionem premissas, per se vel per alium, non veniet in futurum, et quod etiam non faciet quominus supradictus usufructus post decessum suum sue proprietati consolidetur. In cujus rei testimonium, nos, ad petitionem dicti Nycholai, presentes litteras sigillo curie Parisiensis fecimus sigillari. Datum anno Domini millesimo ducentesimo quinquagesimo septimo, mense marcio. Arch. nat., S 2071, n° 76.

Amortissement par le roi Louis IX, en faveur des frères de la Trinité du Fay, du territoire de la ministrerie et de tous ses biens.

Mars 1258 ou 1259.

Ludovicus, Dei gratia Francorum rex. Notum facimus universis, tam presentibus quam futuris, quod nos, divine caritatis intuitu, et ob anime nostre et animarum inclite recordationis regis Ludovici, genitoris nostri, et Blanche regine, genitricis nostre, ac aliorum antecessorum nostrorum, remedium, dilectis nostris ministro et fratribus de Fayaco, domus ordinis Sancte Trinitatis et Captivorum, locum in quo capella ac domus ipsorum fratrum ibidem constructe sunt ac fundate, necnon redditus, possessiones et res alias quascunque ab ipsis, titulo donationis, emptionis vel alio quocunque modo, rationabiliter acquisitas, quas usque nunc pacifice possederunt, concedimus et auctoritate regia confirmamus, salvo jure in omnibus alieno. Quod ut ratum et stabile permaneat in futurum, presentem cartam sigilli nostri fecimus impressione muniri. Actum Pontysare, anno Domini m° cc° quinquagesimo octavo, mense martio.
Arch. nat., S 4266, n° 12.

Aveu rendu par Anseau d'Amblainville et Marie, sa femme, à l'abbaye Saint-Victor, pour le fourrage de la dîme d'Amblainville, et vente dudit fourrage, par les mêmes, à ladite abbaye.

Juillet 1258.

Omnibus hec visuris, officialis Rothomagensis, salutem in Domino. Noveritis quod, in jure coram nobis constituti, Ansellus de Ambleinvilla, miles, Rothomagensis dyocesis, et Maria, ejus uxor, asseruerunt et recognoverunt quod ipsi habebant et possidebant et tenebant a viris religiosis abbate et conventu Sancti Victoris Parisiensis et monasterio eorumdem in feodum et hereditagium, et singulis annis percipiebant stramen, forragium et paleam totius decime de Ambleinvilla superius nominata, que fuit quondam Girardi de Valle Angoiart, militis, Theobaldi de Ultravicinis et Ade de Vignerel, militum ; et quod ipse Ansellus erat et debebat esse, ratione feodi predicti, homo legius monasterii Sancti Victoris Parisiensis, et facere abbati ejusdem monasterii hommagium et omne servitium ac redemptionem, ad valorem eorumdem straminis, forragii, palee, ac pertinentium eorumdem, ratione feodi supradicti. Item asseruerunt et recognoverunt ipsi Ansellus et Maria, uxor sua, quod, pro servitio hujusmodi feodi, tenebantur singulis annis facere bona fide et invenire ea omnia et singula que sequuntur : videlicet invenire granchiam vel granchias sufficientes ad totam decimam recipiendam ; item, tres modios de annona monasterii memorati, videlicet decem et octo sextaria ybernagii et decem et octo sextaria avene, apud Pontisaram vel equilonge, suis expensis et sumptibus deferre, ipso tamen monasterio saccos ad ponendum bladum ministrante ac tradente. Item miles tenebatur tradere custodibus granchie seram et clavem, unam culcitram et duo linteamina, urnam et ciphum, scutellam et cloquear ; item, emere de suo proprio clausuram ad curiam granchie claudendam et eam clausuram sua vectura adducere, ac etiam excussoribus bladi qui eamdem clausuram abscindere debebant, dum eam abscindebant et curiam claudebant, panem sufficienter ministrare. Que si quidem stramen, forragium, paleam ac feodum, cum omni jure, dominio suo, proprietate ac possessione, jurisdictione et justitia sive districtu, et aliis suis pertinentiis universis, que ipsi Ansellus et Maria, ejus uxor, in premissis et in decima memorata habebant aut habere poterant quoquomodo, nichil juris, dominii, proprietatis, possessionis, jurisdictionis seu justitie sibi aut successoribus suis penitus retinentes, vendiderunt et perpetuo quitaverunt abbati et conventui Sancti Victoris predictis et monasterio eorumdem, ac ex hoc nunc in perpetuum quitant, pro ducentis quinque libris parisiensium, jam sibi solutis in pecunia numerata, soluta, tradita et liberata, prout confessi sunt in jure coram nobis, renunciantes omni actioni et exceptioni non numerate pecunie, non tradite, non date, non solute et non liberate ; et promiserunt sepedicti Ansellus et Maria, uxor ejus, juramento ab ipsis prestito corporaliter coram nobis, spontanea voluntate et stipulatione legitima interjecta, quod contra prefatas venditionem et quitationem, per se vel per alium, non venient in futurum, et quod supradicta stramen, forragium, paleam ac feodum, cum omni jure suo, dominio, proprietate ac possessione, jurisdictione et justitia sive districtu, et suis pertinentiis universis, garantizabunt, deffendent et liberabunt in judicio et extra, quociens fuerint requisiti, dicto monasterio, ad usus et consuetudines patrie, contra omnes, se et sua ac successores suos universos ad hoc specialiter obligantes et relinquentes obligatos; promittentes, spontanei, non coacti, sub religione prestiti juramenti, quod, in premissis vel in aliquo premissorum, nichil juris, dominii, jurisdictionis vel justitie sive districtus, quacumque ratione vel causa, per se vel per alium, de cetero reclamabunt. Dicta vero Maria, uxor dicti Anselli, in jure coram nobis constituta, quitavit penitus et expresse, spontanea, non coacta, coram nobis, abbati et conventui predictis et monasterio eorumdem, perpetuo, sub prestiti juramenti religione, quicquid juris habebat aut habere poterat in premissis ratione dotalitii aut donationis propter nuptias, aut alio quoquo modo; per ejusdem juramenti religionem promittens eadem Maria, uxor dicti Anselli, se contra premissa in aliquo non venturam. Sane per hanc venditionem, si facta in suo robore perduraverit, sepedicti Ansellus et Maria, ejus uxor, ab hiis in quibus erant dicto monasterio Sancti Victoris honerati, prout superius est expressum, ac eorum successores, remanebunt liberi penitus et immunes; si vero retrahatur vel venditio supradicta, aut res superius nominate evincantur vel aliqua earumdem, in omnibus honeribus et rebus aliis suprascriptis ab ipsis emptoribus et quibuscumque aliis detentoribus repetendum salvum et integrum remanet monasterio Sancti Victoris antedicto jus suum, ac erit et etiam remanebit, necnon etiam ad repetendum integrum pretium, dampna et expensas seu costamenta, si que vel quas sustinuerint aut incurrerint occasione hujusmodi retractionis vel emptionis. In cujus rei testimonium et munimen, presenti scripto sigillum curie Rothomagensis, ad petitionem dictorum Anselli et Marie, ejus uxoris, duximus apponendum. Actum anno Domini millesimo ducentesimo quinquagesimo octavo, mense julio. ROBERTUS, V solidos. — Sub sigillo, quinque.

Arch. nat., L 895, n° 51.

Vente par Anseau d'Amblainville, à l'abbaye Saint-Victor, du fourrage de la dîme d'Amblainville.

Juillet 1258.

Noverint universi, tam presentes quam futuri, quod ego Ansellus de Ambleinvilla, miles, Rothomagensis dyocesis, de voluntate et assensu Marie, uxoris mee, vendidi et concessi viris religiosis abbati et conventui Sancti Victoris Parisiensis, pro ducentis et quinque libris parisiensium, de quibus satisfecerunt michi pre manibus, stramen, forragium et paleam totius decime de Ambleinvilla, ad me jure hereditario pertinentia, et quicquid juris habebam vel habere poteram

ratione quacumque in eisdem, que omnia tenebam in feodum et
hereditagium a dictis religiosis; tenendum et habendum dictis religiosis et eorum successoribus in perpetuum, sine contradictione vel
impedimento mei vel heredum meorum, libere, pacifice et quiete. Et
licebit de cetero eisdem religiosis de omnibus predictis tanquam de
suo proprio omnem suam penitus facere voluntatem. Et ego et heredes mei tenemur dictis religiosis et eorum successoribus omnia premissa garantizare contra omnes, ad usus et consuetudines patrie.
In cujus rei testimonium, presens scriptum sigilli mei munimine
roboravi. Actum anno Domini millesimo cc° quinquagesimo octavo,
mense julio, testibus hiis : Roberto de Bruneio, tunc rectore ecclesie
Beate Marie Rotunde Rothomagensis, magistro Gaufrido Polardi,
clerico, Fulcone de Bruneio, Johanne de Braia, Roberto de Molendino, clericis, domino Johanne de Moisenei, presbitero, Renardo de
Sorviler, Johanne de Carnoto, clericis, et pluribus aliis.

Arch. nat., L 895, n° 50. — Sceau n° 1159 de l'Inventaire.

*Confirmation par Marguerite d'Outrevoisin de la vente faite par
Thibaut d'Outrevoisin et Sybille, sa femme, à l'abbaye Saint-
Victor, du tiers de la grande dîme d'Amblainville.*

Octobre 1258.

Omnibus hec visuris, vices gerens reverendi patris Odonis, Dei
gratia Rothomagensis archiepiscopi, in Pontisara et in Vulcassino
Francie, salutem in Domino. Notum facimus quod, in presencia Laurencii, clerici curie nostre, tabellionis jurati et a nobis ex certa
causa ad hoc deputati, Margareta, uxor nobilis viri Gaçonis de Ultravicinis, militis, constituta, recognovit et asseruit quod Theobaldus
de Ultravicinis, armiger, frater dicti Gaçonis, et Sedilia, ejus uxor,
vendiderunt et perpetuo quitaverunt in manu mortua religiosis viris
abbati et conventui Sancti Victoris Parisiensis et monasterio eorumdem, de assensu et voluntate ipsius Margarete et predicti Gaçonis,
mariti sui, ut asseruit coram dicto tabellione, pro trecentis libris et
centum solidis parisiensium, eisdem Theobaldo et Sedilie in pecunia
numerata solutis, traditis et numeratis, tertiam partem tocius majoris
decime de Ambleinvilla, Rothomagensis dyocesis, moventem de
communi hereditate ipsius Theobaldi et supradicti Gaçonis, ad ipsum
Theobaldum ratione successionis paterne pertinentem, cum omni
jure, dominio, proprietate, possessione ac aliis pertinentiis universis
que habebant aut habere poterant in eadem, exceptis duobus modiis
bladi quos dicti abbas et conventus antea habebant et percipiebant
in dicta tercia parte decime supradicte; quorum unum supradictus

Gaço, de assensu ejusdem Margarete, ut dicebat, reliquum vero supradicti Theobaldus et Sedilia, ejus uxor, vendiderunt abbati et conventui memoratis, prout sepedicta Margareta confessa fuit coram dicto tabellione; necnon exceptis tribus sextariis bladi et tribus sextariis marceschie quos dicti religiosi percipiunt, et diu est perceperunt ibidem, ex dono et elemosina defuncti Theobaldi de Ultravicinis, militis, patris, ut dicitur, supradicti Theobaldi, armigeri, et exceptis eciam duobus sextariis bladi qui de eadem tercia parte debentur annuatim presbiteris et ecclesie de Amblevilla predicta, sicut sepedicta Margareta asseruit coram dicto tabellione. Item asseruit dicta Margareta, coram dicto tabellione quod supradicti Theobaldus et Sedilia, ejus uxor, tenebant supradictam terciam partem decime primo loco in feodo a supradicto Gaçone, marito suo, et ab ipsa Margareta, et quod etiam idem Gaço et eadem Margareta, uxor sua, tenebant eandem terciam partem decime secundo loco in feodo a supradictis abbate et conventu et monasterio eorumdem. Quam venditionem tercie partis decime memorate sepedicta Margareta voluit coram dicto tabellione, laudavit et concessit, ac expresse ratam habuit, promittens fide media quod contra ipsam venditionem vel aliquod de premissis, per se vel per alium, non veniet in futurum, ac expresse quitans et penitus abbati et conventui supradictis et eorum monasterio quicquid juris, quicquid dominii et proprietatis et eciam possessionis habebat aut habere poterat in sepedicta tercia parte decime et in pertinentiis ejusdem, ratione hereditatis, conquestus, dotis, dotalicii aut donationis propter nuptias, aut alio quoquo modo; promisso eciam ab eadem Margareta per dictam fideidationem quod contra premissa vel aliquod de premissis, per se vel per alium, non veniet in futurum, necnon et quod sepedictam terciam partem majoris decime in manu mortua, sine coactione vendendi vel alias distrahendi, seu extra manum mortuam ponendi, exceptis hiis que superius sunt excepta, ipsa et sepedictus Gaço, maritus suus, tanquam primi domini feodi, garantizabunt sepedictis abbati et conventui et monasterio suo contra omnes et liberabunt in judicio et extra, quociens super hoc fuerint requisiti. Supradicta autem et singula asseruit et recognovit eadem Margareta se facere spontanea voluntate, non coacta, necnon et de assensu et voluntate dicti Gaçonis, mariti sui. In cujus rei testimonium, sigillum nostrum presenti scripto duximus apponendum. Datum anno Domini millesimo ducentesimo quinquagesimo octavo, mense octobris.

Arch. nat., L 895, n° 52.

*Donation au prieur de Saint-Pierre d'Amblainville, par Guillaume
de Génicourt, mari de Jeanne de Vallangoujard, de la quatrième
partie du champart que sa femme possédait sur les terres du
prieuré sises entre la Villeneuve-le-Roy et le Fay.*

Novembre 1258.

Ego Guillermus de Genicour, miles, maritus domine Johanne de Valle Engueuiardi, notum facio universis presentes litteras inspecturis quod ego volo et ob remedium anime mee concedo quod prior Beati Petri de Amblevilla et successores ejus, quicumque pro tempore fuerit, teneat, habeat et libere et pacifice et quiete imperpetuum possideat quartam campipartis partem quam dicta Johanna habebat et percipere consueverat singulis annis, in quibusdam terris prioratus predicti sitis inter Villam Novam Regis, ex una parte, et le Fay, ex altera, spectantibus ad ipsam dominam ratione maritagii sui a patre suo deffuncto eidem in feodum assignati, quam campipartem eidem priori et ejus successoribus predicta domina, ut dictum est, in puram elemosinam erogavit. Pro hac autem concessione, voluit dictus prior et concessit quod, post decessum meum, in dicto prioratu pro anime mee salute anniversarium celebretur annuatim. In cujus rei testimonium, presentibus litteris sigillum meum duxi apponendum. Datum anno Domini M° CC°L° octavo, mense novembris.

Arch. de Seine-et-Oise : Saint-Martin de Pontoise, prieuré d'Amblainville, liasse 3 ; copie du XIV° siècle.

*Vente par Herbert d'Outrevoisin, à l'abbaye du Val, d'un arpent
de terre sis au terroir d'Amblainville, et confirmation par Jean
Quoquier, de Dreux-Fontaine, et par Gautier de la Fontaine.*

Mars 1259.

Omnibus hec visuris, Galterus dictus de Fonte, armiger, salutem in Domino. Noverint universi quod, in mea presentia constitutus, Herbertus de Ultravicinis recognovit se vendidisse, concessisse et imperpetuum quittavisse religiosis viris abbati et conventui Vallis Beate Marie, Cisterciensis ordinis, Parisiensis dyocesis, quamdam petiam terre arabilis, continentem circa unum arpentum, sitam in territorio de Amblevilla, pro sexaginta solidis parisiensium, sibi, ut dicebat, solutis, traditis et numeratis integraliter ab eisdem ; renuncians, etc...... Preterea, coram me constitutus, Johannes dictus Quoquier, armiger, de Fonte Droconis, secundus dominus dicte terre, voluit dictam venditionem, concessit, laudavit et approbavit coram me. Et ego similiter, Galterus prenominatus, dicte terre tercius dominus, dictam venditionem laudavi, volui et concessi. Et etiam predicti Herbertus et Johannes, secundus dominus terre predicte, et ego Galterus, [tercius] dominus terre predicte, voluimus et concessimus quod dicti religiosi dictam terram in manu mortua teneant et possideant in futurum. Et ad majorem confirmationem, ad instanciam dictorum Herberti et Johannis, sigillum meum presentibus litteris apposui. Actum anno Domini millesimo ducentesimo quinquagesimo nono, mense martio. Arch. nat., S 4178, n° 28.

Confirmation par Jean Quoquier de la vente faite par Herbert d'Outrevoisin à l'abbaye du Val, d'un arpent de terre au terroir d'Amblainville.

Mars 1259.

Omnibus hec visuris, Johannes dictus Quoquier, armiger, de Fonte Droconis, salutem in Domino. Notum facio quod, in mea presentia constitutus, Herbertus de Ultravicinis recognovit se vendidisse, concessisse et imperpetuum quittavisse religiosis viris abbati et conventui Vallis Beate Marie, Cisterciensis ordinis, Parisiensis dyocesis, quamdam petiam terre arabilis continentem circa unum arpentum, sitam in territorio de Amblevilla, pro sexaginta solidis parisiensium, sibi, ut dicebat, solutis, traditis et numeratis integraliter ab eisdem; renuncians exceptioni non numerate pecunie, non recepte, non tradite; promittens, fide prestita corporali in manu dicti abbatis, quod contra predictam venditionem, concessionem et quitationem, per se vel per alium, non veniet in futurum, nichil sibi vel heredibus suis in predicta terra juris vel dominii retinens in futurum. Quia vero dictus Herbertus dictam terram de me tenebat, dictam venditionem volui, concessi et laudavi. Et etiam idem Herbertus, et ego, volumus quod predicti religiosi dictam terram in manu mortua teneant et possideant in futurum, et, ad majorem confirmationem, ad instanciam dicti Herberti, sigillum meum, una cum sigillo ipsius Herberti, presentibus litteris apposui. Actum anno Domini millesimo ducentesimo quinquagesimo nono, mense martio.

Arch. nat., S 4171, n° 14.

Amortissement par Jean Charbonel, seigneur de Sandricourt, en faveur de l'abbaye du Val, de toutes les acquisitions faites par les religieux dans son fief.

Juin 1259.

Ego Johannes dictus Charbonel, dominus de Sendeucuria, armiger, omnibus hec visuris notum fieri volo quod ego, de voluntate et assensu Ysabellis, uxoris mee, pro salute anime mee et antecessorum meorum, in puram et perpetuam elemosinam concessi ecclesie Vallis Beate Marie et fratribus ibidem Deo famulantibus, ut ipsi habeant, teneant et possideant in manu mortua, sine coactione vendendi vel extra manum suam [ponendi], quicquid in feodo et dominio meo usque in presentem diem, quocumque modo vel quocumque titulo, acquisierunt, salvis redditibus michi et heredibus meis annuatim ab eisdem pacifice persolvendis; promittens, bona fide et stipulatione legitima interjecta, quod contra hanc concessionem, per me vel per alium, non veniam in futurum, et quod non queram seu queri faciam artem vel ingenium, causam vel materiam [per quas] (1) super hoc dicta ecclesia in causam trahatur, seu etiam molestetur. In cujus rei testimonium, presentibus litteris sigillum meum apponere dignum duxi. Actum anno Domini millesimo ducentesimo quinquagesimo nono, mense junio. Arch. nat., S 4170, n° 8.

Vente par Simon d'Outrevoisin, à l'abbaye Saint-Victor, de la moitié du champart de dix-huit journaux de terre à Amblainville, et donation par le même, à ladite abbaye, du champart d'un arpent de terre au même lieu.

Juillet 1259.

Universis presentes litteras inspecturis, Symon de Ultravicinis, armiger, filius quondam domini Theobaldi de Ultravicinis, militis, salutem in Domino. Notum facio universis quod, cum ego haberem et possiderem pro indiviso una cum religiosis viris abbate et conventu Sancti Victoris Parisiensis campipartem in decem et octo journatis terre arabilis site in parrochia de Ambleinvilla, Rothomagensis dyocesis, inter territorium quod vulgaliter appellatur Forestella et territorium quod appellatur Visepont, in feodo abbatis et conventus predictorum, moventem de hereditate mea, totam portionem me contingentem de campiparte predicta in decem et octo journatis terre superius nominate, cum omni jure suo, dominio, proprietate ac possessione, vendidi et quitavi perpetuo in manu mortua, ac etiam quitto abbati et conventui memoratis et ecclesie eorumdem, pro decem libris parisiensium, michi ab eisdem solutis, traditis et liberatis, et de quibus teneo me bene pagatum. Item notum facio quod ego dedi et quitavi, et do etiam ac quitto in puram et perpetuam elemosinam perpetuo sepedictis abbati et conventui et ecclesie

---

(1) Mots effacés dans l'original.

sue totam campipartem quam habebam in quodam arpento terre arabilis quod ipsi habent in parrochia memorata, in territorio quod vulgaliter appellatur Busrimont, cum omni jure et dominio que habebam in eadem vel habere poteram quoquo modo. Et promitto bona fide quod contra venditionem, donationem et quitationem premissas, per me vel per alium, non veniam in futurum, et quod supradictam campipartem, cum omni jure et dominio suo, proprietate ac possessione, garantizabo et liberabo in judicio et extra, quociens fuero requisitus, abbati et conventui sepedictis, in manu mortua, contra omnes. Et hec omnia promitto, per stipulationem legitimam, me fideliter observaturum et plenarie adimpleturum, et contra in aliquo non venturum. In cujus rei testimonium, presentes litteras feci sigillo meo sigillari. Actum anno Domini millesimo ducentesimo quinquagesimo nono, mense julii.

Arch. nat., L 895, n° 53. — Sceau n° 3183 de l'Inventaire.

Vente par Simon d'Outrevoisin, à l'abbaye Saint-Victor, de la moitié du champart de dix-huit journaux de terre à Amblainville, et donation par le même, à ladite abbaye, du champart d'un arpent de terre au même lieu.

Septembre 1259.

Omnibus hec visuris, officialis Rothomagensis, salutem in Domino. Noveritis quod, in jure coram nobis constitutus, Symon de Ultravicinis, armiger, filius quondam Theobaldi de Ultravicinis, militis, recognovit coram nobis viros religiosos abbatem et conventum Sancti Victoris Parisiensis habere seu habere debere et possidere pro indiviso in hereditate ipsius Symonis, de feodo ecclesie Sancti Victoris predicti, campipartem moventem videlicet in decem et octo jornatis terre arabilis site in parrochia de Amblevilla, Rothomagensis dyocesis, in territorio quod vulgaliter appellatur Foristella, et territorio quod vulgaliter appellatur Visepont. Item recognovit se vendidisse, etc...... Item recognovit coram nobis idem Simon se dedisse, contulisse et penitus quitavisse in manu mortua predictis religiosis et eorumdem successoribus, in puram et perpetuam elemosinam, totam campipartem quam dicebat se habere in quodam arpento terre arabilis ipsorum religiosorum sito in parrochia predicta, in territorio quod vulgaliter appellatur Au Burimont, sicut se proportat ipsum arpentum in longum et in latum. Et juravit idem Symon, tactis sacrosanctis euvangeliis, spontanea voluntate, coram nobis, quod contra venditionem, donationem et quitationem predictas, seu contra premissa vel aliquod premissorum, prout dictum est et expressum superius, per se vel per alium, in aliquo foro ecclesiastico vel seculari, ratione hereditatis, maritagii, partitionis, elemosine, vel aliqua alia ratione sibi modo competenti seu in posterum competitura, non veniet in futurum. Immo dictas campipartes, cum omni jure suo, dominio et proprietate ac possessione, ipsis religiosis et eorum successoribus ipse Symon et ejus heredes, quos ad hoc specialiter obligavit coram nobis, contra omnes garantizabunt penitus et deffendent, in judicio etiam et extra, quocienscumque fuerint requisiti, et quod nichil juris in premissis vel aliquo premissorum in posterum reclamabunt. In cujus rei testimonium, presenti scripto sigillum curie nostre, ad instantiam dicti Symonis, duximus apponendum. Actum anno Domini millesimo cc° quinquagesimo nono, mense septembris.   VALTERUS.

Sur le repli : Robertus ii sol. transiit, debet v d.

Arch. nat., L 895, n° 54.

Échange entre Jean Lambert et Asseline, sa femme, et l'abbaye Saint-Victor, de deux arpents vingt-neuf perches de terre sis aux Fossés, et un arpent et vingt-quatre perches au terroir d'Amblainville, contre trois arpents et demi et trois perches au terroir de la Villeneuve-le-Roy, et approbation donnée à cet échange par Jean des Quartiers et Agnès, sa femme.

Novembre 1259.

Omnibus hec visuris, vicarius Rothomagensis archiepiscopi in Pontisara et in Vulgassino Francie, salutem in Domino. Notum facimus quod, in nostra constituti presencia, Johannes Lamberti et Ascelina, ejus uxor, tunc de parrochia de Amblevilla, Rothomagensis dyocesis, ut dicitur, asseruerunt et recognoverunt quod ipsi habebant, tenebant et possidebant de conquestu suo, facto constante matrimonio inter ipsos, duo arpenta et vigenti novem perticas terre arabilis, sita apud eandem parrochiam, in territorio quod vulgaliter appellatur au Fossez, in dominio et feodo religiosorum virorum abbatis et conventus Sancti Victoris Parisiensis, honerata, ut dicebant, campiparte et decima religiosis predictis. Que duo arpenta et vigenti novem perticas terre, cum omni jure, dominio et proprietate que in eis habebant aut habere poterant quoquomodo, recognoverunt coram nobis se dedisse, perpetuo quitavisse in manu mortua, et eciam dederunt et quitaverunt coram nobis, nomine escambii sive permutationis, supradictis abbati et conventui Sancti Victoris et ecclesie eorumdem, una cum uno arpento et viginti quatuor perticis terre arabilis, site, ut dicebant, in eadem parrochia, in feodo et dominio communi dictorum abbatis et conventus Sancti Victoris et religiosorum virorum abbatis et conventus de Valle Beate Marie ;

quod arpentum et viginti quatuor pertice terre, ut dicebant, fuerunt Johannis, filii Johannis de Quarteriis, et Agnetis, ejus uxoris, minorum, pro tribus arpentis et dimidio et tribus perticis terre arabilis que sepedicti abbas et conventus habebant et possidebant, ut dicitur, in parrochia de Nova Villa Regis, Rothomagensis dyocesis, prope molendinum ad ventum, in dominio et proprietate eorumdem, quitis et liberis a campiparte et decima et alio jure, excepto quod, anno quo dicta terra portat bladum, debetur de eodem blado quod crescit eodem anno in eadem terra dimidia mina bladi ecclesie ejusdem ville. Et promiserunt supradicti Johannes et Acelina, ejus uxor, fide media, quod contra supradictum escambium seu permutationem, per se vel per alium, non venient in futurum, et quod supradicta duo arpenta et viginti novem perticas terre, una cum alio arpento et viginti quatuor perticis superius nominatis, garantizabunt contra omnes et liberabunt in judicio et extra, quociens fuerint requisiti, supradictis abbatis et conventui Sancti Victoris, absque omni censu, honeratione et obligatione, excepta decima et campiparte superius nominatis, necnon et dimidia mina bladi que debetur, ut dicitur, supradictis abbati et conventui de Valle Beate Marie quolibet anno quo portat bladum, et de illo blado quod crescit in illa terra. Insuper voluerunt et concesserunt supradicti Johannes et Acelina quod sepedicti abbas et conventus Sancti Victoris habeant et percipiant perpetuo in manu mortua decimam et campipartem in supradictis tribus arpentis et dimidio et tribus perticis que ipsi abbas et conventus dederant sibi apud dictam Villam Novam Regis, quemadmodum antea percipiebant decimam et campipartem in supradictis duobus arpentis et vigenti novem perticis terre apud Amblevillam, que sepedicti Johannes et Acelina dederunt eisdem nomine escambii sepedicti. Ad hoc sciendum est quod supradictus Johannes, filius Johannis de Quarteriis, et Agnes, ejus uxor, minores, coram nobis constituti, supradictum escambium seu permutacionem, de consensu et voluntate Johannis de Quarteriis, patris dicti Johannis, et Bartholomei, avunculi ipsius Johannis, minoris, et Johannis Lamberti, avunculi ipsius Agnetis, coram nobis presencium, qui juraverunt coram nobis sponte, tactis sacrosanctis evangeliis, quod quitationem et concessionem dicti escambii seu permutationis a dictis Johanne et Acelina, ejus uxore, predictis abbati et conventui Sancti Victoris factas, quas similiter ipsi minores supradictis abbati et conventui Sancti Victoris faciebant, erat *(sic)* propter communem ipsorum minorum utilitatem, voluerunt et concesserunt et promiserunt, fide media, se contra in aliquo non venturos, quitantes et concedentes per eandem fidei dationem, sepedictis abbati et conventui Sancti Victoris, omne jus et dominium, proprietatem et possessionem et quicquid habebant aut habere poterant in arpento et viginti quatuor perticis terre superius nominatis. Preterea sepedicte mulieres, spontanea voluntate, ut asserebant, quitaverunt penitus et expresse coram nobis abbati et conventui sepedictis quicquid juris, possessionis, dominii habebant aut habere poterant in predictis terris, ratione dotis aut donationis propter nupcias, hereditate vel conquestu, aut alio quoquomodo ; promittentes se contra, etc...... Preterea ad hoc sciendum est quod Herbertus de Ultravicinum *(sic)*, de cujus feodo movebat arpentum et vigenti quatuor pertice, ut dicitur, in nostra constitutus presencia, predicto escambio seu permutationi consensum suum prestitit. In cujus rei testimonium, sigillum nostrum presenti scripto, ad instanciam et peticionem dictorum hominum et mulierum, duximus apponendum. Datum anno Domini millesimo ducentesimo quinquagesimo nono, mense novembris.

Arch. nat., S 2071, n° 62.

Amortissement par Herbert d'Outrevoisin et Gautier de la Fontaine, en faveur de l'abbaye Saint-Victor, de ce que celle-ci pourra acquérir dans le fief de Noisement jusqu'à concurrence de dix-sept arpents, ainsi que des acquisitions antérieures.

Février 1259 (1260).

Omnibus presentes inspecturis, Hebertus de Ultravicinis, scutifer, salutem in Domino. Noverit universitas vestra quod ego, de bona voluntate Petronille, uxoris mee, et heredum meorum, concessi et volui viris religiosis abbati et conventui Sancti Victoris Parisiensis quod ipsi abbas et conventus emant in feodo de Noissement, infra metas parrochie de Amblenvilla, usque ad decem et septem arpenta terre arabilis ; volens et etiam concedens quod predictus abbas et conventus teneant et possideant in perpetuo dicta decem et septem arpenta terre arabilis in manu mortua, et omnia alia que in dicto feodo acquisierunt antequam litteras presentes facere concessissem, salva octa[va] parte campipartis dicti feodi de Noissement, que est mea. Et pro hiis omnibus supradictis concedendis, sicut superius expressum est, ego, Herbertus predictus, recepi a dicto abbate et conventu sexaginta solidos parisiensium in pecunia numerata, de quibus me teneo pro pagato. Et ut hoc ratum sit et stabile in perpetuum, ego, predictus Hebertus, presentes litteras sigilli mei munimine roboravi. Ego vero Galterus de Fonte, armiger, secundus dominus dicti feodi, dictam concessionem quam Hebertus de Ultravicinis concessit viris religiosis abbati et conventui Sancti Victoris Parisiensis, volui et concessi et approbavi. Et ad majorem confirmationem, ego Galterus, armiger, ad petitionem dicti Heberti, una cum sigillo suo, presentibus litteris sigillum meum apponere dignum duxi. Actum anno Domini m° cc° l° nono, mense februarii.

Arch. nat., S 2071, n° 61. — Sceaux n°s 2196 et 3132 de l'Inventaire.

Vente par Ancoul d'Amblainville et Agnès, sa femme, à l'abbaye Saint-Victor, de deux arpents de terre sis à Beauchamp, paroisse d'Amblainville.

Février 1259 (1260).

Universis presentes litteras inspecturis, vicarius Rothomagensis archiepiscopi in Pontissara et in Vulgassino Francie, salutem in Domino. Notum facimus quod, in nostra constituti presencia, Anculphus de Amblevilla et Agnes, ejus uxor, tunc de parrochia ejusdem loci, ut dicitur, recognoverunt se vendidisse et penitus dimisisse viris religiosis abbati et conventui Sancti Victoris Parisiensis, pro duodecim libris parisiensium, suis quitis, de quibus tenuerunt se pro pagatis coram nobis, renunciantes omni exceptioni non numerate pecunie, duo arpenta terre arabilis sita, ut dicitur, in jamdicta parrochia, in Bello Campo, juxta terram abbatis et conventus Vallis Beate Marie, Cisterciensis ordinis, ex una parte, et juxta terram Henrici dicti Baillet, ex altera, tenenda et possidenda dictis religiosis Santi Victoris et eorum successoribus in posterum bene et in pace, libere et quiete, et ad faciendum exinde, salvo jure dominico, suam penitus voluntatem. Juraverunt, etc..... In cujus rei testimonium, sigillum nostrum presenti scripto, ad instanciam parcium, salvo jure cujuslibet, duximus apponendum. Datum anno Domini millesimo cc° l° nono, mense februarii. Arch. nat., S 2071, n° 57.

Vente par Jean Lefèvre, d'Amblainville, à l'abbaye Saint-Victor, d'une pièce de terre sise à Beauchamp, paroisse d'Amblainville.

Février 1259 (1260).

Omnibus hec visuris, vicarius Rothomagensis archiepiscopi in Pontisara et in Vulgassino Francie, salutem in Domino. Noveritis quod, in nostra presencia constitutus, Johannes Faber, de Amblenvilla, recognovit se vendidisse et penitus quittavisse, assensu et voluntate Petronille, ejus uxoris, religiosis viris abbati et conventui Sancti Victoris Parisiensis, pro viginti duabus libris et tribus solidis et quatuor denariis parisiensibus, suis quitis, de quibus tenuit se pro pagato coram nobis, renuncians exceptioni pecunie non numerate, unam petiam terre arabilis, sicut se comportat in longo et lato,

sitam, ut dicitur, infra metas parrochie de Amblenvilla, in territorio
de Bello Campo, juxta terram Johannis dicti le Mulot, ex una parte,
et juxta terram Guerini de Croiaco, ex altera, tenendam et habendam
predictis religiosis, abbati et conventui et eorum successoribus,
etc..... In cujus rei testimonium, sigillum nostrum presenti scripto
duximus apponendum. Datum anno Domini millesimo ducentesimo
quinquagesimo nono, mense februarii.

Arch. nat., S 2071, n° 19.

Amortissement par Herbert d'Outrevoisin et Gautier de la Fontaine, en faveur de l'abbaye Saint-Victor, des deux arpents de terre acquis à Ancoul d'Amblainville et de la pièce acquise de Jean Lefevre.

Février 1259 (1260).

Universis presentes litteras inspecturis, vicarius Rothomagensis
archiepiscopi in Pontissara et in Vulgassino Francie, salutem in
Domino. Notum facimus quod, in nostra constituti presencia, Herbertus de Ultravicinum (*sic*), primus dominus territorii de Noissement, et Petronilla, ejus uxor, et Galterus de Fonte, secundus dominus
predicti territorii, et Maria, ejus uxor, de jurisdictione nostra tunc
temporis, ut dicebant, voluerunt et concesserunt quod viri religiosi
abbas et conventus Sancti Victoris Parisiensis teneant et possideant
imperpetuum, ac eorum successores, in manu mortua, duo arpenta
terre arabilis, sita, ut dicitur, in parrochia de Amblevilla, in Bello
Campo, juxta terram abbatis et conventus Vallis Beate Marie, Cisterciensis ordinis, ex una parte, et juxta terram Henrici dicti Baillet,
ex altera ; que quidem duo arpenta terre dicti religiosi emerunt, ut
dicitur, ab Anculfo de Amblevilla et Agnete, ejus uxore ; et quandam
peciam terre arabilis, sitam, ut dicitur, in jamdicta parrochia, juxta
terram Johannis dicti Mulot, ex una parte, et juxta terram Guerini
de Croiaco, ex altera, quam quidem peciam terre dicti religiosi
emerunt, ut dicitur, a Johanne Fabro, de Amblevilla ; volentes et
concedentes coram nobis, tam dictus Herbertus et Petronilla, ejus
uxor, quam dictus Galterus et Maria, ejus uxor, quod dicti religiosi
possint acquirere in feodo de Noissement usque ad duodecim arpenta
terre, et quod ipsi religiosi teneant et possideant in manu mortua
tam acquisita quam acquirenda ab ipsis in dicto feodo, salva campiparte sua, quam dictus Herbertus habet, ut dicitur, in dicto feodo.
Et voluit coram nobis dictus Herbertus quod, si dicti religiosi haberent aliquod impedimentum quod non possent premissa in manu
mortua pacifice tenere, quod ipsi tenerent ac eorum successores
campipartem suam quam habet, ut dicitur, in dicto feodo de Noissement, quousque dicti religiosi possent in manu mortua teneri paci-

fice antedicta, etc...... In cujus rei testimonium, sigillum nostrum presenti scripto, ad instantiam dictorum Herberti, Petronille, ejus uxoris, Galteri et Marie, ejus uxoris, duximus apponendum. Datum anno Domini m° cc° l° nono, mense februarii.

Arch. nat., S 2071, n° 56.

Vente par Anseau de Valmondois, de Pontoise, et Clémence, sa femme, à l'abbaye Saint-Victor, de huit arpents moins sept perches de terre sis paroisse d'Amblainville, au terroir de Noisement.

Mars 1259 (1260).

Universis presentes litteras inspecturis, vicarius Rothomagensis archiepiscopi in Pontissara et in Vulgassino Francie, salutem in Domino. Notum facimus quod, in nostra constitutus presencia, Ansellus dictus de Vallemunda (1), tunc de parrochia Sancti Petri Pontissarensis, ut dicebat, recognovit se vendidisse et penitus dimisisse, de assensu et voluntate Clemencie, ejus uxoris, viris religiosis abbati et conventui Sancti Victoris Parisiensis, pro quinquaginta quinque libris parisiensium et decem solidis parisiensium, suis quitis, de quibus tenuit se pro pagato coram nobis, renuncians omni exceptioni non numerate pecunie, octo arpenta terre arabilis, septem perticis minus, sita, ut dicebat, in parrochia de Ambleinvilla, in teritorio de Noisement, juxta terram Petri dicti de Gaagni, ex una parte, et juxta terram Ivonis de Faiaco, ex altera ; tenenda et habenda dicta octo arpenta terre, septem perticis minus, dictis religiosis ac eorum successoribus imposterum bene et in pace, libere et quiete, et ad faciendam exinde, salvo jure dominico, suam penitus voluntatem. Juraverunt insuper, etc...... In cujus rei testimonium, sigillum nostrum presenti scripto, ad instanciam Anselli et Clemencie, ejus uxoris, antedictorum, duximus apponendum. Datum mense martii, anno Domini millesimo ducentesimo quinquagesimo nono.

Arch. nat., S 2071, n° 54.

Vente par Pétronille Auxbêtes, d'Hénonville, à l'abbaye Saint-Victor, de diverses pièces de terre sises paroisse d'Amblainville, et approbation donnée à cette vente par Robert, son fils, et par Herbert d'Outrevoisin, comme possesseur d'une partie du champart.

Avril 1260.

Universis presentes litteras inspecturis, vicarius Rothomagensis

---

(1) Valmondois, canton de l'Ile-Adam, arrondissement de Pontoise (Seine-et-Oise).

archiepiscopi in Pontisara et in Vulcassino Francie, salutem in Domino. Notum facimus quod, in nostra presentia constituta, Petronilla dicta Aubetes, de Henonvilla, vidua, asseruit coram nobis et recognovit quod ipsa habebat, tenebat et pacifice possidebat in parrochia de Amblainvilla, Rothomagensis dyocesis, quinque arpenta terre arabilis, decem et septem perticis minus, moventia, ut dicebat, de hereditate sua, quorum arpentum et dimidium et viginti duo pertice sita sunt inter terram Theobaldi dicti Flourie et terram Sancti Victoris Parisiensis; item, arpentum et dimidium, decem perticis minus, ad Crucem Ferream, contiguam terre que fuit Asselini de Vaumondois; item, arpentum et dimidium et viginti una pertice au Buissonnet, inter quandam terram Roberto Junioris et quandam terram Sancti Victoris Parisiensis. Item asseruit eadem Petronilla quod tota terra superius nominata sita est in territorio et in feodo de Noisement, quod est commune, ut dicebat, monasterio Vallis Beate Marie et monasterio Beati Victoris Parisiensis, et quod dicta monasteria et Herbertus de Ultravicinis, armiger, habent campipartem in eadem terra, videlicet monasterium Sancti Victoris Parisiensis quartam partem, et monasterium Vallis Beate Marie et dictus Herbertus reliquas partes campipartis. Quam totam terram, sicut superius est nominata et expressa, cum omni jure, dominio et proprietate sua et alio jure, excepta campiparte superius nominata, supradicta Petronilla recognovit et asseruit coram nobis se vendidisse et perpetuo quitavisse religiosis viris abbati et conventui Sancti Victoris Parisiensis et monasterio eorumdem, pro vingenti quinque libris parisiensium, duobus solidis minus, jam sibi solutis, traditis et liberatis in pecunia numerata, sicut dicebat, renuntians penitus et expresse coram nobis exceptioni non numerate pecunie, non tradite, non solute et non liberate. Et promisit eadem Petronilla, fide in manu nostra prestita corporali, quod contra predictam vendicionem et quitacionem, per se vel per alium, non veniet in futurum, et quod dictam terram, cum omni jure suo et dominio, excepta campiparte tantummodo, prout superius est expressum, supradictis abbati et conventui garantizabit et liberabit in judicio et extra contra omnes, et quod nichil juris, nichil proprietatis aut possessionis, ratione hereditatis, conquestus, dotis, donationis propter nuptias, sive doarii, in eadem terra in posterum, per se vel per alium, reclamabit. Ad hoc sciendum est quod Robertus dictus Aubestes, filius dicte Petronille, hanc venditionem laudavit, voluit et concessit coram nobis, promittens, fide in manu nostra prestita corporali, quod contra, per se vel per alium, non veniet in futurum, et quod in supradicta terra nichil juris in posterum reclamabit. Insuper sciendum est quod supradictus Herbertus de Ultravicinis, armiger, et Petronilla, ejus uxor, sepedictam venditionem voluerunt, laudaverunt et concesserunt, et quod supradicti abbas et conventus dictam terram habeant, teneant et possideant perpetuo in manu mortua, sine coactione ponendi extra manum suam, salva sibi tantummodo et successoribus suis portione sibi contingente in campiparte superius nominata; promittentes, fide in manu nostra prestita corporali, se contra in aliquo in posterum non venturos. In cujus rei testimonium, nos, ad petitionem dictarum personarum, presentes litteras fecimus sigillari. Actum anno Domini M° cc° LX°, mense aprili.

Arch. nat., S 2071, n° 49.

Vente par Pierre Hauchepié et Isabelle, sa femme, à l'abbaye Saint-Victor, d'une journée de terre sise à Amblainville, aux Faveris, dans le fief de Noisement.

Avril 1260.

Universis presentes litteras inspecturis, vicarius Rothomagensis archiepiscopi in Pontisara et in Vulcassino Francie, salutem in Domino. Notum facimus quod, coram nobis constituti, Petrus dictus Hauchepie, de Amblainvilla, laicus, et Ysabellis, ejus uxor, asseruerunt et recognoverunt coram nobis se vendidisse et perpetuo quitasse religiosis viris abbati et conventui Sancti Victoris Parisiensis, pro quinquaginta et quinque solidis parisiensium, jam sibi solutis, traditis et liberatis in pecunia numerata, unam journatam terre arabilis, sitam in parrochia de Amblainvilla, Rothomagensis dyocesis, in territorio quod vulgaliter appellatur les Faveriz, in feodo de Noisement, quod est commune, ut dicebatur, monasterio Vallis Beate Marie et monasterio Santi Victoris Parisiensis, quitam et liberam, ut dicebant, ab omni honere, exactione, consuetudine ac coustuma, excepta tantummodo campiparte, que est, ut dicebant, dictorum monasteriorum et Herberti de Ultravicinis, armigeri. Et promiserunt, fide in manu nostra prestita, etc...... In cujus rei testimonium, sigillum nostrum presenti scripto, ad instantiam partium, duximus apponendum. Datum anno Domini M° cc° LX°, mense aprilis.

Arch. nat., S 2071, n° 51.

Vente par Asseline de Pontchermont, d'Amblainville, à l'abbaye du Val, d'une pièce de terre sise devant la porte de Beauvoir.

Mai 1260.

Omnibus hec visuris, vicarius Rothomagensis archiepiscopi in Pontissara et in Vulcassino Francie, salutem in Domino. Notum facimus quod, in nostra constituta presencia, Ascelina de Panchiermont, tunc de parrochia de Amblenvilla, ut dicebat, recognovit se vendidisse et penitus dimisisse, de assensu et voluntate Acone, matris sue, viris religiosis abbati et conventui Vallis Beate Marie, Cisterciensis ordinis, Parisiensis dyocesis, pro quadraginta quinque solidis parisiensium, suis quitis, de quibus tenuit se pro pagata coram nobis, renuncians omni exceptioni non numerate pecunie, quandam peciam terre arabilis sitam, ut dicitur, ante portam de Bellovisu, tenendam et habendam dictis religiosis ac eorum successoribus, etc...... Juraverunt insuper coram nobis dicte Ascelina et Acona, mater ejus, etc....... In cujus rei testimonium, sigillum nostrum presenti scripto, ad instanciam dictarum Asceline et Acone, matris ejus, duximus apponendum. Datum anno Domini millesimo cc° sexagesimo, mense maii. Arch. nat.; S 4170, n° 34.

Donation par Jean du Chêne, aux frères de la Trinité du Foy, de la moitié de ses conquêts et biens meubles et du cinquième de ses immeubles, et par Emmeline, sa femme, de trois pièces de terre au terroir d'Amblainville et d'une maison à Mauny, en se réservant l'usufruit.

Mai 1262.

Omnibus hec visuris, vicarius Rothomagensis archiepiscopi in Pontisara et in Vulcassino Francie, salutem in Domino. Noveritis quod, in nostra presentia constituti, Johannes de Quercu et Emelina, ejus uxor, tunc de parrochia de Ambleinvilla, ut dicebant, donaverunt et penitus concesserunt in puram et perpetuam elemosinam, pro salute animarum eorumdem, domui Sancte Trinitatis de Fayaco, ministro et fratribus in dicta domo Deo servientibus, videlicet dictus Johannes de assensu et voluntate dicte Emeline, medietatem omnium conquestuum ipsum Johannem pro parte sua contingentium, ubicumque sint, et quintam partem hereditatis sue, ubicumque sit et in quibuscunque, et medietatem omnium bonorum mobilium ipsius Johannis, pro parte sua ipsum contingentium, ubicunque sint et de cetero fuerint; et dicta Emelina, de assensu et voluntate dicti Johannis, mariti sui, tres petias terre arabilis, quarum prima vocatur terra des Quarriaus, alia vocatur terra des Haies, et tercia le Courtil de la Mallière, sitas, ut dicitur, in jam dicta parrochia, videlicet prima petia inter terram Theobaldi Chomart, militis, ex una parte, et terram Radulphi Chassart, ex altera; secunda sita est, ut dicitur, inter terram Thome de Henonvilla, ex una parte, et terram dicti militis, ex altera; tercia sita est, ut dicitur, inter terram Agnetis de Malo Nido, ex una parte, et terram dicti Theobaldi, militis, ex altera; item, quandam masuram apud Malni, que vocatur le Cencel de Malni.

Voluerunt insuper et concesserunt dicti Johannes et ejus uxor quod omnes conquestus quos de cetero facient ad dictam domum, ministro et fratribus predictis, post decessum suum, deveniant sine reclamatione aliqua, ita tamen quod ipsi Johannes et ejus uxor in dictis rebus donatis, quoad vixerint, retine[bu]nt usumfructum, et post decessum ipsorum omnia supradicta dicte domui, ministro et fratribus predictis libere revertentur. Promiserunt insuper, fide ab ipsis in manu nostra prestita corporali, dicti Johannes et Emelina, ejus uxor, quod contra hujusmodi donationem et concessionem predictas, per se vel per alios, non venient in futurum, immo eas fideliter observabunt. In cujus rei testimonium, sigillum nostrum presenti scripto, ad instantiam partium, duximus apponendum. Datum anno Domini millesimo ducentesimo sexagesimo secundo, mense mayo.

Arch. nat., S 4266, n° 56.

Vente et amortissement par Raoul de Margicourt, en faveur de l'abbaye Saint-Victor, de cinquante-quatre arpents un quartier et six perches de bois à la Fortelle, paroisse d'Amblainville, moyennant 271 livres et 11 sous parisis, et sous réserve du droit de chasse.

Décembre 1262.

Universis presentes litteras inspecturis, Radulphus de Margecourt, in Vulcasino Francie, miles, salutem in Domino. Notum facio universis quod ego, de assensu et voluntate Beatricis, uxoris mee, vendidi in manu mortua religiosis viris abbati et conventui Sancti Victoris Parisiensis et ecclesie eorumdem, pro ducentis sexaginta undecim libris et undecim solidis parisiensium, michi traditis, solutis et numeratis in pecunia numerata, et de quibus teneo me bene pro pagato, et quitavi atque quito perpetuo quinquaginta et quatuor arpenta et unum quarterium et sex perticas nemoris sive bosci, ad perticam regis, cum toto fundo, sita in parrochia de Amblenvilla, in Vulcasino Francie, subtus villam, in feodo nobilis viri Girardi de Valengouiart, scutiferi, movencia de hereditate mea propria, quita et libera ab omni censu et obligatione, usuario, exactione, consuetudine ac coustuma, excepta venatione tantummodo que appellatur vulgariter chace; quod nemus vulgaliter appellatur la Foretele. Et promisi, fide prestita corporali in manu religiosi viri abbatis Sancti Victoris predicti, ac etiam promitto, per eandem fideidationem et legittima stipulatione interjecta, quod contra hujusmodi venditionem, per me vel per alium, non veniam in futurum, et quod supradicta quinquaginta quatuor arpenta et unum quarterium et sex perticas nemoris sive bosci, cum toto fundo, dominio, proprietate ac possessione ac jure quolibet ac pertinenciis universis, supradictis abbati et conventui et ecclesie eorumdem habenda, tenenda et possidenda perpetuo in manu mortua, ad perticam supradictam, garantizabo et liberabo in judicio et extra contra omnes, quotiens ex parte dictorum abbatis et conventus fuero, etiam verbo tenus, requisitus, nichil proprietatis, nichil possessionis, [nichil dominii, aut cujuslibet] alterius juris, michi aut heredibus meis sive succesoribus quibuscumque retinens in eisdem. Et hec omnia et singula suscripta promisi ac promitto, per stipulationem legittimam et suprascriptam fideidationem, me legittime, integre et plenarie observaturum et adimpleturum, et contra in aliquo non venturum, heredes meos universos et quoslibet successores meos ad omnia et singula suprascripta tenenda, observanda et adimplenda obligans, et volens ac constituens manere penitus obligatos. In cujus rei testimonium, presentes litteras sigilli mei caractere sigillatas tradidi abbati et conventui memoratis. Datum anno Domini millesimo ducentesimo sexagesimo secundo, mense decembri.   Arch. nat., S 2071, n° 48.

Amortissement par Girard de Vallangoujard, en faveur de l'abbaye Saint-Victor, de dix-huit arpents de terre à la Couture de la Fortelle, et de cinquante-quatre arpents un quartier et six perches de bois sis au terroir d'Amblainville, acquis de Simon de Nesle et de Raoul de Margicourt.

Décembre 1262.

Universis presentes litteras inspecturis, Girardus de Valengouiart, in Vulcassino Francie, scutifer, salutem in Domino. Notum facio universis quod ego volui et volo, concessi et concedo quod religiosi viri abbas et conventus Sancti Victoris Parisiensis et ecclesia eorumdem habeant, teneant et perpetuo possideant in manu mortua, et sine coactione ponendi extra manum suam, decem et octo arpennos terre arabilis sitos apud Ambleinvillam, Rothomagensis dyocesis, in feodo meo quod immediate teneo a rege Francorum, in duabus peciis, quarum una sita est juxta quoddam nemus quod communiter appellatur la Foretele, et que pecia vulgaliter appellatur la Couture de la Foretele, et continet, ut dicitur, quatuordecim et dimidium arpennos terre; reliqua vero pecia sita est apud Ambleinvillam, inter Carneules et la Foretele, et continet, ut dicitur, tres arpennos et dimidium terre. Quos decem et octo arpennos terre Symon, filius domini Yvonis de Nacle, quondam militis, armiger, et Agnes, ejus uxor, vendiderunt in manu mortua supradictis abbati et conventui et ecclesie eorumdem.

Item volui et volo, concessi et concedo quod predicti abbas et conventus et ecclesia Sancti Victoris predicti habeant, teneant et possideant perpetuo in manu mortua, et sine coactione ponendi extra manum suam, quinquaginta et quatuor arpenta et unum quarterium et sex perticas, ad perticam regis, nemoris sive bosci, sita apud eandem Amblainvillam in una pecia, in feodo meo quod similiter immediate teneo a domino rege Francorum; que siquidem quinquaginta et quatuor arpenta et unum quarterium et sex perticas nemoris sive bosci dominus Radulphus de Margecort, miles, vendidit abbati et conventui memoratis et ecclesie eorumdem, in mortua manu. Et quittavi ac quitto sepedictis abbati et conventui et ecclesie eorumdem omne jus feodi quod in predictis terris et nemore sive bosco habebam et habere poteram quoquo modo, et omne dominium ac etiam omnem possessionem, et quicquid aliud juris habebam aut habere poteram, vel ad me pertinebat vel pertinere poterat quoquo modo in premissis, exceptis tantummodo alta justicia et bassa, hoc tamen salvo ipsis abbati et conventui et ecclesie eorumdem quod ipsi possint supradictam terram et nemus sive boscum tenere, vendere, donare et commutare vel alio modo alienare quibuscumque aut cuicumque loco vel persone voluerint, in manu mortua, et salvo etiam ipsis abbati et conventui et ecclesie eorumdem quod, si invenerint aliquem vel aliquos incidentem vel incidentes in nemore supradicto preter consensum ipsorum, aut animalia aliqua depascentia in ipso nemore, aut etiam in segetibus supradicte terre, quod eos et ea possint capere et detinere quousque eis fuerit de dampno plenarie satisfactum. Et promisi per fideidationem, ac etiam promitto, legitima stipulatione interposita, quod contra premissa vel aliquod de premissis, per me vel per alium, non veniam in futurum, et quod nichil juris feodalis vel alterius, nichil dominii, nichil proprietatis aut cujuscumque alterius rei in premissis, per me vel alium, in posterum reclamabo, exceptis tantummodo justitia alta et bassa supradictis, et quod, tanquam primus dominus feodi, predictas terras et boscum sive nemus predictis abbati et conventui et ecclesie memorate garantizabo in judicio et extra, quociens fuero requisitus, contra omnes qui in supradictis terris et bosco sive nemore, ratione domini primi feodi, jus aliquod vel dominium in posterum reclamabunt. Et pro hiis omnibus tenendis, servandis et adimplendis, supradictus dominus Radulfus de Margecort, in Vulcassino Francie, miles, dedit et concessit michi et heredibus meis quicquid idem Radulfus et omnes fratres sui et sorores habebant aut habere poterant in tota terra que fuit domini Nevelonis de Behervilla, militis, necnon et in toto feodo de Behervilla supradicta, eo quod idem Radulfus tenebatur procurare et efficere erga me ut vellem et promitterem dictos abbatem et conventum et ecclesiam suam habere, tenere et possidere supradictas terras et boscum sive nemus in feodo meo, in manu mortua et sine coactione ponendi extra manum suam. Promitto etiam quod, si contigerit me mutare sigillum meum, cum fuero miles, consimiles litteras sub eadem forma sub sigillo mutato tradam abbati et conventui predictis et ecclesie eorumdem super premissis. In cujus rei testimonium et munimen, presentes litteras sigilli mei quod ad presens habeo tanquam scutifer caractere feci sigillari. Datum anno Domini millesimo ducentesimo sexagesimo secundo, mense decembri.

Arch. nat., S 2071, n° 4. — Sceau n° 3805 de l'Inventaire.

Vente et amortissement par Raoul de Margicourt et Béatrice, sa femme, en faveur de l'abbaye Saint-Victor, de cinquante-quatre arpents un quartier et six perches de bois à la Fortelle, paroisse d'Amblainville, et approbation donnée à cette vente par Thibaut, Jean et Pierre de Margicourt, ses frères.

Mars 1262 (1263).

Omnibus hec visuris, officialis Rothomagensis, salutem in Domino. Notum facimus quod, in nostra presentia constituti, dominus Radulfus de Margicourt, in Vulcasino Francie, miles, et Beatrix, uxor ejus, recognoverunt et asseruerunt quod ipsi habebant, tenebant et possidebant apud Ambleinvillam, in eodem Vulcasino, subtus eamdem villam, quinquaginta quatuor arpenta unum quarterium et sex perticas nemoris seu bosci, ad perticam regis, etc..... Ad hoc sciendum est quod Theobaldus, Johannes et Petrus, fratres dicti domini Radulfi, predictam venditionem et quitationem et omnia alia et singula suprascripta laudaverunt, voluerunt et concesserunt perpetuo in manu mortua, promittentes se contra in aliquo, per se vel per alium, non venturos in futurum, fide in manu nostra prestita corporali, nec etiam se in predicto nemore seu bosco jus aliquod aut dominium aut proprietatem aut possessionem aut aliquid aliud in posterum reclamaturos aut petituros; quitantes penitus et expresse per eamdem fideidationem, ac prefatis abbati et conventui et eorum ecclesie, perpetuo in manu mortua, quicquid juris, quicquid dominii, quicquid proprietatis, quicquid possessionis in predicto nemore vel bosco habebant aut habere poterant quoquomodo. In cujus rei testimonium, nos, ad petitionem dictarum personarum, presentes litteras sigilli curie nostre Rothomagensis caractere fecimus communiri. Datum anno Domini millesimo ducentesimo sexagesimo secundo, mense martio.

Arch. nat., S 2071, n° 47.

*Amortissement par Girard de Vallangoujard, en faveur de l'abbaye
Saint-Victor, de cinquante-quatre arpents un quartier et six
perches de bois sis au terroir d'Amblainville et vendus à l'abbaye par Raoul de Margicourt.*

Mars 1262 (1263).

Omnibus hec visuris, officialis Rothomagensis, salutem in Domino.
Notum facimus quod, in nostra presentia constitutus, nobilis vir
Girardus de Valengouiart, in Vulcassino Francie, armiger, recognovit et asseruit quod dominus Radulfus de Margicourt, in eodem
Vulcassino, miles, et Beatrix, ejus uxor, vendiderant et quitaverant
perpetuo in manu mortua religiosis viris abbati et conventui Sancti
Victoris Parisiensis et ecclesie eorumdem quinquaginta quatuor
arpenta, unum quarterium et sex perticas nemoris sive boschi, ad
perticam regis, cum toto fundo et proprietate, sita apud Amblainvillam, in predicto Vulcassino, subtus eamdem villam, moventia, ut
idem nobilis asserebat, de feodo ipsius primo loco. Quas venditionem
et quitationem idem nobilis laudavit et voluit coram nobis, concedens expresse quod supradicti abbas et conventus et eorum ecclesia
habeant, teneant et possideant in feodo suo supradicta quinquaginta quatuor arpenta unum quarterium et sex perticas nemoris sive
bosci in manu mortua perpetuo, sine coactione ponendi ea extra manum suam. Et promisit, fide in manu nostra prestita corporali, quod
contra hujusmodi *(sic)*, per se vel per alium, non veniet in futurum,
necnon et quod garantizabit in feodo suo, tanquam primus dominus
feodi, dictis abbati et conventui et ecclesie sue, dictum nemus sive
boscum, et liberabit ad usus et consuetudines patrie perpetuo contra
omnes qui, ratione primi domini feodi, in dicto nemore sive bosco jus
aliquod reclamabunt aut etiam vendicabunt ; recognoscens et asse-
rens coram nobis se ob hujusmodi *(sic)* recepisse et habuisse a predictis Radulfo et Beatrice, ejus uxore, competentem et legittimam recompensationem. Retinuit tamen idem nobilis sibi et successoribus
suis altam et bassam justiciam in nemore memorato, hoc excepto
quod nec ipse nec successores sui poterunt dictos abbatem et conventum vel ecclesiam eorum compellere ad ponendum extra manum
mortuam dictum nemus, sicut superius est expressum, nec jus aliud
reclamare. Voluit tamen expresse coram nobis dictus nobilis et
concessit quod, si serviens dictorum abbatis et conventus qui pro
tempore dictum nemus custodierit, invenerit aliquem vel aliquos
incidentem vel incidentes in nemore memorato, sive aliqua animalia
depascentia ipsum nemus, quod ille serviens possit, propria auctoritate dictorum abbatis et conventus hujusmodi, incidentem vel inci-

dentes ac animalia capere et detinere, quousque fuerit eisdem abbati
et conventui de dampno plenarie satisfactum. In cujus rei testimonium, nos, ad petitionem dicti armigeri, presentes litteras sigillo
curie nostre Rothomagensis fecimus communiri. Datum anno Domini millesimo ducentesimo sexagesimo secundo, mense martio.

Arch. nat., S 2071, n° 6.

*Approbation donnée par Agnès et Béatrice de Margicourt à la
vente faite par Raoul, leur frère, à l'abbaye Saint-Victor, de
cinquante-quatre arpents un quartier et six perches de bois
sis à la Fortelle, paroisse d'Amblainville.*

Avril 1263.

Omnibus hec visuris, vicarius Rothomagensis archiepiscopi in
Pontisara et in Vulcassino Francie, salutem in Domino. Notum facimus universis quod, in nostra presentia constitute, Agnes et Beatrix,
sorores germane, recognoverunt et assuerunt quod dominus Radulphus de Margicourt, in Vulcassino Francie, miles, frater germanus
earumdem Agnetis et Beatricis sororum, et Beatrix, uxor ejusdem
Radulphi, vendiderant et quitaverant perpetuo in manu mortua religiosis viris abbati et conventui Sancti Victoris Parisiensis et ecclesie
eorumdem, pro ducentis sexaginta undecim libris et undecim solidis
parisiensium, jam dictis Radulpho et ejus uxori solutis, traditis et
numeratis in pecunia numerata, computabili et legali, prout ipse
sorores asserebant, quinquaginta quatuor arpenta unum quarterium
et sex perticas nemoris sive bosci, ad perticam regis, cum toto fundo,
moventia de propria et communi hereditate ipsarum sororum et
predicti Radulphi, fratris eorumdem, sita apud Ambleinvillam, in
Vulcassino predicto, in feodo nobilis viri Girardi de Valengouiart,
armigeri. Quas siquidem venditionem et quitationem nemoris ive
bosci superius nominati supradicte Agnes et Beatrix sorores expresse
voluerunt, laudaverunt et concesserunt coram nobis, ac ratas habuerunt, profitentes quod hec faciebant non coacte, set spontanea
voluntate, necnon et quod supradictus Radulphus, frater earumdem,
satisfecerat eisdem sororibus et assignaverat eisdem legitimam recompensationem pro portione ipsas contingente in nemore supra-
scripto. Et promiserunt supradicte Agnes et Beatrix, sorores, fide in
manu nostra prestita corporali, quod contra premissa vel aliquid de
premissis, per se vel per alium, non venient in futurum, et quod in
predicto nemore sive bosco, vel ejus pertinentiis, nichil juris, nichil
dominii, nichil proprietatis, nichil possessionis vel alicujus alterius
juris aut detentionis, ratione hereditatis, successionis sive escasure,
conquestus, dotis, dotalicii sive doarii aut donationis propter nup-

tias, aut alia quacunque ex causa vel ratione, de cetero in posterum, per se vel per alium, reclamabunt, quittantes penitus et expresse per eandem fideidationem supradictis abbati et conventui et ecclesie eorumdem, ex hoc nunc in perpetuum, in manu mortua, sine retractione aliqua, omne jus, omne dominium, omnem proprietatem, omnem possessionem et detentionem quamlibet, necnon et omnia alia juris et facti que habebant et habere poterant ex causis superius nominatis, aut alio quoquomodo, in sepedicto nemore et in pertinentiis ejusdem, nichil juris et facti quod exprimi posset sibi aut suis successoribus retinentes. In cujus rei testimonium sigillum nostrum presenti scripto, ad instantiam partium, duximus apponendum. Datum anno Domini millesimo ducentesimo sexagesimo tercio, mense aprili.   Arch. nat., S 2071, n° 46.

Amortissement par Girard de Vallangoujard, en faveur de l'abbaye Saint-Victor, de dix-huit arpents de terre à la Couture de la Fortelle, vendus à l'abbaye par Simon de Nesle.

Février 1263 (1264).

Universis presentes litteras inspecturis, Girardus de Valle Engouiart, in Vulcassino Francie, scutifer, salutem. Notum facio universis quod ego volui et volo, concessi et irrevocabiliter concedo quod religiosi viri abbas et conventus Sancti Victoris Parisiensis et ecclesia eorumdem habeant, teneant et perpetuo possideant in manu mortua, et sine coactione ponendi extra manum suam, decem et octo arpennos terre arabilis sitos apud Ambleinvillam, Rothomagensis dyocesis, in feodo meo quod immediate teneo a domino rege Francorum, in duabus peciis, quarum una sita est juxta quoddam nemus quod communiter appellatur la Foretele; que pecia vulgariter appellatur la Cousture de la Foretele et continet, ut dicitur, quatuordecim et dimidium arpennos terre, reliqua vero pecia sita est apud eandem Ambleinvillam, inter Carneules et la Foretele, et continet, ut dicitur, tres arpennos et dimidium terre; quos decem et octo arpennos terre Symon, filius domini Yvonis de Naele, quondam militis, armiger, et Agnes, ejus uxor, vendiderunt in manu mortua supradictis abbati et conventui et ecclesie eorumdem. Et quittavi, etc...... Hoc tamen semper salvo ipsis abbati et conventui et ecclesie eorumdem quod, si invenerint aliqua animalia depascentia in segitibus *(sic)* supradicte terre, vel aliquos incidentes ipsas segetes vel messes preter consensum ipsorum, quod ea vel eos possint capere et detinere, quousque eis fuerit de dampno plenarie satisfactum. Et promisi, etc...... Promitto etiam quod, si contigerit me mutare sigillum meum quod tanquam scutifer habeo in presenti, cum fuero, Domino concedente, miles, consimiles presentibus et in eadem forma litteras, sub sigillo mutato, tradam abbati et conventui sepefatis. In cujus rei testimonium et munimen, presentes litteras feci sigilli mei caractere communiri. Datum anno Domini millesimo ducentesimo sexagesimo tertio, mense februario.

Arch. nat., S 2071, n° 8. — Sceau n° 3806 de l'Inventaire.

Confirmation par le roi Louis IX de l'amortissement fait par Girard de Vallangoujard, en faveur de l'abbaye Saint-Victor, de cinquante-quatre arpents un quartier et six perches de bois au terroir d'Amblainville.

Février 1263 (1264).

Ludovicus, Dei gratia Francorum rex. Notum facimus universis, tam presentibus quam futuris, quod nos litteras Girardi de Valle Engouiart, in Vulcassino Francie, scutiferi, vidimus in hec verba (1) : « Universis presentes litteras inspecturis, Girardus de Valle Engouiart...... Datum anno Domini millesimo ducentesimo sexagesimo tertio, mense februario. » Nos autem, ad petitionem dicti Girardi, supradicta omnia, prout superius continentur, volumus et rata habemus, quantum in nobis est, et ea auctoritate regia confirmamus, concedentes quod prefati abbas et conventus eadem in manu mortua teneant in perpetuum pacifice et quiete, salvo in aliis jure nostro ac jure etiam in omnibus alieno. Quod ut ratum et stabile permaneat in futurum, presentibus litteris nostrum fecimus apponi sigillum. Actum Parisius, anno Domini millesimo ducentesimo sexagesimo tertio, mense februario. Arch. nat., S 2071, n° 8.

Vente par Jean de Margicourt à Raoul, son frère, de toutes ses propriétés, cens, moulins, terres et bois, sis tant à Margicourt qu'à Amblainville, sauf la part qui doit lui revenir de la dot de dame Hodierne.

Janvier 1264 (1265).

Ego Johannes de Margicort, armiger, notum facio omnibus presentes litteras inspecturis quod ego vendidi et penitus quitavi domino Radulpho de Margicort, militi, fratri meo, et domine Beatrici, ejus uxori, et eorum heredibus, pro quinquaginta libris parisiensium, michi a dicto Radulpho, fratre meo, milite, in pecunia nume-

---

(1) Arch. nat., S 2071, n° 5.

rata plene et integre persolutis, totam illam hereditatem quam ego habebam apud Margicort et apud Amblainvillam, ubicumque sit, tam ad campos quam ad villam, videlicet in censibus, terris arabilibus, molendino de Claquest, in nemoribus, in feodis et in omnibus aliis, ubicumque sint, excepta illa porcione que michi debet devenire post decessum domine Odierne racione dotis quam ipsa habet apud Margicort; [promittens,] fide mea prestita corporali, quod in omnibus venditis premissis, seu in aliquo premissorum, nichil per me de cetero reclamabo, nec per alium faciam reclamari, neque predictos Radulphum, militem, nec ejus uxorem, nec eorum heredes, super hoc molestabo, nec faciam molestari coram aliquo judice ecclesiastico seu civili, et eciam excepto escheamento quod ex parte fratrum et sororum mearum ad me posset devenire in futurum. Quod ut ratum sit et stabile, presentem paginam predictis Radulpho, militi, et ejus uxori, ac eorum heredibus, tradidi, sigilli meo sigillatum. Datum anno Domini M° CC₀ sexagesimo quarto, mense januario.

Arch. nat., S 2071, n° 18.

Amortissement par Thibaut de Lormaisons, écuyer, en faveur de la Trinité du Fay, de quatre jugera sis près du bois dit le Quenese.

Septembre 1265.

Universis presentes litteras inspecturis, ego Theobaldus, armiger, de Lupidibus (1), salutem. Noverint universi quod ego volo et concedo quod fratres ordinis Sancte Trinitatis de Fayaco teneant et in perpetuum possideant in manu mortua de me et heredibus meis quatuor jugera terre arabilis in territorio de Amblevilla, sita juxta nemus quod vocatur le Quenese, que predicta jugera terre arabilis Theobaldus de Andeleaco tenebat de me in feodum. Ego vero predictus Theobaldus et heredes mei tenemur predictis fratribus predicta jugera defendere et garantisare contra omnes, ad usus et consuetudines patrie. Et quod istud sit gratum et firmum et irrevocabile, presens scriptum sigilli mei munimine roboravi. Actum anno Domini M° CC° LX° V°, mense septembris (2).

Archives de Seine-et-Oise. — Saint-Martin de Pontoise, prieuré d'Amblainville, liasse 3, copie du XIV° siècle.

---

(1) Ailleurs : *Lupidomibus* (fév. 1266).

(2) Février 1266; Amortissement de *Theobaldus de Andeliaco, armiger*.

Confirmation par Guillaume de Bervílle de la donation faite par Thibaut Chomart, du Fay, aux frères de la Trinité du Fay, de la dîme de la terre du Clos, sise devant la porte de la ministrerie.

30 décembre 1265.

Notum sit omnibus, tam presentibus quam futuris, quod ego Guillelmus de Behervilla, armiger, volo, concedo et approbo, ob remedium anime mee et Margarete, uxoris mee, et heredum meorum et antecessorum meorum, [quod] illam decimam quam Theobaldus dictus Chomart, miles, de Fayaco, dedit et concessit, ob remedium anime sue et Beatricis, uxoris sue, et antecessorum suorum, fratribus Sancte Trinitatis et Captivorum de Fayaco, quam decimam predictus Theobaldus, miles, percipiebat annuatim super terram que vocatur le Clos, inf[ra] portam predictorum fratrum, in manu mortua quiete et pacifice possideant. Et ut hec elemosi[na] predicta dictis fratribus inconcussa permaneat, ego predictus Guillelmus de Behervilla, armiger, dominus supradicte decime, de assensu et voluntate Margarete, uxoris mee, et heredum meorum, presens scriptum sigilli mei munimine roboravi. Actum anno Domini M° CC° LX° V°, feria IIII° post Nativitatem Domini.   Arch. nat., S 4166, n° 59.

Abandon par Girard de Vallangoujard et damoiselle Jeanne, sa femme, aux frères de la Trinité du Fay, du champart de trente jugera de terre que les frères tenaient d'eux aux paroisses d'Amblainville et de la Villeneuve, en retour de quoi les frères leur ont abandonné quarante mines de blé qu'ils prenaient dans la grange d'Amblainville.

Décembre 1265.

Omnibus hec visuris, ego Girardus de Valle Engouiardi, armiger, et ego domicella Johanna, ejus uxor, salutem in Domino. Notum facimus universis quod nos triginta jugera terre quos fratres ordinis Sancte Trinitatis de Fayaco tenebant de nobis, sita in parrochia de Amblevile et in parrochia de Novavilla domini Regis, in perpetuam elemosinam, in qua campipartem ab ipsis religiosis percipiebamus annuatim, eisdem fratribus concessimus in perpetuam elemosinam, et omnino relinquimus, et in manu mortua ponimus, ita quod predicti fratres et eorum successores dicta triginta jugera terre teneant et possideant in perpetuum, absque redditu et exactione ac censu nobis, seu heredibus nostris, reddendis, in perpetuum, libere et quiete. Et nos [antedictis] religiosis predicta tringinta jugera terre et campipartem tenemur deffendere et garantizare contra [omnes secundum

usus] patrie, ad custus nostros et expensas proprias, quocienscunque..... fratres voluerint et sibi..... Pro quitacione, donatione,
concessione et garantizatione [predictis] in perpetuum tenendis et
firmiter [observandis, predicti] religiosi quadraginta minas bladi
campipartis, quas ipsi percipiebant annuatim in granchia nostra de
Amblevilla, eisdem collatas in perpetuam elemosinam a Girardo de
Valle Engouiardi, milite, et Theobaldo de Valle Engouiardi, patre
meo, quondam milite, et Johanna, ejus uxore, nobis et heredibus
nostris quitaverunt in perpetuum et penitus remiserunt, ita quod de
eis nichil reclamabunt in futurum. Et ut hoc firmum et ratum habeatur in perpetuum, ego Girardus predictus et ego domicella Johanna,
ejus uxor, dictam cartam fecimus et dictis religiosis tradidimus, sigillorum nostrorum munimine roboratam. Datum anno Domini millesimo
ducentesimo sexagesimo quinto, mense decembri.

Arch. nat., S 4266, n° 60.

*Vidimus d'un acte passé par-devant le vicaire de l'archevêque de
Rouen, à Pontoise, aux termes duquel Simon de Dampont et
Isabelle, sa femme, veuve de Jean Charbonnel, comme tuteurs de
Pierre Charbonnel, son fils, permettent à maître Bernier, d'Amblainville, et aux autres exécuteurs testamentaires dudit défunt, de prendre une rente de trente sous sur les revenus laissés
par ce dernier, pour l'exécution de divers legs faits par lui à
l'abbaye du Val, à l'église et à la fabrique d'Amblainville, etc.*

20 octobre 1266.

Universis presentes litteras inspecturis, vicarius Rothomagensis
archiepiscopi in Pontisara et in Vulgassino Francie, salutem in Domino. Notum facimus quod nos, anno Domini millesimo cc° lx^{mo}
sexto, die martis post festum beate Luce euvangeliste, quasdam litteras sigillo curie nostre sigillatas vidimus, sub forma que sequitur :
« Universis presentes litteras inspecturis, vicarius Rothomagensis
archiepiscopi in Pontisara et in Vulgassino Francie, salutem in Domino. Noveritis quod, in nostra presentia constituti, Simon de Dan-
noponte, miles, et domina Ysabellis, ejus uxor, relicta deffuncti Johannis Charbonnel, quondam armigeri, habentes in tutela sua, ut
dicebant, Petrum, heredem dicti defuncti, impuberem, voluerunt et
concesserunt coram nobis quod magister Bernerus de Ambleinvilla
et alii executores testamenti dicti defuncti habeant triginta solidos
parisiensium annui census, percipiendos et habendos annuatim in
crastino Sancti Remigii super omnibus censibus qui fuerunt dicti
defuncti sitis apud Sendeucort in feodo Radulphi de Margicuria,
militis, distribuendos et assignandos a dictis executoribus personis

et locis infrascriptis, videlicet : monasterio Vallis Beate Marie, Cisterciensis ordinis, Parisiensis diocesis, decem solidos parisiensium; ecclesie parrochiali de Amblevilla, quinque solidos, et matriculariis dicte ecclesie, quinque solidos parisiensium; prioratui Sancti Petri de Ambleivilla, quinque solidos parisiensium, et Trinitati de Faiaco, quinque solidos ; pro quinta parte hereditatis dicti defuncti quam per manus dictorum executorum dictus defunctus distrahi seu vendi preceperat et precium inde redacturum in pios usus converti ; tali modo seu condicione in dicta concessione adjecto a dicto Simone, quod dictus Petrus, cum ad etatem legitimam pervenerit, reddat dicto Simoni viginti libras parisiensium, nomine expensarum, pro eo quod idem Simon procuravit dictos triginta solidos haberi et teneri in manu mortua in futurum ; adjecto etiam quod, si dictus Petrus infra etatem legitimam decesserit, heredes dicti Petri teneantur dicto Simoni vel ejus heredibus, extunc post mortem ipsius Petri, dictas viginti libras solvere pro dictis expensis. Quos triginta solidos censuales dicti Simon et Ysabellis promiserunt coram nobis se dictis personis et locis assignaturos et reddituros, salvis dicto Simoni dictis viginti libris, sub conditione et modo predictis, item etiam quod dictus Simon vel ejus heredes possint tenere et habere dictam quintam partem quousque ipsi vel ejus heredibus fuerit de dictis viginti libris satisfactum. In cujus rei testimonium, presenti scripto sigillum nostrum, ad instantiam parcium, duximus apponendum. Datum anno Domini millesimo cc° sexagesimo quinto, die sabbati in festo sanctorum Jachobi et Christofori (1). » Quod autem vidimus hoc testificamur. Arch. nat., S 4170, n° 28.

Vente par Raoul de Margicourt et Béatrice, sa femme, à l'abbaye Saint-Victor, de seize arpents moins un quartier de bois, dans la forêt de Carnelle, et quatre arpents moins huit perches de terre près de ladite forêt, paroisse d'Amblainville.

Juillet 1268.

Universis presentes litteras inspecturis, vicarius Rothomagensis archiepiscopi in Pontissara et in Vulgassino Francie, salutem in Domino. Notum facimus quod, in nostra presentia constituti, dominus Radulphus de Margicourt, in Vulgassino Francie, miles, et Beatricia, ejus uxor, recognoverunt et asseruerunt quod ipsi habebant, tenebant et possidebant in parochia de Amblevilla, in eodem Vulgassino, sexdecim arpenta nemoris sive bosci, uno quarterio minus, ad perticam domini regis, sita in propinquiori parte ville, quod ne-

---

(1) Le 25 juillet 1265.

mus sive boscus appellatur de Guerneulle, cum toto fundo, moventia de propria hereditate dicti Radulphi, ut asserebant, quita et libera ab omni obligatione et censu, usuario et servitute prediali et personali, in feodo viri nobilis Girardi de Valle Engouiardi, armigeri; item, quatuor arpenta terre arabilis, octo perticis minus, ad perticam predictam, quorum duo movent de feodo dicti Girardi, contigua dicto nemori; que siquidem sexdecim arpenta nemoris sive bosci, uno quarterio minus, ad perticam predictam, predicti Radulphus et Beatricia, ejus uxor, recognoverunt et asseruerunt coram nobis se vendidisse et perpetuo in manu mortua quitavisse religiosis viris abbati et conventui Santi Victoris Parisiensis et ecclesie eorumdem, cum toto fundo, dominio, proprietate, possessione, juridictione et justicia, et aliis pertinentiis suis universis, cum supradictis quatuor arpentis, octo perticis minus, pro sexaginta et sexdecim libris parisiensium jam sibi solutis, traditis et liberatis in pecunia numerata, computabili et legali, prout ipsi asserebant, et de quibus tenuerunt se pro pagatis coram nobis, renunciantes exceptioni non numerate pecunie, non tradite, non solute et non liberate. Et promiserunt dicti Radulphus et Beatricia, ejus uxor, fide in manu nostra prestita corporali, quod contra hujusmodi venditionem et quitationem, per se vel per alium, non venient in futurum, et quod supradicta sexdecim arpenta nemoris seu bosci et quatuor arpenta terre arabilis supradicta, cum toto fundo, dominio, proprietate, possessione, juridictione, justicia et districtu, cum suis pertinentiis universis, quita et libera ab omni obligatione, censu, usuario et alia servitute qualibet predicta, prediali vel personali; excepta tantummodo alta justicia, et excepta in duobus arpentis de dicta terra dimidia parte campipartis, supradictis abbati et conventui et eorum ecclesie perpetuo in manu mortua garantizabunt ad usus et consuetudines patrie, et liberabunt in judicio et extra, quociescunque ex parte dictorum religiosorum, etiam verbotenus fuerint requisiti, vel etiam alteruter eorumdem, contra omnes preterquam contra dominum regem Francorum; et quod in predicto nemore sive bosco nichil juris, nichil dominii, nichil proprietatis, nichil possessionis aut altorius cujuscumque juris, ratione hereditatis, conquestus, dotis aut doarii, sive donationis propter nuptias, aut alio quocumque modo, per se vel per alium, de cetero reclamabunt. Promisserunt etiam dicti Radulphus et Beatricia quod, si contingerit ipsum nemus sive boscum in toto vel in parte ab aliquo vel ab aliquibus ementi *(sic)*, vel ipsam venditionem retrahi, aut ipsos abbatem et conventum super ipsam vendicionem ab aliquo inquietari, supradictus Radulphus et Beatricia, et uterque eorum in solidum, tenebuntur, fide super hec prestita corporali, restituere totum precium memoratum, vel partem, pro portione emeta *(sic)*, si ipsi abbas et conventus maluerint, cum universis expensis, sumptibus, dampnis et deperditis quas et que ipsos abbatem et conventum ob hoc contigerit facere, incurrere et sustinere. Et ad hec omnia supradicta sepedicti Radulphus et Beatricia, per supradictam fideidationem, se utrumque eorumdem in solidum obligarunt coram nobis, necnon et heredes suos ac quoslibet eorum successores, et voluerunt ac constituerunt manere penitus obligatos. Preterea sciendum est quod, coram magistro Roberto de Montisfer, jurato nostro, ad hec ex certa causa deputato, constituti nobilis vir Girardus de Valle Engeziardi *(sic)*, armiger, et Johanna, ejus uxor, de quorum feodo nemus sive boscus et terra predicta primo loco movent, ut ipsi Girardus et ejus uxor asserebant coram dicto Roberto, supradictas vendicionem et quitacionem voluerunt, laudaverunt et consenserunt, concedentes et consentientes quod supradicti abbas et conventus et ecclesia eorumdem habeant, teneant et possideant perpetuo in manu mortua, sine coactione vendendi aut extra manum mortuam ponendi, in feodo suo, supradicta sexdecim arpenta nemoris sive bosci et duo arpenta terre arabilis de supradictis quatuor arpentis, promittentes, fide data in manu dicti Roberti, quod contra premissa, per se vel per alium, non venient in futurum, imo quod etiam garentizabunt eisdem religiosis et ecclesie eorumdem perpetuo in manu mortua, sine occasione ponendi extra manum suam, tanquam primi domini feodi, supradictum nemus sive boscum, cum dictis duobus arpentis de terra supradicta, et liberabunt ad usus et consuetudines patrie perpetuo contra omnes qui, ratione primi domini feodi, in dicto nemore sive bosco et dictis duobus arpentis terre arabilis jus aliquod reclamabunt aut etiam vendicabunt; recognoscentes et asserentes coram dicto Roberto se ob hujusmodi *(sic)* recepisse et habuisse a sepedictis Radulpho et Beatricia, ejus uxore, competentem et legitimam compensationem. In cujus rei testimonium, presentibus litteris sigillum curie Pontissarensis dignum duximus apponendum. Datum anno Domini M° CC° sexagesimo octavo, mense julii.

Arch. nat., S 2071, n° 16.

Approbation donnée à la vente qui précède par Raoul de Margicourt et Girard de Vallangoujard.

28 juillet 1268.

Universis presentes litteras inspecturis, ego dominus Radulphus de Margicourt, miles, et ego Girardus de Vallengouiart, armiger, Rothomagensis diocesis, salutem in Domino. Notum fieri volumus, tam presentibus quam futuris, quod nos vendicionem, quitationem, laudationem et concessionem, ac omnia alia et singula contenta et expressa in litteris vicarii Rothomagensis in Pontisara et in Vulcassino Francie, in quibus presentes littere nostre sunt annexe, prout in eisdem litteris vicarii continentur et exprimuntur, volumus et concedimus, et etiam voluimus et concessimus, tam coram ipso vicario quam coram Roberto, ejus clerico jurato, ad hoc ab ipso specialiter destinato, prout in supradictis litteris continetur, et promittimus bona fide nos contra in aliquo in posterum non venturos. In quorum testimonium et perpetuam rei memoriam, sigillum suum proprium quilibet nostrum, prout sua interest, presentibus litteris duximus apponendum. Datum anno Domini m° cc° sexagesimo octavo, die sabbati post festum beate Marie Magdalene.

Arch. nat., S 2071, n° 17.

Vente par Jean de Valmondois et Béatrice, sa femme, à l'abbaye Saint-Victor, de quatorze arpents de bois près de la forêt de Carnelle, paroisse d'Amblainville.

16 octobre 1268.

Universis presentes litteras inspecturis, vicarius Rothomagensis archiepiscopi in Pontissara et in Vulgassino Francie, salutem in Domino. Noveritis quod, in nostra presentia constituti, Johannes de Vaumondeais, armiger, filius quondam Anselli Rencol, et Beatricia, ejus uxor, recognoverunt et asseruerunt quod ipsi habebant, tenebant et possidebant quatuordecim arpenta nemoris in parochia de Amblevilla, etc...... In cujus rei, etc....... Actum anno Domini millesimo ducentesimo sexagesimo octavo, mense octobris, die martis ante festum beati Luce evangeliste. Arch. nat., S 2071, n° 16.

Vente par Jean de Valmondois et Béatrice, sa femme, à l'abbaye Saint-Victor, de quatorze arpents de bois près de la forêt de Carnelle, paroisse d'Amblainville.

17 octobre 1268.

Universis presentes litteras inspecturis, ego Johannes de Vaumondais, armiger, filius Anselli dicti Rancoul, et Beatricia, uxor mea, salutem in Domino. Notum fieri volumus nos vendidisse et perpetuo quitavisse religiosis viris abbati et conventui Sancti Victoris Parisiensis et ecclesie eorumdem quatuordecim arpenta nemoris que habebamus et possidebamus de hereditate mei Beatricie, sita in parrochia de Amblevilla, Rothomagensis dyocesis, in propinquiori parte ville, contigua nemori ipsorum abbatis et conventus, quod nemus dicitur Quernelles, moventia primo loco de feodo domini Radulphi de Majoricuria, militis, et Beatricie, ejus uxoris, et secundo loco de feodo Girardi de Vallengouiart, armigeri, quita et libera ab omni censu, obligatione, usuario et servitute prediali et personali, ad perticam domini regis Francie, cum omni jure suo, dominio, proprietate, juridictione et justicia et aliis pertinentiis suis universis, pro quinquaginta libris parisiensium, jam nobis solutis, traditis et liberatis in pecunia numerata, exceptioni dicte pecunie non solute in hoc facto penitus et expresse renunciantes. Et promittimus bona fide, spontanei, non coacti, quod contra venditionem et quitationem hujusmodi, per nos vel per alios, non veniemus in futurum, hecnon et quod dictum nemus, videlicet dicta quatuordecim arpenta, cum omni jure suo, dominio, proprietate, possessione et aliis suis pertinentiis universis, excepta tantummodo alta justicia, supradictis religiosis et ecclesie eorumdem perpetuo in manu mortua garantizabimus ad usus et consuetudines patrie, et libera[bi]mus in judicio et extra, quocienscumque ex parte dictorum religiosorum, etiam verbotenus, fuerimus requisiti, contra omnes preterquam contra dominum regem Francorum, nichil juris, nichil dominii, proprietatis et possessionis aut alterius juris in predictis quatuordecim arpentis nemoris nobis et successoribus nostris imposterum retinentes. Pro qua garentizia et liberatione, ut dictum est, eisdem religiosis ferenda, nos et omnia bona nostra, et heredes nostros, et successores quoslibet, quilibet in solidum obligamus et volumus manere obligatos. Preterea sciendum est quod ego Radulphus de Margicourt, miles, superius nominatus, et Beatricia, uxor mea, de quorum feodo nostro predicta quatuordecim arpenta nemoris movent primo loco, et ego, superius nominatus, Girardus de Vallengoiart, armiger, de cujus feodo predictum nemus secundo loco movet, supradictas venditionem et quitationem volumus et laudamus et acceptamus, concedentes et volentes quod supradicti religiosi et ecclesia eorumdem habeant, teneant et possideant perpetuo in manu mortua, sine coactione vendendi aut extra manum suam ponendi, supradicta quatuordecim arpenta nemoris, promittentes bona fide quod contra premissa, per nos vel per alium, non veniemus in futurum, et quod dicta quatuordecim arpenta nemoris eisdem religiosis et eorum ecclesie garentizabimus perpetuo in manu mortua, sine coactione ponendi extra manum suam, videlicet ego Radulphus et Beatricia, uxor mea, tamquam primi domini feodi, et ego Girardus, tamquam secundus dominus dicti feodi, et liberabimus ad usus et consuetudines patrie contra omnes qui, ratione primi et secundi dominii feodi, in dicto nemore jus aliquod reclamabunt de cetero aut etiam vendicabunt, recognoscentes nos quilibet, pro rata ob hujusmodi, recepisse et habuisse a dictis Johanne de Vaumondais et Beatricia, ejus uxore, competentem et legitimam recompensationem. In cujus rei testimonium et munimen, ego Radulphus et Beatricia, uxor mea, primi domini feodi dicti nemoris, pro me et dicta Beatrice, et ego Gerardus de Vallengoiart, secundus dominus dicti feodi, sigilla nostra, una cum sigillis predictorum Johannis et Beatricie, uxoris sue, presentibus litteris apposuimus. Datum anno Domini millesimo cc° sexagesimo octavo, die mercurii in vigilia beati Luce euvangeliste.

Arch. nat., S 2071, n° 14. — Sceau n° 3818 de l'Inventaire.

Vente par Pierre de Margicourt, à l'abbaye Saint-Victor, de trois arpents de terre sis aux Faveriz, paroisse d'Amblainville.

Novembre 1268.

Universis presentes litteras inspecturis, vicarius Rothomagensis archiepiscopi in Pontissara et in Vulgassino Francie, salutem in Domino. Noveritis quod, in nostra presentia constitutus, Petrus de Margicuria, armiger, filius defuncti Galteri de Margicuria, militis, tunc de parochia de Aronvilla, ut dicebat, recognovit se vendidisse et perpetuo quitavisse religiosis viris abbati et conventui Sancti Victoris Parisiensis ac eorum monasterio, pro duodecim libris parisiensium, sibi quitis, de quibus se tenuit coram nobis pro pagato, renuncians exceptioni non numerate pecunie, non tradite, non solute, tria arpenta terre arabilis sita in parochia de Amblenvilla, in territorio quod vocatur les Faveriz, inter terram Johannis des Quartiers et terram Petri dicti Le Herbergier, tenenda et habenda dictis religiosis ac eorum monasterio bene, pacifice et quiete, et [ad] ex nunc suam faciendam penitus voluntatem. Juravit insuper dictus Petrus, tactis sacrosanctis evangeliis, quod in dictis tribus arpentis, etc....... Preterea, in nostra presentia constitutus, Theobaldus dictus Florie, qui habet octavam partem campipartis dictorum trium arpentorum, ut dicebat, dictam venditionem voluit et acceptavit, et concessit quod dicti religiosi dicta tria arpenta teneant in manu mortua, et promisit fide media quod contra hujusmodi venditionem, acceptationem et concessionem non veniet in futurum, salva dicto Theobaldo predicta campiparte. In cujus rei testimonium, sigillum curie nostre presentibus litteris duximus apponendum. Datum anno Domini M° cc° LX° octavo, mense novembri.

Arch. nat., S 2071, n° 12.

Vente par Mathilde des Quartiers, de la Villeneuve-le-Roy, à l'abbaye Saint-Victor, de sept quartiers de terre sis au terroir d'Amblainville, près la terre des lépreux, et approbation donnée à cette vente par Thibaut Florie, comme possesseur du huitième du champart de la terre.

31 décembre 1268.

Universis presentes litteras inspecturis, vicarius Rothomagensis archiepiscopi in Pontisara et in Vulgassino Francie, salutem in Domino. Notum facimus quod, in nostra presentia constituta, Matildis dicta des Quartiers, vidua, tunc de parrochia de Villa Nova Regis, ut dicebat, recognovit se vendidisse et penitus quitasse abbati et conventui Sancti Victoris Parisiensis, pro septem libris parisiensium, de quibus tenuit se coram nobis pro pagata, renuncians omni exceptioni non numerate pecunie et non recepte, unam peciam terre continentem septem quarteria terre, sitam in territorio de Amblevilla, ut dicitur, inter terram leprosorum de Amblevilla, ex una parte, et terram dictorum religiosorum, abbatis et conventus, ex altera, que pecia terre movet de feodo de Nuisement, ut dicitur, tenendam et habendam dictis religiosis et eorum successoribus, vel ab ipsis causam habentibus, imposterum, bene et pacifice, libere et quiete, et ad faciendum exinde, salvo jure dominico, suam penitus voluntatem. Juravit insuper dicta Matildis, tactis sacrosanctis euvangeliis coram nobis, quod in dicta pecia terre, ratione dotis, donationis propter nuptias, hereditatis, conquestus, elemosine, vel quacumque alia ratione, per se vel per alium, nichil de cetero reclamabit, et quod dictos religiosos et eorum successores vel ab ipsis causam habentes, coram aliquo judice ecclesiastico vel seculari, super premissis, per se vel per alium, nullatenus molestabit, immo dictis religiosis et eorum successoribus vel ab ipsis causam habentibus dictam peciam terre contra omnes garantizabit et deffendet. Preterea Theobaldus dictus Florie, in nostra presentia constitutus, qui dictus Theobaldus habet octavam partem campipartis dicte pecie terre, dictam venditionem dicte terre voluit, concessit et ratam habuit, salva campiparte sua predicta, et promisit fide media quod contra hujusmodi venditionem et quitationem non veniet in futurum. In cujus rei testimonium presenti scripto sigillum curie Pontisarensis, ad instanciam parcium, duximus apponendum. Datum anno Domini millesimo cc° lx° octavo, die lune post Nativitatem Domini.

Arch. nat., S 2071, n° 10.

Donation par Jean le Prévôt, de Sandricourt, à l'abbaye du Val, de tous les droits de propriété ou autres qu'il avait sur diverses terres à Amblainville et à Beauvoir.

4 janvier 1268 (1269).

Universis presentes litteras inspecturis, vicarius Rothomagensis archiepiscopi in Pontissara et in Vulgassino Francie, salutem in Domino. Noveritis quod, in nostra presentia constitutus, Johannes, filius quondam Guillelmi dicti Prepositi, de Sendecuria, presente ad hoc procuratore ad causas et negotia religiosorum virorum abbatis et conventus Vallis Beate Marie, Cisterciensis ordinis, Parisiensis dyocesis, asseruit coram nobis quod ipse habebat et possidebat, tamquam suas, res inferius conscriptas, videlicet : totam decimam de decem et octo jugeribus terre arabilis; medietatem campipartis dictorum jugerum et medietatem cujusdam exactionis seu consuetudinis que vulgaliter vocatur dona, apud villam de Ambleinvilla, infra metas cujus parochie seu ville sita est, ut dicitur, dicta terra, et medietatem totius dominii dictorum jugerum, ut dicitur, consistentis in quibusdam exactionibus seu consuetudinibus que vende relevagia, sesine apud dictam villam vulgaliter appellantur; item, octo minas annui redditus, tam bladi quam avene, uno quarterio minus, sexta parte bosselli minus, quas percipiebat dictus Johannes, ut dicebat, annuatim in crastino Sancti Remigii, in granchia dictorum religiosorum sita, ut dicitur, apud locum qui dicitur Bellumvidere; item, quartam partem decime et campipartis de terra que vocatur les Murgiers, quem redditum et quam quartam partem decime et campipartis dictus Johannes tenebat, ut dicebat, a magistro Philipo de Ambleinvilla; item, novem jugera terre sita apud locum qui dicitur Forel, et alia quatuor jugera terre, quorum duo sita sunt in cauda nemoris domini de Sendecuria, et alia duo juxta terras dictorum religiosorum, sita prope dictum nemus. Que omnia supradicta dictus Johannes monasterio dicte Vallis et religiosis predictis dedit et contulit liberaliter coram nobis, ipsis religiosis et dicto monasterio possidenda imperpetuum et habenda, promittens, fide media in manu nostra ab ipso prestita, quod contra donationem seu collationem predictas, per se vel per alium, non veniet in futurum. Item promisit dictus Johannes dicto procuratori, nomine procuratorio predicto, fide media, se curaturum et facturum quod dicti religiosi dictam decimam de dictis decem et octo jugeribus terre, medietatem dicte consuetudinis que vocatur dona, et medietatem dominii illius terre, in vendis, sesinis et rebus aliis consistentis, imperpetuum possidebunt et habebunt, sub tali tenore seu modo qui manus mortua vulgaliter appellatur. Et quantum ad hec omnia observanda et firmiter tenenda, dictus Johannes se supposuit juridictioni curie nostre, ubicunque ipsum transferi contingeret. In cujus rei testimonium, sigillum curie nostre presenti scripto, ad peticionem dictorum Johannis et procuratoris, duximus apponendum. Datum anno Domini M° CC° LX° octavo, mense januario, et die veneris ante Epiphaniam Domini. — *Sur le repli :* Coll. Matheus. xx d.

Arch. nat., S 4171, n° 20.

Amortissement par Agnès de Marquemont et Pierre de Gaigny, en faveur de l'abbaye Saint-Victor, de deux arpents de terre sis paroisse d'Amblainville, auprès du bois de Carnelle, acquis de Raoul de Margicourt.

Janvier 1268 (1269).

Universis presentes litteras inspecturis, ego Agnes de Marquemont, vidua, et ego Petrus de Gaigni, armiger, salutem in Domino. Notum facimus quod nos venditionem et quitationem quam dominus Radulphus de Margicourt, miles, et Beatrix, ejus uxor, fecerunt religiosis viris abbati et conventui Sancti Victoris Parisiensis et ecclesie eorumdem, de duobus arpentis terre arabilis sitis in parrochia de Amblevilla, juxta nemus quod dicitur Quarneulle, a propinquiori parte ville, que quidem duo arpenta terre movent, videlicet de feodo mei Agnetis, primo loco, et de feodo mei Petri, secundo loco, volumus et concedimus, videlicet ego Agnes, tanquam primus dominus feodi, et ego Petrus, tanquam secundus dominus feodi ; et quod supradicti religiosi et ecclesia eorumdem habeant, teneant et possideant dicta duo arpenta in manu mortua, absque coactione vendendi aut extra manum suam ponendi. Et promittimus bona fide quod contra premissa, per nos vel per alium, de cetero non veniemus in futurum, et quod dicta duo arpenta eisdem religiosis perpetuo in manu mortua, absque coactione ponendi extra manum suam, videlicet ego Agnes, tamquam primus dominus feodi, et ego Petrus, tamquam secundus dominus feodi, garentizabimus et liberabimus ad usus et consuetudines patrie contra omnes qui, ratione primi et secundi dominii feodi, in dictis duobus arpentis terre possent aliquid reclamare. In cujus rei testimonium, sigilla nostra presentibus litteris duximus apponenda. Datum anno Domini millesimo cc° LX° octavo, mense januario.

Arch. nat., S 2071, n° 53. — Sceau n° 2721 de l'Inventaire.

Vente par Simon de Margicourt, à l'abbaye Saint-Victor, d'un arpent et demi et six perches de terre dans la paroisse d'Amblainville, et approbation donnée à cette vente par Thibaut Florie, comme possesseur du huitième du champart de la terre.

20 avril 1269.

Universis presentes litteras inspecturis, vicarius Rothomagensis archiepiscopi in Pontissara et in Vulgassino Francie, salutem in Domino. Noveritis quod, in nostra presentia constitutus, Symon, quondam filius defuncti Guillelmi de Margicurte, armigeri, recognovit se vendidisse et in perpetuum quitavisse religiosis viris abbati et conventui Sancti Victoris Parisiensis, pro sex libris et quinque solidis parisiensium, de quibus se tenuit plenarie coram nobis pro pagato, renuncians exceptioni non numerate pecunie, non tradite, non solute, quoddam arpentum et dimidium et sex perquas terre arrabilis, sitas in parochia de Ambleinvilla, inter terram Eustachii de Chemino, ex una parte, et terram filii Roberti dicti Legouz, tenendum et habendum dictis religiosis et eorum monasterio pacifice et quiete, et ad faciendum exinde suam penitus, salvo jure dominico, voluntatem. Juravit insuper dictus Symon, tactis sacrosanctis evangeliis, quod in dicta terra vendita, ratione hereditatis, conquestus, elemosine, seu alia quacumque ratione, sibi competenti seu competitura, nichil de cetero reclamabit, nec dictos religiosos, ratione dicte terre, coram aliquo judice seculari seu ecclesiastico in futurum molestabit, inmo dictis religiosis ac eorum monasterio dictam terram ad usus et consuetudines patrie garantizabit et deffendet. Insuper, in nostra presencia constitutus, Theobaldus Florie, qui habet octavam partem campipartis predicte terre, dictam venditionem sic factam laudat et approbat, salva octava parte sibi campipartis supradicte. In cujus rei testimonium, ad petitionem dictorum Symonis et Theobaldi, sigillum curie nostre presentibus litteris duximus apponendum. Datum anno Domini M° CC° LX° nono, mense aprili, die sabbati ante Cantate. Arch. nat., S 2071, n° 9.

Donation par Simon d'Outrevoisin, écuyer, à l'abbaye du Val, de ses droits de champart et autres à Amblainville, et de deux pièces de terre sises au terroir dudit lieu, qu'il tenait à cens de l'abbaye pour trois deniers.

Avril 1269.

Extrait, Bibl. nat., ms. lat. 5462, p. 181.

Amortissement par Gachon d'Outrevoisin et Marguerite, sa femme, en faveur de l'abbaye du Val, de la dîme et de la moitié du champart et des droits possédés par Jean le Prévôt, de Sandricourt, sur dix-huit jugera de terre sis au terroir du Bruères, dîme et droits qu'il avait donnés à l'abbaye.

Juin 1269.

Ego Gacho de Ultravicino, miles, et Margareta, uxor mea, omnibus hec visuris notum fieri volumus quod nos, de voluntate liberorum nostrorum, volumus et concedimus ut abbas et conventus Vallis Beate Marie, Cisterciensis ordinis, Parisiensis dyocesis, habeant, teneant et possideant in perpetuum in manu mortua, sine coactione vendendi vel extra manum suam ponendi, totam decimam et medietatem campipartis, et medietatem omnium eventionum et proventuum, videlicet ventarum, saisinarum et donorum, que vel quas Johannes Prepositus, de Sandecuria, habebat de decem et octo jugeribus terre sitis in territorio quod dicitur le Brueres, que omnia et singula dictus Johannes tenebat de nobis, et que idem Johannes dictus Prepositus eisdem religiosis in puram et perpetuam elemosinam contulit et legavit; promittentes, pro nobis et successoribus nostris quibuslibet, quod contra dictam elemosinam, per nos vel per alium, non veniemus in futurum, sed hec omnia et singula dictis religiosis, quantum in nobis est, ad usus et consuetudines patrie contra omnes garantizabimus quotiens opus erit. Ego vero Margareta promitto bona fide quod in omnibus premissis et singulis, ratione dotis, dotalicii seu donationis propter nuptias, nichil reclamabo vel faciam de cetero reclamari. In cujus rei testimonium et munimem, presentibus litteris sigilla nostra duximus apponenda. Datum anno Domini M° CC° LX° nono, mense junio.   Arch. nat., S 4170, n° 11.

Amortissement par Gérard de Linières et Mathilde, sa femme, en faveur de l'abbaye du Val, d'un pré à Jouy et de tout ce que les religieux ont à Noisement.

14 octobre 1269.

Omnibus hec visuris, vicarius Rothomagensis archiepiscopi in Pontisara et in Vulgassino Francie, salutem in Domino. Noveritis quod, in nostra presentia constituti, Girardus de Lineriis, armiger, et domina Matildis, ejus uxor, tunc de parochia de Veraudicuria (1), Belvacensis dyocesis, ut dicebant, voluerunt et concesserunt unanimiter quod religiosi viri abbas et conventus Vallis Beate Marie, Cisterciensis ordinis, teneant et possideant in manu mortua de cetero quamdam peciam prati quam dicti religiosi habent et possident apud Joiacum (2), in dyocesi Belvacensi, sitam inter prata dictorum religiosorum, salvis eisdem duodecim denariis annui redditus solvendis in octabis Beati Dyonisi (3); item, quicquid ipsi religiosi acquisierunt in feodo quod vocatur feodum de Noisement, salvis tamen redditibus debitis eisdem domine et armigero ex rebus superius nominatis, et etiam dominiis dictarum rerum; que pratum et feodum movent, ut dicebant, de dominio dicte domine; pro octo libris pari-

---

(1) Vrocourt, canton de Songeons, arrondissement de Beauvais.

(2) Jouy-le-Comte, canton de l'Isle-Adam, arrondissement de Pontoise (Seine-et-Oise).

(3) Le 16 octobre.

siensium, de quibus dicti armiger et domina tenuerunt se coram nobis pro pagatis, renonciantes exceptioni non numerate pecunie et non recepte; tenendas et habendas dictas res a dictis religiosis et eorum successoribus in manu mortua bene et in pace, et ad faciendum exinde, salvo jure alieno, suam penitus voluntatem. Juraverunt insuper dicti Girardus et domina Matildis, ejus uxor, sponte, tactis sacrosanctis evangeliis coram nobis, quod contra hujusmodi concessionem, per se vel per alium, non venient in futurum, nichil juris vel juridictionis in premissis retinentes nisi tantum redditus supradictos. Immo dicta pratum et feodum, quantum ad ipsos pertinet super jure quod in premissis habebant, ad usus et consuetudines patrie garantizabunt et defendent, et, quantum ad hoc, se supposuerunt juridictioni curie nostre, fide media. In cujus rei testimonium, sigillum nostrum presenti scripto, ad instantiam partium, duximus apponendum. Datum anno Domini M° CC° LX° nono, die lune ante festum beati Luce evangeliste.   Arch. nat., L 944.

Donation par Simon d'Outrevoisin, à l'abbaye du Val, de trois arpents de terre à prendre sur une pièce sise au Bois-Renoud.

Février 1269 (1270).

Ego Symon de Ultravicinis, miles, omnibus hec visuris notum facio quod, ob remedium anime mee et omnium antecessorum meorum, quando iter arripui ad partes transmarinas, dedi et contuli in puram et perpetuam elemosinam abbati et conventui Vallis Beate Marie, Cisterciensis ordinis, Parisiensis dyocesis, tria arpenta terre arabilis capienda in quadam pecia quam habeo in loco qui dicitur Nemus Renoudi, contigua semite que ducit de Corcellis (1) apud Meru, percipienda a dictis religiosis in dicta pecia ex illa parte quam sibi viderint expedire; volens et concedens ut dicti religiosi dicta tria arpenta habeant, teneant et possideant imperpetuum in manu mortua, sine coactione vendendi, distrahendi vel extra manum suam ponendi; promittens bona fide, pro me et successoribus meis quibuslibet, quod contra donationem predictam, per me vel per alium, non veniam in futurum, sed dictis religiosis debitam garandisiam portabo quociens opus erit. Et quia dicta tria arpenta terre movent de feodo et dominio domini Gachonis, militis, fratris mei, ad preces et instantiam meam, dictam donationem voluit, laudavit et concessit, et presenti carte, una cum sigillo meo, sigillum suum apponere dignum duxit. Datum anno Domini M° CC° LX° nono, mense februarii.   Arch. nat., S 4170, n° 22.

---

(1) Courcelles, commune de Bornel, canton de Méru, arrondissement de Beauvais (Oise).

Bail par l'abbé de Saint-Martin de Pontoise à Mathieu de Neuilly, prêtre, du revenu de la chapelle d'Hamecourt, moyennant une somme annuelle de vingt sous parisis payable au prieur d'Amblainville.

5 septembre 1270.

Universis presentes litteras inspecturis, vicarius Rothomagensis archiepiscopi in Pontisara et in Vulgassino Francie, salutem in Domino. Noveritis quod, cum capella de Hemecuria, in Vulgassino Francie constituta, curam animarum non habens, spectet ad domum seu prioratum de Amblenvilla, membrum monasterii Sancti Martini Pontisarensis, cum perceptione fructuum, obventionum, exituum et reddituum ejusdem capelle, absque diminucione qualibet, in qua capella priores qui pro tempore fuerant in dicto prioratu consueverant hactenus divinum officium celebrare, prout Matheus, presbiter, dictus de Nulliaco, in nostra presentia constitutus, asserebat, idem Matheus, in eadem presentia nostra, recognovit quod religiosi viri abbas et conventus dicti monasterii, considerata hutilitate dicti prioratus, fructus, obventiones, exitus et redditus ad dictam capellam spectantes racione dicti prioratus tradiderant et concesserant dicto Matheo, tenendos, habendos et possidendos eodem nomine firme, quamdiu vixerit, pro vigenti solidis parisiensium, priori qui pro tempore erit in dicto prioratu solvendis a dicto Matheo, singulis annis, ad festum sancti Remigii, nomine annue pensionis, quam pensionem dictus Matheus, quamdiu vixerit et quamdiu dictam capellam tenebit, promisit se redditurum priori qui pro tempore erit in dicto prioratu, seu mandato ejus, nomine dicte firme, singulis annis, ad terminum supradictum. Promisit etiam coram nobis dictus Matheus quod, secundum quod hactenus consuetum est, in dicta capella, quamdiu eam possidebit, divinum servitium per se vel alium ydoneum faciet deservire. In cujus rei testimonium, nos, ad peticionem dicti Mathei, presentibus litteris sigillum curie Pontisare duximus apponendum. Datum anno Domini millesimo cc° septuagesimo, mense augusti (1), die veneris ante Nativitatem Beate Marie Virginis.

Arch. de Seine-et-Oise : Saint-Martin de Pontoise, prieuré d'Amblainville, liasse 3.

---

(1) Il doit y avoir erreur de mois : la Nativité de la Vierge étant, en 1270, un lundi, le vendredi précédent est le 5 septembre, et le dernier vendredi d'août est le 29.

Vente par Bernard de Frépillon et Jeanne, sa femme, à l'abbaye Saint-Victor, de douze arpents de bois sis paroisse d'Amblainville, au lieu dit Carnelle.

6 novembre 1270.

Universis presentes litteras inspecturis, officialis curie Parisiensis, salutem in Domino. Notum facimus quod, in nostra presentia constituti, Bernardus dictus de Frapellione (1), Parisiensis diocesis, armiger, et domina Johanna, ejus uxor, recognoverunt et confessi fuerunt coram nobis quod ipsi habebant, tenebant et possidebant duodecim arpenta nemoris moventia de hereditate dicte Johanne, ut dicebant, sita apud Amblevillam, Rothomagensis diocesis, sive in parrochia ejusdem ville, in territorio quod dicitur Quernelles, contigua ex una parte nemori abbatis et conventus Sancti Victoris Parisiensis, quod fuit olim Johannis de Vallenmondais, ut dicebant; que siquidem duodecim arpenta nemoris sive silve, cum fundo ipsius nemoris, predicti Bernardus et Johanna, ejus uxor, recognoverunt coram nobis se vendidisse et nomine vendicionis perpetuo quitavisse et concessisse religiosis viris abbati et conventui Sancti Victoris Parisiensis et ecclesie eorumdem, in manu mortua, pro quinquaginta libris parisiensium, jam sibi solutis, traditis et liberatis in pecunia numerata, sicut confessi sunt coram nobis, renunciantes exceptioni non numerate pecunie, non habite et non recepte. Et promiserunt dicti Bernardus et Johanna, ejus uxor, fide data in manu nostra, quod contra vendicionem et quitationem hujusmodi, per se vel per alium, non venient in futurum, necnon et quod dicta duodecim arpenta nemoris, cum fundo suo, dominio, juridictione et justicia que in ipsis habebant aut habere poterant, eisdem religiosis et eorum ecclesie perpetuo in manu mortua, absque coactione ponendi extra manum suam, garentizabunt, liberabunt et deffendent in judicio et extra judicium, ad usus et consuetudines Francie, contra omnes, se et heredes suos et omnia bona sua et heredum suorum, mobilia et immobilia, presentia et futura, eisdem religiosis specialiter obligantes, et voluerunt ad hoc manere obligatos. Ad hec autem sciendum est quod, coram nobis constituti, Johannes de Frapellione, armiger, filius dicti Bernardi, et Agnes, uxor ejus, filia dicte Johanne, Adam dictus de Frischio, et Agnes, ejus uxor, filia similiter prenominate Johanne, supradictas vendicionem et quitationem voluerunt, laudaverunt et concesserunt coram

---

(1) Frépillon, canton de Montmorency, arrondissement de Pontoise (Seine-et-Oise).

nobis, et de non veniendo contra fidem in manu nostra corporaliter prestiterunt, seque plegios in solidum erga dictos religiosos de recta garentisia premissis ferenda fecerunt et constituerunt coram nobis, sub prestita fidei religione. Item ad hoc sciendum est quod, in nostra presencia constitutus, Girardus de Vallengoujart, armiger, de cujus feodo dictum nemus movere dicitur primo loco, ut dicebat idem Girardus, coram nobis voluit quod supradicti religiosi et eorum ecclesia dicta duodecim arpenta nemoris, cum fundo et omni alio jure suo, perpetuo teneant in manu mortua, absque coactione ponendi extra manum mortuam, et quantum ad hoc promisit se garentizaturum eisdem religiosis dicta duodecim arpenta nemoris in manu mortua perpetuo possidenda contra omnes illos qui, ratione primi dominii feodi, in dicto nemore possent aliquid de cetero reclamare, et super hoc de non veniendo contra fidem in manu nostra prestitit corporalem. In cujus rei testimonium, sigillum curie Parisiensis presentibus litteris duximus apponendum. Datum anno Domini millesimo ducentesimo septuagesimo, mense novembri, die jovis post festum Omnium Sanctorum. Arch. nat., S 2071, n° 37.

Approbation par Girard de Vallangoujard et Jeanne, sa femme, de la vente faite par Bernard de Frépillon, et Jeanne, sa femme, à l'abbaye Saint-Victor, de douze arpents de bois sis paroisse d'Amblainville, au lieu dit Carnelle.

Novembre 1270.

Universis presentes litteras inspecturis, ego Girardus, dominus de Vallengoujart, armiger, et Johanna, uxor mea, salutem in Domino. Notum fieri volumus quod, cum Bernardus de Frapellione, armiger, et domina Johanna, uxor sua, vendiderunt religiosis viris abbati et conventui Sancti Victoris Parisiensis et eorum ecclesie perpetuo, in manu mortua, duodecim arpenta nemoris sita in parrochia de Amblevilla, in territorio de Quernelles, moventia primo loco de feodo nostro, nos, tanquam primi domini feodi dicti nemoris, supradictam venditionem volumus, laudamus, quitamus pariter et acceptamus, volentes unanimiter et expresse consentientes quod supradicti religiosi et eorum ecclesia teneant perpetuo in manu mortua, sine coactione ponendi extra manum suam, dicta duodecim arpenta nemoris, cum fundo et omni alio jure suo, dominio, proprietate, juridictione et justicia que dicti Bernardus et ejus uxor habebant in eisdem. Et promittimus per fidem nostram et salutem quod contra premissa imposterum nullatenus veniemus, necnon et quod dicta duodecim arpenta nemoris eisdem religiosis perpetuo garentizabimus et liberabimus in manu mortua, sine coactione ponendi extra manum suam, ad usus et consuetudines Francie, contra omnes illos qui, ratione primi dominii feodi, poterunt aliquid in eisdem de cetero reclamare. In cujus rei testimonium et munimen, sigilla nostra presentibus litteris duximus apponenda. Datum anno Domini millesimo cc° septuagesimo, mense novembri.

Arch. nat., S 2071, n° 38. — Sceaux n°^s 3807 et 3808 de l'Inventaire.

Vente par Pierre Auædeniers et Isabelle, sa femme, à Pierre le Vacher, d'une rente annuelle de cinq quartiers de blé et cinq quartiers d'avoine à prendre dans la grange de l'abbaye du Val, à Beauvoir.

3 janvier 1270 (1271).

Universis presentes litteras inspecturis, vicarius Rothomagensis archiepiscopi in Pontisara et in Vulgassino Francie, salutem in Domino. Notum facimus quod, in nostra presencia constituti, Petrus dictus Ad-denarios et Ysabellis, ejus uxor, tunc de parrochia de Amblevilla, ut dicebant, recognoverunt se vendidisse et penitus quitavisse Galtero dicto le Vachiez, pro quinquaginta tribus solidis parisiensium, de quibus tenuerunt se coram nobis pro pagatis, renunciantes omni exceptioni non numerate pecunie et non recepte, quinque quarteria bladi et quinque quarteria aveno annui redditus, que dicti Petrus et Ysabellis dicebant se habere et percipere singulis annis in granchia de Bellovidere, que granchia est abbatis et conventus Vallis Beate Marie, tenenda et habenda dicto Galtero, emptori, et ejus heredibus, vel ab ipsis causam habentibus, imposterum, bene et pacifice, et ad faciendum exinde, salvo jure dominico, suam penitus voluntatem. Juraverunt insuper, etc...... In cujus rei testimonium, presenti scripto sigillum curie Pontisare, ad instantiam partium, duximus apponendum. Datum anno Domini M° cc° septuagesimo, die sabbati ante Epiphaniam Domini. — *Sur le repli :* c. XVII d.

Arch. nat., S 4171, n° 19.

Donation par Simon Bauche, écuyer, de la paroisse d'Amblainville, à l'abbaye du Val, de la part que possédait feu Jean Bauche, son père, dans la dîme et le champart d'Hamecourt, au lieu dit les Murgiers ; il s'engage à procurer la ratification d'Étienne Bauche et de Pierre de Marines, écuyers, seigneurs desdits champart et dîme.

6 juin 1271.

Extrait, Bibl. nat., ms. lat. 5462, p. 182.

*Échange entre l'abbaye Saint-Victor et l'abbaye Notre-Dame-du-
Val du quart du champart de onze arpents et douze perches de
terre à Amblainville, avec les trois quarts du champart de
quatre arpents et demi de vigne au même lieu.*

Juin 1271.

Universis presentes litteras inspecturis, frater Guillermus, dictus abbas Vallis Beate Marie, Cisterciensis ordinis, Parisiensis dyocesis, totusque ejusdem loci conventus, salutem in Domino sempiternam. Notum facimus quod, cum viri religiosi abbas et conventus Sancti Victoris Parisiensis nobis dederint, quitaverint et concesserint quartam partem campipartis quam habebant in octo nostris arpentis sitis in territorio de Amblevilla quod dicitur Bufocart, quorum decima nostra est, item et quartam partem campipartis quam habebant in tribus nostris arpentis et duodecim perticis terre, sitis in eodem territorio versus Coudrai, salva sibi decima quam habent in eisdem tribus arpentis et duodecim perticis supradictis, nos, pensata utilitate ecclesie nostre, in recompensationem premissorum, dedimus et quitavimus supradictis abbati et conventui Sancti Victoris imperpetuum tres partes campipartis quas habebamus et possidebamus super quatuor arpentis et dimidio terre sitis in territorio de Amblevilla, Rothomagensis dyocesis, in quibus de novo homines de Amblevilla, quibus illa dicti religiosi ad censum tradiderunt, vineas plantaverunt. Et promittimus bona fide quod contra premissa, per nos vel per alium, non veniemus in futurum. In cujus rei testimonium, sigillum nostrum presentibus litteris duximus apponendum. Datum anno Domini millesimo ducentesimo septuagesimo primo, mense junio.   Arch. nat., L 875, n° 55.

*Échange entre les abbayes du Val et Saint-Victor des trois quarts
du champart de quatre arpents et demi de terre, plantés en
vigne, au terroir d'Amblainville, contre un quart du champart
de huit arpents au lieu dit Bufocart, et de trois arpents et douze
perches vers le Coudray*

Juin 1271.

Universis presentes litteras inspecturis, frater Petrus (1), humilis abbas Sancti Victoris Parisiensis, totusque ejusdem loci conventus, eternam in Domino salutem. Notum facimus quod, cum religiosi viri abbas et conventus Vallis Beate Marie nobis dederint, quitaverint et concesserint tres partes campipartis quas habebant et possi-

---

(1) Pierre II de Ferrières, abbé de 1251 à 1289.

debant super quatuor arpentis et dimidio terre sitis in territorio de Amblevilla, Rothomagensis diocesis, in quibus de novo homines de Amblevilla, quibus illa ad censum tradidimus, vineas plantaverunt, nos, pensata utilitate ecclesie nostre, in recompensationem premissorum, dedimus et quitavimus supradictis abbati et conventui Vallis Beate Marie, imperpetuum, quartam partem campipartis quam habebamus in octo arpentis ipsorum monachorum sitis in dicto territorio de Amblevilla quod dicitur Bufocart, quorum decima est eorumdem; item et quartam partem campipartis quam habebamus in tribus arpentis et duodecim perticis terre sitis in eodem territorio versus Coudrai, ipsorum monachorum, salva nobis decima quam habemus in eisdem tribus arpentis et duodecim perticis predictis. Et promittimus bona fide quod contra premissa, per nos vel per alium, non veniemus in futurum. In cujus rei testimonium, sigilla nostra presentibus litteris duximus apponenda. Datum anno Domini millesimo cc° septuagesimo primo, mense junio.

Arch. nat., S 4178, n° 7.

Donation par Gautier le Vacher et Gentiane, sa femme, d'Amblainville, à l'abbaye du Val, de onze quartiers de blé et d'avoine qu'ils prenaient chaque année dans la grange des religieux, à Beauvoir.

25 août 1271.

Universis presentes litteras inspecturis, vicarius Rothomagensis archiepiscopi in Pontisara et in Vulgassino Francie, salutem in Domino. Notum facimus quod, in nostra presentia constituti, Galterus dictus le Vachier et Gensciana, ejus uxor, tunc de parrochia de Amblenvilla, ut dicebant, recognoverunt se donavisse et in puram et perpetuam elemosinam concessisse, sine spe revocandi, viris religiosis abbati et conventui Vallis Beate Marie, Parisiensis diocesis, et eorum monasterio, undecim quarterios bladi et avene, scilicet medietatem ipsorum bladi et aliam medietatem avene, quos ipsi dicebant se habere et percipere singulis annis nomine annui redditus in granchia dictorum religiosorum sita apud locum quod dicitur Biauvaair, in parrochia de Amblenvilla, percipiendos et habendos a dictis religiosis et eorum successoribus singulis annis in dicta granchia, et ab ipsis causam habentibus, pacifice, etc...... In cujus rei testimonium, nos, ad instantiam dictorum Galteri et ejus uxoris, presentibus litteris sigillum curie Pontisare duximus apponendum. Datum anno Domini millesimo cc° septuagesimo primo, mense augusti, die martis post festum beati Bartholomei apostoli.

Arch. nat., S 4071, n° 29 (1).

---

(1) Cette pièce n'a pu être retrouvée aux Archives.

*Vente par Yves du Chêne et Odeline, sa femme, à Robert, intendant
de Saint-Victor, de deux arpents et demi de terre sis au terroir d'Amblainville, près du chemin de Méru.*

30 janvier 1271 (1272).

Universis presentes litteras inspecturis, vicarius Rothomagensis archiepiscopi in Pontisara et in Vulgassino Francie, salutem in Domino. Notum facimus quod, in nostra presencia constitutus, Yvo dictus de Quercu et Odelina, ejus uxor, tunc de parrochia de Amblevilla, ut dicebant, recognoverunt se vendidisse et imperpetuum quitavisse Roberto dicto magistro domus Sancti Victoris Parisiensis de Amblevilla, pro undecim libris tribus solidis decem denariis et obolo, de quibus tenuerunt se coram nobis pro pagatis, renunciantes omni exceptioni non numerate pecunie et non recepte, unam peciam terre continentem duo arpenta et dimidium terre, quam dicti Yvo et ejus uxor dicebant se habere et possidere in territorio de Amblevilla, sitam inter terram Sancti Victoris, ex una parte, et terram domini de Meruaco, prope viam per quam itur de Amblevilla apud Meruacum, tenendam et habendam dicto Roberto, emptori, et ejus heredibus vel ab ipsis causam habentibus imposterum, bene et pacifice, et ad faciendum exinde, salvo jure dominico, suam penitus voluntatem. Juraverunt insuper, etc...... Datum anno Domini millesimo cc° LXX° primo, die sabbati ante Purificationem beate Marie Virginis. Arch. nat., S 2071, n° 36.

*Vente par Pierre La Hupe et Ève, sa femme, à Robert, intendant
de l'abbaye Saint-Victor, d'une pièce de terre sise au terroir
d'Amblainville, près du chemin d'Outrevoisin.*

9 avril 1271 (1272).

Universis presentes litteras inspecturis, vicarius Rothomagensis archiepiscopi in Pontisara et in Vulgassino Francie, salutem in Domino. Notum facimus quod, in nostra presencia constituti, Petrus dictus La Hupe et Eva, ejus uxor, tunc de parrochia de Amblevilla, ut dicebant, recognoverunt se vendidisse et imperpetuum quitavisse Roberto, dicto magistro domus Sancti Victoris site apud Ambleinvillam, pro sexaginta uno solidis parisiensium, de quibus tenuerunt se coram nobis pro pagatis, renunciantes omni exceptioni non numerate pecunie et non recepte, unam peciam terre sitam in territorio de Ambleivilla, inter terram domini de Sendeucort, ex una parte, et queminum per quem itur de Ambleivilla apud Ultravicinum, ex altera, tenendam et habendam dicto Roberto, emptori, et ejus heredibus vel ab ipsis causam habentibus imposterum, bene et pacifice, et ad faciendam exinde, salvo jure dominico, suam penitus voluntatem. Juraverunt insuper, etc...... Datum anno Domini M° ducentesimo septuagesimo primo, die sabbati post dominicam qua cantatur Letare Jerusalem. Arch. nat., S 2071, n° 35.

Vente par Jean Cornu et Isabelle, sa femme, de Bornel, à Jean Le Prévôt, de Sandricourt, de six mines et demie d'hivernage et d'avoine, par moitié, à prendre chaque année dans la grange de l'abbaye du Val, à Beauvoir.

20 mai 1272.

Universis presentes litteras inspecturis, vicarius Rothomagensis archiepiscopi in Pontisara et in Vulgassino Francie, salutem in Domino. Notum facimus quod, in nostra presentia constituti, Johannes dictus Cornu et Ysabellis, ejus uxor, tunc de parrochia de Boornel, Belvacensis diocesis, ut dicebant, recognoverunt se vendidisse et in perpetuum quittavisse Johanni dicto Preposito, de Sandeucuria, pro sex libris et decem solidis parisiensium, de quibus tenuerunt se coram nobis plenius pro pagatis, renunciantes exceptioni pecunie, non numerate et non recepte, sex minas et dimidiam, medietatem bladi ybernagii et medietatem avene, quas ipsi dicebant se habere et percipere nomine annui redditus, singulis annis, in granchia abbatis et conventus Vallis Beate Marie, que quidem granchia appellatur, ut dicitur, Biauvaair, tenendas et habendas dicto Johanni et ejus heredibus et ab ipsis causam habentibus nomine annui redditus in dicta granchia pacifice et quiete, et ad faciendum exinde, salvo jure dominico, suam plenarie voluntatem. Juraverunt autem prefati Johannes Cornu et Ysabellis, ejus uxor, venditores, coram nobis, tactis sacrosanctis euvangeliis, voluntate spontanea promittentes quod in dictis sex minis et dimidia, medietate bladi et medietate avene, annui redditus, ratione hereditatis, dotis seu dotalitii, donationis propter nuptias seu quacumque alia ratione, per se, etc..... In cujus rei testimonium, nos presentibus litteris sigillum curie Pontisare duximus apponendum. Datum anno Domini millesimo cc° septuagesimo secundo, mense maio, die veneris post Jubilate. Arch. nat., S 4170, n° 21.

Vente par Guillaume Cœur-de-Roi et Isabelle, sa femme, à l'abbaye du Val, d'une pièce de terre sise au terroir d'Amblainville, près la terre des religieux.

31 mai 1272.

Omnibus hec visuris, vicarius Rothomagensis archiepiscopi in Pontissara et in Vulgassino Francie, salutem in Domino. Noveritis quod, in nostra presencia constituti, Guillelmus dictus Cor-de-Rei et Ysabellis, ejus uxor, tunc de parochia de Umbleinvilla, ut dicebant, recognoverunt se vendidisse et penitus quitavisse religiosis viris abbati et conventui Vallis Beate Marie, pro quindecim solidis parisiensium, suis quitis, de quibus tenuerunt se coram nobis pro pagatis, renunciantes exceptioni non numerate pecunie et non recepte, quandam peciam terre arabilis quam dicebant se habere et possidere in territorio de Umblevilla, sitam inter terram dictorum religiosorum, ex una parte, et terram Rogeri Fabri, ex altera, tenendam et habendam dictis religiosis, eorum successoribus vel ab ipsis causam habentibus, etc...... In cujus rei testimonium, sigillum nostrum presenti scripto, ad instantiam partium, duximus apponendum. Datum anno Domini M° CC° LXX° secundo, mense maio, et die martis ante Ascensionem Domini. Arch. nat., S 4170, n° 27.

Donation par Robert Le Jeune, de la Villeneuve-le-Roy, à l'abbaye Saint-Victor, de quatre jugera de terre sis au Buissonnet, paroisse d'Amblainville, sous réserve de l'usufruit.

9 juin 1273.

Universis presentes litteras inspecturis, vicarius Rothomagensis archiepiscopi in Pontisara et in Vulgassino Francie, salutem in Domino. Notum facimus quod, coram nobis constituti, Robertus dictus Juvenis, de Villa Nova Regis, in Vulgassino, et Heloisis, ejus uxor, recognoverunt et asseruerunt quod ipsi habebant, tenebant et possidebant de conquestu suo facto constante matrimonio inter ipsos quatuor jugera terre arabilis sita in parochia de Amblevilla, in territorio du Buissonet, versus le Fay, contigua ex una parte terre Sancti Victoris et terre familie domine Petronille de Canremi, ex altera; ad campipartem communem Sancti Victoris et de Valle Beate Marie, ut dicebant; que siquidem quatuor jugera terre prenominati Robertus et Heloissis, ejus uxor, recognoverunt coram nobis se dedisse et ex nunc perpetuo concessisse in puram et perpetuam elemosinam religiosis viris abbati et conventui Sancti Victoris Parisiensis et ecclesie eorum, retento solummodo in eisdem dictis Roberto et ejus uxori, vel alteri eorum qui supervixerit, usufructu ; cedentes et transferentes in eosdem religiosos et corum ecclesiam omne jus et dominium, proprietatem et possessionem que in eadem terra habebant aut habere poterant quoquo modo, nichil juris, nichil proprietatis aut possessionis in eadem sibi aut heredibus suis retinentes, preter solum sibi, quoad vixerint, usumfructum predictum ; promittentes fide data quod contra donationem et concessionem hujusmodi, per se vel per alium, non venient in futurum. In cujus rei testimonium sigillum curie Pontisarensis, ad petitionem dictorum Roberti et Heloissis, presenti scripto duximus apponendum. Datum anno Domini M° CC° LXX° tercio, die veneris post Trinitatem estivalem. Arch. nat., S 2071, n° 3J.

Accord passé entre le ministre général de l'ordre de la Trinité et l'abbaye Saint-Victor, au sujet du droit de champart des frères de la Trinité du Fay sur plusieurs terres sises à Amblainville, dont Saint-Victor avait la dîme.

Novembre 1273.

Universis presentes litteras inspecturis, frater Johannes, major minister tocius ordinis Sancte Trinitatis, salutem in Domino. Noverint universi quod, cum inter nos, nomine ministri et fratrum nostrorum domus nostre de Faiaco, Rothomagensis diocesis, ex una parte, et religiosos viros abbatem et conventum Sancti Victoris Parisiensis, ex altera, contentio verteretur super eo videlicet quod dicti religiosi dicebant se habere in parrochia de Amblevilla, Rothomagensis diocesis, totam decimam in toto feodo Guerardi de Vallengouiart ac heredum suorum, sitam in territorio de Amblevilla, ita quod campipartor dominorum de Vallengoiart, qui pro tempore fuerit, singulis annis tractoribus decime Sancti Victoris jurabit quod, quando ibit campipartire, vocabit unum secum de tractoribus dicte decime; quod si nullum commode invenerit, postmodum, quando aliquem illorum invenerit, ei bona fide dicet quantum et ubi receperit de campiparte, ut iidem collectores suam decimam certius colligere valeant ; predictus minister de Faiaco, racione dicte domus sue de Faiaco, aliquam portionem dicte campipartis acquisierit de novo, quam debebat dicto Gerardo de quibusdam terris quas habet in dicta campipartura et in feodo predicto, in quibus terris dicti religiosi decimam habere consueverunt et percipere ab antiquo, prout superius est expressum. Tamdem, super hiis habita deliberatione et addiscentia diligenti, visis et intellectis super hiis dictorum abbatis et conventus usu et prescriptione ac privilegiis percipiendi dictam decimam suam in territorio prenotato, de communi assensu nostro et fratrum nostrorum, volumus et concedimus, ex nunc imposterum, quod minister dicte domus qui pro tempore fuerit apud Faiacum teneatur facere prestari dictis religiosis, singulis annis, aut eorum collectoribus decime in predicta parrochia de Amblevilla, juramentum a servienti suo qui pro tempore fuerit destinatus ad defferendum et levandum guarbas terrarum in quibus de novo campipartem acquisivit, dum tantum idem serviens super hoc fuerit requisitus a dictis religiosis, vel eorum mandato, secundum formam et modum prestandi juramenti a campipartore dicti Gerardi vel heredum ipsius, ut, secundum quod serviens dicti ministri qui prestiterit juramentum detulerit seu levaverit de guarbis dictarum terrarum, secundum eam quantitatem valeat collector decime Sancti Victoris sibi debitam de ipsis terris, in quibus idem minister campipartem acquisivit, recipere decime portionem. Quod ut ratum et stabile permaneat, presenti scripto sigillum nostrum duximus apponendum. Datum die dominica post festum Omnium Sanctorum, anno Domini millesimo cc° septuagesimo tertio, mense novembri.

Arch. nat., L 900, n° 31.

Vente par Nicolas de Campremy et Fleurie, sa femme, à l'abbaye Saint-Victor, de trois arpents quatre perches et trois quarts de terre sis au terroir d'Amblainville, près le chemin du Fay.

30 avril 1275.

Universis presentes litteras inspecturis, vicarius Rothomagensis archiepiscopi in Pontisara et in Vulgassino Francie, salutem in Domino. Noveritis quod, in nostra presentia constituti, Nicholaus de Campo Remigii (1), armiger, et domicella Floria, ejus uxor, recognoverunt se vendidisse et penitus quitavisse, etc. *(Voir la pièce suivante.)* Datum anno Domini M° CC° LXX° quinto, die martis in festo apostolorum Philippi et Jacobi. Arch. nat., S 2071, n° 30.

Vente par Nicolas de Campremy et Fleurie, sa femme, à l'abbaye Saint-Victor, de trois arpents quatre perches et trois quarts de terre sis au terroir d'Amblainville, près du chemin du Fay.

1er mai 1275.

Universis presentes litteras inspecturis, ego Nicholaus de Campo Remigii, armiger, filius quondam defuncte Petronille de Campo Remigii, salutem in Domino. Notum facio universis quod ego et domicella Floria, uxor mea, vendidimus et nomine venditionis perpetuo concessimus religiosis viris abbati et conventui Sancti Victoris Parisiensis et ecclesie eorumdem, pro decem libris et tresdecim solidis et tribus denariis parisiensibus, jam nobis solutis, traditis et liberatis in pecunia numerata, computabili et legali, et de qua pecunia confitemur me et dictam uxorem meam esse bene pagatis *(sic)*, renunciando exceptioni dicte pecunie non habite et non recepte, tria arpenta et quatuor perticas et dimidiam et quartam partem cujusdam pertice terre arabilis, ad perticam regis, que movent de hereditate mea propria, sita in uno tenenti territorio et parochie de Amblevilla, Rothomagensis dyocesis, contigua vie per quam itur

---

(1) Campremy, canton de Froissy, arrondissement de Clermont (Oise).

de Fayaco ad Amblevillam, ex una parte, et terre que fuit domini Gregorii de Campo Remigii, presbiteri, fratris mei, que nunc est Sancti Victoris, ex altera, in decimaria Sancti Victoris et in communi campiparte monasterii Vallis Beate Marie, Theobaldi Florie et Sancti Victoris predicti, moventia de feodo de Noisement. Et promitto bona fide, pro me et dicta uxore mea, quod contra venditionem et concessionem hujusmodi, per me vel per alium, non veniam in futurum, et quod dicta tria arpenta, quatuor perticas et dimidiam et quartam partem unius pertice terre, ad perticam regis, eisdem religiosis et eorum ecclesie garantizabo, liberabo et defendam, quita et libera ab omni alio onere quam a decima et campiparte predictis, meis propriis sumptibus et expensis, in judicio et extra judicium, quocienscumque opus fuerit et super hoc fuero requisitus, ad usus et consuetudines Francie, contra omnes, me et heredes meos ac quoslibet meos successores, et omnia bona mea et heredum meorum, mobilia et immobilia, presencia et futura, in quibuscunque rebus et locis exterint et ad quemque devenient possessorem, ubicunque etiam me transferam, pro dicta garantia ferenda eisdem religiosis obligo, et ad hoc volo me manere, cum predictis bonis et successoribus universis et singulis, obligatum. In cujus rei testimonium et munimen, promitto me daturum eisdem religiosis litteras nomine meo et dicte uxoris mee, sigillo curie Pontisarensis sigillatas et confectas, super venditione et laudatione premissis infra octo dies, et, in memoria rei geste, sigillum meum proprium presentibus litteris propria manu mea est appensum. Datum anno Domini M° CC° LXX° quinto, die mercurii in festo apostolorum Philipi et Jacobi. Arch. nat., S 2071, n° 31.

Vente par Grégoire de Campremy, curé d'Hodenc-en-Bray, à l'abbaye Saint-Victor, de trois arpents quatre perches et trois quarts, sis paroisse d'Amblainville, près du chemin du Fay à Amblainville.

1ᵉʳ mai 1275.

Universis presentes litteras inspecturis, ego Gregorius de Campo Remigii, rector ecclesie Beati Dyonisii de Haudenco in Brayo (1), Rothomagensis dyocesis, salutem in Domino. Notum facio universis me vendidisse et nomine venditionis perpetuo quitavisse religiosis viris abbati et conventui Sancti Victoris Parisiensis et ecclesie eorumdem, pro decem libris et tresdecim solidis et tribus denariis parisiensibus, jam michi solutis, traditis et liberatis in pecunia numerata, computabili et legali, et de qua pecunia confiteor me esse

---

(1) Hodenc-en-Bray, canton du Coudray, arrondissement de Beauvais (Oise).

bene pagatum ab eisdem, renunciando exceptioni dicte pecunie non
numerate, non habite, non tradite et non solute, tria arpenta et quatuor perticas et dimidiam et quartam partem unius pertice terre arabilis, ad perticam regis, sita in uno tenenti in territorio et parochia
de Amblenvilla, Rothomagensis dyocesis, contigua vie per quam
itur de Fayaco ad Amblevillam, ex una parte, et terre que fuit Roberti Legouz et terre Sancti Victoris, ex altera, in decimaria Sancti
Victoris et in communi campiparte monachorum Vallis Beate Marie,
Theobaldi dicti Florie et Sancti Victoris predicti, moventia de feodo
de Noisement, et que habebam et possidebam de hereditate mea
propria. Et promitto, bona fide et stipulatione legitima interjecta,
quod contra venditionem, etc....... Me et heredes meos ac quoslibet
successores meos et omnia bona mea et heredum meorum, mobilia
et immobilia, in quibu[cum]sque rebus et locis extiterint et ad quemcumque devenient possessorem, ubicumque etiam me transferrem,
eisdem religiosis obligo, et ad hec volo specialiter manere me, cum
predictis bonis et successoribus universis et singulis, obligatum. In
cujus rei testimonium et munimen, promitto me daturum eisdem
religiosis litteras curie Pontisarensis confectas super vendicione
predicta infra octo dies, et, in memoriam rei geste, sigillum meum
proprium presentibus litteris est appensum. Datum anno Domini
M° CC° LXX° quinto, die mercurii in festo apostolorum Philipi et
Jacobi.   Arch. nat., S 2071, n° 111. — Sceau n° 7969
                de l'Inventaire.

*Le vicaire de l'archevêque de Rouen à Pontoise et dans le Vexin
        français donne acte de la vente susdite.*

1er mai 1275.

Arch. nat., S 2071, n° 112.

*Vente par Nicolas de Campremy, à l'abbaye du Val, de trois
  arpents quatre perches et demie et un quart de perche de terre
  sis au terroir d'Amblainville, au Belloy.*

1er mai 1275.

Universis presentes litteras inspecturis, ego Nicholaus de Champo
Remigii, armiger, filius quondam defuncte Petronille de Campo
Remigii, salutem in Domino. Notum facio universis quod ego et domicella Floria, uxor mea, vendidimus et nomine venditionis perpetuo
concessimus religiosis viris abbati et conventui Vallis Beate Marie,
Cisterciensis ordinis, Parisiensis dyocesis, pro decem libris et tresdecim solidis et tribus denariis parisiensibus, jam nobis solutis, tra-

ditis et liberatis in pecunia numerata, computabili et legali, et de qua pecunia confiteor me et dictam uxorem meam esse bene pagatos, renunciando exceptioni dicte pecunie non habite, non recepte, tria arpenta, quatuor porticas et dimidiam perticam et quartam partem unius pertice terre arabilis, ad perticam regis, que movent de hereditate mea propria, sita in uno tenenti in territorio et parrochia de Amblainvilla, in cultura de Beellei, in decimaria Sancti Victoris Parisiensis et in communi campiparte monachorum Vallis Beate Marie, Theobaldi dicti Florie et Sancti Victoris predicti, movencia de feodo de Noisement. Et promitto bona fide, pro me et dicta uxore mea, quod contra venditionem, etc...... In cujus rei testimonium et munimen, presentibus litteris sigillum meum apponere dignum duxi. Datum anno Domini M° CC° LXX° quinto, in festorum *(sic)* sanctorum apostolorum Philippi et Jacobi. Arch. nat, S 4171, n° 13.

Le vicaire de l'archevêque de Rouen à Pontoise et dans le Vexin français donne acte de la vente faite par Nicolas de Campremy, à l'abbaye du Val, de trois arpents quatre perches et demie et un quart de perche de terre, sis au terroir d'Amblainville, dans la culture de Bellay. (1).

Mai 1275.

Arch. nat., S 4170, n° 23.

Approbation donnée par Thibaut et Hugues Florie, comme possesseurs du huitième du champart, aux ventes faites à l'abbaye Saint-Victor, par Nicolas et Grégoire de Campremy, de plusieurs pièces de terre sises à Noisement, terroir d'Amblainville.

Mai 1275.

Universis presentes litteras inspecturis, vicarius Rothomagensis archiepiscopi in Pontisara et in Vulgassino Francie, salutem in Domino. Noveritis quod, in nostra presentia constituti, Theobaldus dictus Florie et Hugo, ejus filius, tunc de parochia de Umblenvilla, ut dicebant, voluerunt, laudaverunt et approbaverunt venditiones quarumdam terrarum factas religiosis viris abbati et conventui Sancti Victoris Parisiensis a Nicholao de Campo Remigii, armigero, et Floria, ejus uxore, et a Gregorio de Campo Remigii, presbitero, fratre dicti Nicholai, sitarum apud Amblevillam, in decimaria Sancti Victoris predicti, moventium de feodo de Noisement. Et voluerunt et concesserunt unanimiter coram nobis dicti Theobaldus

---

(1) Cet acte est presque entièrement effacé. Voir une vente semblable faite par les mêmes à Saint-Victor, S 2071, n°s 29-31.

et Hugo, ejus filius, quod ipsi religiosi dictas terras teneant et possideant imperpetum in manu mortua, sine aliqua contradictione ipsorum, excepta octava parte campipartis quam ipsi habent et possident in fructibus singulis annis in dictis terris crescentibus ; et promiserunt fide media dicti Theobaldus et Hugo, ejus filius, quod contra hujusmodi mortificacionem, per se vel per alium, non venient in futurum. Pro qua mortificacione facienda dicti religiosi dederunt dictis Theobaldo et Hugoni, ejus filio, duos solidos et dimidium parisiensium, de quibus tenuerunt se coram nobis pro pagatis, renunciantes exceptioni non numerate pecunie et non recepte. In cujus rei testimonium, sigillum nostrum presenti scripto, ad instanciam partium, duximus apponendum. Datum anno Domini M° cc° LXX° quinto, mense maio. Arch. nat., S 2071, n° 29.

Vente par Thibaut Florie et Hugues, son fils, à l'abbaye du Val, d'un setier d'hivernage que l'abbaye leur devait pour une pièce de terre dite Champ-Bocel.

Mai 1275.

Universis presentes litteras inspecturis, vicarius Rothomagensis archiepiscopi in Pontisara et in Vulgassino Francie, salutem in Domino. Notum facimus quod, in nostra constituti presentia, Theobaldus dictus Flourie et Hugo, ejus filius, recognoverunt se vendidisse et in perpetuum quittavisse viris religiosis abbati et conventui Vallis Beate Marie, Cisterciensis ordinis, Parisiensis dyocesis, pro quatuor libris parisiensium, de qua pecunia dicti Theobaldus et Hugo se tenuerunt coram nobis tempore confectionis presentium pro pagatis, renunciantes exceptioni non numerate pecunie, non habite, penitus et per fidem, videlicet unum sextarium grani, videlicet bladi ybernagii, in quo dicebant predictos religiosos sibi teneri annuatim occasione cujusdam petie terre quam tenent dicti religiosi, que pecia terre appellatur vulgariter Campus Boucelli, possidendum a dictis religiosis in posterum pacifice et absque appositione ipsorum, etc,..... Datum anno Domini millesimo ducentesimo LXX° quinto, mense mayo. Arch. nat., S 4178, n° 5.

Donation par Thibaut Florie, d'Amblainville, à l'abbaye du Val, de la moitié du huitième du champart qu'il avait sur les terres de l'abbaye, au Coudray, dans le fief de Noisment, et de la moitié du huitième des cens de ses vignes d'Amblainville.

1er juillet 1275.

Universis presentes litteras inspecturis, vicarius Rothomagensis archiepiscopi in Pontisara et in Vulgassino Francie, salutem in

Domino. Notum facimus quod, in nostra constitutus presencia, Theobaldus dictus Flourie, de parrochia de Amblenvilla, recognovit se in puram et perpetuam elemosinam donavisse et in perpetuum quitavisse, sine spe revocandi, donacione facta inter vivos, religiosis viris abbati et conventui Vallis Beate Marie, Cisterciensis ordinis, Parisiensis dyocesis, videlicet medietatem octave partis campipartis quam percipiebat annuatim in terris dictorum religiosorum apud Coudreium, in feodo de Noisement, item medietatem octave partis censuum quos percipiebat in vineis suis de Ambleinvilla, moventibus similiter de feodo de Noisemant, etc........ In cujus rei testimonium, ad instanciam dicti Theubaldi, sigillum curie Pontisarensis presentibus duximus apponendum. Datum anno Domini millesimo ducentesimo LXX° quinto, die lune post Nativitatem beati Johannis Baptiste.   Arch. nat., S 4178, n° 9.

Donation par Robert Brissel, de Pomponne, à l'abbaye Saint-Victor, en confirmation d'une donation de diverses pièces de terre à Amblainville et de tous conquêts présents et futurs, sous réserve de l'usufruit et de la disposition d'une somme de vingt livres.

14 juillet 1275.

Universis presentes litteras inspecturis, officialis curie Parisiensis, salutem in Domino. Notum facimus quod, coram nobis constitutus, Robertus dictus Brissel, de Pompona, recognovit et asseruit se, una cum Matildi, sua uxore, post confectionem presentium litterarum hiis presentibus annexarum (1), acquisisse ea que sequuntur, videlicet : in territorio et parrochia de Amblevilla, Rothomagensis diocesis, scilicet unum juger terre arabilis, situm ad bucum de Forestella, in campiparte domini de Vallengouiart; item, septem jugera in valle que dicitur Favez, contigua chemino de Amblevilla ad Meruacum, in campiparte et dominio dominorum du Plaiz ad septimam guerbam ; item, ex alia parte dicte vie, undecim jugera ad campipartem septime guerbe dominorum du Plaiz et Adam de Leumesons ; item, duo jugera sita supra Magnam Vallem, in territorio de Santecourt, in campiparte dominorum de Santecourt ad septimam guerbam ; item, duo jugera supra viam de Chambliaco ad Calvum Montem, contigua terre Johannis dicti Mansefeve, in campiparte domini de Aquabona ad septimam guerbam ; item, subtus ortos de Amblevilla, tria jugera contigua muris Sancti Victoris, in campiparte de Aquabona predicta; item, tria jugera contigua terre Theobaldi Florie et terre Presbiteri, ad viam de Chambliaco, in campiparte Gerardi et Johannis Bauche, ad rectam campipartem ; item, duo jugera sita

---

(1) Donation de diverses terres à Pomponne, novembre 1258 (S 2071, n° 75).

subtus vineas de Santecourt, contigua fovee supra viam de Chambliaco ad Calvum Montem ; item, tria jugera, sita au Paveiz, juxta bordam leprosorum, in campiparte Johannis Fabri et sociorum ejus, ut dicebat; item, in parrochia de Ponpona, etc...... Que omnia et singula supradicta dictus Robertus, confirmans et volens, in quantum poterat et debebat, donum et elemosinam presentibus hiis annexa, dedit et concessit in puram et perpetuam elemosinam, pro remedio anime sue, abbati et conventui Sancti Victoris Parisiensis et ecclesie eorumdem, pro rata ipsum contigente in eisdem, necnon etiam et partem ipsum contingentem in omnibus aliis conquestibus suis, mobilibus et immobilibus, que in presenciarum *(sic)* habet et in futurum postmodum est habiturus, salvo sibi solummodo in eisdem usufructu, et hoc salvo quod ipse Robertus de mobilibus suis poterit capere viginti libras parisiensium ac de eis ordinare pro ultima voluntate sua secundum quod tunc sibi videret expedire, ut dicebat idem Robertus ; coram nobis promittens, fide data in manu nostra, quod contra donationem, etc...... In cujus rei testimonium, ad peticionem dicti Roberti, sigillum curie Parisiensis presentibus litteris duximus apponendum. Datum anno Domini m° cc° septuagesimo quinto, mense julii, die dominica ante festum beati Arnulphi martyris.

Arch. nat., S 2071, n° 74.

Accord passé entre les représentants de la léproserie et de la communauté d'Amblainville et l'abbaye Saint-Victor, sur la dîme du vin dudit lieu.
18 septembre 1275.

Universis presentes litteras inspecturis, vicarius Pontissare et Vulcassini Francie, Rothomagensis dyocesis, vacante sede Rothomagensi, salutem in Domino. Noveritis quod, in nostra presentia constituti, Johannes dictus Faber, Petrus dictus Toispel, Johannes dictus Toiespel, Angeranus dictus de Venencuria, Theobaldus Florie et Johannes dictus le Charon, tunc de parochia Ambleville, ut dicebant, recognoverunt quod contentio fuerat inter leprosos ville de Amblevilla et communitatem dicte ville de Amblevilla, ex una parte, et religiosos viros abbatem et conventum Sancti Victoris Parisiensis, ex altera, super tertiam partem magne decime vinorum crescentium infra metas parochie de Amblevilla antedicte, quam tertiam partem dicte decime dicti leprosi et communitas dicte ville dicebant, nomine dicte leprosarie, ad ipsam leprosariam spectare debere, de consuetudine approbata et diu obtenta, dictis religiosis in contrarium asserentibus. Tandem, post multas altercationes, pro utilitate utriusque partis, de consilio fide dignorum, super dicta contentione compositum fuit inter dictas partes in hunc modum : videlicet quod dicti religiosi darent et reddent *(sic)* dictis leprosis et communitati dicte ville, nomine dicte leprosarie, decem libras parisiensium pro dicta contentione sopienda, et dicti religiosi haberent et imperpetuum possiderent et possideant dictam tertiam partem dicte decime, sine contradictione aliqua dictorum leprosorum et communitatis dicte ville, prout dicti Johannes, Petrus, Johannes, Angeranus, Theobaldus et Johannes faci asseruerunt coram nobis. De quibus decem libris parisiensium dicti laici, nomine dicte leprosarie et communitatis dicte ville, tenuerunt se coram nobis pro pagatis, renunciantes nomine predicto exceptioni non numerate pecunie et non recepte. Et super premissis omnibus et singulis dicti laici, fide media, quilibet eorum in solidum, promiserunt dictos religiosos et eorum successores imperpetuum servare indempnes contra omnes; et quantum ad omnia premissa et singula firmiter tenenda et fideliter adimplenda, dicti laici, se, heredes suos, seu quoslibet alios successores, necnon omnia bona sua, mobilia et immobilia, presentia et futura, ubique sint vel inventa fuerint, obligarunt quilibet eorum in solidum et pro toto ; et quoad hec dicti laici se supposuerunt juridictioni curie Pontisarensis. In cujus rei testimonium, sigillum nostrum presenti scripto, ad instantiam dictorum laicorum, duximus apponendum. Datum anno Domini M° CC° LXX° quinto, die mercurii post festum sancti Martini estivalis. — *Sur le repli :* Matheus, II s. Arch. nat., L 895, n° 56.

Amortissement par Jean, comte du Dammartin, en faveur du prieuré d'Amblainville, d'une vigne sise à Amblainville et d'un hôte mouvant du même fief.

Février 1275 (1276).

Universis presentes litteras inspecturis, Johannes (1), comes de Domno Martino, salutem in Domino. Noveritis quod nos, ob remedium anime nostre, uxoris nostre, parentum et amicorum nostrorum, volumus et concedimus quod prior Sancti Petri de Amblevilla qui modo est, et omnes priores qui post eum fuerint in dicto prioratu, vel omnes qui dictum prioratum tenuerint, habeant, teneant ac pacifice in perpetuum possideant in manu mortua quandam vineam sitam apud Amblevillam, moventem quondam de feodo Johannis de Boubiez, militis, primi domini, Johannis de Sendicuria, dicti Carbonel, armigeri, secundi domini, et nostro, tercii domini, cum quodam hospite, videlicet Johanne Mansefevre, movente de feodo supradicto. Quam vineam, cum dicto hospite, promittimus dicto priori et ejus

---

(1) Jean II de Trie, seigneur de Trie et de Moucy, épousa Alix de Dammartin, sœur de Renaud, comte de Dammartin : P. Anselme, VI, p. 661.

successoribus, seu ab ipsis causam habentibus, garandizare et deffendere contra omnes ; nec poterit dictus prior, vel ejus successores, sive ab ipsis causam habentes, a nobis vel heredibus nostris, sive a nobis causam habentibus, compelli ad vendendum dictam vineam, nec dictum hospitem, vel a manu sua removendum. Quitamus etiam dictum priorem, ejus antecessores, et omnes qui ante eum dictum prioratum tenuerunt, de omnibus debitis, obligationibus, emendis, arreragiis et omnibus aliis in quibus nobis vel antecessoribus nostris tenebantur ratione seu occasione vinee supradicte, mediantibus sex libris parisiensium quas idem prior qui modo est nobis solvit et tradidit in pecunia numerata, et de quibus ipsum et ejus successores quitamus in perpetuum penitus et expresse. In cujus rei testimonium, predictas litteras predicto priori tradidimus, sigillo nostro sigillatas. Datum anno Domini M° CC° septuagesimo quinto, mense februario (1). Arch. de Seine-et-Oise : Saint-Martin de Pontoise, prieuré d'Amblainville, liasse 1.

Vente par Simon de Dampont et Agnès, sa femme, à Robert, intendant de Saint-Victor, d'une pièce de terre sise au terroir du Bois-Renoud, paroisse d'Amblainville.

12 décembre 1276.

Universis presentes litteras inspecturis, vicarius Pontisare et Vulgassini Francie, vacante sede Rothomagensi, salutem in Domino. Noveritis quod, in nostra presentia constituti, Simon de Dampnoponte, miles, et domina Agnes, ejus uxor, tunc de parrochia de Us (2), ut dicebant, recognoverunt se vendidisse et penitus quitavisse Roberto, magistro Sancti Victoris, pro quatuor libris, de quibus tenuerunt se coram nobis pro pagatis, renonciantes exceptioni non numerate pecunie et non recepte, quamdam peciam terre arabilis sitam in territorio de Amblevilla, in territorio de Busco Renoudi, inter terram Sancti Victoris Parisiensis, ex una parte, et terram domini de Sendeucuria, ex altera, tenendam et habendam dicto Roberto, ejus heredibus vel ab ipsis causam habentibus, bene et in pace, et ad faciendum exinde, salvo jure dominico, suam penitus voluntatem. Juraverunt insuper dicti miles et domina, sponte, tactis sacrosantis evangelis coram nobis, quod in dicta pecia terre ven-

---

(1) 1er juin 1258 : donation par Agnès, femme de Jean de Boubiers, chevalier, dit l'Archevêque, à M° Bernier, prieur d'Amblainville, d'un hôte appelé Jean Mansefève. — Novembre 1258 : amortissement par Jean de Sandricourt, sur la demande de Jean de Boubiers, d'une vigne et d'un hôte donnés par lui au prieuré d'Amblainville.

(2) Ws, canton de Marines, arrondissement de Versailles (Seine-et-Oise); Dampont, commune de Ws.

dita, ratione hereditatis, dotis, donationis propter nuptias, conquestus, elemosine, seu quacunque alia ratione, per se vel per alium, nichil de cetero reclamabunt, et quod dictum Robertum, ejus heredes vel ab ipsis causam habentes super premissis, coram aliquo judice ecclesiastico seu etiam seculari, per se vel alium, nullatenus molestabunt; inmo dictam peciam terre venditam dicto Roberto, ejus heredibus vel ab ipsis causam habentibus, ad usus et consuetudines patrie garantizabunt et defendent. In cujus rei testimonium, sigillum nostrum presenti scripto, ad instantiam parcium, duximus apponendum. Datum anno Domini M° CC° LXX° sexto, die sabbati post festum sancti Nicholai hiemalis. Arch. nat., S 2071, n° 28.

Vente par Raoul Favé et Adeline, sa femme, d'Amblainville, à Robert, intendant de Saint-Victor, d'une pièce de terre sise au terroir de Sandricourt, près la terre de la fabrique d'Amblainville.
30 janvier 1276 (1277).

Universis presentes litteras inspecturis, vicarius Pontisare et Vulgassini Francie, vacante sede Rothomagensi, salutem in Domino. Noveritis quod, in nostra presentia constituti, Radulphus dictus Fave, et Odelina, ejus uxor, tunc de parochia de Umblenvilla, ut dicebant, recognoverunt se vendidisse Roberto, magistro Sancti Victoris, pro centum solidis parisiensium, de quibus tenuerunt se coram nobis pro pagatis, renonciantes exceptioni non numerate pecunie et non recepte, quamdam petiam terre arabilis quam dicebant se habere et possidere in territorio de Sendeucuria, sitam juxta terram fabrice ecclesie de Umblevilla, ex una parte, et terram Johannis Gaubin, ex altera, tenendam et habendam dicto Roberto, ejus heredibus vel ab ipsis causam habentibus, bene et in pace, libere et quiete, et ad faciendum exinde, salvo jure dominico, suam penitus voluntatem. Juraverunt insuper dicti Radulphus et Odelina, ejus uxor, sponte, tactis sacrosanctis evangeliis coram nobis, quod in dicta petia terre vendita, ratione hereditatis, dotis, donationis propter nuptias, conquestus, elemosine, seu quacunque alia ratione, per se vel per alium, nichil de cetero reclamabunt, et quod dictum Robertum, ejus heredes vel ab ipsis causam habentes, super premissis coram aliquo judice ecclesiastico seu etiam seculari, per se vel per alium, nullatenus molestabunt, inmo dictam petiam terre venditam dicto Roberto, ejus heredibus vel ab ipsis causam habentibus, ad usus et consuetudines patrie garantizabunt et defendent. In cujus rei testimonium, sigillum nostrum presenti scripto, ad instantiam parcium, duximus apponendum. Datum anno Domini M° CC° LXX° sexto, die sabbati ante Purificationem beate Marie Virginis. Arch. nat., S 2071, n° 27.

Échange de dîmes sises à Amblainville, entre l'abbaye Saint-Martin de Pontoise, pour le prieuré d'Amblainville, et l'abbaye Saint-Victor.
Janvier 1278 (1279).

Universis presentes litteras inspecturis, frater L. (1), permissione divina humilis abbas Sancti Martini Pontisarensis, totusque ejusdem loci conventus, salutem in Domino sempiternam. Noverint universi quod, cum ab antiquo ad priorem nostrum de Amblevilla et prioratum nostrum ejusdem loci, Rothomagensis dyocesis, spectaret nomine redditus perceptio decimarum in quibusdam terris sitis apud Amblevillam, videlicet in tertia parte septem jugerum quam tenet familia Johannis Baucher, item in tribus jugeribus que tenet Droco Seberge, item in tribus jugeribus que tenet familia Eustachii Morel, item in quatuor jugeribus que tenet gener Johannis Prepositi, item dimidio arpento quod tenet Galterus Faber, item duobus jugeribus que tenet Matildis des Quartiers, item jugere et dimidio que tenet Martinus Barat, item quinque jugeribus que tenent Adam Daalin et leprosi, item tertia parte septem jugerum quam tenet magister Philippus, item quodam arpento quod tenet Theobaldus Cliquet, item duobus jugeribus que tenent Johannes Vacarius et frater ejus, item duobus jugeribus que tenet Petronilla la Poitrine, item sex jugeribus que tenet Theobaldus Florie, item duobus jugeribus que tenet Gaufridus Poucin, item duobus jugeribus que tenet Gilebertus la Rousse, item uno jugere quod tenet Petrus dictus Barat, item duobus jugeribus que tenet Johannes Faber, item duobus jugeribus que tenet Johannes le Charron in feodo de Beellai, item jugere et dimidio que tenet Ansellus de Vallemunda, item quatuor jugeribus que tenent viri religiosi abbas et conventus Sancti Victoris Parisiensis, sitis apud Crucem Ferratam, item jugere et dimidio que tenet Petrus Ravenel, item quodam arpento quod tenent Petrus Colart et Johannes de Fremont, item duobus jugeribus que tenet Johannes Faber apud Nemus Anselli Militis, item duobus jugeribus que tenet Stephanus dictus Bauche apud dictum nemus, item duobus jugeribus que tenet Renoudus Beschevez, sitis super Roquemont, item in uno jugere quod tenet Bartholomeus Coustant, sito inter Quernelles et la Forestelle, et quadam terra que Quarrel appellatur, quam tenet Galterus le Duchoys, sita juxta terram Johannis Bouvelot; et dicti religiosi de Sancto Victore haberent similiter et perciperent ab antiquo, nomine redditus, de-

---

(1) Leufroy, abbé de Saint-Martin de Pontoise dès 1275, mort en 1282.

cimas in quibusdam terris ad dictum priorem nostrum et ejus prioratum de Ambleinvilla pertinentibus, videlicet in tribus jugeribus sitis versus la Fossete, contiguis terre que dicitur la Fille, item in tresdecim jugeribus sitis apud Sepes du Fay, contiguis nemori sive bosco du Helle, in buto illius nemoris, item in duobus jugeribus sitis juxta nemus de Kernelles, juxta terram Mansefeve, item in tresdecim jugeribus sitis in Valle Reimbourt, contiguis terre Rousselli de Villa Nova, item in quatuor jugeribus sitis juxta terram Eustachii de Chemino, item in quatuor jugeribus sitis in territorio quod dicitur Aubour Hubelet, necnon et in octo jugeribus terre sitis in territorio de Amblevilla, que tenent, scilicet Theobaldus Florie tria jugera a la Mallière, Petrus dictus Pletru duo jugera contigua, Argencia de Renoval unum juger, Matildis des Quartiers duo jugera sita ad limitem de Marcheel; tandem, inter nos et dictum priorem nostrum, ex una parte, et dictos religiosos, abbatem et conventum Sancti Victoris, ex altera, prius considerata a nobis et dictis religiosis utriusque partis utilitate, et ut omnis contentionis materia amputetur, convenit quod dicti religiosi dicto priori et omnibus qui ei in predicto prioratu succedent omnes terras dicti prioratus in quibus decimas dicti religiosi percipiebant et percipere consueverant usque ad tempus conventionis predicte, liberaverunt omnino et imperpetuum ab onere solutionis decimarum, et dictum priorem et omnes qui ei in predicto prioratu succedent quitaverunt; ratione cujus liberationis, prout convenit, dictus prior, auctoritate nostra super hoc interveniente, dedit et concessit, et nos similiter dedimus et concessimus, recompensationis nomine, dictis religiosis, decimas quas percipiebat et percipere consueverat, seu percipere quocumque modo poterat ratione dicti prioratus in terris superius nominatis, tenendas et percipiendas a dictis religiosis imperpetuum, eo jure et eadem possessione quibus eas dictus prior percipiebat et habebat. Item noverint universi quod, cum inter dictum priorem nostrum, ex una parte, et dictos religiosos, ex altera, contentio verteretur super jure percipiendi decimas apud Amblevillam in territorio quod dicitur feodum au Duchois et in quibusdam aliis territoriis ejusdem ville, eo quod revocabatur in dubium in quibus locis dictorum territoriorum dicti religiosi deberent percipere decimas et in quibus locis similiter eorumdem territoriorum idem prior deberet percipere decimas, tamdem inter dictos religiosos, ex una parte, et dictum priorem, nostra interveniente auctoritate, ex altera, super dicta contentione, habito prius inter dictas partes super premissis diligenti tractatu, amicabilis compositio intervenit, videlicet quod dictus prior et omnes qui ei in dicto prioratu succedent de cetero et imperpetuum percipient et habebunt decimas ad dictum prioratum spectantes in locis inferius nominatis, videlicet in totis terris de feodo de Beelay, que sunt site ex uno latere inter viam que ducit ad Belvacum et viam que ducit de Meruaco apud Beervillam, que quidam via vulgaliter appellatur semita Marcheel, et ex alio latere de malleria Theobaldi Florie, prout via se extendit de Chambliaco apud Calvum Montem, usque ad finem culture Anselli dicti Cuer-de-fer, militis, versus Novam Villam; item percipient et habebunt decimas in tota dicta cultura et terra Anselli de Vallemunda, sita juxta dictam culturam; item et in territorio quod dicitur vulgaliter territorius de Albeval, scilicet de toto eo quod continetur inter terram Johannis des Quartiers, ex uno latere, et viam que ducit de Meruaco apud Henovillam, ex altero latere, et inter terram Johannis Prepositi, sive generis ejusdem, et terram familie Hugonis Barbitonsoris; item percipient imperpetuum et habebunt decimas in feodo au Duchoys, videlicet in octo jugeribus terre Garneri dicti Perfecti et cujusdam mulieris que Burgensis appellatur, sitis prope locum qui dicitur Kernelles; item in quatuor jugeribus familie Guarini de Croy, sitis inter Kernelles et Hupeinval; item in tribus jugeribus Johannis le Charron, sitis juxta puteum leprosorum, necnon et in ortis et ortolagiis de Amblevilla, sicut antea dictus prior et ejus antecessores decimas in eisdem ortis et ortolagiis consueverunt percipere et habere ab antiquo. Dicti autem religiosi Sancti Victoris percipient et imperpetuum possidebunt decimas in terris prescriptis et prenominatis, quas decimas dictus prior noster eisdem dedit et concessit per supradictam conventionem, prout superius est expressum. Sane, si, processu temporis, post predictas conventiones, contingeret aliquam vel aliquas terrarum in quibus abbas et conventus Sancti Victoris per predictas conventiones debent percipere decimas redigi ad ortolagium, in eis predictus prior noster decimam non perciperet, sed predicti abbas e conventus Sancti Victoris decimam perciperent in eisdem. Nos autem predictas conventiones, prout superius sunt expresse, ratas habuimus et habemus, et gratas, et eas sigillorum nostrorum appositione confirmavimus et confirmamus, promittentes bona fide nos contra eas, per nos vel per alium, imperpetuum non venturos, renunciantes omni privilegio impetrato et impetrando et omni juris auxilio et facti, consuetudinis et statuti, et omnibus aliis exceptionibus per quas predicte conventiones possent in aliquo aliquatenus infirmari, et specialiter et expresse beneficio restitutionis in integrum. In cujus rei testimonium, presentes litteras sigillis nostris dictis religiosis dedimus sigillatas. Datum anno Domini millesimo ducentesimo septuagesimo octavo, mense januario.

Arch. nat., L 895, n °57.

Confirmation par Hugues, abbé de Marcheroux, de l'échange fait entre Jean le Vacher, d'Amblainville, et Barthélemy Constant, de La Villeneuve, et l'abbaye Saint-Martin de Pontoise, d'une pièce contenant six journaux, dite le Champ-Gaillart, contre une autre pièce au lieu dit le Val-Rambourt.

Février 1278 (1279).

Universis presentes litteras inspecturis, frater Hugo (1), Dei paciencia abbas, totusque conventus de Marchasio Radulfi, ordinis Premonstratensis, Rothomagensis diocesis, salutem in Domino. Notum facimus quod, in nostra presencia propter hoc constituti, Johannes Vaccarius, de Amblevilla, et Bartholomeus Constandi, de Villa Nova, presente priore de Amblevilla, recognoverunt et confessi sunt quod ipsi Johannes et Bartholomeus, spontanea, sana pariter ac propria voluntate, quamdam peciam terre arabilis, sex journellos vel circiter continentem, sitam infra metas parochie de Amblevilla, supra cheminum de Belvaco, contiguam terre Arnulphi de Monachivilla (2), ex una parte, et terre Theobaldi Flourie, ex altera, quam dictam peciam terre habebam et tenebam sub dominio nostro et ecclesie nostre ad campipartem cum aliis redibenciis dominii capitalis, permutaverant, et nomine permutacionis que vulgaliter escambium appellatur concesserant et in perpetuum quitaverant viris religiosis abbati et conventui Sancti Martini Pontisarensis ac eorum prioratui de Amblevilla, pro quadam pecia terre arabilis, sex journellos vel circiter continente, sita infra metas parochie de Amblevilla, versus Villam Novam, in territorio quod galice dicitur Val Rambourt, contigua terre Eustachii de Chemino, ex una parte, et terre Johannis de Quarteriis, ex altera, quam dictam peciam terre, nomine dicti prioratus de Amblevilla, in manu mortua tenebant liberam penitus et immunem ab omni exactione, campiparte et decima, permutaverant, et nomine permutacionis que vulgaliter escambium appellatur concesserant et in perpetuum quitaverant Johanni dicto Vaccario, de Amblevilla, et Bertholomeo Constandi, de Villa Nova, ac eorum heredibus, convencione tamen apposita specialiter et expresse, de assensu et voluntate nostra, quod dicti religiosi de

---

(1) Hugues II.
(2) Monneville, commune de Marquemont, canton de Chaumont.

Pontisara dictam peciam terre, videlicet Camp Gallart, tenebunt et possidebunt in manu mortua et in eadem libertate in qua dictam peciam terre sitam in dicto territorio, videlicet le Val Rambourt, ante permutacionem initam tenebant seu tenere debebant. Omnia vero et singula, etc....... Dictam autem permutacionem, sub convencione prescripta, nos dicti abbas et conventus Beati Nicolai de Marchasio Radulfi, volumus, approbamus et ratam habemus, dictis religiosis de Pontisara et eorum prioratui concedentes quod ipsi religiosi, prout superius est expressum, dictam peciam terre, videlicet Camp Gaillart, possideant, habeant et teneant de cetero in manu mortua et in eadem libertate in qua dictam peciam terre sitam in dicto territorio, videlicet le Val Rambourt, tenere consueverant seu tenere debebant, et quod nos dicti abbas et conventus de Marchasio Radulphi in dicta pecia terre, videlicet Champ Gaillart, percipere consueveramus seu percipere debebamus. Promittentes, etc....
In quorum premissorum testimonium, ad peticionem dictorum Johannis et Bertholomei, sigilla duximus apponenda. Datum anno Domini M° CC° septuagesimo octavo, mense februario.

Arch. de Seine-et-Oise : Saint-Martin de Pontoise, prieuré d'Amblainville, liasse 3.

Bail perpétuel par l'abbaye Saint-Victor, aux frères de la Trinité du Fay, de la dîme de quarante arpents de terre à Amblainville, moyennant un fermage annuel de treize setiers de grain

1er mai 1279.

Universis presentes litteras inspecturis, frater Radulphus, minister humilis domus de Fayaco, ordinis Sancte Trinitatis et Captivorum, Rothomagensis dyocesis, ceterique fratres in eadem domo commorantes et professi, videlicet frater Guillelmus de Tilleyo, frater Stephanus de Fremaus et frater Johannes dictus Ad-barbam, frater Bertaudus de Calvo Monte, frater Johannes de Claro Monte, frater Johannes de Ivriaco, salutem in Domino. Notum facimus quod, cum nos, nomine dicte domus nostre, haberemus et possideremus quadraginta arpenta terrarum arabilium sita in locis inferius designatis, in decimaria religiosorum virorum abbatis et conventus Sancti Victoris Parisiensis, scilicet juxta dictam domum nostram decem et septem jugera sicut itur de dicta domo nostra apud Meruacum, ita tamen quod terra que fuit Ivonis Telarii in eisdem numeratur, et dimidium journellum de terra Johannis de Quercu, satis ibi prope; item, in una pecia in territorio quod vocatur les Essarz, novem jugera et dimidium; item, in una pecia ibi prope, quinque jugera et dimidium; item, in una pecia ibi prope et una pecia alia prope Novam Villam Regis, duo jugera; item, in terra Presbiterorum, unum jugerum et unum quarterium; item, in terra que fuit Sancti Martini de Amblevilla, duo jugera et unum quarterium; item, in terra que fuit Baretel, quator jugera et unum quarterium; item, justa Quarnele, in terra que dicitur Lescu, unum jugerum et dimidium; item, in terra que dicitur la Pointe Ogeir, duo jugera; item, in terra que fuit Roberti dicti Legouz, unum jugerum et dimidium; item, in terra que fuit Dyonisii dicti Ragot, tria jugera; item, in terra justa nemus de Quarnele, quatuor jugera; item, in terra versus vineas de Amblevilla, sicut itur de dicta domo nostra apud Aronvillam, quatuor jugera; item, in terra que dicitur Terra Masse, duo jugera; nos, pensata utilitate dicte domus nostre, dictam decimam dictorum quadraginta arpentorum terre recepimus a dictis religiosis, nobis eam tradentibus, ad annuam firmam seu pensionem, pro tresdecim sextariis grani, septem videlicet mistolii et sex avene, eisdem reddendis annis singulis a nobis in dicta domo nostra de Fayaco seu granchia, in octabis Omnium Sanctorum, promittentes bona fide, per nos et per successores nostros, dictos *(sic)* tresdecim sextaria grani eisdem religiosis annuatim reddituros termino prenotato, prout superius est expressum, tali siquidem conditione et ordinatione facta inter nos et ipsos quod, pro defectu cujuslibet diei quam defecerimus in solutione predicta, nos tenebimur eisdem reddere sex denarios nomine pene. Hoc etiam actum est in contractu predicto inter nos et ipsos religiosos, quod, si contingeret aliquo casu quod nos poneremus dictas terras extra manum nostram, vel alias permutaremus, et propter hoc vel alias deficeremus in solutione dicti grani, quod ipsi de dictis terris decimam suam, ut prius eis debitam, habeant et reppetant, et levent annuatim vel levare valeant libere et quiete, non obstante compositione seu ordinatione predictis; nos et quoslibet successores nostros et predictam domum nostram de Fayaco ad hoc specialiter obligantes. Et promittimus bona fide quod contra premissa vel aliquod de premissis non veniemus in futurum. In cujus rei testimonium et munimen, sigillum nostrum presentibus litteris duximus apponendum. Datum anno Domini M° CC° LXX° nono, mense maio, in die apostolorum Philippi et Jacobi.

   Arch. nat., L 900, n° 82. — Sceaux n°s 9807 et *bis*
   de l'Inventaire.

*Le ministre général de l'ordre des Trinitaires approuve
le bail qui précède.*

1ᵉʳ mai 1279.

Universis presentes litteras inspecturis, nos frater Johannes, major minister tocius ordinis Sancte Trinitatis et Captivorum, salutem in Domino. Noverint universi quod nos conventionem, ordinationem et compositionem a dilectis fratribus nostris fratre Radulpho, ministro domus de Fayaco, et ceteris ejusdem domus fratribus factas, prout in eorum litteris patentibus eorumque sigillo sigillatis, hiis nostris litteris, presentibus annexis plenius continetur, ratas et gratas et firmas habemus, et eas, quantum in nobis est, volumus et confirmamus, promittentes bona fide nos contra in aliquo non venturos. In cujus rei testimonium, presentibus litteris sigillum nostrum duximus apponendum. Datum anno Domini M°CC°LXX° nono, mense mayo, in festo apostolorum Philippi et Jacobi. Arch. nat., L 900, n° 33.

Amortissement par Thibaut et Hugues Florie, en faveur de l'abbaye Saint-Victor, de deux pièces de terre sises à Noisement, paroisse d'Amblainville.

22 septembre 1279.

Omnibus hec visuris, vicarius Rothomagensis archiepiscopi in Pontisara et in Vulgassino Francie, salutem in Domino. Noveritis quod, in nostra presencia constituti, Theobaldus dictus Florie et Hugo dictus Florie, ejus filius, de parochia de Umblevilla, primi domini, ut dicebant, duarum peciarum terre sitarum in feodo de Noisement, infra metas parochie de Umblevilla, quarum una sita est inter terram religiosorum virorum abbatis et conventus Vallis Beate Marie, ex una parte, et terram Sancti Victoris Parisiensis, ex altera, que pecia terre continet quinque jugera terre; alia pecia terre sita est juxta terram Johannis Guonterii, ex una parte, et terram Sancti Victoris, ex altera, que pecia terre fuit dicti Daelin et continet unum arpentum terre; alia vero superius nominata fuit quondam defuncti Roberti Juvenis; que pecie terre sunt religiosorum virorum abbatis et conventus Sancti Victoris Parisiensis; et que pecie (*sic*) terre dicti Theobaldus et Hugo voluerunt et concesserunt coram nobis unanimiter quod ipsi religiosi eas teneant et possideant imperpetuum in manu mortua, salva tamen campiparte dictorum Theobaldi et Hugonis in dictis duabus peciis terre. Et promiserunt dicti Theobaldus et Hugo, fide media in manu nostra prestita corporali, quod contra hujusmodi concessionem, per se vel per alium, non venient in futurum. In cujus rei testimonium, sigillum curie Pontisarensis, ad instantiam partium, duximus apponendum. Datum anno Domini M° CC° LXX° nono, die veneris post festum sancti Mathei apostoli.

Arch. nat., S 2071, n° 26.

Échange de terre entre l'abbaye Saint-Martin de Pontoise, pour le prieuré d'Amblainville, et les frères de la Trinité du Fay.

Février 1279 (1280).

Universis presentes literas inspecturis, frater Leufredus, permissione divina abbas monasterii Sancti Martini Pontisarensis, totusque ejusdem loci conventus, salutem in Domino. Notum facimus quod nos, pensata et considerata utilitate prioratus nostri de Amblevilla, Rothomagensis diocesis, pro quibusdam peciis terre arabilis inferius nominatis permutamus, et nomine permutacionis quod vulgaliter eschambium appellatur in perpetuum dedimus et concessimus religiosis viris ministro et fratribus Sancte Trinitatis de Fayaco juxta Amblevillam quasdam terras arabiles sitas infra metas parrochie de Amblevilla, ad dictum prioratum spectantes : videlicet duos journellos terre vel circiter, contiguos terre Aalidis dicte Adbrebis, ex una parte, et terre Simonis dicti Daalin, ex altera, que dicta terra vulgaliter dicitur Figuerolles; item, quinque arpenta terre vel circa, contigua bosco de Fayaco, ex parte una, et terre dictorum religiosorum, ex altera. Pro quibus predictis terris predicti religiosi de Fayaco nobis in escambium dederunt et in perpetuum concesserunt terras arabiles infrascriptas : videlicet quatuor journellos terre sitos in territorio quod dicitur Karnelle, contiguos terre Guerini dicti Barnier, ex una parte, et, ex altera, terre Odonis de Briencon; item, unum arpentum terre vel circiter, contiguum terre Petri dicti Coipel, ex una parte, et terre Simonis dicti Daalin, ex altera; item, quatuor jornellos terre, contiguos chemino Belvaci, ex una parte, et terre Petri dicti Vincent, ex altera; que dicte terre omnes et singule site sunt infra metas parrochie predicte de Amblevilla. Omnia autem et singula supradicta plenarie approbantes, volumus et concedimus quod dicti religiosi dictas terras de cetero teneant, habeant et possideant in manu mortua et in eadem libertate in qua ipsas ante permutacionem initam tenebamus seu tenere debebamus. Promittentes, etc...

In cujus rei testimonium, sigilla nostra presentibus litteris duximus apponenda. Datum anno Domini M° CC° septuagesimo nono, mense februarii.

Arch. de Seine-et-Oise. Saint-Martin de Pontoise, Prieuré d'Amblainville, liasse 3.

Donation par Menet d'Attengnicourt et Pétronille La Malete, sa femme, à la maison du Temple d'Ivry, d'une maison à Méru et de plusieurs pièces de terre sises aux terroirs de Méru et d'Amblainville.

1ᵉʳ décembre 1281.

Universis presentes litteras inspecturis, officialis Belvacensis, salutem in Domino. Noverint universi quod, coram nobis propter hoc specialiter et personaliter constituti, Menetus de Attengnicourt et Petronilla dicta La Malete, ejus uxor, recognoverunt et confessi fuerunt in jure coram nobis se dedisse et concessisse in puram, perpetuam et irrevocabilem elemosinam, ob remedium animarum suarum et predecessorum suorum, domui milicie Templi, ac magistro et fratribus dicte domus......, quasdam pecias terre... Alia vero pecia sita est in territorio de Amblainvile, inter terras Johannis Fabri, ex parte una, et terras abbatis et conventus Sancti Victoris Parisiensis, sex minas terre vel circiter continens...... In cujus rei testimonium, presentibus litteris, ad peticionem dictorum Meneti et Petronille, sigillum curie Belvacensis duximus apponendum. Datum anno Domini M° CC° octogesimo primo, die lune post festum sancti Andree apostoli.

Arch. Nat., S 4988, n° 48; n° 49, approbation de Thibaut de Méru.

Échange entre Philippe d'Amblainville et Jean d'Ercuis, d'une part, et Simon Bauche, d'Amblainville, d'autre part, de la moitié du champart d'un journal de terre appartenant à l'abbaye Saint-Victor, à Amblainville, contre la moitié du champart de la terre de Laurent Parcourt, au même lieu.

9 mai 1282.

Omnibus hec visuris, nos magister Philippus de Umbleinvilla, decanus Rothomagensis, et Johannes d'Ercueuz (1), armiger, mari-

---

(1) Ercuis, canton de Neuilly-en-Thelle, arrondissement de Senlis (Oise).

tus domicelle Marie dicte de Pratis, neptis dicti magistri Philippi, notum facimus quod, cum nos haberemus, ego magister Philippus jure meo, et dictus Johannes ratione uxoris sue predicte, medietatem campipartis in uno jornali terre religiosorum virorum abbatis et conventus Sancti Victoris Parisiensis sito ante portam manerii sui apud Ambleinvillam, et Simon dictus Bauche, armiger, de Ambleinvilla, aliam medietatem ; item, cum nos similiter haberemus medietatem campipartis in uno jornali terre Laurencii dicti Parcourt, sito in curticellis de Feucheroles, et dictus Symon aliam medietatem, ita convenimus et consensimus, nos et dictus Simon, quod idem Simon de cetero percipiat et habeat totam campipartem in dicto jornali dictorum religiosorum, et de ea possit facere suam penitus voluntatem, et nos habeamus et percipiamus totam campipartem in dicto jornali dicti Laurencii, et de ea nostram penitus voluntatem deinceps facere valeamus. In cujus rei testimonium, sigilla nostra presentibus duximus apponenda. Datum anno Domini M° CC° octogesimo secundo, die sabbati post Ascensionem Domini.

Arch. nat., L 895, n° 60.

Vente par Simon Bauche, d'Amblainville, à l'abbaye Saint-Victor, du champart d'un journal de terre à Amblainville, et confirmation par Étienne et Émeline Bauche, et par Jeanne, veuve de Pierre de Marines.

19 mai 1282

A touz cels qui verront ces lestres, je Symon diz Bauche, de Ambleville, escuier, faz à savoir que j'é vendu et quité à tourjours mes en main morte, à l'abbé et au convent de Saint-Victor de Paris, le champart de un jornel de terre que li diz abbé et convent ont assis à Ambleville devant leur granche, et tout le droit qe je i avoie ou poaie avoir en qeqe manière qe ce fust, par reson de conquest et de heritage ou d'autre manière de droit, pour quatre livres de parisis ja paiez à moi et delivrez, des quels je me tien bien pour paié, et promest par mon loial creant qe encontre ceste vente ne vendré, ne par moi, ne par autre, et que le devant dit champart garentiré au devant diz religieus en main morte, à tourjours contre touz ; et quant à ce tenir fermement à perpetuauté, je oblige moi et mes biens et mes hoirs envers les devant diz religieus. Et en tesmoin de ceste chose, je mis mon scel en ces presentes lestres, avec les seaux Estienne Bauche, mon frere, et damoiselle Emeline, sa fame, de qui je tenoie le devant dit champart comme de premier seigneur, et de madame Jahanne d Aronville, comme de secont seigneur ; liquels seigneurs desus diz voudrent et et otroièrent avecqe moi ceste vente desus dite, disanz en ceste manenere : Je Estiene Bauche, escuier, et damoiselle Emeline, ma fame, comme premiers seigneurs du champart desus diz, et je Jahanne d'Aronville, fame jadis monseigneur Pierre de Marines, chevalier, comme secont seigneur dudit champart, la devant dite vente fete audiz religieus en morte main, volons et octroions à toujours mes que li devant dit religieus tienent le devant dit champart en leur main, sanz coaction de mestre hors de leur main, et prometons que ancontre ne vendrons, ne par nous ne par autres, et le garentirons à toujors mes, chascuns selonc ce qu'il i pooit avoir, contre touz cels qui par reson de premier et de secont seignourage riens i reclameront ou pourront reclamer. Et en tesmoin de ceste chose, nous avons mis nos seaux dont nous usons en ces presentes lestres, avecques le seel du devant dit Symon, et à sa requeste, l'an grace Nostre Seigneur mil cc quatre vinz et deus, le mardi enprès la Pentecouste. Arch. nat., L 895, n° 59.

Vente par Pierre, curé d'Amblainville, à Robert, ancien intendant de Saint-Victor au même lieu, de ses droits de redîme et autres sur la dîme d'Amblainville.

28 juin 1282.

Omnibus hec visuris, vicarius Rothomagensis archiepiscopi in Pontisara et in Vulgassino Francie, salutem in Domino. Noveritis quod, in nostra presencia constitutus, Petrus, rector ecclesie de Amblevilla tunc temporis, ut dicebat, recognovit se quitasse et vendidisse Roberto, quondam magistro domus Sancti Victoris Parisiensis existentis apud dictam villam de Amblevilla, pro sex libris et quindecim solidis parisiensium, de quibus dictus rector tenuit se coram nobis pleniter pro pagato, renuncians exceptioni non numerate pecunie et non recepte, omnem portionem suam quam haberet aut habere posset, tam ratione redecime sue quam ratione elemosine, percipere et levare ad instantem augustum in granchia Sancti Victoris sita apud dictam villam de Ambleinvilla, sive sit ipsa porcio in frumento, silligine, misteolo, ordeo, avena, fabis, pisis, vescia aut alio legumine seu grano quocunque, percipienda, habenda et levanda ad dictum augustum, dicto Roberto, vel ejus mandato aut super hoc ejus causam habenti, bene et inconcusso jure, absque contradictione dicti rectoris aut ejus heredibus seu successoribus *(sic)* in dicta ecclesia. Et promisit dictus rector, fide sua in manu nostra prestita corporali, quod contra quitacionem et vendicicionem hujusmodi, per se aut per alium, non veniet in futurum. Datum anno Domini M°CC° octogesimo secundo, die dominica post festum beati Johannis Baptiste. Arch. nat., L 895.

Échange entre Thibaut Florie et ses fils et l'abbaye du Val, du champart qu'ils avaient sur les terres des religieux à Noisement et sur plusieurs autres terres, contre les droits qu'avaient les religieux sur vingt-six arpents sis en divers lieux, les Florie s'engageant, en outre, à ne retenir que le champart sur les terres que les religieux pourront acquérir à Noisement, jusqu'à concurrence de six arpents.

Juillet 1282.

Universis presentes litteras inspecturis, vicarius Rothomagensis archiepiscopi in Pontisara et in Vulcassino Francie, salutem in Domino. Noveritis quod, in nostra presentia constituti, Theobaldus dictus Florie, de Amblevilla, Beatricia, ejus exor, Hugo, Petrus et Johannes, filii dicti Theobaldi, et Maria, uxor dicti Petri, recognoverunt se, nomine permutationis seu escambii, dedisse et concessisse religiosis viris abbati et conventui Vallis Beate Marie, Cisterciensis ordinis, et eorum monasterio, totam campipartem, necnon et quicquid juris, dominii, proprietatis seu possessionis dicti Theobaldus, ejus filii et uxores habebant seu habere poterant in terris dictorum religiosorum arabilibus quas ipsi religiosi, ut dicitur, acquisierunt in feodo de Noysement et in territorio quod dicitur les Cornus Quemineus; item, quicquid juris seu dominii ipsi Theobaldus, filii et uxores habebant in quodam arpento terre arabilis quod fuit Laurencii de Quercu, sito juxta terram Garini de Croi, et quicquid iidem Theobaldus, filii et uxores habebant seu habere poterant in Bosco Heimmardi et in Vinea Heudeardis et in duobus arpentis terre que tenet et possidet Galterus Le Vachier; pro campiparte et omni alio jure quocunque quod dicti religiosi habebant, ut dicitur, vel habere poterant in viginti sex arpentis terre arabilis sitis in locis subsequenter nominatis : videlicet in terra que fuit Roberti de Barat, que vocatur Seroete; in terra que fuit Johannis Fabri, subtus vineas; in terra quondam Johannis Fomer, ad Crucem Feree; in terra quondam Odonis Aus-Asnes, ad Crucem Feree; in terra Anselli de Vallemonda, contigua culture de Gaagiis; in terra Roberti Aus Berbiz, sita juxta dominium et juxta terram Roberti dicti Juvenis; in terra Baldoini Carnificis, sita es Faverniz; in terra Lamberti Carpentarii, es Faverniz; in terra Haimmardi de Buisson, es Faverniz; in quodam jugere terre sito juxta Leschange. Quas res circa principium istius pagine nominatas dictis religiosis et eorum monasterio a dictis Theobaldo, filiis et uxoribus, nomine dicte permutationis, datas et concessas, dicti Theobaldi, filii et uxores promiserunt se garandizaturos et deffensures dictis religiosis et eorum monasterio, ad usus et consuetudines patrie, contra omnes. Preterea dicti Theobaldus, filii et uxores concesserunt dictis religiosis, coram nobis, quod usque ad sex arpenta terre arabilis possint acquirere titulo quolibet in feodo de Noysement, in quibus sex arpentis terre, si in dicto feodo a dictis religiosis acquiri contigerit, ipsi Theobaldus, filii et uxores promiserunt se nichil juris vel dominii retinere, postquam fuerint acquisita, nisi tantummodo campipartem. Promiserunt etiam dicti Theobaldus, filii et uxores, tactis sacrosanctis euvangeliis, coram nobis, quod contra dictam permutationem et concessionem dictorum sex arpentorum terre in dicto feodo de Noisement acquirendorum, per se vel per alium, non venient in futurum ratione hereditatis, elemosine, dotis, dotalicii, donationis propter nuptias, seu alia ratione quacunque. In cujus rei testimonium, sigillum curie nostre presentibus litteris duximus apponendum. Datum anno Domini millesimo ducentesimo octogesimo secundo, mense julio. Arch. nat., S 4170, n° 9.

Vente par Simon d'Auteuil et Émeline, sa femme, à Robert, intendant de Saint-Victor, de sept arpents moins vingt perches de terre, au terroir d'Amblainville, près les Filières de Méru.

16 mai 1283.

Omnibus hec visuris, vicarius Rothomagensis archiepiscopi in Pontisara et in Vulgassino Francie, salutem in Domino. Noveritis quod, in nostra presencia constituti, Symon dictus de Autholio et Emelina, ejus uxor, tunc de parochia de Meru, ut dicebant, recognoverunt se vendidisse et penitus quitavisse Roberto, magistro Sancti Victoris, pro triginta quator libris parisiensium, de quibus tenuerunt se coram nobis pro pagatis, renunciantes exceptioni non numerate pecunie et non recepte, quamdam peciam terre arabilis sitam in territorio de Amblenvilla, continentem septem arpenta viginti perticis minus, inter terras infertiles nemorum de Meruaco, ex una parte, et terras Sancti Victoris, ex altera, et aboutat terris que vocantur les Filières de Meru gallice, moventem de Stephano de Lourmessons, milite, et Johanne Poucin de Chambliaco, tenendam, et habendam dicto Roberto, ejus heredibus vel ab ipsis causam habentibus, bene et in pace, libere et quiete, et ad faciendam exinde, salvo jure dominico, suam penitus voluntatem. Juraverunt insuper dicti Simon et Emelina, ejus exor, sponte, tactis sacrosanctis evangeliis, coram nobis, quod in dicta pecia terre vendita, ratione hereditatis, dotis, dotallicii, donationis propter nuptias, conquestus, elemosine seu quacumque alia ratione, per se vel per alium, nichil de cetero reclamabunt, et quod dictum Robertum, ejus heredes vel ab ipso causam habentes, super premissis, coram aliquo judice ecclesiastico seu etiam seculari, per se vel per alium, nullatenus molestabunt, inmo dictam peciam terre dicto Roberto, ejus heredibus vel ab ipsis causam habentibus, ad usus et consuetudines patrie, garantizabunt ; et quoad hec dicti venditores, fide media, se supposuerunt jurisdictioni curie nostre. In cujus rei testimonium, sigillum nostrum presenti scripto, ad instanciam parcium, duximus apponendum. Datum anno Domini M° cc° octogesimo tercio, die sabbati post Jubilate.

Arch. nat., S 2071, n° 24. — Sceaux n°⁵ 7066 et *bis* de l'Inventaire.

Donation par Robert Brissel, de Pomponne, et Mathilde, sa femme, à l'abbaye Saint-Victor, de tous leurs biens, tant à Amblainville qu'à Pomponne, moyennant certaines redevances.

12 novembre 1283.

Universis presentes litteras inspecturis, officialis curie Parisiensis, salutem in Domino. Notum facimus quod, in nostra presencia constituti, Robertus dictus Brissel, de Pompona (1), Parisiensis dyocesis, et Matildis, ejus uxor, asseruerunt et recognoverunt quod, jamdiu est, dictus Robertus, de assensu dicte uxoris sue, dederat se et sua bona que habebat et que ad ipsum pertinebant jure quocunque, mobilia et immobilia, acquisita et acquirenda, ecclesie seu monasterio Sancti Victoris Parisiensis. Item asseruerunt quod ipsi moram traxerant per viginti quinque annos et amplius in quadam domo seu granchia dicte ecclesie sita in parrochia de Amblevilla, Rothomagensis dyocesis, et quod in eadem parrochia sive pertinenciis dicte ville de Amblevilla plures pecias terre arabilis, et in parrochia de Pompona predicta alias res immobiles, scilicet terram, vineas et prata, acquisierant constante matrimonio inter ipsos. Asseruerunt eciam dicti conjuges quod ipsi, ex certa sciencia, non vi nec dolo ad hoc inducti, sed propria liberalitate sua, et eciam de assensu abbatis Sanctis Victoris predicti, de predictis bonis immobilibus inter ipsos taliter extitit ordinatum quod predictus Robertus, pro parte seu porcione ipsum contingente et contingere debente in eisdem bonis immobilibus, imperpetuum pro se et pro dicta ecclesia habebit omnes conquestus sive omnes pecias terre quas ipsi conjuges acquisierant in dicta parrochia de Amblevilla seu pertinenciis ejusdem ville, in quibuscumque locis existant, pleno jure. Et dicta Matildis, pro por-

---

(1) Pomponne, canton de Lagny, arrondissement de Meaux (Seine-et-Marne).

cione sua ipsam contingente et contingere debente in predictis bonis immobilibus, et in recompensacionem predictarum terrarum, habebit perpetuo, pro se et heredibus suis, omnes conquestus sive res omnes immobiles quas ipsi conjuges habebant ex conquestu suo apud Pomponam et pertinenciis ejusdem ville, in quibuscumque rebus et locis existant. Et promiserunt dicti conjuges, fide data ab ipsis in manu nostra, quod contra ordinacionem hujusmodi, per se vel per alios, non venient in futurum, renuncians dicta mulier per fidem in hoc facto beneficio divisionis et Velleyano. Asseruit eciam dicta mulier quod cum hoc habebit de gracia abbatis Sancti Victoris predicti, quamdiu vixerit, in dicta ecclesia Sancti Victoris, annuatim, pro uno porco triginta solidos et unum sextarium pisorum et unum fabarum, si supervixerit dicto marito suo. Item asseruit dictus Robertus quod conventum erat et est inter ipsum, ex una parte, et dictum abbatem Sancti Victoris, ex altera, quod ipse traderet eidem abbati, nomine dicte sue ecclesie, saesinam predictarum terrarum de Amblevilla, ex nunc imperpetuum, tali tamen stipulacione habita inter ipsos quod dicti religiosi de Sancto Victore dictas terras tamquam suas proprias excoli faciant de cetero propriis sumptibus et expensis suis, et dictus Robertus habebit, quamdiu vixerit, medietatem tocius grani crescentis singulis annis in eisdem terris, et de fourragio seu straminibus predicte granchie habebit ad sustentacionem animalium que habebit idem Robertus ad sufficienciam, hoc adjecto quod fimus quem facient dicta animalia deportabitur et erit ad fimandum dictas terras. Et tenebitur eciam idem abbas Sancti Victoris querere unum equum eidem Roberto, cum contigerit ipsum Robertum pro suis negociis equitare, seu ad loca alia se transferre. In quorum omnium testimonium et munimem, ad supplicacionem et requisitionem dictorum conjugum, sigillum Parisiensis curie litteris presentibus duximus apponendum. Datum et actum anno Domini M° CC° octogesimo tercio, die veneris post festum beati Martini hyemalis.

Arch. nat., S 2071, n° 25.

Échange entre l'abbaye Saint-Victor et Jean d'Ercuis, de dix jugera de terre sis au Grand-Marais, terroir d'Amblainville, contre dix autres sis près le bois de Carnelles.

Mai 1284.

Universis presentes litteras inspecturis, frater Petrus (1), humilis

---

(1) Pierre II de Ferrières, abbé depuis 1271 jusqu'en 1289.

abbas Sancti Victoris Parisiensis, totusque ejusdem loci conventus, eternam in Domino salutem. Notum facimus quod, cum nos haberemus, teneremus et possideremus in territorio de Amblevilla, Rothomagensis diocesis, decem jugera terre arabilis sita in Magno Maresio, contigua ex una parte dicto maresio, et vie que ducit de Amblevilla ad Beervillam, ex altera, in decimaria de Arunvilla, quita et libera ab omni alio onere, censu et coustuma, nos, pensata utilitate nostra et monasterii nostri, dicta decem jugera terre dedimus in escambium, et nomine permutationis perpetuo concessimus Johanni dicto de Arcuis, armigero, et Marie, ejus uxori, ac eorum heredibus imperpetuum, pro aliis decem jugeribus terre arabilis que supradicti Johannes et Maria nobis et ecclesie nostre similiter in escambium perpetuum donaverunt et concesserunt, tenenda a nobis in manu mortua, et imperpetum possidenda quitta et libera ab omni censu, decima et alio onere et coustuma, sita in territorio de Quernellis, contigua ex una parte nemori de Karnellis, et Fileriis de Meruaco ex altera. Et promittimus bona fide quod contra escambium seu permutacionem hujusmodi, per nos vel per alios, non veniemus in futurum, et quod dicta decem jugera a nobis permutata eisdem conjugibus et eorum heredibus perpetuo garentizabimus et liberabimus, salva decima illis quibus debetur, absque alio onere, ad usus et consuetudines patrie, contra omnes. In cujus rei testimonium, sigilla nostra presentibus litteris duximus apponenda. Datum anno Domini millesimo cc° octogesimo quarto, mense maii.

Arch. nat., S 2071, n° 23.

Vente par Garin Berruyer et Agnès, sa femme, de Chambly, à l'abbaye Saint-Victor, d'une pièce de terre sise au terroir d'Amblainville, près le bois de Carnelles.

8 novembre 1284.

A touz ceus qui ces presentes lettres verront et orront, Garnier Froutel, prevost de Biaumont seur Oise (1), salut. Nous fesons à savoir à touz que par devant nous vindrent en propre persone Garin dit Berruier, bourjois de Chambli, et Agnès, sa fame, et reconnurent en droit que, de leur bonne vollenté et pour leur commun pourfist, avoient vendu, quitié et delesié, en non de pure vente à tourjous mes, à homes religieus à l'abé et au convent de Seint Vic-

---

(1) Beaumont-sur-Oise, canton de l'Isle-Adam, arrondissement de Pontoise Seine-et-Oise).

tor de Paris, une pièce de terre arable que il avoient o terrouer de Ambleinville, si quant elle se comporte de bourne à autre, laquelle pièce de terre tient d'une part as devanz diz religieus, à leur bois que l'en apelle le bois de Quernelles, et de l'autre part à la terre au prieur d'Ambleinville, en la censive monseigneur Gerart de Valenguegart, chevalier, si quant il disoient, par 1111 deniers parisis paianz chascun an à la feste de seint Remi audit chevalier et à ses hoirs et à ceus qui de li aront cause ; par douze livres de parisis que les devanz diz Garin et Ennès, sa fame, ont euz et receuz desdiz religieus, si quant il ont confesié par devant nous, en bonne monnoye bien et loiaument comtée et nombrée ; et renoncièrent à exception de monnoye nemie eue et nemie receue, et à ce que il ne puisent pas dire heus estre deceuz en cesti fest de la moytié, ne de plus oustre le juste pris. Et convinrent que la terre desusdite estoit de l'eritage propre à laditte Annès. Laquelle terre vendue dessusdite les devanz diz Garin et Agnès, sa fame, promirent à garandir à tourjouz mes as diz religieus et à ceus qui cause aront de heus portant ces lettres, que le paiement que il en ont receu, contre toutes gens, as us et as coustumes de la conté de Biaumont, sanz rien dire encontre. Et quant à ceu tenir fermement à tourjouz mes, le devant dit Garin et Agnès, sa fame, ont obligié heus, leur hoirs, leurs biens et touz les biens de leurs hoirs, muebles et non muebles, presenz et à venir, en quel liu et en quelle mein que il pouront estre trouvez, à champ et à ville, à jousticier par quiconques sera prevost de Biaumont. Et si ont renoncié en cesti fest à touz privillièges de crois prise et à prendre, à toutes eides de droit, de canon, de loi, à toutes barres, deffenses en court laye et de crestienté, et à toutes les choses que il pouroyent dire ne proposer contre ces lettres par coy la garandie as diz religieus fust destourbée. U témoin de ceste chose, nous, à la requeste de parties, avons seelé ces presentes lettres du seel de la prevosté de Biaumont, en l'en de grace mil II° IIII^{xx} et quatre, u mois de nonvembre, le mecredi es octabes de la Touzseinz.

Arch. nat., S 2071, n° 21. — Sceaux n°s 4741 et *bis* de l'Inventaire.

Donation par Simon Boileau, à l'abbaye du Val, de ses terres sises au Coudray, Froidmantel et autres lieux, sous réserve de l'usufruit et de trente-deux livres parisis payables après son décès.

6 avril 1285 (1286).

Omnibus hec visuris, vicarius Rothomagensis archiepiscopi in Pontissara et in Vulgassino Francie, salutem in Domino. Noveritis quod, in mea presencia constitutus, Simon dictus Boitliaue asseruit et confessus fuit coram nobis in jure quod ipse habebat et possidebat tres jornellos terre arabilis qui fuerunt Galteri dicti de Frigido Mantello, sitos juxta culturam de Coudreio ; item, tres jornellos qui fuerunt Johannis Buisson ; item tres jornellos, qui fuerunt Garneri Sutoris ; item, tres jornellos qui fuerunt Richardi du Plaiz et Marote la Pletrue ; item, quator jornellos qui fuerunt Garneri Fave et Simonis Fabri, de Sendeucuria ; item, duos jornellos qui fuerunt Nicholai dicti Belin ; item, tres jornellos qui fuerunt Mathei Pigon ; item, tres jornellos contiguos stanno de Genteuill ; item, sex jornellos qui fuerunt Hugonis Maldare ; item, tres jornellos qui fuerunt Guillelmi Malbourges ; item, unum arpentum quod fuit Thome Anglici ; item, unum arpentum prati quod fuit Guillelmi de Mommans, apud Aronvillam ; item, duo arpenta vinee sita in clauso de Frigido Mantello ; item, terram que fuit Galteri Rossel et pratum quod fuit Jocii dicti Hardel, in Bertimonte. Quarum terrarum, pratorum et vinearum predictorum prefatus Simon, in nostra presentia constitutus, compos mentis et sanus corpore ut prima facie apparebat, considerans et atendens quantas orationes, pias elemosinas et devota missarum sollempnia que et quas viri religiosi abbas et conventus Vallis Beate Marie, Cisterciensis ordinis, Parisiensis dyocesis, pro eodem Simone et suis amicis liberaliter impendunt, dictum suum instituendo heredem, eisdem abbati et conventui et eorum monasterio dedit, quitavit, contulit et concessit imperpetuum, pro salute anime sue et antecessorum suorum, donatione facta pure et libere inter vivos, et sine spe revocandi, retenti tantummodo eidem Simoni in omnibus et singulis supradictis, quamdiu vixerit, usufructu ; cedens ex nunc imperpetuum eisdem religiosis omnem proprietatem que sibi competebat, vel competere poterat modo quolibet, in omnibus et singulis supradictis, nichil sibi vel heredibus suis aut quibuscumque ejus successoribus in proprietate predicta penitus retinendo. Item dictus Simon dedit et contulit dictis religiosis et eorum monasterio triginta duas libras parisiensium, de quibus coram nobis tenuerunt se pro pagatis, tenendo et habendo dictas res hereditarias, et dictam pecuniam dictis religiosis, eorum successoribus, vel ab ipsis causam habentibus, bene et in pace, libere et quiete, et ad faciendum exinde, post decessum dicti Simonis, suam penitus volontatem. Et juravit dictus Simon coram nobis, etc...... In cujus rei testimonium, sigillum nostrum presenti scripto, ad instanciam dicti Simonis, duximus apponendum. Datum anno Domini M° CC° octogesimo quinto, die sabbati ante Ramos palmarum.

Arch. nat., S 4171, n° 12.

Échange entre Girard de Vallangougard et l'abbaye du Val, de ce que lui et sa sœur possédaient dans la maison des religieux et ses dépendances à Froidmantel, contre une rente de six mines de blé que les religieux prenaient dans la grange d'Amblainville.

Juillet 1291.

A touz ceux que ces presentes verront et orront, Gerart de Vallengougart, chevalier, salut perdurable en Nostre Seigneur. Je faz à savoir que je, pour le salu de l'ame de moi et de mes anceseurs, en pur eschange é donné et octroié et quitté à touz jourz deshorendroit perdurablement à hommes religieus à l'abbé et au convent du Val Nostre Dame, de l'ordre de Citiaus, de la dyocese de Paris, sanz jamès fere reclamation nulle de moi ne de mes hoirs, toutes les choses ici dessous nommées, c'est à savoir tele partie comme je et madame Agnes, ma sereur, avions ou povions avoir en la meson et en pourpris desdiz religieus à Fretmantel joute Ambleinville, c'est à savoir demie mine de compoisson, deus deniers des murs (*sic*) et I denier de plet, trois maalles de la Vigne Heudeart, sis deniers de la terre du chemin de Chambeli, le bois que nous avions en Goverlieu, le roage, les chantiers et les mesures que nous avions en la devant dite meson, la champart que nous avions en deus journieus de terre qui leur sunt assis en la Bellae, tout droit, toute seigneurie, toute propriété et toute action que je et madame Agnès, ma suer desurs dite, avions ou poions avoir en toutes les choses desurs dites ou en chascune d'icelles, tresportons deshorendroit perdurablement, du tout en tout et expressement, ès diz religieus et en leur eglise, excepté la joutice du sanc et du par desur, laquelle joutice nous ne demandons pas, ne ne demanderons deshoreenavant es diz religieus, ne en leur megniée. Et se il avenoit que il peussent aquerre envers Drieue de Cardonne ou ses hoirs ce que il i ont ou pueent avoir, je l'amortis deshorendroit à touz jours audiz religieus, et à leur eglise; et se je mesme la puis aquerre envers le devant dit Drieue ou ses hoirs, je leur doign et aumosne deshorendroit à touzjours, amorti de moi et de mes hoirs. Et li devant diz religieus, li abbes et li convenz du Val, en nom du devant dit eschange, ont donné et octroié et du tout en tout delessié à moi et à mes hoirs, à touzjourz perdurablement, sis mines de blé que il avoient et prenoient pesiblement chascun an en ma granche de Ambleinville, en tele manière que, se je ou mes hoirs ne poions tenir pesiblement les devant dites sis mines de blé par

enpeschement de aucun, que nous peussions avoir et poursuir nostre
droit et nostre joutice es devant dites choses si comme devant, sans
contreignement des devant diz relegieus ou de aucun de par eus. Et
se il avenoit que aucun meist empeschement en toutes ces choses
devant dites données et octroiées de par nous, ou en aucune d'icelles,
que li devant diz religieus ne peussent tenir les devant dites choses
pesiblement et en main morte si com il est desurs devisé, je devant
dit Gerart, seigneur de Vallengougart, chevalier, vuel et octroi que
li devant diz relegieus puissent avoir et prendre les devant dites sis
mines de blé en ma propre granche de Ambleinville, si com il sou-
loient, pesiblement, sans nul contraignement de moi ne de mes hoirs.
Et quant à toutes ces choses desurs dites et à chascune d'icelles fermement tenir et parfaictement acomplir, je devant dit Gerart, sires
de Vallengougart, chevalier, promet par mon loial creant, pour moi
et pour mes hoirs, que deshoremes encontre ne vendré ne venir ne
feré, par moi ne par autre, enceis toutes les choses desurs dites, si
com il sunt devisées, garandiré de moi et de mes hoirs audiz religieus et à leur eglise, à mes propres couz, contre touz, excepté le roi,
et devant touz, toutes fois que j'en seré requis d'ilceus. Et quant à ce
je oblige moi et mes hoirs, mes biens et les biens à mes hoirs,
muebles et non muebles, prezenz et à venir, aquis et à acquerre, à
champ et à ville, en quelque lieu que il soient troyé, à prendre et à
jouticier, juques à tant que plaine satisfacion de garandie soit fete
audiz religieus et à leur eglise de toutes les choses desurs dites et
de chascune d'icelles. En temoing de laquele chose, je devant dit
Gerart, sires de Vallengougart, chevalier, é seelées ces presentes
lettres de mon seel. Et je Robert le Tyeis, sires de Teuville (1), chevalier, et madame Agnès, ma fame, suer du devant dit mesire Gerart,
ce devant dit eschange loons, otroions et confermons, et prometons
en bonne foi que contre ne vendrons, ne venir ne ferons, par nous ne
par autre, enceis toutes les choses desurs dites au devant diz religieus et à leur eglise garandirons de tant com à nous apartient. En
temoing de laquele chose, nous avons mis nos seaus en ces presentes lettres, aveques le seel du devandit mesire Gerart de Vallengougart, chevalier. Ce fu fet en l'an de grace mil cc et quatre vinz
et onze, ou mois de juignet.

Arch. nat., S 4170, n° 3. — Sceau n° 2410 de l'Inventaire.

---

(1) Theuville, canton de Marines, arrondissement de Pontoise (Seine-et-Oise).

*Échange par les prêtres d'Amblainville, avec Saint-Victor, de leur
   droit de redîme sur les dîmes de l'abbaye à Amblainville, et sur
   celle du fief au Buchois, contre un revenu annuel de sept muids
   de grain.*

13 mai 1295.

Universis presentes litteras inspecturis, vicarius Rothomagensis archiepiscopi in Pontisara et in Vulgassino Francie, salutem in Domino. Noveritis quod, anno Domini millesimo ducentesimo nonagesimo quinto, die veneris post Ascencionem Domini, comparentes in jure coram nobis, Galterus et Hugo, rectores ecclesie de Ambleinvilla, confessi fuerunt quod, cum ipsi, nomine presbiteratus ecclesie predicte, haberent et perciperent, habuissent et percepissent, ipsi et predecessores sui, anno quolibet, annui redditus nomine, super bonis religiosorum virorum abbatis et conventus Sancti Victoris prope Parisius que habebant dicti religiosi et habent in villa et territorio de Ambleinvilla, redecimam omnium decimarum, tam grani quam vini veniencium ad granchiam seu domum et manum dictorum religiosorum apud Amblevillam predictam, item totam decimam grani quam dicti rectores percipere consueverunt in quodam feodo quod vocatur Aubachais, videlicet de fructibus terrarum existencium de feodo predicto, dictosque redditus minuatim et cum labore ac custibus magnis perceperunt ipsi rectores, pro bono et utilitate presbiteratus ecclesie prefate, ac de consilio majoris partis parochie ejusdem, dederant et concesserant, dabant et concedebant religiosis predictis, nomine permutationis, redditus predictos in futurum, pro septem modiis grani percipiendis in futurum, anno quolibet, a dictis rectoribus et eorum successoribus, in granchia religiosorum predictorum apud Amblevillam predictam, super fructibus omnibus religiosorum, videlicet quatuor modiis bladi ybernagii et tribus avene ad communem mensuram ville prefate; ita tamen quod, si in dictis fructibus generalis tempestas aut sterilitas obveniret, fieret deductio de dicta grani quantitate, anno adventus ejusdem tempestatis seu sterilitatis, pro rata ipsius, ad arbitrium boni viri. Quam permutationem asseruerunt coram nobis rectores predicti, fide media, se et successores suos firmiter servaturos, et contra non venturos, et eam factam esse propter evidentem utilitatem presbiteratus ecclesie prefate; et hoc asseruerunt, per juramenta sua coram nobis prestita, Johannes Farsi, Petrus Pelliparius, Guillelmus de Ham, Guillelmus Charronnus, Theobaldus Barbitonsor, Petrus Clericus, Petrus Ad Tibias, Symon Haonis, Petrus Bouchart, Guillelmus Vacarius,

Petrus Mansefeve, Guillelmus Galieni, Johannes Vincentii et Garnerus Bauche, parochiani ydoneyores parochie supradicte. Et nos, ad testimonium eorumdem, decretum nostrum interposuimus permutationi predicte, ac, ad confirmationem premissorum, sigillum curie nostre Pontisarensis, ad instantiam dictorum rectorum et parochianorum, presentibus litteris duximus apponendum. Datum anno et die veneris predictis.

Maur. Belley, 11 s. collatio.

Arch. nat., L 895, n° 61.

Amortissement par Simon de Lormaison, en faveur de l'abbaye Saint-Victor, de treize journaux de terre sis paroisse d'Amblainville.

4 avril 1296.

A tous ceus qui ces lettres verront, Guillaume de Hangest, garde de la prevosté de Paris, salut. Nous faisons savoir que pardevant nous vint Symon, dit de Leurmesons, escuier, afferma et reconnut qu'il avoit amorti et amortissoit à religieus hommes l'abbé et le convent de Saint Victor, et à leur successeur, treze journeus ou environ de terre arrable assise en diverses parties en la paroisse de Ambleinville, en la dyochese de Roam, lesquex treze journeus de terre lidit religieus tiennent à champart dudit escuier en son destroit et en sa seigneurie. Et veut et octroie ledit Symon que lidit religieus et leur successeur tiengnent desorendroit à touzjours touz amortis et en main morte, sanz contrainte de metre hors de leur main, les treze journeus de terre desusdiz, sauf audit escuier et à ses hoirs ledit champart à prendre et lever de lui et de ses hoirs, si comme il est acoustumé ou pais, duquel champart lidiz escuiers est en l'ommage et en la foy dudit abbé de Saint Victor, si comme il disoit. Et promist ledit escuier que contre le don, l'amortissement et le craiance devant dittes, par aucun droit quex qu'il soit, n'ira ne fera aler par lui ne par autre, à nul jour. Et quant à ce tenir, ledit escuier obliga et souzmist lui, ses hoirs et touz ses biens, et de ses hoirs, muebles et non muebles, presens et à venir, où qu'il seroient, pour prendre partout, pour ceste lettre enteriner à jousticier au prevost de Paris. En tesmoing de ce, nous avons mis en ces lettres le scel de la prevosté de Paris, l'an de grace mil cc IIII^{xx} et seze, le mercredi après la quinzeine de Pasques.

Arch. nat., S 2071, n° 23.

Vidimus du Vicaire de l'archevêque de Rouen d'une concession par l'abbaye Saint-Victor à Jean des Quartiers et Dreux Girout, de la Villeneuve, de trois arpents et demi de terre, moyennant le cens foncier, la dîme et le droit de pressurage.

6 août 1296.

Omnibus hec visuris, vicarius Rothomagensis archiepiscopi in Pontisara et Vulgassino Francie, salutem in Domino. Notum facimus nos, anno Domini MCC nonagesimo sexto, die lune post festum sancti Petri ad vincula, vidisse litteras sigillis abbatis et conventus Sancti Victoris Parisiensis sigillatas, formam que sequitur continentes : « Universis presentes litteras inspecturis, frater Odo, humilis abbas Sancti Victoris Parisiensis, totusque ejusdem loci conventus, eternam in Domino salutem. Notum facimus quod, cum Johannes dictus des Quartiers et Droco dictus Giroust, de Villa Nova versus Amblainvillam, Rothomagensis dioycesis, tenerent et possiderent a nobis ad campipartem et decimam, in dominio et districtu nostro, tres arpennos et dimidium terre arabilis, nos, pensata utilitate ecclesie nostre, dedimus et concessimus predictis Johanni et Droconi et eorum heredibus imperpetuum, predictos tres arpentos et dimidium terre, ad censum capitalem, videlicet quodlibet arpentum pro duobus solidis parisiensium nobis singulis annis ab eisdem et eorum heredibus reddendis et persolvendis in festo sancti Remigii, tali conditione quod dictam terram plantabunt et redigent perpetuo in vineam, et quod de ipsis vineis predictum censum nobis, ut dictum est, solvent, et decimam et pressoragium nobis de eisdem solvent et in nostro pressorio pressorabunt. Et promitimus bona fide quod contra donationem et concessionem hujusmodi, per nos vel per alium, non veniemus in futurum, et quod dictas pecias terrarum in vineam redactas predictis hominibus ac eorum heredibus, ad dictum censum, pressoragium et decimam, ut dictum est, garantizabimus et liberabimus ad usus et consuetudines patrie, contra omnes ; hoc acto in contractu predicto inter nos et jam dictos homines quod, si ipsi vel eorum heredes culturam dictarum vinearum, processu temporis, diviserint et dictas vineas extirpaverint, quod predicta terra in agriculturam revertetur, et de ea nobis solvent campipartem et decimam sicut ante. In cujus rei testimonium, sigilla nostra presentibus litteris duximus apponenda. Datum anno Domini MCC nonagesimo sexto, mense julii. » Quod autem vidimus hoc testamus. Datum anno et die lune predictis. — *Sur le repli* : s. XVII d.

Arch. nat., L 895, n° 64.

Confirmation par l'archevêque de Rouen de l'échange fait par les prêtres d'Amblainville avec l'abbaye Saint-Victor, de leur droit de redîme contre une rente de sept muids de grain.

16 novembre 1296.

Universis presentes litteras inspecturis, Guillelmus (1), permissione divina Rothomagensis archiepiscopus, salutem in Domino sempiternam. Noveritis quod nos permutationis contractum inter religiosos viros abbatem et conventum ecclesie Sancti Victoris prope Parisius, suo dicteque ecclesie sue nomine, ex parte una, dilectosque filios rectores duarum portionum ecclesie de Amblenvilla, nostre diocesis, suo et dicte ecclesie sue nomine, ex altera, initum et habitum, sicut plene vicarii nostri Pontisarensis litteres, quibus presentes sunt annexe per ordinem protestantur, qui, sicut in ipsis patet litteris memorati vicarii, cedit ad utilitatem dictarum ecclesiarum ex dicti vicarii nostri testimonio, cui fidem plenariam adhibemus, laudamus, volumus, approbamus, et scripti presentis patrocinio confirmamus. Datum Pontisare, die veneris post festum beati Martini hyemalis, anno Domini MCC nonagesimo sexto.

Arch. nat., L 896. — Sceaux n°s 6372 et *bis* de l'Inventaire.

Échange entre les frères de la Trinité du Fay et ceux du Temple d'Ivry, de quatre mines et demie de blé et trois sous parisis de rente, contre une pièce de terre sise au terroir d'Amblainville, près le chemin de la Villeneuve.

Septembre 1300.

Omnibus hec visuris, frater Arnulphus, minister domus de Fayaco, ordinis Sancte Trinitatis, ceterique fratres ejusdem domus, salutem. Notum facimus universis quod, cum preceptor et fratres domus de Yvriaco, in Vulgassino Francie, haberent, tenerent et possiderent, tanquam suam, quamdam peciam terre sitam in parrochia seu territorio de Amblevilla, inter terram le Helle de Campo Remigii, ex una parte, et terram Lorentii Qualli, ex altera, abutantem chimino per quod itur de Nova Villa Regis apud Amblevillam, deberentque nobis dicti preceptor et fratres singulis annis tres minas cum dimidia bladi, ex dono domini Garneri quondam de Fre-

---

(1) Guillaume de Flavacourt, archevêque de Rouen de 1275 à 1305.

court (1), militis, ad festum sancti Remigii, super redditus terre de Frecourt; item, unam minam bladi, ex dono Radulfi de Allerayo (2), armigeri, ad festum sancti Dyonisii, super granchiam de Allerayo; item, tres solidos parisiensium, ex dono domine Johanne de Fremecourt, super redditibus vinee quam tenebat Emmelina La Morele; quod siquidem bladum et tres solidos habebamus et recipiebamus singulis annis in domo de Yvriaco dictorum preceptorum *(sic)* et fratrum; nos, de prudentum virorum consilio, domus nostri predicti utilitate pensata, predictos bladum et tres solidos annui redditus, prout superius nominantur et specificantur, cum dicta pecia terre, prout se cumportat a metis et locis antedictis, cum omni jure et dominio que nobis et domui nostre in eisdem rebus cumpetebant, nomine pure et perpetue permutationis seu excambii, excambiavimus et tradidimus preceptori et fratribus eorumque domui supradictis, et causam ab ipsis habituris, perpetuo possidendis, pro pecia terre superius nominata; hoc addito eciam et adjecto predicte permutacioni quod nos tenebimur reddere et solvere dictis preceptori et fratribus, in domo ipsorum de Yvriaco, singulis annis, octodecim solidos parisiensium annui et perpetui census seu redditus, in festo Omnium Sanctorum, pro petia terre supradicta. Abdicantes, etc..... In cujus rei testimonium, sigillum nostrum presentibus litteris duximus apponendum. Datum anno Domini trescentesimo, mense septembri.

Arch. nat., S 4991, n° 2.

Approbation donnée par le maître général de l'ordre de la Trinité à l'échange fait entre les frères du Fay et les Templiers d'Ivry.

Septembre 1300.

Omnibus hec visuris, frater Petrus, major minister tocius ordinis Sancte Trinitatis et Redempcionis captivorum, eternam in Domino salutem. Cum permutacio sive excambium sit factum inter ministrum et fratres nostri ordinis de Fayaco, Rothomagensis dyocesis, ex una parte, et preceptorem et fratres ordinis milicie Templi de Yvriaco, in Vulgassino Francie, ex altera, secundum tenorem et formam que continentur in presentibus litteris hiis annexis, notum sit omnibus quod nos dictam permutacionem sive excambium volu-

---

(1) Frocourt, canton d'Auneuil, arrondissement de Beauvais.

(2) Alleré (Oise), commune de Neuville-Bosc.

mus, laudamus, ratificamus, approbamus, et tenore presencium anexarum presentibus sigill ominiꞌstri domus predicte sigillatis, auctoritate nostra ordinaria confirmamus. In cujus rei testimonium, sigillum nostrum quo solo utimur presentibus duximus apponendum. Datum anno Domini M°ccc°, mense septembris.

Arch. nat., S 4991, n° 3.

Amortissement par Jean de Bailleul, en faveur de l'abbaye Saint-Victor, de ses terres sises aux Vallées de Méru, paroisse d'Amblainville, sauf retenue du champart et de la seigneurie desdites terres.

Juillet 1303.

A touz ceus que ces presentes lettres verront et orront, Jehans Poucins, escuier, sires de Balluel (1), salut. Sachent tuit que, comme religieus hommes l'abé et le convent de l'eglyse de Saint Victor de Paris tiengnent de moi plusieurs terres à champart assises ou terroer des Valées de Méru, en la paroisse d'Ombleinville, de la dyocese de Roan, et je les aie amonesté que il les mestent hors de leur main, je, por le remede et le salut de men ame, ai otroué, otroi et vuels que lesdiz religieus tiengnent et poursivent à touzjoursmes lesdites terres que il tiennent de moi es lieus dessusdiz, en main morte, en tant comme il appartient à moi et à mes hoirs, et à ceus qui de moi et de mes hoirs auront cause, sanz ceu que moi ne mes hoirs les puissions james contraindre à ceu que il les puissent vendre ne mestre hors de leur main par reson de main morte, sauf et retenu à moi et à mes hoirs la champart, la joustice et la segnourie que nous avons es dites terres, et sauf tout l'autrui droit. Et leur promet à garandir à eus et à leur atorné et en main morte en la manière dessusdite. Et quant à ceu fermement tenir, j'ai obligé moi et mes hoirs, et mes biens et les biens de mes hoirs, muebles et non muebles, presenz et à venir, pour la garandie dessusdite tenir et aemplir en la manière dessus devisée, renonçant en ce fet à toutes les choses adverses qui contre ceste presente lettre pourroient estre opposées. En temoing de laquelle chose, je hé baillié ces presentes lettres seellés de mon propre seel, sauf touz droix. Ce fu fet l'an de grace mil ccc et trois, ou mois de juignet.

Arch. nat., S 2071, n° 19.

---

(1) Bailleul-sur-Esches, aujourd'hui Fosseuse, canton de Méru, arrondissement de Beauvais.

Possessions de l'abbaye du Val à Amblainville.

1303.

Extrait d'une ancienne déclaration de certains héritages appartenans à l'église du Val Nostre Dame, situez et assis en plusieurs lieux, commençant par ces mots : « Anno Domini millesimo trecentesimo tertio, mense martio, » et finissant : « omnibus arpentis. »

Au feuillet 10, recto, de laquelle est escrit ce qui s'ensuit :

« In primis sciendum est quod, in grois qui sunt in feodo des
« Bauches et in parochia de Amblevilla que sunt inter Genemal et
« Boscum Ade, habemus quandam petiam terre in qua continentur
« sexaginta duodecim arpenta et dimidium quarterium, libera ab
« omni decima et campiparte.

« Item, in eodem feodo, in quadam cultura que est inter scepes
« Pontisare et Genemal, tenentem ad finem stannorum in una, et in
« altera ad viam per quam itur a Grangia ad Haronvillam, in qua
« continentur octoginta et duodecim arpenta et unum quarterium,
« libera ab omni decima et campiparte. »

Et au mesme feuillet, verso, article 1 :

« Item, super eandem viam habemus quandam petiam culturam (*sic*)
« que est in feodo de Sendericourt, que tenet ex una parte ad viam
« per quam itur a Grangia ad Amblevillam, et in altera parte ad
« viam per quam itur de Sendericourt ad sepes Pontisare, in qua
« continentur sexaginta quinque arpenta, libera ab omni decima et
« campiparte. »

Et à l'onzième feuillet, recto, article premier :

« Item, in eodem feodo, super eandem viam, juxta sepes Ponti-
« sare, habemus quandam petiam terre tenentem ex una parte ad
« viam per quam itur ad Haronvillam a Grangia et ad terras isto-
« rum, videlicet Roberti de Maresco et Johannis Armigeri dicti
« Cuer-de-Fer, et ad bruerias Simonis dicti Boislaue, in qua conti-
« nentur viginti et octo vel novem arpenta dimidium et tredecim
« perticas, libera ab omni decima, dono et campiparte. »

Item, au 13ᵉ feuillet, recto, art. 5 :

« Item, in eodem feodo, juxta eandem petiam, habemus quandam
« petiam terre que dicitur Campus Boucel, in qua continentur duo-
« decim arpenta et quadraginta pertice, contiguam terre domicelle
« de Pratis et Pulcro Campo, liberam ab omni decima et campi-
« parte. »

Item, article 7 :

« Item, in eodem feodo, super Pulcrum Campum, habemus quan-

« dam petiam contiguam terre Pulcri Campi et vie que ducit de Hen-
« nonvilla ad Chambliacum, in qua continentur undecim arpenta et
« sex pertice, libera ab omni decima et campiparte. »

Item, au mesme feuillet, verso, art. 1:

« Item, in eodem feodo, juxta eandem petiam terre subtus, habe-
« mus quandam petiam terre que dicitur la Marlière, contiguam
« terre prioris de Amblevilla, ex una parte, et terre Joannis dicti
« Chomart, du Fay, et terre Garneri Divitis, de Bervilla, in qua
« continentur decem arpenta, libera ab omni decima, etc. »

Collation de la présente copie a esté faicte à son original, le faict rendre *(sic)* requérant M⁰ Guignon, procureur des relligieux, prieur et couvent des Feuillants de Paris, à cause de l'abbaye du Val, en la présence de M⁰ Buisson, procureur de Messire Louis Le Prestre, curé d'Amblainville, sauf ses contreditz. Fait au greffe de la cour des requestes du Pallais à Paris, le treize aoust mil six cens trante trois.

Arch. nat., S 4170, n° 40.

Échange entre l'abbaye Saint-Martin de Pontoise et l'abbaye Saint-Victor, des droits du prieur d'Amblainville sur les dîmes des terres de Saint-Victor et sur une maison audit lieu, contre un recenu annuel de trois muids de grain.

10 octobre 1304.

Universis presentes litteras inspecturis, frater Stephanus, permissione divina abbas monasterii Sancti Martini Pontisarensis, totusque ejusdem loci conventus, salutem in Domino sempiternam. Notum facimus quod, cum nos haberemus et perciperemus annuatim ab antiquo, vice et nomine nostri prioratus de Amblevilla, Rothomagensis dyocesis, et pro ipso, decimam in quibusdam terris arabilibus in parrochia seu territorio de Amblevilla, inter decimagium religiosorum virorum abbatis et conventus Sancti Victoris Parisiensis situatis et inclusis, adeo quod, inquerendo et colligendo predictam decimam, inter nostrum priorem predicti prioratus et predictos religiosos, anno quolibet, sepe oriebatur dissencio, et magnum super hoc periculum posset in posterum suboriri; cumque haberemus et perciperemus annuatim quamdam droituram super quadam masura in predicta villa situata, contigua domui predictorum religiosorum, ex una parte, et domui que quondam fuit defuncti Huboudi, ex altera, predictis religiosis, ratione propinquioritatis, neccessaria et eciam fructuosa; haberemusque eciam et perciperemus annuatim ab antiquo, nomine predicto, in granchia decimali dicte ville religiosorum predictorum septem sextaria bladi ybernagii ad mensuram elemosine dicte ville; ideo nos, ad dictum periculum evitandum, pensataque utilitate evidenti nostri prioratus predicti, habita eciam inter nos et cum peritis super hoc plena deliberacione et tractatu diligenti, renumeracionis et recompensacionis nomine trium modiorum grani a priore nostro dicti loci qui pro tempore fuerit, suo et dicti prioratus nomine, ex nunc imperpetuum in predicta granchia decimali dicte ville abbatis et conventus Sancti Victoris predictorum anno quolibet pacifice percipiendorum et habendorum libere et quiete, videlicet viginti sex sextaria bladi ybernagii ad mensuram et testimonium decime et campipartis dicte ville, et decem sextaria avene ad mensuram communem dicte ville, dedimus et concessimus, damus et concedimus ex nunc imperpetuum predictis religiosis Sancti Victoris et eorum monasterio jam dictas droituram, septem sextaria bladi ybernagii et totam decimam quam habemus in parrochia et territorio predictis, quacumque ratione sive causa, cum omnibus juribus, dominiis et actionibus eorumdem, excepta dumtaxat minuta decima dicte ville, quam penes nos retinemus, et eciam excepta et penes nos retenta decima omnium terrarum nostrarum in predictis parrochia et territorio situatarum quas ad presens possidemus ; promittentes bona fide, nostro et ipsius monasterii antedicti prioratus nomine, sub obligacione bonorum ipsius prioratus omnium, mobilium et immobilium, presencium et futurorum, premissa omnia et singula, ut dicta sunt, tenere et adimplere ac etiam garantizare, et nullatenus de cetero, per nos aut per alium, venire contra eadem seu aliquod eorumdem aut eciam quoquomodo consentire venienti. In quorum premissorum testimonium, sigilla nostra propria presentibus litteris sunt appensa. Datum anno Domini millesimo CCC° quarto, die sabbati post festum sancti Dyonisii.   Arch. nat., L 895, n° 66.

Approbation par Pierre de la Motte de la vente faite par Pierre de Gency, à l'abbaye Saint-Victor, de quatre hôtises, du champart de vingt-huit journaux de terre au Bois Bérenger, et de la moitié du champart de cent huit autres à Abbeval.

22 novembre 1305.

A touz ceus qui ces lettres verront, Pierre de Dici, garde de la prevosté de Paris, salut. Sachent tuit que par devant nous vint noble homme monseigneur Pierre de la Mote, chevalier, et recognut en jugement que il avoit voleu, satteffié et aprové soffisamment, de tant comme à lui touchoit ou pooet touchier, tel marchié, tele vente et tele aliénacion comme feu Pierre de Gency, escuier, et Marguerite, sa fame, avoient eu et fait à religieus hommes l'abbé et le convent de Saint Victor dels Paris, des heritages ci desouz nommez, c'est à savoir de quatre ostises, de toute la champart de vint huit journiex de terre assis au Bois Berenger de lès la Tuilerie, de la moitié du champart de cent et huit journiex de terre ou environ assis au terroir de Abbeval, tenanz à la voie par quoi l'en va de Meru à Villeneuve, assises toutes ces choses ès paroisses de Ambleinville et de Meru, en la diocese de Rouen, au pourchaz et à la requeste de Adenet, filz jadis dudit feu Pierre ; et quita et quite, clama, cessa et transporta tout le droit, toute l'action, seignorie et possession que il avoit ou povoit onques avoir eu en touz les heritages desus nommez et ès appartenances audiz religieux, et y renonça du tout en tout. Et promist que contre ne vendroit par nul droit quelx qu'il fust ou temps à venir ; ainzçois, se il en avoit aucunne chose vendue pour droit que il y eust, ou en autre manière aliénée, de tant comme à son fait toucheroit ou porroit touchier, il les en promet à garentir contre touz. Et quant à ce tenir fermement ledit chevalier a obligié et souzmis soy, ses biens et les biens de ses hoirs, muebles, non muebles, presenz et à venir, où que ils soient, à justicier par le prevost de Paris et par toutes justices souz qui juridiction il seroit trovez à justicier. En tesmoing de ce, nous avons mis en ces lettres le seel de la prevosté de Paris, l'an de grace mil trois cenz et cinc, le lundi veille saint Climent. Arch. nat., S 2071, n° 2.

Adenet de Gency promet aux moines de Saint-Victor de les garantir contre toutes réclamations de la part des gens du Roi à raison du procès ayant existé entre les religieux et Pierre de la Motte.

22 novembre 1305.

A touz ceus qui ces presentes lettres verront, Pierre de Dicy, garde de la prevosté de Paris, salut. Nous fesons à savoir que par devant nous vint en jugement Adenet, filz et hoirs de feu Pierre de Gency, escuier, et promist par devant nous et par son serement à acquitter et à delivrer religieus hommes l'abbé et le convent de Saint Victor les Paris, envers le genz nostre seigneur le Roy et envers tous autres, de tout ce que il leur porroient demander ou accuser pour le plait que monseigneur Pierre de la Mote, chevalier, a eu audiz religieus ; et tout ce en quoy il seroient condempnez ; et que il pairoient au genz desusdict pour le fait dudit chevalier et pour le plait desusdit, ledit Adenet leur promit à rendre et à restorer toutes foiz que il en sera requis. Et quant à ce tenir fermement, le desusdit Adenet a obligié et souzmis soy, ses biens et les biens de ses hoirs, muebles, non muebles, presenz et à venir, où que il soient, à justicier par le prevost de Paris et par toutes justices souz qui il sera trovez à justicier. Et renonça en cest fait à touz engins, fraudes, decevances, au benefice de meneur aage, et à toutes autres excepcions, resons de fait et de droit, par quoy il porroit venir contre la teneur de ceste lettre. En tesmoing de ce, nous avons mis en ces lettres le scel de la prevosté de Paris, l'an de grace mil trois cenz et cinc, le lundi vegile saint Climent.

Arch. nat., S 2071, n° 1.

Adjudication au profit de l'abbaye du Val d'un arpent de terre, sis aux Grès, appartenant à Thomas Hilon et à Pétronille, sa femme, d'Amblainville, pour huit livres parisis à rabattre de la somme de cinquante livres que Hilon devait à l'abbaye pour achat de bois.

5 août 1308.

A touz ceus qui ces lettres verront, Robert de Huval, soubaillif de Pontoise, salut. Comme Thomas Hilon et Perronnelle, sa fame, de la paroisse d'Amblainville, fussent tenuz et obligiez à religieuz hommes l'abbé et le convent du Val Nostre Dame en la somme de cinquante livres parisis de bonne et fort monnoye, pour certainne chose adjugiée de la vente des bois desdiz religieux, et nous ne peussons trouver à present des biens desdiz Thomas et sa fame meubles de quoi ladite somme d'argent peust estre paiée as dix religieus en tout ou en partie, et il nous eussent requis que nous feissions prisier des heritages desdiz Thomas et sa fame pour faire le gré desdiz religieus ; sachent touz que nous, pour la vertu d'udit adjugié, à la requeste desdiz religieux, feismes prisier un arpent de la terre desdiz Thomas et Perronnelle, sa fame, seant aus Grez, ou terrouer d'Amblainville, tenant d'une part et d'un bout au prieuré d'Amblainville, et d'autre part à Garin Renart, de Chambli, mouvant desdiz religieuz à champart pour le pris de huit livres parisis [bonne] monnoie, en recompensacion de ladite debte, lequel pris fu fait par bonnes gens dignes de foi ; et furent faites les subastacions et les criées après le pris, teles comme l'on les doit faire en tel cas par la coustume du pays, c'est asavoir les trois par trois quinzaines, et la quarte d'abondant, si comme Renart de Neelle, sergent nostre siré le Roy en la chastelerie de Pontoise, à ce commis et député de par nous, et à qui nous adjoustons foy en tel cas et en greigneur, nous raporta par son serement. Et pour ce que, la dite subastacion ou criées pendans, l'on ne trouva qui oposast ne qui plus dudit arpent de terre prisié vousist donner, nous commandasmes ausdiz Thomas et Perronnelle qu'il s'en dessaisissent ; lesquiex s'en dessaisirent en la main desdiz religieuz par le commandement de nous, et les ensaisirent dudit arpent de terre prisié pour les wit livres dessus dites, en rabatement de la somme des cinquante livres dessus nommées. Et promettons, en tant comme il appartient à nous comme à justice pour le Roy, à garantir et deffendre ausdiz religieux ou à ceus qui aront leur cause ledit arpent de terre pour le pris dessus dit, envers touz et contre touz, à touzjours. En tesmoin de ce, nous avons mis en ces lettres nostre propre seel duquel nous usons ès causes qui sont demenées par devant nous. Et pour que les choses dessus dites soient plus fermes et estables et plus valables, nous avons requis Dreue le Geune, garde de la chastellerie de Pontoise de par nostre sire le Roy, qu'il seellast avecques nous. Et nous, Dreue le Geune dessus dit, à la requeste dudit soubaillif, avons mis en ces lettres le seel de la chastellerie dessusdite. Ce fu fait le lundi après la feste saint Estienne, ou mois d'aoust, l'an de grace mil trois cens et huit.

Arch. nat., S 1178, n° 3.

Amortissement par Jean de Hédouville et Isabeau de Sandricourt, sa femme, en faveur de l'abbaye Saint-Victor, de quatorze journaux de terre, en trois pièces, sis aux chemins de Belloy et de Chambly et aux Vallées, et échange du champart de deux journaux, aux Vallées, contre celui de deux journaux à la Couture de Roquemont.

27 août 1309.

A tous ceus qui ces presentes lettres verront, Jehan de Heudouville, escuier, seigneur de Sanducourt, et demoisele Ysabeau de Saudu-court, sa famme, salut en Nostre Seigneur. Comme religius hommes et honestes l'abbé et le convent de l'eglise Saint Victor de Paris tenissent et eussent tenu de longue main, en nostre champartage et seignorie de Sanducourt, quatorze journiez de terre ou environ, non amortiz, en trois pièces, dont l'une des pièces qui fu feu Hubout, assise au chemins du Peleiz et de Chambeli, contient trois journiex, la seconde pièce, qui fut audit feu Hubout et Rebours de Frênes, assise illecques près, joignant d'une part au terres Jehan Houlier, et d'autre part à naus terres, contient quatre journiex, et la tierce pièce, assise ès Valées, joignant d'une part au terres au seigneur de Aunueil et d'autre part au chemin qui va de Meru à Sandricourt, contient sept journiex; saichent tuit que nous, de nostre bonne volenté et de nostre commun assentement, attendanz et consideranz l'amour et la devocion que nous avons eu et avons enquore envers lesdiz religieus, pour le saluz de naus ames et de naus parens, et en recompensacion de douze livres parisis que nous avons eues et receues desdiz religieus en bonne pecune nombrée, et desqueles nous nous tenons pour bien poiez, lesdiz quatorze journiex de terre amortizons desorendroit à tousjouzmès audiz religieus, à leur eglise et à leurs successeurs, et les leur prometons par naus seremenz à garantir et defendre de nous et de naus hoirs à tenir pesiblement à tousjouzmès en main morte, sanz contrainte de les metre hors de leur main, sauf et retenu en iceus à tousjouzmès à nous et à naus hoirs ledit champart. Item, comme lesdiz religieus eussent de longue main en nostre couture de Roquemont deus journiex de champartage, et il les nous aient eschangiez, quittiez et delessiez du tout en tout, but à but, à touzjouzmès, pour deus des nostres, sachent tuit que nous, en recompensacion et renumeracion de ce, et en non de pur eschange, quittons, otroions et delessons à touzjouzmès audiz religieus, à leur eglise et à leurs successeurs, deus journiex de nostredit champartage, et sont lesdiz deus journiex des quatre qui furent feu Hubout et Rebours, par devers les terres Jehan Houlier. Et prometons par naus devant diz seremenz que contre cest eschange, quittance et otroi, par nous ne par autres, n'irons ne aler ferons, ou temps à avenir, par quelque cause ou reson que ce soit. Et quant au choses desus dites tenir, acomplir fermement à touzjouzmès, et de non venir encontre, nous oblijons nous, naus hoirs, naus biens et les biens de naus hoirs, meubles et non meubles, presenz et à avenir, en quelque leu que il soient et pourront estre trouvez. En tesmoign desqueles choses, nous avons mis naus seaus propres en ces lettres presentes. Donné l'an de grace mil ccc et nuef, le mecredi après la Saint Loys.

Arch. nat., S 2071, n° 109. — Sceaux n°s 2395 et 2396 de l'Inventaire.

Amortissement par Guillaume de Vallangoujard, chanoine de Rouen, procureur de son frère Philippe, et Regnaut, son frère, des terres données à l'abbaye du Val par Simon Boileau et Jean Farsi.

21 juillet 1310.

A tous ceus qui ces presentes lettres verront et orront, Dreue le Joenne, garde du seel de la chastelerie de Pontoise de par nostre sire le Roy, salut. Sachent touz que par devant nous vindrent personelment mestre Guillaume de Valangouiart, chanoinne de Rouen, procureur souffisaument donné, atourné et estably de Phelippe de Valangouiart, escuiers, son frere, si comme nous veimes estre contenu en une lettre procuratoire seellée dudit seel, et Regnaut de Valangouiart, leur frere, si comme il disoient; et recongnurent et affirmerent ledit procureur, u nom dudit Phelippe et pour ly, et ledit Regnault pour soi et en son nom, que, comme Simon Boiliaue et Jehan Farsy eussent piéça donné sollempnellement à touzjours à houmes religieus l'abbé et le convent du Val Nostre Dame, et à leurs successeurs, les terres ci dessous nommées, c'est assavoir : du dom dudit feu Simon, une pièce de terre contenant environ deus journiex, seanz de lès les vignes d'Ambleinville, et du dom du dit feu Farsi, sis pièces de terre seanz u terrouer d'Ambleinville; l'une pièce contenant environ trois journiex, seant à li Pointe de lès le chemin de Chambli, joignant d'une part à Thybaut le Barbier et d'autre part à Garnier le Roy; l'autre pièce, trois journiex aus Fourches, joignant d'une part au chemin des Mares, et d'autre part à la vigne au Guabarez; la tierce pièce, un journel et demi, joignant d'une part à la damoisele des Prez, et d'autre part à damoisele Saintime, femme feu Jehan Cuer de Fer; la quarte pièce, un journal, joignant d'une part aus terres Saint Martin, et d'autre part à Jehan Turelure; la quinte pièce, deus journiex à la Bele Haye, de lès le chemin Marches, joignant d'une part aus terres de la prieurté d'Ambleinville et d'autre part à Jehan le Telier; et la sisiesme pièce, un arpent au chemin de Chambly, joignant d'une part au terres à li femme Jehan de la Mote et d'autre part à Pierre Flourie. Lesquelles terres lesdiz donneeurs, chascun la sene, tenoient u temps que il vivoient en vilenage des devanciers desdiz Phelippe et Regnaut, à telles debites comme elles doivent par an à eus, et partie du champart audiz religieus, si comme iceus mestre Guillaume et Regnaut disoient. Pour ce, presenz par devant nous, c'est assavoir ledit procureur u nom dessus dit et pour ly, et le dit Regnaut pour soi et en son nom, en agreant et confirmant le don dessus dit comme seigneurs desdiz lieus, voudrent, greèrent, acordèrent et otroièrent boinnement que lesdiz religieus et leurs successeurs en leur eglise ayent, tiegnent et poursivent en main morte et comme purement amorties toutes les terres dessus dites, bien et enprés, sanz contredit et sanz aucun empeschement que lesdiz Phelippe et Regnaut ou aucun de leur part y puisse mettre, dire ne opposer, ne aucune chose reclamer, fors tant seulement les debites que on leur en doit par an, et sanz ce qu'il puissent contraindre lesdiz religieuz à vendre icelles terres, aliener, estrangier ou fere hisser de leur main morte ou temps à venir, en quelconque mánière que ce soit, etc..... Et pour ce, par devant nous, ledit mestre Guillaume, chief seigneur desdites terres si comme il disoit, lequel, de sa bonne volenté, en agreant ensement ledit don comme chief seigneur du lieu, voult et acorda que lesdiz religieuz ayent et tiengnent paisiblement lesdites terres, si commes elles leur sont données et amorties, etc..... En tesmoing de ce, nous avons mis en ces lettres le seel dessus dit, l'an de grace mil trois cenz et dis, le mardi devant la Magdeleinne.

Arch. nat., S 4178, n° 2.

Amortissement par Pèlerin Poucin, en faveur de l'abbaye Saint-Victor, de ses terres sises aux Vallées de Méru, paroisse d'Amblainville, moyennant vingt livres, sauf retenue du champart et de la seigneurie.

25 avril 1315.

A touz ceus qui ces presentes lettres verront et orront, Pelerin Poucin, escuier, salut. Sachent tuit que, comme religieux hommes l'abbé et le convent de l'eglyse de Saint Victor de Paris tiengnent de moi plusieurs terres à champart assises ou terrouer des Valées de Méru, en la parroisse d'Ambleinville, de la dyocese de Roen, et je les aie amonestés que il les metent hors de leur main, je, pour vint livres de parisis, ai otroié, otroi et vueil que lesdiz religieus tiengnent et poursuivent à touzjoursmès toutes lesdites terres que il tiennent de moi ès lieus dessusdiz en main morte, en tant comme il apartient à moi et à mes hoirs et à ceus qui de moi et de mes hoirs auront cause, sans ceu que moi ne mes hoirs les puissions jamès contraindre à ceu que il les vandent et metent hors de leur main par raison de main morte, sauf et retenu à moi et à mes hoirs le champart, la justice et la seignorie que nous avons esdites terres, et sauf tout l'autrui droit; lesqueles dites vint livres parisis je, Pelerin dessusdiz, confesse avoir eues desdiz religieus en bonne monoie, pour cause dudit amortissemant, et m'en tieng à bien poié, et leur promet à garantir à leur *(sic)* et à leur atorné en main morte les choses dessusdites. Et quant à ceu fermement tenir, j'ai obligié moi et mes hoirs, et mes biens et les biens de mes hoirs, meubles et non meubles, presens et à venir, pour la garantie dessusdite tenir et acomplir en la manière dessus devisée, renunçant en ce fet à toutes les choses adverses qui contre ceste presente lettre porroient estre opposées. En tesmoing de laquelle chose, je ai selées ces presentes lettres de mon seel, sauf touz drois. Ce fu fet l'an de grace M ccc et quinze, le vendredi après Cantate.

Arch. nat., S 2071, n° 45.

Approbation donnée par Adam de Valmondois et Agnès, sa femme, à une sentence arbitrale rendue sur une contestation qui existait entre eux et l'abbaye du Val au sujet du mode de perception du grain que ledit Adam devait lever sur la grange de Beauvoir.

Mai 1816.

A touz ceus qui ces lettres verront, Jehan de Favarches, garde du seel de la chastelenie de Pontoise de par nostre sire le Roy, salut. Comme debat et descort feust meu entre religieus hommes l'abbé et le convent du Val NostreDame, d'une part, et Adam de Valmondois et damoisele Agnès, sa femme, sus ce que lesdiz d'Adam *(sic)* et damoisele Agnès disoient que tout tel blé et avene comment il prenoient chascun an sus la granche desdiz religieus de Beauveer, en la parroisse d'Amblainville, devoit estre poié à la mesure de Pontoise, et lesdiz religieus disoient que non devoit, ainchois l'avoient poié autrement anciennement ; et dudit debat et descort lesdiz religieus et lesdiz Adam et Agnès, sa femme, se feussent mis en compromis et en amiable composition et en la scentence arbitrale de honorables hommes Simon Molet et mestre Jehan de Hanencourt, clers, à pronuncier desdiz debat et descort à leur plaine volenté, et iceus arbitres, enquis et enfourmez de la verité souffisaument, aient dit, prononcié et scentencié, par leur scentence arbitrale ou amiable composition, que lesdiz Adam et damoisele Agnès, sa femme, aront chascun an sus ladicte granche dis setiers de blé, tel blé comme il croistra ès terres desqueles le blé vient à ladicte granche, et un mui d'avene bonne et soufisant, et tout à la mesure de Pontoise, au terme de la feste saint Martin d'iver, si comme iceus arbitres dessus diz, qui pour ce furent presenz par devant nous, le confessèrent, dirent, pronuncièrent et scentencièrent par devant nous. Pour ce furent presenz personelment par devant nous lesdiz Adam et damoisele Agnès sa femme, lesquiex, de leur bon gré et de leur bonne volenté, sanz force et sanz contrainte, promistrent et gajèrent à avoir, tenir et garder ferme et estable le dit, la scentence et l'ordenance desdiz arbitres ou amiables compositeurs, tout en la fourme et en la manière que iceus arbitres l'ont dit, pronuncié et scen[ten]cié, si comme il est contenu en ces lettres, à touzjours, sanz venir encontre et sanz ce que de ladicte sentence il puissent jamès appeler à arbitrage de bon homme. Et jurèrent iceus Adam et damoiselle Agnès, sa femme, par leur foy et leur serement, etc..... Et renuncièrent en ce fet par leur dicte foy à touz privileges, donnez et à donner, à toutes fraudes, etc...., ladicte damoisele, de l'auctorité de son dit mari, qui de ce fere que dessus est dit et qui s'ensieut li donne povoir par devant nous, au benefice du Velleyen, à la loy du Divinadrien et au droit du senat consult, qui sont drois pour les fames, et touz deux ensemble à tout ce qui valoir leur pourroit à venir contre ces lettres. En tesmoin de ce, nous avons mis en ces lettres le seel dessus dit, l'an de grace mil ccc et seize, ou mois de may.

Arch. nat., S 4170, n° 35.

Bail par l'abbaye du Val à Pierre le Faucheur, d'une pièce de six arpents sise au terroir d'Amblainville, près le Fay, moyennant un cens annuel et perpétuel de dix sous parisis.

1318.

A touz ceus qui ces lettres verront, Jehan de Favarches, garde du seel de la chastelerie de Pontoise de par nostre sire le Roy, salut. Sachent tous que par devant nous vint present en sa propre persone Pierre le Faucheur, de la parroisse d'Ambleinville si comme il disoit, et recognut que, pour son grant proufis apparissant, il avoit pris et retenu à annuel et perpetuel chief cens à heritage à touzjours, pour lui et pour ses hers, une pièce de terre arable contenant deux arpenz, de hommes religieus et honestes l'abbé et le convent du Val Nostre Dame, seant ladicte pièce au terrouer d'Ambleinville, entre le Fay et Ambleinville, tenant d'un costé Ansel de Chantemelle, aboutissant d'un bout à Jehan de Cleri, de l'autre bout à Phelippe Pacouart, et de l'autre costé à Jehan Bertaut, mouvant desdiz religieus, c'est assavoir ladite terre ainsi prise à cens, comme dit est, tous pour dis soulz parisis de annuel et perpetuel chief cens, que ledit Pierres le Faucheur, pour lui et pour ses hers, promist et gaja par sa foy lealment paier et rendre doresenavant, chascun an, à touzjours ausdiz religieus et à leurs successeurs, en leur hostel de Fretmantel, à chascun terme de la Saint Remy, au jour chief du mois de octombre, à peine de l'amende acoustumée de chief cens non paié,.... lequel chief cens dessus dit chascun an paier audit terme sus ladite peine, comme dit est, et pour teneur de ces lettres enteriner et acomplir, sanz jamès venir encontre et sanz aucun deffaut, ledit Pierre Le Faucheur en y obligant soy et ses hers, avec ses biens, les biens de ses hers, etc..... [En tesmoing de ce] nous avons mis en ces lettres le seel dessus dit, l'an de grace mil trois cenz et dix huit, le samedi..... (1). Arch. nat., S 4171, n° 1.

---

(1) L'écriture de cet acte a pâli à tel point que certaines parties sont devenues illisibles.

Échange entre Hue et Guillemot Tassel et l'abbaye du Val, d'une pièce de terre sise au terroir d'Amblainville, contenant quatre journaux et dix-huit perches, contre une autre pièce, au même terroir, contenant quatre journaux.

3 mai 1320.

A touz ceus qui ces lettres verront, Jehan de Favarches, garde du seel de la chastelerie de Pontoise de par notre sire le Roy, salut. Sachent touz que par devant nous vindrent Hue Tassel et Guillemot Tassel, freres, d'Ambleinville, si comme ils disoient, et recognurent que, pour leur pourfit apparissant, il avoient et ont eschangié, but à but, sans nulles soultes, et baillié par non de droite permutacion et de pur eschange, otroié du tout, quittié et delessié à touzjours sans rappel, à religieus houmes et honnestes l'abbé et le convent du Val Nostre Dame, une pièce de terre contenans quatre journées et diz huit perches, seant ou terrouer d'Ambleinville, tenant d'une part à Guilliaume Pletru, et d'autre part à Adam du Fruit, mouvans desdiz religieus à telz redevances comme en en puet devoir; c'est assavoir ledit eschange fet tout pour une autre pièce de terre contenant quatre journieus, seans ou terrouer d'Ambleinville, tenant d'une part à la dame d'Anueil et d'autre part à Jehan de Cleri, mouvant de Pelerin Poucin à champart. De tout lequel eschange lesdiz freres se tindrent desdiz religieus pour bien paiez par devant nous sans decevance, jurans lesdiz freres suz sainz ewangiles à non venir contre ledit eschange ne contre la teneur de ces lettres u temps à venir; ainçois la dicte terre baillié par eschange garantiront, debviteront et deffenderont audiz religieus, à leur successeurs et à touz ceus qui aront leur cause, de touz empeschemens à touzjours, envers touz et contre tous, en jugement et dehors, aus us et aus coustumes du pais, toutes fois que mestier en sera; obligans quant à ce lesdiz freres, chascun pour le tout, eux, leur heirs, touz leur biens et les biens de leur heirs, muebles et non muebles, presens et à venir, pour vendre, despendre à tel fuer tel vente, par toutes justices souz qui il seront trouvés, jusques à plaine garandie dudit eschange, et pour rendre touz cous et fres que on y aroit par deffaut de ladicte garantie; et renonçans en ce fet lesdiz freres, par leur foy, à tout ce qui valoir leur poeroit venir contre ces lettres et au droit disant general renonciacion non valoir. En tesmoin de ce, nous avons miz en ces lettres le present seel, l'an de grace mil trois cens et vint, le samedi après feste saint Jaque et saint Philippe apostoles.

Arch. nat., S 4171, n° 11.

*Bail perpétuel par l'abbaye Saint-Victor, aux frères de la Trinité
du Fay, de douze arpents de terre sis au terroir d'Amblainville, au coin de la Fortelle, moyennant un cens annuel de
douze deniers par arpent.*

17 novembre 1323.

Universis presentes litteras inspecturis, frater Johannes, minister
domus Sancte Trinitatis de Fayaco prope Amblainvillam, totique fratres ejusdem domus, eternam in Domino salutem. Notum facimus
nos, pensata utilitate nostra domusque nostre supradicte, accepisse
perpetuo a religiosis viris et honestis abbate et conventu monasterii
Sancti Victoris Parisiensis septem arpenta terre arabilis que habebant et possidebant dicti abbas et conventus admortizata in territorio de Amblainvilla, in cuno vocato de la Forrella, in feodo dicto
Renart, tenendi et perpetuo possidendi *(sic)* a nobis, ministro et fratribus predictis, successoribusque nostris ministris et fratribus, videlicet
pro duodecim denariis parisiensibus fundi terre quolibet *(sic)* arpentum
dicte terre, solvendis a nobis, ministro et fratribus, successoribusque
nostris, anno quolibet, predictis abbati et conventui eorumque successoribus in festo sancti Remigii, salvis et retentis dictis abbati et
conventui eorumque successoribus in terris predictis campiparte et
decima et alia juridicione sua. Quem quidem censum seu redditum
supradictum promittimus bona fide et sub ypotheca bonorum domus
nostre supradicte reddere et solvere anno quolibet predictis abbati
et conventui, vel eorum gentibus, in domo sua de Amblainvilla, ad
terminum memoratum. In cujus rei testimonium, sigillum nostrum
presentibus litteris duximus apponendum. Datum anno Domini
M° CCC° vicesimo tercio, die jovis post festum sancti Martini hyemalis.   Arch. nat., S 2071, n° 44.

*Vente par Étienne Chauvin et Eustache, sa femme, Rouez et
Simonne Clicquet, à l'abbaye Saint-Victor, d'une maison et
dépendances, sises à Amblainville.*

23 octobre 1337.

A touz ceus qui ces presentes lettres verront, Pierre Belagent,
garde de la prevosté de Paris, salut. Savoir faisons que, par devant
nous personnelment establi en jugement, Estiene Chauvin, Eustace, sa fame, demouranz à Ambleinville, Rouez La Clicquete,
demourant à Saint Denis en France, Symonne, fille Raoul Clicquet,

demourant à Saint Germain en Laye si comme il disent, de leurs bones volentés et certaines sciences, sanz aucune contrainte, force, fraude ou erreur, recognurent et confesserent, tant conjoinctement comme divisement, mesmement ladite Eustace de l'auctorité de son dit mary à elle donnée souffisaument quant à ce faire qui s'ensuit, eus avoir vendu et, par nom ou tiltre de pure vente, quittié, cessié, ottroié et delessié desorendroit à touzjours, et promiz à garantir enverz et contre touz, à leurs couz, en jugement et horz, aus us et coustumes de France, à religieus hommes et honnestes l'abbé et convent de Saint Victor de Paris, pour eus, pour leurs successeurs et pour ceus qui d'euz auront cause, une masure, toute si comme elle se comporte et estent de toutes pars, avecques toutes ses appartenences et appendences, que lesdiz vendeurs se disent avoir de leur propre heritage, assise en ladite ville d'Ambleinville, tenant d'une part ausdiz acheteurs, et d'autre à Jehan Chiefdeville, en la censive desdiz religieus, chargiée chascun an en demi mine de blé et en une maalle parisis de croiz de cens, paiez à la Saint Remi, avecques tout le droit, propriété, possession, seigneurie, saisine et action reele, personnele, mixte, directe, tue, expresse et autre quelconque que il auroient et pourroient avoir envers et contre quelsconques personnes et leurs biens à cause de ladite masure et en icelle et ses dites appartenences dessuz vendues, pour le priz c'est assavoir de quarante livres parisis, que lesdiz vendeurs en confessèrent avoir eu et receu desdiz acheteurs en bone peccune nombrée et comptée, dont il se tindrent à bien paiez par devant nous, et dudit priz quittièrent et quittes clamèrent à touzjours lesdiz religieus, leurs successeurs et ceus qui d'euz auront cause ; promettanz, par leurs sermenz et foi de leurs corps, que contre ceste presente vente ne venront ne venir feront pour quelque cause, et rendre touz couz, dampmages et interez qui soustenuz seront par defaut de leur dite garantie ; obliganz à ce eus, chascun pour le tout, sanz faire division l'un de l'autre, et au miex apparant, tous leurs biens, et de leurs hoirs, meubles et immeubles, presens et à venir, à justicier par toutes justices, pour ces lettres enteriner ; renonçans par leurs diz sermenz et foi à l'exception dudit priz non eu ne receu, et la decepcion d'oultre la moitié du juste priz, au benefice de division, et lesdites venderresses au benefice du senat consult Velleyan, et à touz autres, et au droit disant generale renonciation non valoir. En tesmoing de ce, nous avons miz à ces lettres le seel de la prevosté de Paris, l'an de grace mil ccc xxxvii, le jeudi xxiii° jour d'octobre.

Arch. nat., S 2071, n° 43.

Donation par Jean du Fay, de Boury, à l'abbaye du Val, de quatorze mines de grain, moitié blé et moitié avoine, qu'il prenait chaque année sur la grange de Beaucoir.

10 juin 1343.

A tous ceus qui ces lettres verront, Guillaume Gormont, garde de la prevosté de Paris, salut. Savoir faisons que par devant nous, en jugement ou Chastellet de Paris, fu personnelment establis Jehan de Fay, escuier, fils de feu Regnier de Fay, de la parroisse de Bourriz (1) si comme il disoit, considerant et attendant les grans biens que religieus hommes et honnestes l'abbé et convent de l'eglise du Val Nostre Dame, emprez Ponthoise, lui avoient fait ou temps passé et faisoient encores, et font de jour en jour en pluseurs manières, et esperoit que il li feissent ou temps à venir, voeillant et aiant volenté de rendre et remunerer ces choses de tant comme il pooit ausdiz religieus et estre acompaigniez ès messes et prières et bienfais d'iceuls religieus, de leurs successeurs et de ladicte eglise, de sa bonne volenté et de sa certaine science, donna, quitta, cessa, transporta et delessa, à tousjours, pour Dieu et en aumosne et par don irrevocable fait entre vifs, ausdiz religieus, pour euls, pour leurs successeurs de ladicte eglise et pour les aians cause de ycelle, quatorze mines de grain, moitié blé et moitié avoine, que icellui Jehan avoit et prenoit par an en et sus la granche de Beauvoir qui est ausdiz religieus, avec tout tel droit, propriété, possession et seigneurie et toute action reelle, personnelle, miexte, directe, tue, expresse et toute autre que il y avoit et pooit avoir comme envers quelconques personnes et biens pour cause de ce, sans aucune chose retenir y ne excepter en toute voies, à en joir et les tenir par iceuls religieus et par leurs successeurs, après le trespassement d'icellui Jehan de Fay, lequel voult et accorda par devant nous, dès maintenant pour lors, que après son trespassement lesdiz religieus, leur procureur ou leurs gens pour euls en soient mis en possession et saisine et receuz en la foy et hommage de ceuls de qui il meuvent et sont tenus. Et encores accorda ledit Jehan par devant nous que dès maintenant lesdiz religieus, leurs successeurs ou leurs gens pour euls aient et prengnent lesdictes quatorze mines de grain en la manière que il les avoit pris et prenoit en et seur ladicte granche tant comme il vivra, et que, après son decès, il en puissent faire

---

(1) Boury, canton de Chaumont, arrondissement de Beauvais (Oise).

leur plaine volenté sans aucun contredit ou empeschement, comme leur propre chose. Et promist ledit Jehan de Fay, par son serement et par la foy de son corps pour ce baillée en nostre main corporelment, que contre cest present don, cession et transport, ne contre aucune des choses dessus dictes, il ne yra ne aler fera, par lui ne par autres, jamais, à nul jour ou temps à venir, par aucun art, engin, cancelle, erreur, lesion et decevance, ne par aucun autre drois quelqu'il soit, commun ou especial, et rendre et paier cous loyauls, coustemens, mises, despens et domaiges qui faiz, euz et soustenuz seront en ce que dit est dessus par sa coulpe ou deffaut. Et quant à ce ledit Jehan obliga, sans aucune exception de fait ou de droit, lui, ses biens, ses hoirs et les biens de ses hoirs, meubles et immeubles, presens et à venir, à justicier par toutes joustices souz qui il seront trouvez, pour ces lettres selonc leur teneur du tout enteriner et loyalment acomplir. Et renonça en ce fait ledit Jehan, par son serement et foy dessus diz, à tout ce qui, tant de fait comme de droit, de us et de coustume, lui porroit aidier et valoir à venir, fere ou dire contre la teneur de ces lettres ou contre aucune des choses contenues et dont mencion est faite en ycelles, et meesmement au droit disant general renonciacion non valoir. En tesmoing de ce, nous avons fait mectre à ces lectres le seel de ladicte prevosté de Paris, le mardi après la Trinité, l'an de grace mil ccc xl et trois. — JOYE.

Arch. nat., S 4170, n° 36.

Décharge par le vicaire de Pontoise, au nom de l'archevêque de Rouen, de la somme de seize livres à laquelle il avait imposé l'abbaye Saint-Victor pour sa maison d'Amblainville, l'abbaye n'ayant aucun bénéfice ecclésiastique audit lieu.

9 décembre 1344.

Universis presentes litteras inspecturis, vicarius reverendi in Christo patris ac domini domini Nicholai (1), digna Dei disponente gratia Rothomagensis archiepiscopi, in Pontisara et Vulgassino Francie, salutem in Domino. Cum religiosi viri abbas et conventus monasterii Sancti Victoris Parisiensis moniti fuissent ad granchiam seu domum suam de Amblainvilla, nostri vicariatus, ut infra certum terminum nobis, pro dicto domino archiepiscopo, solverent sexdecim libras quas ab eis exigebat dictus dominus archiepiscopus et petebat et eis imposuerat pro hiis que possident apud Amblainvillam

---

(1) Nicolas Ier Roger, archevêque de Rouen de 1343 à 1347.

predictam et in territorio ejusdem ville seu circiter, ratione subsidii
et pro subsidio dicto domino archiepiscopo auctoritate apostolica
concesso, dictique religiosi dicerent et allegarent se ad hec non
teneri, cum, ut dicunt, ibi nullam haberent ecclesiam, capellam
vel oratorium aut aliquod ecclesiasticum beneficium seu spirituali-
tatem aliqualem, sed tantum granchiam, domum, terras arabiles,
vineam et alios proventus temporales, pro quibus tamen, licet alii
casus similes evenerint, nunquam hactenus racione subsidii aliquid
predecessoribus dicti domini archiepiscopi exsolverint, nec pro hoc
fuerint, ut dicebant, alias requisiti, et ob hoc et alias causas a dictis
monicione, imposicione et processibus contra se factis ad curiam
romanam appellassent, ut dicebant; notum facimus quod, attentis
et consideratis premissis, nos dictis religiosis, quorum vita et religionis observancia multipliciter in Domino commendantur, nolentes
novum prejudicium generare nec eorum infringere libertates, ex
causa et ad mandatum dicti domini archiepiscopi, patris in Christo
reverendi, qui nobis scripsit super hec pro eisdem, ab omnibus
monicionibus, sentenciis, mandatis et processibus, evocationibus,
citacionibus et aliis quacumque auctoritate contra ipsos incoattis (sic)
seu factis, sub modo et forma ac verbis quibuscunque, omnino
cessamus et desistimus, omnesque et singulos processus, mandata
et moniciones, sententias et alia racione premissorum contra ipsos
religiosos per quemcunque seu quoscunque factos et latos seu facta
et lata, et quicquid ex eis vel ob eos secutum est, penitus revocari,
anullari et pro nullis reputari et haberi volumus et habemus, quantum in nobis est et ex causa, proviso tamen quod per predicta vel
eorum aliquod ecclesie Rothomagensi vel dictis religiosis nullum
prejudicium generetur. In cujus rei testimonium, sigillum curie nostre, una cum signo nostro consueto, presentibus litteris duximus
apponendum. Datum anno Domini millesimo trecentesimo XLIIII^{to},
die jovis post festum Concepcionis beate Marie Virginis.

Arch. nat., S 2071, n° 42.

*Compromis et nomination d'arbitres entre les abbayes Saint-Vic-
tor et Saint-Germer de Flaix, sur un différend au sujet de la
grande dîme du Fay et de la dîme des Couardes.*

6 et 13 janvier 1346 (1347).

Universis presentes litteras inspecturis, fratres Guillelmus de
Sancto Laudo (1), doctor sacre pagine, Sancti Victoris juxta Pari-

---

(1) Guillaume de Saint-Lo, abbé jusqu'en 1849.

sius, ordinis Sancti Augustini, et Johannes (1), Sancti Geremari de Flayaco, ordinis Sancti Benedicti, Belvacensis dyocesis, monasteriorum humiles abbates, totique eorumdem locorum conventus, eternam in Domino salutem. Cum inter nos, de Sancto Victore, ex una parte, et nos, de Sancto Geremaro, predictis, ex alia parte, abbates et conventus predictos, nostris et dictarum ecclesiarum nostrarum nominibus, discordia et debatum seu littis materia orte essent aut oriri sperarentur ratione magne decime de Fayaco versus Calvummontem in Vulgassino, Rothomagensis dyocesis, et territorio ejusdem ville, et alterius certi territorii vocati les Couardes super, pro et ex eo quod nos, de Sancto Victore, dicebamus nos in omni magna decima predicta et in omni grano venienti ad quamdam granchiam que dicitur granchia decimaria, sitam prope ecclesiam de Fayaco predicto, habuisse et habere terciam partem, solutis certis elemosinis quibus dicta decima est onerata, et dictam totam decimam des Coardes ad nos in solidum pertinere, et cum hoc, antequam divisio seu particio dicte tercie partis nostre et duarum parcium quas in dicta decima magna absque les Couardes dicitur dictos religiosos Sancti Geremari habuisse et habere, dicebamus nos, de Sancto Victore, percipere debere et habere pre aliis, anno quolibet, unum modium bladi, et, si contigeret dictas decimas des Couardes ad dictam granchiam defferri, nos adhuc, una cum predictis habere debere anno quolibet dimidium modium avene, et dicebamus nos in possessione hujusmodi fuisse a tempore competenti et esse; et nos, de Sancto Geremaro, dicebamus nos in omnibus predictis decimis, tam de Fayaco quam les Couardes, solutis dictis elemosinis, habuisse et habere debere duas partes, ad dictos religiosos de Sancto Victore reliqua tercia parte, ut dicitur, pertinente, hoc excepto quod, una cum dictis duabus partibus et antequam dicti religiosi de Sancto Victore dictam terciam partem percipere deberent, nos, de Sancto Geremaro, pre manibus et divisione predictis, debemus habere, habuimus et percepimus in et super omnibus dictis decimis dimidium modium bladi et unum modium avene annuatim, nos etiam in possessionem hujusmodi a tempore competenti fuisse et esse; dicebamus etiam quod religiosi Santi Victoris predicti tenentur annuatim solvere et solvere consueverunt decem solidos census seu redditus in quibus dicte decime et granchia sunt annuatim onerate, solvendos apud Fayacum predictum in festo sancti Remigii; nosque, de Sancto Victore, dicebamus quod dicti religiosi de Sancto Geremaro

---

(1) Jean II, abbé de 1333 à 1351. — Saint-Germer de Flaix, abbaye, O. S. B., fondée en 655 par saint Germer.

dictam granchiam debent et tenentur sustinere in bono statu et sufficienti, et, si ruinosa deveniret vel ex toto caderet dicta granchia, debent et tenentur dicti religiosi de Sancto Geremaro ipsam granchiam, pro nobis et ipsis, refici seu refici facere et in statu debito ut supradictum est semper et imperpetuum sustinere suis propriis custibus et expensis, notum facimus quod nos hinc inde, finem littibus apponere ac cuilibet parti jus suum salvum fore pro viribus, deque et super supradictis totaliter scire rei veritatem cupientes et volentes, de omnibus et singulis debatis et discordiis predictis, deppendenciis et pertinenciis suis ac tangentibus eadem, compromisimus et compromittimus per presentes in venerabiles, discretos et sapientes viros dominum Johannem dictum de Villescoublain, presbiterum, decanum ecclesie Sancti Thome de Lupara Parisiensi, a nobis, abbate et conventu monasterii Sancti Victoris, et pro parte nostra, et Petrum de Calvomonte, armigerum, a nobis, abbate et conventu monasterii Sancti Geremari, et pro parte nostra, electos, ac, in casu discordie, eorum in talem personam pro tercio qualem ipsi duo concorditer elegerint, pro premissis, tanquam in arbitros, arbitratores seu amicabiles compositores aut summarios tractatores ; et volumus ac consentimus expresse hinc et inde quod ipsi duo a nobis, ut supra, electi, et in casu discordie eorum dictus tercius per eos eligendus, solus et in solidum, vel cum altero eorum, de et super predictis cognoscere, procedere et se informare, ac pronunciare, decernere et sentenciare, tam super possessione quam super proprietate et jure omni et singulorum predictorum, valeant et possint, die seu diebus feriatis et non feriatis, locis sacris et non sacris, stando et sedendo, summarie et de plano, juris ordine servato vel penitus pretermisso, et aliter, libere et absolute pro eorum libito voluntatis, coram quibus ut supra, per procuratorem hinc inde sufficienter fundatum, omnibus diebus et locis per eos assignandis, ad procedendum in dicto negocio, et pro prima vice apud Yvriacum Templi, quem locum ad hoc duximus eligendum, ad tradendum hinc inde articulos summarios super dicto negocio, et hujusmodi articulis hinc inde respondendo, ac ulterius procedendo, comparere ad penam et sub pena quadraginta solidorum parisiensium parti comparenti a parte non comparente cum suo arbitro competenti, pro qualibet die qua non comparuerunt, solvendorum, promittimus bona fide hinc et inde. Promittimus etiam hinc et inde bona fide tenere et inviolabiliter perpetuo observare quicquid dicti duo, si in una sentencia concordes fuerint, sin autem dictus tercius solum et in solidum, vel cum altero dictorum duorum, de et super premissis omnibus et singulis, tam super possessione quam proprietate et jure eorumdem, duxerint seu duxerit statuendum, pronunciandum et sentenciandum, in scriptis vel sine scriptis, seu aliter, pro sue libito voluntatis, et ad penam et sub pena centum librarum parisiensium a parte non parente et contradicente parti parenti et obedienti pronunciationi, dicto et sentencie dictorum duorum, si concordes fuerunt, aut dicti tercii, in casu discordie ipsorum duorum, modo et forma superius declaratis solvendarum, absque eo quod possimus reclamare ad arbitrium boni viri. Quorum siquidem presentis compromissi vigor et arbitrorum, arbitratorum, seu amicabilium compositorum potestas durabunt, videlicet dictorum duorum electorum et nominatorum usque ad instans festum Nativitatis sancti Johannis Baptiste, et dicti tercii, usque ad inde subsequens festum beate Marie Magdalenes, et non ultra, nisi de communi assensu nostro hinc et inde contingeret hujusmodi compromissum et procuratores ulterius prorogari. Et quoad hec omnia et singula tenenda, et pro ipsis sic tenendis et adimplendis a nobis hinc et inde, nos, de Sancto Victore, dictis religiosis de Sancto Geremaro nostra successorumque et monasterii nostrorum, et nos, de Sancto Geremaro, pari forma eisdem religiosis de Sancto Victore nostra successorumque et monasterii nostrorum predictorum bona mobilia et immobilia, presencia et futura, omnia et singula, specialiter obligamus et expresse, cessantibus et rejectis utriusque juris et facti exceptionibus quibuscumque que contra predicta dici possent vel opponi, quibus hinc et inde renunciamus expresse, et juri dicenti generalem renunciationem non valere. In quorum omnium et singulorum premissorum testimonium, nos, abbates et conventus predicti, sigilla nostra presentibus litteris duximus apponenda. Datum in capitulis nostris, anno Domini millesimo ccc° xl° sexto, videlicet apud Sanctum Geremarum, in die Epiphanye Domini, et apud Sanctum Victorem, die mercurii subsequenti.

Arch. nat., L 900, n° 36.

Obligation de vingt-sept livres dix sous parisis souscrite par les frères de la Trinité du Fay, au profit de l'abbaye Saint-Victor, pour leur fermage d'Amblainville.

13 mai 1347.

A tous ceulx qui ces lettres verront, frere Jehan Langlois, humble ministre, et tous les freres de la maison de Fay de la Saincte Trinité, salut en Nostre Seigneur. Comme, pour cause d'arrerages de xiiii mines de blé et xii mines d'avoine à la mesure de Pontoise, que nous et nostre dicte maison devons chascun an de rente à religieux hommes et honnestes li abbés et convent de Saint Victor de Paris, pour cause de leur maison de Amblainville, par fin compte fet entre nous et Oudart de Venecourt, fermier desditz religieux audit lieu d'Ambleinville, nous deussions et feussions loyaument tenuz et obligés audit Odart, pour lesdits religieux de Saint Victor, en quarante deux minnes de blé à ladite mesure, sachent tuit que aujourduy, par accort fait entre nous et ledit Oudart, a esté ledit blé d'icelles quarante deux mines avalué à argent à la somme de vint sept livres dix solz parisis monnoie courante à present, comprins et comptez dedans dix huit solz parisis que nous luy devions d'autre part de cause semblable; pour quoy, nous confessons à lui devoir loyaument icelles vint sept livres dis. solz parisis, et estre loiaument tenuz à li en ce, lesqueles nous prometons en bonne foi à lui rendre et paier à la feste de la Nativité saint Jehan Baptiste prouchainement venant, ou plus tost, se nous povons bonnement, avecques tous cous, despens et dommages qu'il encourroit par defaut de paiement, se nous en estions deffaillans, et en obligons quant à ce nous, nostre dicte maison, nos biens et les biens d'icelle, presens et advenir, et nos successeurs en ycelle. En tesmoing de ce, nous avons mis à ces lectres le seel de nostre dicte maison. Ce fu fait l'an MCCCXLVII, le dymenche d'après la feste de l'Ascension Nostre Seigneur (1).

Arch. nat., S 2071, n° 41.

Échange entre l'abbaye Saint-Victor et celle de Saint-Germer de Flaix des droits de la première sur les dîmes du Fay et des Couardes, contre la dîme de la Villeneuve-le-Roy et vingt-deux mines de blé et d'avoine dans celle d'Hénonville.

14 juillet 1348.

Universis presentes litteras inspecturis, Johannes, humilis abbas monasterii Sancti Geremari de Flayaco, ordinis Sancti Benedicti, Belvacensis dyocesis, totusque ejusdem loci conventus, eternam in Domino salutem. Cum inter nos, nostris et dicti monasterii nostri nominibus, ex una parte, et religiosos viros abbatem et conventum monasterii Sancti Victoris juxta Parisius, suis et ipsius monasterii sui nominibus, ex parte alia, orta esset materia discordie super et pro eo quod in et super tota magna decima de Fayaco versus Cal-

---

(1) Au bas de la pièce se trouve la mention suivante ajoutée après coup : « Poié tout, mez soit gardée que elle vaut pour titre. » — Dans le carton L 900, n° 34, il existe une attestation de la pièce précédente, datée du 14 novembre 1478 et passée par-devant Jean Sevestre, procureur de Saint-Victor, et Raoul Guillier, procureur de frère Jean Chestreau, ministre de la Trinité du Fay.

vummontem in Vulgassino, Rothomagensis dyocesis, que magna decima ad nos et monasterium nostrum pro duabus, et ad dictos religiosos et monasterium Sancti Victoris pro tercia partibus erat et eciam pertinebat, dicebamus nos habere et percipere debere anno quolibet, antequam fieret dicta divisio duarum nostrarum et eorum tercie partium predictarum, unum modium avene et dimidium modium bladi, et cum hiis dicebamus totam decimam terrarum territorii dicti les Couardes, satis prope dictam villam de Fayaco siti, ad nos et monasterium nostrum Sancti Geremari in solidum pertinere; et e contrario dicebant modo consimili dictum modium avene et dimidium modium bladi et decimam des Coardes, una cum eorum tercia parte dicte magne decime, ad eos et monasterium suum predictum pertinere possessionem; hinc inde allegando super predictis, propter quod procuratores et certi compositores seu tractatores utriusque partis, cum consiliariis pluribus ecclesiarum predictarum insimul pluries congregati, auditis pluribus testibus productis hinc et inde, de pace et concordia tractaverunt, et demum nos, Sancti Geremari abbas predictus, et venerabilis pater dominus abbas Sancti Victoris predicti modernus, cum consiliariis nostris hinc inde personaliter invicem congregati, duxerimus inspiciendum et consulendum qualiter et quomodo sine lite possemus, super predictis, ad bonam et pro utraque ecclesia utilem pacem devenire, notum facimus universis, quod nos, abbas et conventus monasterii Sancti Geremari predicti, habitis super predictis omnibus inter nos, in capitulo et conventu nostris, ac cum pluribus fidedignis et probis viris in utroque jure et in consimili expertis et discretis, consilio, deliberatione et tractatu diligentibus et maturis, consideratis et attentis utilitate et commodo evidentibus nostris et monasterii nostri predicti, et aliis que ad hoc nos movere et inducere poterant et debebant, quas hic tacemus et pro dictis habemus causa brevitatis, et aliis attendendis super predictis omnibus et singulis, ad pacem, transactionem et concordiam devenimus cum ipsis, et eas fecimus et facimus per presentes, nomine et per modum permutationis seu scambii, in hunc modum : videlicet quod, pro et mediantibus tam tercia parte quam habebant dicti religiosi de Sancto Victore in dicta decima de Fayaco, et pro omni jure quod petebant seu habebant vel habere seu petere et reclamare poterant tam in dicta tercia parte quam in modio avene, dimidio modio bladi et totis decimis dictarum terrarum des Couardes quam de Fayaco predictis, que omnia nobis et dicto monasterio nostro, pro ipsis et eorum monasterio predicto, penitus et perpetuo dimiserunt, quittaverunt et cesserunt, ac in nos et monasterium nostrum transtulerunt per suas patentes litteras, sigillis suis sigillatas, quas, et dictarum rerum possessionem pacificam, jam habemus cum effectu ; in hujusmodi recompensationem, ac nomine permutacionis et scambii, nos, pro nobis, monasterio et successoribus nostris in eodem, dictis religiosis et monasterio Sancti Victoris, pro ipsis et successoribus eorum, damus, quittamus, dimittimus, et cedimus penitus et perpetuo, ac transferimus ex nunc in ipsos, nominibus quibus supra, totam decimam nostram quam habebamus et possidebamus in villa, parrochia et territorio ville de Villa Nova Regis versus Amblainvillam, Rothomagensis dyocesis, et circiter, cum omnibus et singulis juribus, dominio, adjacentiis, pertinentiis, possessionibus et proprietatibus quas et que habebamus vel habemus, seu habere et percipere consuevimus in dictis villa, parrochia et territorio dicte Ville Nove Regis et circiter, et eas sic garentisare erga omnes promittimus perpetuo, bona fide ; amodoque solvere tenebimur et tenemur decem solidos parisiensium annui census seu redditus, in quibus dicta eorum tercia pars erat et est anno quolibet, apud Fayacum predictum, in festo sancti Remigii onerata, et de hoc ipsos fideliter acquetare : Et una cum hiis et insimul, ratione predicta, damus, quittamus, dimittimus et cedimus dictis religiosis et monasterio Sancti Victoris, anno quolibet perpetuo, viginti duas minas boni grani, scilicet bladi et avene mediatim, ad mensuram Pontisare, non obstante alia mensura, si alia sit ibidem, de tali grano quale bona fide, sine pejoracione, malicia vel divisione aliquibus faciendis recipitur et solvitur in et de decima de Henonvilla predicta ; quas viginti duas minas grani predicti, ad mensuram Pontisare, dicti religiosi de Sancto Victore ac eorum successores in dicto monasterio, per se vel firmarium eorum de Amblainvilla aut alium quem voluerint, anno quolibet perpetuo, ad festum seu in festo sancti Andree apostoli, percipient, levabunt et habebunt pacifice et quiete de grano, scilicet avena et blado, decime dicte ville de Henonvilla, tam in, super et de tota decima quam omnibus redditibus granorum nostris quibuscumque quos et quam habemus in villa et territorio seu pertinenciis ejusdem ville de Henonvilla, solvendas per manus gencium seu firmariorum nostrorum, seu illorum qui pro nobis, seu nostris nominibus, tenebunt, levabunt et possidebunt pro tempore nostros decimam et redditus granorum apud Henonvillam predictam, ita et hoc adjecto quod, si casu aliquo dicti nostri decima et redditus granorum de Henonvilla non sufficerent aliquo anno ad solucionem dictarum viginti duarum minarum grani predicti, ad mensuram Pontisare predictam, dictas viginti duas minas grani predicti ad eamdem mensuram habebunt et percipient dicti religiosi de Sancto Victore in et de decima et redditibus granorum nostris predictis per manus predictas, seu totum id quod pro arreragiis earum pro annis precedentibus dictis religiosis de Sancto Victore deberetur ; pre manibus et antequam nos vel gentes nostri aliquid de dictis nostris decima et redditibus granorum asportare possemus extra villam de Henonvilla predictam. Que omnia et singula tenere, facere, adimplere et inviolabiliter observare perpetuo nos et successores nostros, contraque non venire in futurum, promittimus bona fide et sub voto religionis nostre, ac in nostrarum successorumque nostrorum periculis animarum. Pro quibus omnibus et singulis tenendis, adimplendis perpetuo et penitus bona fide, nos nosmet, dictum monasterium et successores nostros predictasque decimas et redditus nostros granorum predictorum, ceteraque omnia et singula nostra dictorum monasterii et successorum nostrorum bona, mobilia et immobilia, presencia et futura, dictis religiosis et monasterio Sancti Victoris ac eorum successoribus specialiter obligamus, renunciantes in hoc facto, ex vi fidei et voti hujusmodi, exceptionibus utriusque juris et facti que contra presentes dici possent vel opponi, et juri dicenti generalem renunciationem non valere. In cujus rei testimonium, sigilla nostra litteris presentibus duximus apponenda. Datum et actum in capitulo nostro, anno Domini millesimo trecentesimo quadragesimo octavo, die xiiiª mensis julii.

Arch. nat., L 895, n° 67 (1). — Sceaux n°s 9034 et *bis* de l'Inventaire.

Lettres patentes portant permission à Vilain du Fay, chevalier, de fonder une chapellenie en sa maison du Fay, avec une dotation de vingt-quatre livres parisis en terres ou en rentes.

28 décembre 1355.

Joannes, Dei gratia Francorum rex. Notum facimus universis, tam presentibus quam futuris, quod, cum, prout nobis dedit intelligi dilectus et fidelis noster Villanus de Fayo, miles, ipse de bonis a Deo sibi collatis unam capellaniam, pro remedio anime sue et parentum suorum, in domo sua de Fayo fundare, et eam vigenti quatuor libris parisiensium annui et perpetui redditus dotare proponat, nos, ad ipsius militis supplicationem, et ut de missis que in ipsa capellania celebrabuntur efficiamur participes, eidem militi, auctoritate nostra regia et gratia speciali concedimus per presentes ut ipse de bonis suis predictis dictam capellaniam ad opus predictum fundare, et de dictis vigenti quatuor libris terre seu annui et perpetui redditus, absque tamen feodo et justitia, dotare valeat, quodque ca-

---

(1) Le n° 68 est un vidimus délivré par l'official de Paris, le 15 juillet.

pellani dicte capellanie predictas vigenti quatuor libras terre seu annui redditus tenere, retinere et possidere, tanquam rem suam propriam, in perpetuum valeant pacifice et quiete, absque eo quod teneantur seu possint compelli eas futuris temporibus vendere, alienare, seu extra suas manus ponere. Quod ut firmum et stabile perpetuo perseveret, nostrum his presentibus litteris fecimus apponi sigillum, nostro in aliis et alieno in omnibus jure salvo. Actum Parisius, anno Domini millesimo trecentesimo quinquagesimo quinto, mensis decembris die vicesima octava.

Copie du xviii° siècle. — Papiers du Fay.

Accord passé entre l'abbaye Saint-Victor et celle de Saint-Germer de Flaix sur le payement des vingt-deux mines de grain dues à Saint-Victor sur la dîme d'Hénonville.

3 mars 1364 (1365).

Universis presentes litteras inspecturis, frater Arnulphus (1), humilis abbas Sancti Geremari de Flayaco, ordinis Sancti Benedicti, Belvacensis dyocesis, totusque ejusdem loci conventus, salutem in Domino sempiternam. Notum facimus quod, cum materia questionis inter reverendum patrem abbatem et conventum monasterii Sancti Victoris juxta Parisius, ordinis Sancti Augustini, suis et ipsorum monasterii nominibus actores, ex una parte, et nos, ex altera, verteretur in et super eo quod ipsi actores a nobis petebant sibi reddi et solvi sex modios cum quinque sextariis boni grani, bladi et avene mediatim, talis quale excressit seu evenit, sine pejoratione, de decima de Henonvilla, sibi debitis pro arreragiis viginti duarum minarum grani, scilicet bladi et avene mediatim, ad mensuram de Pontisara, eisdem actoribus a nobis anno quolibet, in festo beati Andree apostoli, debitis de septem annis ultimo et immediate elapsis, et in quibus per litteras obligatorias sigillis nostris sigillatas eramus et sumus efficaciter obligati; nos vero ad solutionem dicti grani dicebamus minime teneri ex et pro eo quod, durantibus dictis septem annis, nichil aut modicum de dicta decima habuimus propter guerras et pestilencias que in partibus in quibus dicta decima colligitur et levatur continue viguerunt, et que guerre totam patriam destruxerunt; tandem, habitis deliberatione cum jurisperitis ac amicabili tractatu cum eisdem actoribus, quia dicti actores predictos sex modios cum quinque sextariis grani sibi pro dictis arreragiis debitos

---

(1) Arnolphe *de Rivo Guillelmo*, abbé de 1851 à 1371.

nobis et monasterio nostro remiserunt, et de eodem nos et dictum monasterium nostrum penitus et omnino, ac de expensis ob hoc factis, quittaverunt, attentis remissione et quitacione predictis que facte fuerunt in utilitatem et commodum nostros, et dicti nostri monasterii, et quod de dicto grano absque magno dicti nostri monasterii dampno eisdem actoribus satisfacere minime potuissemus amodo, bona fide et sub voto religionis, promittimus perpetuo eisdem abbati et conventui Sancti Victoris juxta Parisius, et eorum successoribus, dictas viginti duas minas grani anno quolibet reddere et solvere, dicta villa de Hanonvilla et patria circunvicina remanente in statu in quo sunt de presenti, licet in locis in quibus dicta decima colligitur et levatur nullum excresceret vel colligeretur bladum sive granum; sed, si ulterius patria, quod absit, per guerras de novo supervenientes, mortalitatem seu aliam pestilenciam impejoraretur seu deterioraretur, et dictam grani quantitatem tenebimur dictis de Sancto Victore solvere modo, forma et terminis contentis et specificatis in predictis litteris nostris sigillis sigillatis, quarum tenor de verbo ad verbum sequitur in hec verba : « Universis presentes litteras inspecturis, Johannes, humilis abbas monasterii Sancti Geremari de Flayaco, etc. (1) » Quasquidem litteras per presentes infringere nullatenus intendimus, sed potius roborando confirmare volentes ipsas eciam cum presentibus, usque ad plenam satisfactionem dictorum granorum singulis annis, ut prefertur, perpetuo valituras ; promittentes insuper omnia dampna, misias, custus, interesse et expensa que, quos et quas dicti religiosi de Sancto Victore aut eorum certum mandatum habentes sustinerent et incurrerent ob deffectum solucionis dictarum viginti duarum minarum ad dictum terminum in totum non solutarum. Et credi voluimus et volumus procuratori dictorum religiosorum simul....., absque alia probacione imposterum requirenda. Et quoad premissa omnia et singula tenenda, complenda et inviolabiliter observanda, nos, successores nostros, monasterium nostrum, ac omnia bona mobilia et immobilia nostri ac successorum nostrorum, presencia et futura, ubicunque existencia et poterunt inveniri, quoad hoc obligamus et obligatos esse volumus ; renunciantes, etc.... In cujus rei testimonium, sigilla nostra presentibus litteris duximus apponenda. Datum et actum in capitulo nostro, anno Domini millesimo ccc^{mo} sexagesimo quarto, die tercia mensis marcii.

Arch. nat., L 895, n° 69.

---

(1) Voyez plus haut l'acte d'échange passé entre les deux abbayes le 14 juillet 1848.

Différend entre l'abbaye Saint-Victor et les curés d'Amblainville, au sujet du droit de ces derniers sur les produits de la dîme d'Amblainville; nomination de trois arbitres.

26 mai 1374.

Omnibus hec visuris, vicarius Pontisare et Vulgassini Francie, salutem in Domino. Cum materia questionis seu controversia moveretur seu moveri speraretur inter dominum Johannem Bercherii et dominum Petrum Mengent, curatos parrochialis ecclesie de Amblainvilla, nostre jurisdictionis, ex una parte, et religiosos viros abbatem et conventum Sancti Victoris Parisiensis, tam nomine suo quam suorum ecclesie et monasterii predictorum, ex altera, super eo quod dicti curati dicunt et proponunt se esse in possessione pacifica vel quasi juris percipiendi et habendi, singulis annis, post communem collectionem messium, vel saltem infra festum Nativitatis Domini, quatuor modia bladi hibernagii et tria modia avene super omnibus fructibus decimalibus, tam granorum quam aliter, in granchia decimaria dicte ville de Amblainvilla obvenientium et repositorum et ad dictos religiosos spectantium, mediante etiam certo titulo et possessione legitime prescripta; dictis religiosis in contrarium allegantibus et dicentibus dictos curatos non debere sic percipere dictam totalem granorum pensionem quando sterilitas in dicta parrochia eveniebat et facultas dictorum fructuum non erat tanta pro dicto anno quod possent dictam pensionem totalem percipere; mediante certa compositione inter ipsos legitime facta et balata, faciente mentionem de exceptione dictorum religiosorum, et quod, pro tempore de quo dicti curati volebant agere et dictam pensionem integram exigere, fuerat sterilitas vel saltim raritas, quod debebant esse contenti de majori quantitate seu pensione, notum facimus quod, anno Domini millesimo ccc^{mo} septuagesimo quarto, die veneris post festum Penthecostes, ad nostram personaliter presentiam accesserunt dicti curati personaliter, pro se, et Petrus Caroni, firmarius ac procurator dictorum religiosorum sufficienter fundatusut dicebat, recognoverunt et confessi fuerunt quod ipsi, cupientes parcere laboribus et expensis, et lites ac materiam discordie vitare de et super omnibus premissis et omnibus aliis inde dependentibus, se compromiserant et compromiserunt de alto et basso in religiosum virum fratrem Robertum de Dampnoponte, priore prioratus de Amblainvilla, et Karolum de Sancto Arnulpho, armigerum, ac Laurentium Justise, de dicta parrochia, in dicto debato satis expertos, tamquam in arbitratores seu amicabiles compositores. Et promiserunt, per fidem corporaliter in manu nostra prestitam, tenere dictum et ordinationem eorumdem, et eciam ad penam decem librarum parisiensium contra partem non parantem committendam, et nobis ac parti parenti pro mediis partibus applicandam. Et voluerunt insuper quod predicti arbitratores sic electi, juris ordine servato et non servato, diebus feriatis et non feriatis, et omnibus aliis solennitatibus de jure debito obmissis, de dicta controversia cognoscere et ordinare valeant ; quorum eciam potestas habebit durare usque ad unum mensem post receptionem dicti instrumenti seu compromissi per ipsos sic electos factam ; renunciantes in hoc facto omni exceptioni vis, doli, mali, deceptionis, et omnibus aliis que contra premissa dici possent vel opponi, et eciam juri dicenti generalem renunciationem non valere. In cujus rei testimonium, sigillum curie nostre presentibus litteris duximus apponendum, anno et die predictis. — *Sur le repli :* Nigell. Guillot, II s. Arch. nat., L 895, n° 73.

Prorogation des pouvoirs des arbitres dans le différend entre Saint-Victor et les curés d'Amblainville, au sujet de la dîme.

17 juillet 1374.

Omnibus hoc visuris, vicarius Pontisare et Vulgassini Francie, salutem in Domino. Notum facimus quod, cum domini Johannes Bercherii et Petrus Mengant, curati ecclesie parrochialis de Amblainvilla, nostre jurisdictionis, ex una parte, et Petrus Caroni, firmarius et procurator religiosorum virorum abbatis et conventus monasterii Sancti Victoris Parisiensis, ex altera, super quadam discordia que coram nobis vertebatur seu verti sperabatur inter ipsos, se compromisissent de alto et basso in religiosum virum fratrem Robertum de Dampnoponte, priorem prioratus dicte ville de Amblainvilla, Karolum de Sancto Arnulpho, armigerum, et Laurencium Justise, juxta formam et tenorem ejusdem acti seu instrumenti per quod presentes littere sunt infixe (1) ; demum, die lune ante festum beate Marie Magdalenes, ad nostram personaliter presenciam accesserunt dicte partes, sufficienter dicentes quod potestas eorumdem per lapsum temporis erat finita, habita respectione ad instrumentum seu compromissum predictum ; et propter hoc ipsi, cupientes vitare materiam discordie et lites, ac misiis, laboribus et expensis precavere volentes, dictam potestatem et compromissum predictum prorogaverunt et adhuc prorogaverant, sub penis in dicto primo com-

---

(1) Voyez la pièce précédente.

promisso contentis, usque ad festum beati Remigii inclusive proxime venturum (1), dantes eisdem arbitriis seu arbitratoribus consimilem potestatem usque ad dictum terminum quam habebant in dicto primo compromisso. Et promiserunt, per fidem suam in manu nostra corporaliter prestitam, tenere dictum et ordinationem eorumdem juxta formam et tenorem alias per ipsos factam. In cujus rei testimonium, sigillum curie nostre presentibus litteris duximus apponendum. Datum anno Domini millesimo ccc^{mo} septuagesimo quarto, die lune predicta. — *Sur le repli* : J. Halle; xii d.

Arch. nat., L 895, n° 72.

Ratification de la sentence prononcée par les arbitres dans le différend existant entre Saint-Victor et les curés d'Amblainville.

18 septembre 1374.

Omnibus hec visuris, vicarius Pontisare et Vulgassini Francie, salutem in Domino. Cum materia questionis verteretur seu verti speraretur coram nobis inter dominos Johannem Bercherii et Petrum Mengant, presbiteros, curatos ecclesie parrochialis Sancti Martini de Amblainvilla, nostre jurisdictionis, tam nomine suo quam sue cure predicte, ex una parte, et religiosos ac honestos viros abbatem et conventum Sancti Victoris Parisiensis, ordinis Sancti Augustini, tam nomine suo quam monasterii sui predicti, ex altera, super eo quod dicti curati, nomine quo supra, dicebant fuisse et esse in possessione pacifica vel quasi juris, percipiendo et habendo singulis annis, post communem collectionem messium, vel saltim infra festum Nativitatis Domini, quatuor modia bladi ybernagii et tria modia avene, ad mensuram dicte ville de Amblainvilla, super omnibus fructibus decimalibus, tam granorum quam aliter, in granchia decimaria de Amblainvilla obveniencium et repposito ac repponi consuetorum, ad dictos religiosos spectancium, mediante etiam certo titulo; dictis religiosis in contrarium allegantibus et dicentibus dictos curatos non debere sic percipere dictam totalem granorum pensionem, quando sterilitas in dicta parrochia accidebat, sed debebat diminui dicta pensio pro rata sterilitatis pro anno adventus ejusdem, ad arbitrium boni viri, prout lacius constat in quadam compositione dudum facta inter predecessores dictorum curatorum et religiosorum, nominibus quibus supra, que sic incipit : « Universis presentes litteras inspecturis, vicarius Rothomagensis archiepiscopi in

---

(1) Le 1er octobre.

Pontisara et Vulgassino Francie, salutem in Domino. Noveritis quod, anno Domini millesimo ducentesimo nonagesimo quinto, die veneris post Ascensionem Domini, comparentes in jure coram nobis Galterus et Hugo, rectores ecclesie de Amblainvilla, etc. » *(Voir ci-dessus la pièce du 13 mai 1295.)* Et sic finit in data : « Datum anno et die veneris predictis, » dicte partes, cupientes parcere laboribus et expensis et lites evitare, considerata compositione predicta et conditionibus in eadem appositis, de et super debato predicto ac deductione de qua fit mentio in compositione predicta, et omnibus aliis inde dependentibus, se compromiserunt de alto et basso in religiosum virum fratrem Robertum de Dampnoponte, priorem prioratus de Amblainvilla, Karolum de Sancto Arnulpho, clericum, ac Laurentium Justise, de dicta parrochia existentes et in eadem commorantes, juxta tenorem et formam compromissi per quas presentes sunt annexe; qui quidem arbitri seu arbitratores, honere dicte controversie in se suscepto, de eisdem rite et legitime cognoverunt, et postmodum suam sententiam protulerunt in hunc modum : videlicet quod fieret deductio dicte avene de dimidio modio pro anno Domini millesimo ccc^{mo} septuagesimo tertio tantummodo. Et demum notum facimus quod, anno Domini millesimo ccc^{mo} septuagesimo quarto, die mercurii in vigilia festi Exaltationis Sancte Crucis, comparuerunt coram nobis dicte partes pro premissis, videlicet dicti curati personaliter pro se, et religiosus vir frater Adam Pugilis, concanonicus et camerarius dicti loci Sancti Victoris, procuratorque dictorum religiosorum legitime fundatus et instructus ad ea que secuntur, prout vidimus contineri in quodam procuratorio sano et integro, sigillis dictorum abbatis et conventus sigillato, nec in aliqua sui parte viciato, una cum dictis arbitris seu arbitratoribus, qui nobis vive vocis oraculo retulerunt se fecisse premissa et ordinasse deductionem predictam, quemadmodum superius est expressum. Hoc etiam, dictis partibus consistentibus et dictam ordinationem ratam et gratam habentibus, et promittentibus per fidem suam in manu nostra corporaliter prestitam, nominibus quibus supra, contra hujusmodi ordinationem seu deductionem non venire in futurum, et insuper renunciantibus omnibus exceptionibus deceptionis, vis, doli, mali, circunventionis, et omnibus aliis que contra premissa verti possent vel opponi in futurum, juri eciam dicenti generalem renunciationem non valere. In cujus rei testimonium, sigillum curie nostre presentibus litteris duximus apponendum. Datum et actum anno et die mercurii ultradictis. — *Sur le repli :* Nigell. Halle, v s.

Arch. nat., L 895, n° 71.

Adjudication par le prévôt de Pontoise, au profit de l'abbaye Saint-Victor, de quatre maisons sises à Amblainville, vacantes par mort, absence ou démérite de leurs possesseurs.

16 juin 1376.

A tous ceulz qui ces presentes lettres verront, Symon des Hayes, prevost de Pontoise pour madame la royne Blanche (1), salut. Comme Guillaume du Poncel, de Pontoise, procureur de religieuses personnes l'abbé et convent de Saint Vitor lez Paris, se feust trait devers honorable homme et saige Gieffroy de Beauveoir, pour lors prevost de Pontoise, nostre predecesseur, et lui eust donné et donna à entendre que plusieurs heritages assis ou terrouer d'Ambleinville, mouvans et tenuz desdiz religieux, et envers eulz redevables de certains cens, rentes et autres redevances par an, dont plusieurs et grans arrerages leur estoient et sont deuz, desquielz heritages la declaration s'ensuit, c'est assavoir : premièrement, une maison ou masure, lieu et pourpris, si comme tout se comporte et estent, tenant d'une part à la masure Robin Muet tout au long, et d'autre part à la masure qui fu Jehan d'Aronville, aboutissant par devant au chemin du Roy, et par derrière à la terre Regnault Rogier; item, une masure, si comme elle se comporte, qui fu Jehan d'Aronville, tenant d'une part à la masure dessusdicte, et d'autre à Estiennot le Cordier, aboutissant par devant au chemin du Roy, et par derrière à la terre Regnaut Rogier; item, une masure, lieu et pourpris, si comme tout se comporte, de l'autre part dudict chemin, à l'opposite des masures dessusdictes, dont une partie fu feu Guernot le Quarré et l'autre à Jehan Tassel le Grant, à cause de feu Ysabel, sa femme, tenant d'une part à la ruelle de la Fontaine et d'autre au lieu qui fu Jehan Regnault, aboutissant par derrière au vignes Philippe de Vallangougart; item, une masure, lieu et pourpris, si comme il se comporte, qui fu Jehan Regnault, tenant d'une part à la masure dessusdicte et d'autre au lieu qui fu Ydoine des Mares; estoient et sont demourez vacans et en la main desdis religieux, comme seigneurs fonciers d'icelles masures, à deffaulte de tenans et de possesseurs, tant pour ce que aucun desdis possesseurs y avoient renuncié en leur main, comme pour ce que aucuns d'iceulz s'estoient

---

(1) Blanche de Navarre, fille de Philippe III, roi de Navarre, et de Jeanne de France, et veuve de Philippe de Valois.

absentez du païs dès pieça, et les autres mors et executés pour leurs demerites ; et par ce estoient ycelles masures, lieux et heritages gastés, desers et improuffitables, tant ou dommaige et prejudice desdiz religieux comme de la chose et bien publique, se pourveu n'y estoit, si comme ycelui procureur disoit en requerant à grant instance à nostredit predecesseur prevost, comme justice souvraine pour nostredicte dame, que, veu ce que dit est, et aussy que lesdis religieux ne povoient avoir aucune cognoissance des personnez à qui lesdis heritages povoient appartenir, ne de leur residence, pour les poursuir et aproucher pour renuncier ausdis heritages et paier leursdis arièrages, lesdites masurez, lieux et heritages dessus declairés et divisés feussent criez et subastés de par nostredicte dame en plain marchié à Pontoise, par quatre criez et quatre qinzaines, pour savoir se aucun se apparoit qui se voulsist opposer à ce, ou qui en yceuls heritages et possessions voulsist aucun droit reclamer par manière de succession ou autrement comment que ce feust, et que, ou cas que aucun ne se apparoit ou opposeroit à ce que yceulz heritages leur demourassent et feussent adjugiez par l'interposicion de nostre decret, à ce que yceulz heritages il peussent labourer, tenir, ou bailler yceulz à qui qu'il leur plairoit plus seurement au proffit d'eulz et de la chose publique ; lequel nostre predecesseur prevost, par luy ouye ladicte requeste, et en conseil et deliberation sur ycelle, commanda et commist à Guillaume Pontet, sergent de nostredicte dame en la prevosté de Pontoise, que lesdictes criez il feist et parfeist deuement et diligaument, selon ladicte requeste et que acoustumé est à faire en tel cas, et que, en cas d'opposicion, il donnast et assignast jour aus parties au siège de la prevosté de Pontoise pour proceder et aller avant entre euls sur ladicte opposicion, et en oultre comme de raison seroit, en rapportant suffisamment tout ce que fait en auroit, si comme nostredit predecesseur, pour ce present par devant nous, nous a rapporté et tesmoingné par son serement. Sachent tous que, après tout ce fait que dit est, vint et fu present par devant nous ledit sergent de nostredite dame, lequel, à l'instance et requeste de religieuse personne et honeste frere Adam Champion, chamberier et procureur de ladicte eglise de Saint Vitor, nous rapporta et tesmoingna par son serement que, par vertu du commandement exprez de nostredit predecesseur à luy fait de bouche, il s'estoit et est transporté en plain marchié à Pontoise par une quinzaine, deux, trois, si comme il appartenoit par la coustume, et la quarte d'abundant, et là avoit fait crier deuement et solempnelement crier que, se il estoit aucun qui ès heritages et possessions dessus declairés voulsist aucun droit reclamer ou demander par manière de succession, ou autrement comment que ce feust, ou soy opposer ausdites criéez, que il venist avant, et il seroit receu pour et en tant comme il seroit à faire de raison ; dont la première criée fu faite le samedi premier de septembre, l'an mil ccc soixante et quinze, la seconde, le samedi xv° jour dudit mois de septembre, la tierce, le samedi xxix° jour d'icellui mois, et la quarte d'abundant, le samedi tresième jour d'octobre oudit an. Et oultre nous rapporta et tesmoingna que, à greigneur confirmacion, il, à la requeste dudit procureur desdis religieux, avoit publié et magnifesté lesdictes subhastacions par plusieurs jours de dimenche, à l'issue de la messe, en l'esglise de ladicte ville de Amblainville. Ausquielx cris et subhastacions ainsy solempnelment fais et parfais comme dit est, ne vint ou s'apparust aucun qui à ce veulsist opposer, contredire lesdictes criéez ou reclamer aucun droit ès diz heritages ou aucun d'iceulz. Et, pour ce, nous fu requis à grant instance par ledict procureur que nous procedissions à leur proufflt en l'adjudicacion desdis heritages, comme il appartendroit à faire de raison. Pourquoy nous, ouye ladicte requeste, la relacion et tesmoingnage de nostredit predecesseur prevost, et aussy dudit sergent de nostredicte dame, à nous sur ce faites, ausquielx, en ce cas et greigneur, nous adjoustons plaine foy, adjugasmes, baillasmes et delivrasmes, et, par la teneur de ces presentes, adjugons, baillons et delivrons par l'interposicion de nostre decret lesdiz heritages et possessions, en fons, saisine et propriété, à avoir, tenir, joir et posseder par eulx, leur successeurs et aians cause à tousjoursmaiz comme leur propre chose, en tant et pour tant comme raison et coustume le pueent souffrir, sauf le droit du Roy nostre sire, de nostredicte dame et l'autruy en toutes. En tesmoing de ce, nous avons mis à ces lettres nostre propre seel duquel nous usons. Ce fu fait l'an de grace mil trois cens soixante et seise, le lundi xvi° jour de juing.

P. Du Moustier.

Arch. nat., S 2071, n° 113. — Sceau n° 5053 de l'Inventaire.

Déclaration par le garde du scel de la prévôté de Pontoise que le sceau appendu à la charte précédente est celui du prévôt de Pontoise.

16 juin 1376.

A tous ceulx qui ces presentes lettres verront, Mahieu Luillier, garde de par madame la royne Blanche du seel de la chastellerie de Pontoise, salut. Savoir faisons que les lettres parmi lesquelle ces presentes sont annexées estoient et sont seellées du seel de honorable home et saige Symon des Haies, prevost de Pontoise, duquel il use en son dit office, et ce certiffions nous à tous. En tesmoing de ce, nous avons seellé ces lectres du seel dessusdit. Ce fu fait l'an de grace mil trois cens soixante et seize, le xvi° jour de juing.

Arch. nat., S 2071, n° 114. P. LE MAIRE.

Prise à bail par Martin Lefèvre, demeurant à la Villeneuve-le-Roy, de quatre arpents de friche de l'abbaye Saint-Victor, sis au terroir d'Amblainville, lieudit les Quartiers, moyennant un cens de quatre sous parisis.

24 février 1396 (1397).

Martin Lefevre, laboureur, demourant à la Villeneufve le Roy, chastellenie de Ponthoise, pour son prouflt faire nous confesse avoir prins et retenu à tiltre de chef cenz, portant lotz, vantes, saisines, etc., dès maintenant à tousjours, pour luy, ses hoirs, etc., de messeigneurs les religieux abbé et convent de Saint Victor lez Paris, une pièce de terre contenant quatre arpenz ou environ, en friche, ausdits seigneurs appartenanz à certain et juste tiltre, assise ou terrouer d'Amblainville, ou lieudit les Quartiers, tenant d'une part au seigneur d'Aumont, et d'autre part *(sic)*, et aboutissant d'un bout audit preneur, et d'autre bout à Guillaume Lefevre, pere dudit preneur, en la censive desdiz de Saint Victor, pour en joyr, etc..... Ceste prinse faicte pour la somme de quatre solz parisis, qui est au priz de douze deniers parisis de cenz pour arpent, portant ce que dit est que ledit preneur sera tenu, promet et gaige, par luy, ses hoirs, etc., rendre et payer doresenavant chacun an à tousjours ausdits seigneurs, etc., où au porteur, etc., en leur hostel d'Amblainville, au terme Saint Remy, sur peine de l'amande acoustumée, avecques, chacun an, la disme pour chacun arpent, en la saison acoustumée, en et sur ledit lieu qui est et demeure chargé; et lequel lieu il promet deffricher, mettre en nature, tenir, etc.; tellement, etc.; promettant, etc.; obligeant, etc. Fait le venredi xxiiii° jour de fevrier mil ccc iiii^{xx} et seize. — Belin, Pinot. Arch. nat., S 2071, n° 40.

Sentence du Châtelet de Paris constatant que les frères de la Trinité du Fay reconnaissent les droits de l'abbaye Saint-Victor sur la dîme d'une pièce de terre sise au terroir du Fay.

30 janvier 1398 (1399).

A tous ceulz qui ces lettres verront, Jehan, seigneur de Foleville, chevalier, conseiller du Roy notre sire et garde de la prevosté de Paris, salut. Savoir faisons que, sur le debat meu et pendant en jugement par devant nous ou Chastellet de Paris entre les religieux, abbé et convent de l'eglise Saint Victor de Paris, demandeurs, d'une part, et religieuse et honneste personne frere Aubery, menistre de l'eglise de la Trinité, près de Fay aux Asnes, defendeur, d'autre part, pour raison de la disme que lesdiz demandeurs dient à eulx competter et appartenir, et estre en bonne et souffisant saisine et possession de avoir et prendre chascun an toutes et quantes foiz que le caz y escheoit et eschiet, en et sur une pièce de terre contenant cinq arpens ou environ, qui jadiz fu et appartint aux Templiers, et de present compette et appartient audit frere Aubery, laquelle disme icellui frere Aubery avoit refusée et refusoit paier ausdiz religieux, abbé et convent, les parties devant dittes, pour ce presentes et comparans en jugement par devant nous ou Chastellet de Paris, le jour de la date de ces presentes, c'est assavoir lesdiz religieux, abbé et convent par frere Jehan de Villers, chamberier de laditte eglise et procureur d'iceux religieux, d'une part, et ledit frere Aubery d'autre part, pour bien de paix et pour eschever toute matière de plait et de procès, et à greignieurs fraiz et misses obvier, ont ensemble, et l'une avecques l'autre, transigé, composé, pacifié et acordé pour raison de ce que dit est, selon la fourme et teneur de certain brevet ou cedule en pappier par eulx baillée et mise par escript devers la court d'un commun acort et assentement, de laquele la teneur s'ensuit : « Comme debat feust entre les religieux de Saint Victor et frere Aubery, menistre de l'eglise de la Trinité, près du Fay aux Asnes, c'est assavoir de la disme d'une pièce de terre contenant cinq arpens ou environ, assise au terroir dudit Fay, tenant au boys de la Haye, et d'autre part à Haillé de Champremy, et d'autre costé aux hoirs de Jacquet le Boucher et audit menistre d'autre part; et feust ladite terre aux Templiers. Finablement ledit menistre se consent que doresenavant lesdiz de Saint Victor, et toutes foiz que ladite terre sera semée de quelque grain que ce soit, que ils y ayent la disme acoustumée eu terroir et en la paroisse d'Amblainville »; voulans oultre, requerans et consentans icelles parties et chascune d'elles, ès noms que dessus, à ce que dit est faire et acomplir estre par nous condempnées et contraintes. Et pour ce, nous icelles parties et chascune d'elles, ès noms que dessus, condempnasmes et condempnons aus choses devant dittes et chascunes d'icelles tenir, garder, enteriner et acomplir l'une partie envers l'autre, par la manière devant ditte et que contenu est en laditte cedule, par nostre sentence et à droit. En tesmoing de ce, nous avons fait mettre à ces lettres le scel de la prevosté de Paris. Et fu fait, passé et acordé par et en la presence des parties devant dittes, en jugement oudit Chastellet, le jeudi xxx° jour de janvier, l'an mil ccc iiii^{xx} et dix-huit.

Arch. nat., L 900, n° 30.

Aveu et dénombrement rendu par Pierre d'Aumont pour la seigneurie d'Amblainville.

5 août 1399.

Sachent tuit que je, Pierre d'Omont, dit Hutin, chevalier, conseiller et premier chambellan du Roy, seigneur dudit lieu, de Meru et de Amblainville, tieng et adveue à tenir en plain fief, à une seule foy et hommage, aux us et coutumes de Weulquessin le françois, du Roy notre sire, à cause de son chastel et chastellenie de Pontoise, ung fief dont le demaine est assiz en ladite ville et ou terroir de Amblainville, lequel fief fut jadis à feu Philippe de Valengougart. C'est assavoir : une maison, court et jardin, seans devant le moustier de Amblainville, au lieu que on dit Darnestal, et se nomme le lieu Dardonne, lequel est à present baillié à cens à Jehenin Gosselin, parmi chacun an LX s. p., à paier au terme de la Saint Remi XXIIII s. p., et au terme de Noel XXXVI s. p. Item, XX arpens de bois ou environ, seant au lieu que on dit Roquemont, joignant d'une part aux...... (1) Guiot de Heudouville, esquier, et d'autre aux bois Pierre de Grissy, et sont de petite valeur. Item, cinq quartiers de vigne ou environ, qui sont de bonne façon, seans au lieu que on dit Roquemont, joignant d'une part à Thibaut Tassel et d'autre part à Jehan Chastellain l'aisné. Item, trois quartiers de vigne seans aux Pastiz, joignant d'une part à Jehan Gosselin, et d'autre part au chemin du Roy ; et est baillié à present à cens à Pierre de Clary, parmi chacun an XXIIII s. p., à paier au terme de la Saint Remi. Item, trois arpens de vigne ou environ, qui sont en friez et en buissons, et sont bailliés à present à cens à Denisot Colette, parmi chacun an X s. p., à paier à la Saint Remi. Item, ung arpent de pré ou environ, seant au lieu que on dit la Sablonnière, joignant d'une part à Thibaut Tassel et d'autre part au chemin du Roy. Item, je ay en ladite ville de Amblainville, à cause de mondit fief, IIII^{xx} arpens de terre ou environ en friez, qui sont en ma main par deffaulte de homme et estoient tenus de moy à cens et à rentes. Item, III^c arpens de terre ou environ, tenuz de moy à champart, seans oudit terroir d'Amblainville, où je ne prens, à cause de ce present fief, que la moitié du champart, et l'autre moitié je prens à cause de ung fief que je tiens dudit seigneur en ladite ville, lequel fut Philipot Levrier. Item, pour chacun arpent de terre à champart, je prends une gerbe et demie de don. Et sont lesdits champars et

---

(1) En blanc dans l'original.

pré bailliés à ferme pour ceste presente année de deux muids de grain, les deux pars blé et le tiers avoine, à la mesure de Pontoise.

Item, ensuivent les heritages qui sont tenuz de moy à cause de mondit fief, et les personnes qui les tiennent tant en cens comme en rentes. Premièrement, Drouet Rossignol, pour son courtil contenant demi journel de terre ou environ, que on dit le Courtil du Fossé, joingnant d'une part à Guiot de Hen et d'autre part à Simonnet Potel, et doit à Noel viii d. Item, Thibault le Barbier, pour son lieu seant aux Pains, contenant quartier et demi de terre ou environ, tenant d'une part et d'autre à Jehan Tassel, et doit chacun an au terme de Noel trois quartiers d'avoine, les trois pars d'un quartier de blé à la mesure de Pontoise, les trois pars d'un chapon et iii ob. de cens, et au terme de Pasque les trois pars de v oefz. Item, pour son jardin seant en la rue aux Cordiers, contenant un quartier de terre, tenant d'une part à Jehan Dieu et d'autre à Estienot Prevost, et doit à la Saint Remi iii d. ob. Item, Guillot Laurens le jeune, pour demi-arpent de vigne qui fut Pierre de Chaumont, joingnant d'une part à Jehan Fanier et d'autre part à Jehan de Villette, escuier, et doit à la Saint Remy iii s. p. Item, Guilbert Regnier, pour ung journel de terre seant au crouet du chemin du Fay, joingnant d'une part à moy et d'autre à Drouet Rossignol, et doit à la Saint Remi iii s. Item, ung autre journel seant à Grateleu, joingnant d'une part à Leurin Alateste et d'autre part audit Guilbert, et doit à la Saint Remi iii s. de cens. Item, Thibault Tassel le jeune, pour son lieu où il demeure, contenant arpent et demi de terre, seant à Corberue, joingnant d'une part et d'autre à mes terres; il doit à la Saint Remi vi d. et ii poules, et au Noel un sextier d'avoine, deux chappons, demie mine de blé, iii d., à my mars iii d., et à Pasques xx œufz. Item, xv perches de terre seans ès Abloys, joingnant d'une part à Guillot Lefevre et aboutant à Jehan Chastellain, et doit à la Saint Remy iiii d. Item, xv perches de terre que Guillot Lefevre tient, joingnant d'une part à Thibault Tassel et d'autre à Jehan Chastellain, et doit à la Saint Remy iiii d. Item, Jehan Chiefdeville, pour xv perches de terre seans au lieu que on dit les Abloys, joingnant d'une part à Thibaut Tassel et d'autre part à Guillot Lefevre, et doit à la Saint Remi iiii d. Item, Lourin Aleteteste, demie perche de masure, d'une part à Jehanne Aleteste, et d'autre part à Marquet Aleteste, et doit audit terme de la Saint Remi demi denier. Item, pour les iiii perches de terre que on dit Grout, tenant d'une part à Philipot de Hen et d'autre part à le Chenée, et doit audit terme iii d. Item, Perrin Aleteste, pour demie perche de masure, tenant d'une part à Jehenette Aleteste et d'autre audit Marquet, et doit à la Saint Remi demie poictevine. Item, pour iiii perches de groue, tenant d'une part à Philipot de Hen et d'autre part à le Chenée, et doit à la Saint Remy III ob. de cens. Item, Marquet Aleteste, demie perche de masure, tenant d'une part à Jehan Aleteste et d'autre part audit Perrin, et doit à la Saint Remi demie poict. Item, pour IIII perches de groue, tenant d'une part à Philippot de Hen et d'autre part à la Chenée, et doit III ob. audit terme. Item, Jehan Dieu, pour la moitié de son censel, contenant un quartier de terre, joingnant d'une part au chemin du Roy et d'autre à Philipot de Hen, et doit à la Saint Remi poict. tourn. Item, pour sa maison joingnant d'une part à Estienot Prevost et d'autre au presbitaire, et doit audit terme VII d. ob. Item, Jehan Mitaine, pour demi arpent de terre seant à le Bellaye, joingnant d'une part à Gillot Cailleu et d'autre part à Gieffroy le Foulon, et doit à la Saint Remi XII d. Item, pour demi quartier de vigne seant ès Pastiz, joingnant d'une part à Jehan d'Aronville et d'autre part au chemin du Roy, et doit à la Saint Remi VI d. Item, Thibault Levasseur, pour demi quartier de gaste vigne seant à Potiervoisin, joingnant d'une part aux vignes du chappelain de Flavacourt et d'autre part à Thomas Damlieu, et doit à la Saint Remi XII d. Item, pour trois quartiers de gaste vigne seant au lieu dessusdit, joingnant d'une part à Jehan de Villette, escuier, et doit à la Saint Remi chacun an XIIII d. de cens. Item, Thomas Damlieu, pour quartier et demi de terre seant aux Marez, tenant d'une part à la terre qui fut Jehan Danviler et d'autre part à Jehan Roussel, et doit à la Saint Remi VIII d. Item, un quartier de vigne seant à Froitmantel, joingnant d'une part à Jehan Parcourt le jeune et d'autre audit Thomas, et doit au Noel ung quartier d'avoine, un quartier de capon, I tourn., demi quart d'un boissel de blé, à mi-mars I d., à Pasques cinq œufz, à la Saint Remi I d. et le quart de trois poules. Item, ung quartier de vigne gaste joignant d'un costé à Jehan de Marivaux et d'autre part à Thibaut Levasseur, et doit à la Saint Remi IX d. Item, Denisot Collette, une pièce de terre contenant deux arpens ou environ, seans à la Glaise, tenant d'une part à Jehan Roussel et d'autre au freche dessusdit, et doit à la Saint Remi VIII s. Item, Jehan le Charon, dit Gros Vallet, pour sa maison où il demeure et tout le lieu ainsi comme il se comporte, contenant trois quartiers de terre, joingnant d'une part à la terre de Saint Victor et d'autre costé à Philipot de Hen. Item, un journel de terre qui est emprez le lieu que on dit les III Maisons, joingnant d'un costé à Perrin Hure et d'autre costé à Perrin de Lions; et sont ladite maison et terre tout à ung cens, c'est assavoir à la Saint Remi XXVI s., et au Noel XXVI s. Item, Jehan Gosselin, pour arpent et demi de terre et de vigne tenant d'une part à Marquet Sebant et d'autre, et doit à la Saint Remi XII s. et une poule. Item, pour trois quartiers de terre ou environ seans à Froitmantel, tenant d'une part à Jehan Parcourt l'aisné, et doit à la Saint Remi viii s. Item, Jehan Chastellain le jeune, pour sa maison séant à Sausseron, tenant d'une part au curé d'Amblainville, et doit au Noel ix s., et à la Saint Remi ix s. Item, Leurin Justice, pour son lieu où il demeure, contenant un quartier de terre ou environ, séant soubz l'Ourmetel, tenant au chemin du Roy, et doit xiii d. de cens à la Saint Remi. Item, pour son lieu qui fu Berthin, contenant demi quartier de terre ou environ, séant à Foucherolles, soubz ledit Ourmetel, tenant d'une part à Jehanne Aleteste et d'autre part au chemin du Roy, et doit v d. de cens à la Saint Remi. Item, vi arpens de terre seans aux Bos aux Moynes et passé le chemin de Henonville, parmi, et doit à la Saint Remi vii s. Item, Jehan Roger, pour iii quartiers de terre seans au lieu que on dit Butel, tenant d'une part aux hoirs Jehan du Marès et d'autre au chemin qui va d'Amblainville à Aronville, et doit à la Saint Remi xii d. par. Item, Simon Potel, pour quartier et demi de vigne ou environ, tenant d'une part à Jean du Marès et d'autre à Simon Briquet, et doit à la Saint Remi xii d. Item, pour son jardin du Fossé, tenant d'une part à Mons' Denis Renoult et d'autre part à Drouet Rossignol, et doit à la Saint Remi viii d. Item, pour ung journel de terre seant entre Sanducourt et Amblainville, tenant d'une part audit Simon et aboutant à la terre de [S¹] Martin de Amblainville, et doit à la Saint Remi ii d. Item, Jehan d'Aronville, pour la moitié de sa maison seant au Pains, contenant ung quartier de terre, joingnant d'une part à Jehan Tassel et aboutant au chemin du Roy, et doit à la Saint Remi ix d. Item, pour une pièce de vigne seant au Pains, joingnant d'un costé à Guillot Nicole, et doit au Noel deux boisseaux d'avoine et lo tiers d'un boissel. Item, Climent le Sec, pour i quartier de vigne, joingnant d'un costé à Guiot de Hen et d'autre à Jehan Preterre, et doit au Noel iiii boisseaux d'avoine et i boisseau de blé et les ii pars d'un chappon et i d. de cens, et se paie ledit grain à la mesure de Pontoise, à mi mars i d. et une poule et les ii pars d'une corvée de homme, à Pasques vi œfz et les deux pars d'un, et à la Saint Remi ii d. Item, pour son censel, contenant demy quartier de terre ou environ, tenant d'un costé audit Climent et d'autre part à la rue aux Baras, et doit à la Saint Remi xviii d. Item, Jehan de Venencourt, de la Villeneufve le Roy, pour une pièce de terre contenant vi arpens ou environ, joingnant d'un costé à la terre de l'ospital d'Ivery, et doit pour chacun arpent au Noel xii d. de cens. Item, pour deux quartiers et demi de terre joingnant d'une part aux vignes des Quartiers et d'autre part à Jehan Champion l'aisné, et doit au Noel xi d. ob. Item, pour une autre pièce de terre seant ès Essars, contenant xx perches ou environ, joingnant d'une part à Raoulin de Marivaux et d'autre part à Jehan Champion le jeune, et doit au Noel viii d. Item, en cedit lieu, une pièce contenant un quartier de terre, joignant d'une part à Messire Guillaume Duchemin, et doit au terme de Noel ii d. poict. Idem, demi arpent de terre ou environ, joignant d'une part à Guillaume Dupont et d'autre à la terre qui fu Guillaume de Hodenc, et doit au Noel ix d. Item, Raoul Le Cire, pour demi arpent de terre ou environ seant au dessoubz du moulin à vent, joignant d'une part à Jehan de Venencourt l'aisné et d'autre à Jehan Champion l'aisné, et doit au Noel vi d. de cens. Item, ledit Jehan de Venencourt tient encores trois quartiers de terre joingnant d'une part et d'autre à Raoullin le Sellier, et doit au Noel xiii d. ob. Item, pour demi arpent de terre seant au Buisson aux Moynes, joignant d'une part à menistre de la Trinité, et doit à Noel ix d. de cens. Item, Jehan Blarye, pour trois arpens de terre ou environ seant au Buisson Essaint, joingnant d'une part au chemin du Roy et d'autre à Jehan de Venencourt, et doit au Noel pour chacun arpent xviii d. Item, pour demi arpent de terre seant à la vigne des Quartiers, joingnant d'une part ausdites vignes et d'autre part à Oudin Lefevre, et doit au Noel ix d. Item, pour demi arpent et demi quartier de terre seant à l'Ourmetel de Corberie, joingnant d'une part à la terre qui fut Huet Lusurier et d'un bout au chemin, et doit au Noel xi d. Item, pour demi quartier de terre ou environ, joingnant d'une part à Guillot Godart et d'autre part à Robin Wauquet, et doit au Noel ii d. poict. Item, une autre pièce contenant xx perches ou environ, joingnant d'une part aux enfans Brador, et doit au Noel viii d. de cens. Item, Perrin Rossignol, pour son jardin du Fossé, tenant d'une part à Simonnet Potel et d'autre à Guiot de Hen, et doit au Noel v poict. de cens. Item, Fouquet Amouret, pour son lieu où il demeure, contenant demi arpent ou environ, tenant d'une part à Guilbert Regnier et d'autre audit Fouquet, et doit au Noel vi s. iiii d. Item, i quartier de vigne ou environ seant ès Pastiz, tenant d'une part à Marquet Serant et d'autre part à Perrin Lespagnol, et doit à la Saint Remi vi s. vi d. Item, Jehan Amouret, pour i quartier de vigne ou environ, seant en Potiervoisin, tenant d'une part à Perrin Renoult et d'autre à Jehan Parcourt le jeune, et doit au terme de la Saint Remi iii s. Item, Jehan du Buisson, pour la quarte partie de son lieu seant en la Rue aux Pletoux, contenant deux perches de terre, tenant d'une part à Guiot de Hen et d'autre audit Buisson, et doit au Noel le quart d'un boissel d'avoine, le quart d'une poictevine, le quart d'un vi^e d'un cappon, le quart d'un vi^e d'un quartier de blé, et à la my mars le quart d'une poictevine, à Pasques le quart d'un œf et demi, à la Saint Remi le quart d'un quart d'une poule, le quart d'une maille de cens. Item, pour son censel contenant xvi perches ou environ, joingnant d'une part et d'autre à Jehan Tassel, aboutissant à la Sablonnière, et doit à la Saint Remi I tourn. Item, pour sa vigne tenant d'une part à Guiot de Hen, contenant XII perches ou environ, et doit à la Saint Remi VII tourn. Item, pour sa vigne de Grateleu, contenant quartier et demi ou environ, tenant d'une part aux hoirs Huet le Barbier et d'autre part à Guiot de Hen, et doit à la Saint Remi II d. Item, pour la quarte partie de son lieu contenant II perches ou environ, tenant d'une part à Guiot de Hen et d'autre part à Thibaut Tassel, et doit au Noel IIII d. Item, Guiot de Hen, pour son lieu de la Cave, tenant d'une part à Jehan Buisson et d'autre au chemin du Roy, et doit au Noel III s. Item, pour sa maison de Darnestal, tenant d'une part à Jehan Tassel, et doit à la Saint Remi V d. Item, pour sa vigne de la Fontaine, tenant d'une part à Jehan Buisson, III ob. à la Saint Remi. Item, pour son censel contenant VIII perches ou environ, tenant d'une part à Jehan Buisson, une ob. à la Saint Remi. Item, pour la moitié de sa vigne de Grateleu, tenant d'une part et d'autre aux hoirs Huet le Barbier, et doit à la Saint Remi II d. de cens. Item, Jehan de Hen, pour demi quartier de vigne seant en la rue aux Pletoux, tenant d'une part et d'autre à Jehan Preterre, et doit au Noel demie mine d'avoine, demi quartier de blé, demi capon, trois poict. de cens, à mi mars trois poict., à Pasques cinq œfz, à la Saint Remi III ob. et trois quars d'une poule. Item, Jehan Bée, pour I arpent et I quartier de terre ou environ, seant aux Fourneaux, joingnant d'un costé et d'un bout à la terre de la Trinité, et doit au Noel II s. III d. de cens. Item, une pièce seant aux Boz du Fay, contenant I quartier ou environ, joingnant d'une part à la terre Simon de Gonnesse et d'autre à la terre de la Trinité, et doit au Noel IIII d. ob. de cens. Item, une autre pièce de terre contenant arpent et demi ou environ, seant ès Landes, joingnant d'un costé au chemin du Roy et d'un bout à Jehan de Venencourt, et doit au Noel XVIII d. de cens. Item, Jehan Parcourt le jeune, pour une pièce de terre contenant XXX perches ou environ, tenant d'un costé et d'autre à Leurin Justice, et doit à la Saint Remi VII d. Item, pour I quartier de vigne, tenant d'un costé à Philipot de Hen et d'autre aux religieux du Val Nostre Dame, et doit à la Saint Remi II d. Item, pour la moitié d'une place contenant la moitié d'un quartier d'une perche, et siet en la court dudit Jehan, où son four souloit estre, joingnant de une part à ma voirie, et doit à la Saint Remi une ob. Item, pour demi arpent de terre ou environ seant en Grateleu, tenant d'une part à Guiot de Hen et d'autre part à Jehan Buisson, et doit à la Saint Remi III d. Item, Guillaume de Gogues, pour un journel de terre ou environ à Grateleu, tenant d'une part à Bertaut Roussel et d'autre ès fresches dudit Grateleu, et doit à la Saint

Remi II s. Item, I quartier de vigne ou environ seant à Potiervoisin, tenant d'une part à Thibaut Tassel et d'autre part à Thomas de Hellemont, et doit III s. de cens à la Saint Remi. Item, Jehan Marès, pour sa maison de la Fontaine Hedouart, tenant d'une part à Jehan Tassel et d'autre part à Thibaut de Chavenson, et doit au Noel demie mine d'avoine, demi capon, demi quartier de blé, III poict. de cens, à mi mars III poict., à Pasques V œfz, à la Saint Remi III ob. et les trois pars d'une poule, et en mars demie corvée de homme. Item, pour demi arpent de terre ou environ tenant d'un costé à Jehan Buisson et d'autre à Jehan Roussel, et doit à la Saint Remi XII d. Item, pour deux arpents de terre ou environ seans en Potiervoisin, et doit XII d. à la Saint Remi. Item, Geuffroy Cavart, pour la moitié d'un lieu qui fu aux Bruyers, contenant I arpent ou environ, joingnant d'une part à Jehan Gosselin et d'autre part aux hoirs Pierre Potel, et doit à la Saint Remi II s. Item, Climent Rossignol, pour son jardin du Fossé, tenant d'une part à Guiot de Hen et à Simon Potel, III ob. à la Saint Remi. Item, Perrin Lespaignol, pour une pièce de vigne contenant I quartier, seant ès Pastiz, tenant d'un costé à Fouquet Amouret et d'autre part à Philipot de Hen, et aboutant au chemin du Roy, et doit à la Saint Remi IIII s. de cens. Item, Jehan Le Synnins, pour son lieu, jardin et vigne seant à Corberue, tenant d'une part à Marquet Sebant et d'un bout au chemin du Roy, et doit au Noel X s. de cens, et à la Saint Remi X s. VI d. Item, Jaquet le Bouchier, pour sa maison seant à Darnestal, tenant d'une part à Thibaut le Barbier, et doit à la Saint Remi II d. et une poule, et au Noel une mine d'avoine, un capon, un quartier de blé et III mailles, et à Pasques VI œfz. Item, pour sa glaize qui fut Trinité, II s. à la Saint Remi. Item, Philipot de Hen, pour son closel qui fu Estene le Cordier, tenant d'une part à Thibaut de Savenchon, et doit à la Saint Remi V d. Item, pour sa vigne du Pastiz, tenant d'une part au chemin, et doit à la Saint Remi III tourn. Item, pour sa groue tenant à Jehan Parcourt le jeune, et doit à la Saint Remi VI d. Item, pour un journel de terre tenant à Jehan Dieu, et doit à la Saint Remi une poict. Item, pour sa vigne seant à Potiervoisin, tenant à Jehan du Buz, escuier, et doit au terme de Noel IIII d. Item, Thibaut de Savenchon, pour son jardin seant à Corberue, tenant d'une part à Gieffroy Hardi, et doit à la Saint Remi I d. de cens. Item, ledit Thibaut, pour sa vigne de la Fontaine Hedouart, tenant d'une part et d'autre au chemin du Roy, et doit au Noel V s. VI d. Item, Girard du Four, pour sa terre de Varis, et doit à la Saint Remi IX d. Item, le curé de la grant paroisse de Amblainville, pour sa vigne de Potiervoisin, tenant d'une part à la vigne qui fu Baragan, et doit à la Saint Remi VI d. Item, pour I arpent de terre seant à l'Ourmetel aux Malades, et doit à la Saint Remi une ob. Item, Jehan Vardelet, pour son jardin qui fu Jehan Certain, seant [à] Annesoué, tenant d'une part à Jehan Paillart, et doit à la Saint Remi II d. et une poule. Item, pour sa masure seant en ladite rue, joingnant d'une part à Jehan Pelart et d'autre part au chemin du Roy, et doit à Noel une mine d'avoine, un capon et un quartier de blé et deux deniers, à Pasques x œfz. Item, Pierre Regnoult, pour sa vigne seant à Potiervoisin, qui fu messire Jehan de Silly, et doit à la Saint Remi II d. et poict. Item, Robin Dubout, pour sa terre de Roquemont, et doit à la Saint Remi XII d. Item, Jehan Roussel l'aisné, pour son lieu de Venencourt, c'est assavoir court, jardin et vignes, tenant d'une part à Jehan Annot et d'autre part à Philipot de Hen, et doit à la Saint Remi v s. vi d. et deux poules, au Noel un sextier d'avoine, demie mine de blé, II chappons, III d. de cens, et à Pasques XII œfz, et au terme de my mars III d. Item, pour son lieu où il demeure, seant à Darnestal, tenant d'une part à Jehan Percourt le jeune, et doit à la Saint Remi XII d. et III poict., à la my mars I d. et demie poict. Item, pour un arpent de terre ou environ seant à Fontenelles, tenant d'une part au chemin du Roy, XII d. à la Saint Remi. Item, pour ung journel de terre seant au dessoubz de Fontenelles, tenant d'une part audit Jehan et d'autre à Jehan d'Aronville, et doit à la Saint Remi IIII s. Item, pour sa vigne qui fu Gieffrin Hardy, tenant d'une part au prieur d'Amblainville et d'autre part aux hoirs Jehan le Couvreur, et doit à la Saint Remi III s. Item, pour II journelz de terre qui furent à Robert Gontier, tenant à Jehan Parcourt le jeune, et doit à la Saint Remi v s. vi d. Item, pour sa vigne qui fu Jehan Regnaut, seant ès Pastiz, et doit à la Saint Remy III d. ob. Item, pour sa terre seant au dessoubz de Potiervoisin, tenant d'une part à Denisot Colette et d'un bout au chemin du Roy, et doit au Noel IIII d. Item, pour son lieu où il demeure, seant à Darnestal, à Pasques IIII œfz et demy. Item, les enfants Berthaut le Couvreur, pour leur vigne, tenant d'une part audit Jehan Roussel et d'autre part à Amaline de Hen, et doit à la Saint Remi XII d. Item, Maline de Hen, pour sa vigne tenant d'une part aux hoirs Bertaut le Couvreur, et doit à la Saint Remi II s. Item, Estienot de Hen, pour sa terre de Grateleu, à la Saint Remi I tourn. Item, Jehan Paillart, pour son lieu tenant d'une part à Jehan Roussel et d'autre part à Jehan Parcourt le jeune, et doit à la Saint Remy VIII s. de cens. Item, Pierre Guinart, pour son lieu de Foucherolles, tenant d'une part à Jehan Buisson et d'autre part au chemin du Roy, et doit au terme dessusdit III d. Item, Robin de la Dehors, pour sa terre seant au lieu que on dit Beart, et doit I d. audit terme de la Saint Remy. Item, Guillot Morel, pour sa terre de la Croix

Blanche, à la Saint Remi ı d. Item, Jehan Champion le jeune, pour sa terre de la Forestelle, et doit audit terme une ob. Item, Jehan Campion l'aisné, pour sa terre de la Forestelle, joingnant audit Champion le jeune, et doit audit terme de la Saint Remy une ob. Item, les hoirs Guillaume de Leremont, pour leur vigne seant au lieu que on dit Potiervoisin, et doit à la Saint Remy ıı d. Item, Robin Labbé, pour son lieu et maison tenant d'une part au curé d'Amblainville et aboutant au chemin du Roy, et doit à la Saint Remy xvı d. Item, Pierre de Clary, pour sa masure seant au dessoubz de la Fontaine Hedouart, tenant d'une part à Jehan Tassel, et doit à la Saint Remy ııı d. de cens et poule et demie, et à mi mars une ob. et demie et x œfz, à Pasques demie corvée. Item, Jehan Preterre, pour sa vigne de la Croix, tenant au chemin par où on va d'Amblainville à Pontoise, et doit à la Saint Remy xvııı d. Item, pour sa fresche tenant au long de sa vigne dessusdite, vı d. à la Saint Remy. Item, pour sa vigne seant devant Froitmantel, tenant d'une part à Jehan Parcourt le jeune et d'un bout au chemin, et doit au terme de la Saint Remi demie poule et ıı tourn., et à Pasques v œufz. Item, pour sa vigne tenant d'une part à Climent lesec et aboutant au chemin, et doit à la Saint Remy ı d. et demie poule, au Noel ıı boisselz d'avoine, demi boissel de blé et le tiers d'un chappon et une maille. Item, pour une pièce de vigne, seant en la rue aux Pletous, tenant d'une part à Climent lesec, et doit à mi mars une ob., et à Pasques trois œfz, et le tiers d'une corvée en mars, de homme. Item, pour luy et pour ses parsonniers, de leur masure et maison seant à Darnestal, tenant d'une part à Perrin de Clary, et doit à mi mars poict. et demie. Item, Thibaut Poisant, pour sa vigne tenant d'une part à Guillot lesec et d'un bout au chemin du Roy, et d'autre bout à Jehan Tassel, et doit à la Saint Remi ııı d. et ııı poules, au Noel ı sextier d'avoine, deux chappons et demie mine de blé et ııı d. de cens. Item, pour sa vigne, seant au lieu dit Herpin, tenant au long du chemin et d'autre part audit Thibaut, et doit à la Saint Remi ıı d. et une poule, à my mars deux corvées et v d., à Pasques x œfz. Item, pour sa masure seant au dessoubz du chemin, tenant au long de Jehan Tassel, et doit à la Saint Remi xvııı d. Item, pour sa maison seant à Darnestal, tenant d'une part à Jehan Tassel, et doit à la Saint Remy vı d. Item, pour sa groue tenant à Jehan Parcourt le jeune, et doit à la Saint Remy vı d. Item, pour sa vigne, seant à Grateleu, et doit audit terme ııı d. Item, pour sa vigne seant au dessus de son lieu, sus le chemin, tenant d'une part à la teneure Pierre Grissy et d'autre au chemin du Pastiz, et doit au Noel une mine d'avoine, un chappon et quartier de blé et ıı d. de cens, et à Pasques xx œfz. Item, Jehan Annot, pour son lieu où il demeure, tenant d'une part à Jehan Roussel et d'autre part au chemin du Roy, et doit à la Saint Remi xiii s. Item, pour sa vigne seant à Venencourt, tenant d'une part à Jehan Roussel l'aisné, et doit à la Saint Remy v s.; au Noel ii boisselz d'avoine et le quart d'un chappon, le quart d'un quartier de blé, une maille tourn., et à mi mars une maille, et à Pasques deux œfz et demi. Item, pour son lieu qui fu au Faucheur, à la Saint Remi, une ob. t. Item, les margliers de Saint Martin d'Amblainville, pour la terre dudit saint, seant au lieu que l'on dit l'Ourmetel aux Malades, à la Saint Remi une ob. Item, Jehan Bouchart, pour un arpent de terre ou environ tenant à Guillaume de Gogues, et doit à la Saint Remi vi s. Item, pour son lieu de Venencourt, tenant d'une part à Petit Guillaume et d'autre part au chemin du Roy, et doit à la Saint Remi xv s. Item, Perrin Hermel, pour son censel seant au Pains, tenant à Mons' d'Omont, à la Saint Remy vi d. Item, pour sa vigne tenant audit censel et d'autre à Climent lesec, et doit audit terme de la Saint Remi vii poict. Item, Pierre Potel, pour sa vigne qui fu aux Bruyers, tenant d'une part à Mons' d'Omont, et doit à la Saint Remy iiii s. Item, Jehan Tassel, pour sa vigne tenant à Thibaut Poissant et aboutant au chemin du Roy, et doit à la Saint Remy iii d. et poulle et demie; et au Noel une mine d'avoine, i chappon, i quartier de blé, iii ob., à mi mars iii ob., et une corvée, et à Pasques x œfz. Item, pour sa maison de Corberue, tenant d'une part à Perrin de Clary, doit à la Saint Remi iiii d., au Noel un sextier d'avoine, i cappon et i quartier de blé et ii d., au terme de mi mars ii d. Item, pour son jardin tenant d'une part à Thibaut le Barbier, et doit à la Saint Remi le quart d'une poule et une poict. tourn.; au Noel i quartier d'avoine, le quart d'un chappon, le quart d'un quartier de blé et une ob. tourn., à mi mars une ob., et à Pasques ii œfz. Item, pour sa maison de Darnestal, tenant d'une part à Guiot de Hen et d'autre part à Thibaut Poissant, et doit à la Saint Remi ii s. vi d. Item, pour sa vigne de Pastiz, tenant d'une part à Jehan Percourt le jeune, et doit à la Saint Remi vi d. Item, Jehan le Berchier, pour sa maison tenant d'une part à Guiot du Hen, et doit à la Saint Remi xii d. Item, Guillaume Laurens l'aisné, pour son lieu qui fu Messire Ancel, tenant d'une part audit Guillaume Laurens le jeune, et doit à mi mars iiii d. ob. Item, Jehan Chastele l'aisné, pour les vignes qui furent Jehan Regnaut et à Leurin Garson, seant en Corberue, tenant d'une part à Pelerin de Meru et d'un bout à Marquet Sebant, et doit à la Saint Remi x s. vi d. Item, pour sa maison du Pains, à mi mars iiii d. Item, Leurin Garson, pour son lieu du Pains, à la mi mars, iiii d. de cens.

Tous lesquelx cens et rentes dessusdits valent pour chacun

terme ce qui s'ensuit, c'est assavoir : pour le terme de la Saint Remi, xii l. xix s. xi d. ob. i poict., xvii poules et le quart d'une ; le terme du Noel vault en argent cxvii s. i d. et xvi chappons, xviii mines d'avoine, iiii mines de blé ; au terme de mi mars, ix s. ix d. et ob. p. et vi corvées de homme, chacune ii s. ; les œfz de Pasques valent vii xx vi œfz et demi.

Et avec tout ce que dit est dessus, je prens chacun an de rente, au terme de Noel, sur plusieurs des heritages dessus declairés, ix mines et i boissel de blé, et se nomme la rente de compoisson, et pour chacune mine de blé i d. de plait. Item, à cause de mondit fief, sur plusieurs heritages seans au Fay aux Asnes, vii mines d'avoine à la mesure de Beaumont. Item, je ai en tout mondit fief et ou terroir d'icellui seigneurie de moienne et basse justice, c'est assavoir le sang et le larron, et murdrier prins en cas de present malfait ou de caude trache poursuy, droit de rouage, bournages, deffensages, ventes de saisines, saisines, reliefz, rachaz, amendes de cens ou rentes non paiéez, pour ce v s. d'amende, et de cens forchelez, lx s. p., et de campart emporté, lx s. p. Et se relièvent tous les heritages des susdits tenus de moy à cens de tel cens tel relief, et les masures et terres à campart qui me doivent rentes, v s. p. pour chacune, quand il lui escheent. Item, toutes les terres à campart se relièvent pour chacun arpent xviii d. et xii d. de saisines. Et tout ce que dit est se relièvent devers moy, comme dit est, de mort et de mariage et de toutes mains. Item, je ai, à cause de mondit fief, par toute la ville, terroir et appartenances d'Amblainville, la moitié de toutes les voiries d'icelle ville, et l'autre moitié me appartient à cause d'un autre fief qui fut Philipot Levrier, et lequel je tiens dudit seigneur en plein fief, si comme dit est. Item, je puis, à cause de mondit fief, instituer et ordonner baillif ou garde de justice et sergens pour tenir mes plaiz et garder et gouverner madite juridiction.

Item, plusieurs autres arrière fiez mouvans et tenus de moy à cause de la terre d'Amblainville dessusdite, que tiennent et possessent les personnes dont les noms s'ensuivent ; c'est assavoir : un fief que possesse Guiot de Heudouville, dont le demaine en est assis en la ville, terroir et appartenances de Sandricourt, et vault bien son pris. Item, un autre fief que possesse Gillot de Fresnel, escuier, dont le demaine est assis en la ville, terroir et appartenances du Fay aux Asnes, et vault bien son pris. Item, un autre fief que damoiselle Marguerite de Clary possesse, dont le demaine est assis en la ville, terroir et appartenances d'Amblainville, et vault bien son pris. Item, un autre fief que possesse Martin de la Croix, Garnot de Hen et Gillot Mauchebourg, à cause de leurs femmes, filles jadiz de Mennesier le Picart et de Jehanne, jadiz sa femme, deffunts ; dont le demaine est assis en une pièce de vigne contenant demi arpent ou environ ou vignoble de lieux, et ne vault pas son pris. Item, un autre fief que possesse Ancel de Lille, sire de Menonville, dont le demaine est assiz au terroir d'Aronville, au lieu que on dit Maugivaux, et vault bien son pris. Item, un autre fief que possesse Pierre Hugier de Ybovillier à cause de sa femme, dont le demaine est assiz en la parroisse Saint Crespin d'Ybovillier, et vault bien son pris. Item, un autre fief que possesse Pierre le Maire d'Aronville, dont le demaine est assiz en la ville, terroir et appartenances d'Aronville, et ne vault pas son pris. Item, un autre fief que possesse Thibaut de Savenchon, demourant à Pontoise, dont le demaine est assis en la ville et terroir d'Amblainville, et ne vault pas son pris. Et se plus ou moins avoit de mondit fief, sy l'adveue je à tenir dudit seigneur, sans prejudice, en la fourme et manière que dessus est dit et devisé par tous amendemens.

Item, un autre fief que souloit tenir Philipot Levrier, seant en ladite ville et terroir d'Amblainville, à moy appartenant par acquest, dont le demaine s'ensuit. Premièrement, un manoir, court, grange, colombier, pressoner et jardins, tout ainsi comme tout se comporte et estant, hault et bas, devant et derrière, et de toutes pars, contenant deux arpens de terre ou environ. Item, IIII arpens de bois ou environ, seans au lieu que on dit, le Bois aux Moines, joignant d'une part aux bois de la damoiselle de Clary, d'autre aux terres Guiot de Hen. Item, LX arpens de terre ou environ seans en plusieurs pièces, dont il en a XL arpens en labour, et les autres XX arpens sont en friez et plains de genomres. Item, IIIe arpens de terre ou environ, tenuz de moy à campart, seans au terroir d'Amblainville, où je ne prens pour cause de cest present flé que la moitié du campart, et l'autre moitié je prens à cause d'un fief que je tiens dudit seigneur, lequel fut Philipot de Waleingougart. Et sur chacun arpent de terre tenu à campart, comme dit est, je prens, quand il y eschiet, gerbe et demie de don. Tout ce que dit est dessus, excepté le colombier, baillé à ferme pour ceste presente année à VII muis de grain, les deux pars blé et le tiers avoine, à la mesure de Pontoise. Item, je prens à cause de mondit fief, sur plusieurs, chacun an, au terme de Noël, IX mines et un boissel de blé, et se nomme la rente de compoisson, et pour chacune mine de blé I d. de plait.

Item, ensuivent les heritages qui sont tenus de moy à cause de mondit fief et les personnes qui les tiennent tant en cens comme en rentes : premièrement, Guillot Laurens le jeune, demourant à Amblainville, pour son lieu où il demeure, contenant I arpent et demi ou environ, joignant d'une part .... et d'autre part à la rue, et doit chacun an au Noel trois mines d'avoine à la mesure de Pontoise, iiii cappons et vi d. de cens, au terme de mi mars vi d., à Pasques xl œfz, à la Saint Remi xii d. Item, Thibaut Tassel, pour lx perches de vigne ou environ, séant à Potiervoisin, joingnant d'une part à Jehan le Clerc et d'autre part à la vigne qui fu Barragan, et doit à la Saint Remi xx s. Item, pour xv perches de terre ou environ séant au lieu que on dit les Elloys, joingnant d'une part à Guillot le Fevre et aboutant à Jehan Chastellain, et doit à la Saint Remi iiii d. Item, Guillot le Fevre, pour xv perches de terre seans ès Allois, joingnant d'une part à Thibaut Tassel et d'autre part à Jehan Chiefdeville, et doit à la Saint Remi iiii d. Item, Jehan Chiefdeville, pour xv perches de terre ou environ seans ès Elloys, joingnant d'une part à Thibaut Tassel et d'autre part à Guillot le Fevre, et doit à la Saint Remi iiii d. Item, Lorin Aleteste, pour demie perche de masure, tenant d'une part à Jehanne Aleteste et d'autre part à Marquet Aleteste, leur frere, et doit à la Saint Remi demie poict de cens. Item, iiii perches de vigne ou environ, joingnant d'une part à Philipot de Hen et d'autre part à le Chenée, et doit à la Saint Remi iii ob. p. Item, Perrin Aleteste, pour demie perche de masure, tenant d'une part à Jehan Aleteste et d'autre part à Marquet, leur frere, et doit à la Saint Remi demie poict. Item, iiii perches de groue, tenant d'une part à Philipot de Hen et d'autre à le Chenée, et doit audit terme iii ob. de cens. Item, Marquet Aleteste, demie perche de masure tenant d'une part à Jehan Aleteste et d'autre part à Perrin Aleteste, et doit audit terme demie poict. Item, pour iiii perches de groue tenant d'une part à Philipot de Hen et d'autre à le Chenée, et doit à la Saint Remi iii ob. Item, Jehan Dieu, pour sa maison et lieu où il demeure, contenant iiii perches ou environ, joingnant d'une part à Fouquet Amouret et d'autre à Jehan le Faucheur, et doit à la Saint Remi viii d. et iii poules, et au Noel i sextier d'avoine, ii capons, iiii d. et demie mine de blé de rente, à mi mars iv d. et une corvée de homme, et à Pasques xx œfz. Item, Jehan Mitaine, demi arpent de terre ou environ seant à le Belaye, joignant d'une part à Gillot Taille et d'autre part à Gueffroy le Foulon, et doit à la Saint Remi xii d. de cens. Item, pour demi quartier de vigne ou environ seant ès Pastiz, joingnant d'une part à Jehan d'Aronville et d'autre au chemin du Roy, et doit à la Saint Remi vi d. Item, Guiot Tassel, demi arpent de terre joingnant d'une part à Berthaut Rossignol et d'autre à la rue de Foucherelles, ii s. à la Saint Remi. Item, pour sa terre du pré des Cesnes, contenant arpent et demi ou environ, joingnant d'une part à Simonnet le Fevre et d'autre part à la damoiselle de Gaillonnel, et doit à la Saint Remi vi d. Item, Marion la Chartaine, fille de feu

Jehan Certain, pour sa maison et jardin seant à Amblainville, contenant trois quartiers de terre ou environ, joingnant d'une part à Jehan Pelart et d'autre à Bourgot le Hellande, et doit à la Saint Remi une poule et les III pars, et II d. de rente et III d. de cens, au Noel mine et demie d'avoine, quartier et demi de blé à la mesure de Pontoise, cappon et demi, II d., à mi mars II d. et une corvée de homme et le quart d'une corvée, à Pasques XV œfz. Thibaut le Vasseur, demi quartier de gaste vigne seant à Potiervoisin, joingnant d'une part aux vignes du chappellain de Flavacourt et d'autre part à Thomas Dainville, XII d. à la Saint Remi. Item, pour quartier et demy de gaste vigne seant audit lieu, joingnant d'une part à moy et d'autre à Jehan de Villette, et doit à la Saint Remi XIIII d. Item, Guillaume de Gogues, pour sa maison où il demeure, contenant un arpent de terre ou environ, joignant d'une part à Guillaume Lorens et d'autre part au chemin du Roy, et doit à la Saint Remi VI d. et II poulez, au Noel I sextier d'avoine, deux capons, demie mine de froment à ladite mesure de Pontoise, et doit III d., à mi mars III d., à Pasques XX œfz. Item, pour sa vigne des Pastiz, contenant demi arpent ou environ, tenant d'une part à Bertaut Roussel et d'autre à la femme de feu Robert Gosselin, et doit à la Saint Remi III ob., au Noel II quartiers et demi d'avoine, demi capon et le quart d'un capon, trois poict., à mi mars III poict. de cens. Item, Jehanne Aleteste, le quart d'une maison en laquelle elle demeure, contenant perche et demie, joingnant d'une part à Leurin Justice et aboutant au chemin du Roy, et doit à la Saint Remi I ob. tourn. Item, demi quartier de groue ou vigne tenant à Philipot de Hen et d'autre à le Chenée, et doit XX d. de cens à la Saint Remy. Item, Leurin Justice, pour son lieu qui fu Berthin, contenant demi quartier de terre ou environ, seant à Foucherolles, soubz l'Ourmetel, tenant d'une part à Jehanette Aleteste et d'autre au chemin du Roy, et doit II d. ob. de cens au terme de la Saint Remy. Item, trois arpens de terre ou environ seans au Bos aux Moynes, tenant d'une part et d'autre au chemin de Henonville, et doit audit terme III s. VI d. de cens. Item, pour le degout du mur et pour l'eschielage et pour lever maison dessus ledit mur, VI d. de cens à la Saint Remi. Item, Jehan Chastellain le jeune, pour quartier et demy de vigne seant à Roussières, tenant d'une part au long de la voyrie et aboutant à Thibaut le Barbier, et doit à la Saint Remi XVI d. de cens. Item, Jehan Chastellain l'aisné, pour quartier et demy de vigne ou environ seant à Rouchettes, tenant d'une part au long de la voirie et d'autre part audit Jehan Chastellain le jeune, et doit à la Saint Remi XII d. Item, Jehan d'Aronville, pour sa maison seant au Pains, contenant I quartier de terre ou environ, joinnant d'une part à Jehan Tassel et d'autre part au chemin du Roy, et doit ix d. de cens à la Saint Remi. Item, 1 quartier de vigne seant ès Pastiz, et aboutant au chemin du Roy, et doit xii d. de cens à la Saint Remi. Item, une pièce de terre contenant v quartiers ou environ, seant ès Haies Louveresses, joingnant d'un costé à Mahiet Roussel et aboutant à Jehan de Saint Arnoul, par ii d. de cens à la Saint Remy. Item, pour 1 quartier de terre ou environ, seant à Fontenelles, joingnant d'une part et d'autre à Jehan Roussel, et doit audit terme iii d. Item, Climent Lesec, pour sa vigne seant en la rue aux Piétons, contenant xxx perches, joingnant d'un costé à Thibaut Tassel et d'autre à Guillaume Lesec, et doit au Noel demi quartier d'avoine et le viii⁰ d'un quartier de blé et le viii⁰ d'un capon et le viii⁰ de iii ob. de cens, et se paie ledit grain à la mesure de Moussy, au terme de mi mars, le viii⁰ de iii ob. de cens, et à Pasques les iii pars d'un œf, et à la Saint Remi le quart de iii ob. de cens. Item, pour son censel contenant 1 demy quartier de terre, tenant d'un costé audit Climent et d'autre à la rue aux Baraz, et doit à la Saint Remi xviii d. Item, Bourget, femme de feu Jehan le Faucheur, pour son lieu, court et jardin contenant 1 arpent ou environ, tenant d'un costé à Jehan Dieu et d'autre à Jehan Cailleux, et doit au Noel 1 sextier d'avoine, ii chappons, demie mine de blé de rente et vii d. de cens, et à mi mars une corvée, iiii d., à Pasques xx œfz, à la Saint Remi iii poules et xi d. de cens. Item, pour sa masure contenant vii quartiers de terre ou environ, tenant d'un costé à la damoiselle de Clery et d'autre à Gieffroy Bardel, et doit au Noel iii mines et demie d'avoine, iii chappons et demi, v d. et ob. de cens, iii quartiers et demi de blé, à mi mars corvée et demie et le quart d'une, et v d. et ob. de cens, et à Pasques xxxv œfz, et à la Saint Remi xi d., iiii poules et les iii pars d'une. Item, Jehan de Venencourt le joeune, pour vi arpens de terre joingnant d'un costé à la terre de l'ospital d'Ivery, et doit pour chacun arpent au terme de Noel xii d. Item, pour deux quartiers et demy de terre, joingnant aux vignes des Quartiers d'un bout et d'autre à Jehan Champion l'aisné, et doit au Noel xi d. et ob. Item, xx perches de terre seans ès Essars, joingnant d'une part à Raoulin de Marivaux et d'autre à Jehan Champion le jeune, et doit au Noel viii d. Item, 1 quartier de terre seant ès Essars, joingnant d'une part à Messire Guillaume du Chemin, et doit au Noel iiii d. ob. Item, pour demi arpent de terre ou environ, joingnant d'un costé à Guillaume du Pont, et doit au Noel ix d. de cens. Item, Raoul la Tire, pour une pièce de terre contenant demi arpent ou environ, seant au dessoubz du molin à vent, joingnant d'une part à Jehan de Venencourt le viel, et d'autre à Jehan Champion, et doit au Noel vi d. de cens. Item, Jehan de Venencourt, pour trois quartiers de terre joingnant d'une part audit

Raoulin et d'autre à Raoulin le Sellier, et doit au Noel xiii d. ob. Item, pour demi arpent de terre seant au Buisson aux Moynes de la Trinité et d'autre à Robin Wauquet, et doit au Noel ix d. de cens. Item, Jehan de Gonnesse, du Fay aux Asnes, pour demi arpent de terre ou environ seant aux Faveriaux, joingnant d'un bout à Jehan de Venencourt et d'autre à la terre de la Trinité, et doit à la Saint Remy xv d. Item, Jehan de Blarye, de la Villeneufve le Roy, pour deux arpens de terre seans au Buisson Eussaint, joingnant d'un costé au chemin du Roy et d'autre à Jehan de Venencourt, et doit au Noel pour chacun arpent xviii d. Item, pour demi arpent de terre seant emprez la vigne des Quartiers, et aboutant au chemin du Roy, et doit au Noel ix d. de cens. Item, pour demi arpent et demi quartier de terre seant à l'Ourmetel de Corberue, joingnant d'une part à la terre qui fu Huet Lusurier et d'autre au chemin, et doit au Noel xi d. p. Item, demi quartier de terre seant au Percet, joingnant d'un costé à Guillot Goudart et de l'autre à Robin Wauguet, et doit au Noel ii d. p. Item, pour viii perches de terre seans emprez l'Ourmetel de Corberue, joingnant d'une part aux enfans Brasdor, et doit au Noel viii d. de cens. Item, Guillaume le Vavasseur, pour sa demie masure seant à Amblainville, joingnant d'une part au chemin du Roy et d'autre part au prieur d'Amblainville, et doit à la Saint Remy poule et demye et iiii d. de cens, et au Noel ii d., i capon, une mine d'avoine et i quartier de blé à la mesure de Pontoise, et à mi mars ii d. Item, pour demy journel de terre seant à le Bellaye, tenant d'une part à Jehan Roussel et d'autre à Jehan Parcourt, et doit à la Saint Remy xii d. de cens. Item, demi arpent de terre seant au long de Carnelle, tenant d'un bout à la damoiselle de Clary et d'autre bout aux terres de Saint Victor, et doit à la Saint Remy xviii d. de cens. Item, Jehan Caillier, pour sa maison et terre seant devant le puis de Neufve Rue, contenant un arpent ou environ, joingnant d'un costé à Jehan Daubuef et d'autre à Bourgot la Hollande, et doit à la Saint Remy x s.; item, au Noel, x s. Item, Jehan Rogier, pour trois quartiers de terre seans au lieu que on dit Butel, tenant d'une part au chemin du Roy, et doit à la Saint Remy xii d. Item, Jehan Bée, pour une pièce de terre contenant i arpent i et quartier, seant aux Faveriaux, joingnant d'une part et d'un bout à la terre de la Trinité, et doit au Noel ii s. iii d. de cens. Item, une pièce de terre contenant i quartier, seant au bos du Fay, joingnant d'un costé à la terre Simon de Gonnesse et d'autre à la terre de la Trinité, et doit au Noel iiii d. ob. Item, une autre pièce de terre contenant arpent et demi, seant ès Landes, joingnant d'un costé au chemin du Roy et d'un bout à Jehan de Venencourt, et doit au Noel xviii d. Item, Jehan Parcourt le jeune, pour sa vigne de la Groe, contenant

1 quartier, joingnant d'une part à Philipot de Hen et d'autre aux religieux du Val Nostre Dame, et doit à la Saint Remy 11 d. de cens. Item, pour la moitié d'une petite place contenant la moitié d'un quartier d'une perche, et siet en la court dudit Jehan, où le four souloit estre, joingnant d'un bout à la voirie, et doit à la Saint Remy une ob. Item, Jehan du Buisson, pour xviii perches de vigne seans en Grateleu, joingnant d'une part aux hoirs Huet le Barbier, et d'autre part à Guiot de Hen, et doit à la Saint Remy i d. Item, pour son lieu contenant iiii perches ou environ, tenant d'une part à Guiot de Hen et d'autre part à Thibaut Tassel, et doit au Noel viii d. Item, pour demi quartier de terre ou environ seant à Fontenelles, joingnant au chemin qui va à Margicourt et d'autre part à Jehan des Marez, et doit à la Saint Remy xv d. Item, Lourin Garson, pour sa vigne de Roncherez, tenant du long à Jehan le Grant et d'autre à Jehan Chastellain le jeune, et doit à la Saint Remy iiii s. Item, Messire Jehan Tarenne, pour xv perches de vigne seant à Potiervoisin, tenant d'une part au quartier Baraigan, et doit à la Saint Remy iii d. Item, Jehan de Valengougart, escuier, pour sa terre de la Loge Blanche, contenant demi arpent ou environ, et doit à la Saint Remi iii d. Item, Oydin Renoult, pour sa vigne qui fu au curé de Lardières, contenant quartier et demi, tenant au quartier qui fu Baragan et d'un bout au curé d'Amblainville, et doit à la Saint Remy xi s. Item, Thibaut du Bois, pour sa terre des Vaus, tenant d'une part à Jehan Roussel et d'autre au prez Pierre de Gournay, escuier, et doit à la Saint Remy iv d. ob. Item, Barnet de Leurmont, pour sa vigne de Potiervoisin, joingnant d'une part à Thomas Damlieu et d'autre part à Climent Lesec, et doit à la Saint Remy i d. Item, Perrette la Turelure, pour son jardin seant à Venencourt, tenant au fllo de la ville et d'autre à la terre Perrin de Gassy, et doit à la Saint Remy ii d. et une poule. Item, pour cedit lieu, au terme de Noël, ii boisseaux d'avoine, un quart de capon ; item, pour son flot, i d. à la Saint Jehan. Item, Perrin Guynart, pour sa maison de Foucherolles, joingnant d'une part à Climent Rossignol, iii d. à la Saint Remy. Item, pour une pièce de terre contenant i arpent, seant à Foucherolles, tenant d'une part aux Rossignolz et d'autre au chemin du Roy, et doit à la Saint Remi v s. Item, Jehan de Marivaux, pour sa vigne de Potiervoisin, tenant d'une part à Thibaut le Vasseur et d'autre part à Climent Lesec, et doit à la Saint Remi iii ob. Item, Maline, femme de feu Jehan le Couvreur, pour sa vigne de Foucherolles, joingnant d'une part et d'autre audit Perrin Guinart, et doit audit terme de la Saint Remy xviii d. Item, Thomas Damlieu, pour son cloz de Foucherolles, tenant d'un bout au chemin et d'autre à Jehan Preterre, et doit audit terme de la Saint Remy

III s. VI d. Item, Jehan Preterre, pour sa vigne de la Croix, joingnant d'une part au bout de la Sabelonnière et d'autre part à la Croix Boissière, et doit audit terme IX d. Item, Huette de Gaillonnel, pour sa terre de Pontieu, VI d. à la Saint Remy. Item, pour sa terre soubz Fontenelles, tenant à Jehan Roussel l'aisné, et doit audi terme de la Saint Remy une ob. de cens.

Tous lesquelz cens et rentes dessusdiz valent pour chacun terme ce qui s'ensuit : c'est assavoir, pour le terme de la Saint Remy IIII l. VIII s. V d. et XVII poules ; le terme du Noel vait en argent XXXVI s. poict. et demie, en grain XIII mines et III quartiers d'avoine, II mines III quartiers de blé à la mesure de Pontoise, et XIII chapons et III quarts d'un chappon ; le terme de mi mars vault en argent XXVII s. IX d. p., et cinq corvées de homme, chacune de II s. p. ; et au terme de Pasques, VII^{xx} et XV œfz.

Item, j'ay, en tout mondit fief et en tout le terroir d'icelluy, seigneurie de moyenne et basse justice, c'est assavoir la main mise et le sang, le larron et murdrier prins en cas de present malfait ou de chaude trache poursuy, droit de rouages, bournages, deffensages, ventes, dessaisines, saisines, reliefz, rachaz, amendes de cens ou rentes non paiez, pour ce V s. p. d'amende, et de cens forchelez, LX s. p., et de champart emporté LX s. Et se relièvent tous les heritages dessusdiz tenus de moy à cens de tel cens tel relief, et les masures et terres à campart qui donnent rentes, V s. p. de relief pour chacune, quant il y escheeut. Item, toutes les terres à campart se relièvent pour chacun arpent XVIII d. et XII d. de saisine. Et tout ce que dit est dessus se relièvent devers moyen la manière que dit est, de mort, de mariage et de toutes mains. Item, j'é, à cause de mondit fief, par toute la ville, terroir et appartenances d'Amblainville, la moitié de toutes les voiries, et l'autre moitié me appartient à cause de mondit fief, lequel je tien dudit seigneur en plain fief, comme dit est, qui fut Philippe de Valengougart. Item, je puis, à cause de mondit fief, tenir mes plaiz et mes gens et officiers par tout où il me plaira, sur mondit fief justicier, et ordonner baillif ou garde de justice et sergens pour garder et gouverner madite terre et juridiction. Et se plus ou moins avoit de mondit fief, si l'adveu je à tenir dudit seigneur, sans prejudice, en la forme et manière que dessus est dit et devisé par tous amendemens. En tesmoin de ce, j'ay seellé cest present denombrement de mon propre seel duquel je use et entens à user, qui fut fait l'an de grace mil CCC IIII^{xx} XIX, le Ve jour du mois d'aoust.

Arch. nat., original, P 26², cote CLX; transcription, P 116, fol. 161 v°.

État des champarts de Froidmantel.

(Fin du XIV° siècle.)

Icy sont desclarés les champars appartenans à l'ostel de Froitmantel.

Premièrement, champars nument de Froitmantel.

Froitmantel :

Au buisson Guillot le Fevre,

Les hoirs Perin Hure ont vii quartiers de terre, tenant à J. Chatellain, et d'autre à J. de Temericourt (1) ;

Item, en ce lieu, Jehan Chatellain, demy quartier, tenant à Herouet Crespin ;

Herouet Crespin, v quartiers, tenant aux hoirs Perin Hure ;

Les hoirs Perin Hure, ung journel ou environ, tenant à Jehan Mauvillain ;

Jehan Mauvillain, un arpent ensivant, tenant à Guiot de Hen ;

Guiot de Hen, i journel ou environ, tenant à r autre arpent qui muet de Huet de Dampont.

Carnelle :

Thibault le Barbier, de iiii arpents ou environ, tenant aux enffens Perin Chavart ;

Le filx Perin Chavart, xlii perches ou environ, au lonc de Pierre Rossignol ;

Perin Rossignol, i arpent ou environ, tenant à Pierre le Mere ;

Pierre le Mere ensivant, ung journel ou environ, tenant à Jehan le Barbier ;

Jehan le Barbier, ii journex ou environ, tenans au prieur d'Ambleinville.

Et champarte toutes du cent xii.

Biauchamp :

Jehan Roussel, i journel, tenant à Saint Victor et d'autre à Froitmantel ;

Guillot Lesec, i journel, tenant à Froitmantel, et d'autre au chemin de Chaumont ;

Perin Rossignol, i journel, qui fut à Guillaume Gogues et à Guillot Lesec.

Jehan Roussel, i journel, tenant à Perin Rossignol.

---

(1) Théméricourt, canton de Marines, arrondissement de Pontoise.

Les Nefflies :

Les hoirs Lorin Justice, IIII journex, tenans à l'arpent de Froitmantel, et d'autre à Pierre de Gourhoy (1).

Le saint de la ville et le curé en ont 1 journel, tenant aux hoirs Lorin Justice.

Au dessous de Grateleu :

Au dessous de Grateleu, en a II arpens, qui sont à Thibault Tassel, de Darnetal, tenans au prieur d'Ambleinville, et d'autre à Jehan le Barbier.

En Toison, en a II arpens, et les tient Guillaume Lorens, tenans à Colin Meinfroy, et d'autre à Pierre le Mere ;

Pierre le Mere, 1 journel, tenant à Thibaut Tassel.

Perrin Rossignol en a 1 arpent qui fut Guillaume de Gogues et à Jehan Roussel, tenant à Guillaume Lorens ;

Les hoirs Jehan d'Aronville, demi journel, tenant à Thibault le Barbier ;

Thibault le Barbier, demi journel, tenant aux hoirs Perin Hure ;

Les hoirs Perin Hure, demi journel, tenant à Thibault Tassel.

Arch. nat., S 4170, n° 42.

Lettres patentes confirmant aux héritiers de Vilain du Fay la permission donnée à ce dernier de fonder une chapellenie dans sa maison du Fay.

Octobre 1400.

Carolus, Dei gratia Francorum rex. Notum facimus universis presentibus pariter et futuris nos litteras felicis memorie carissimi domini et avi nostri Joannis, quondam Francorum regis, cujus anima requiescat in pace, vidisse, formam que sequitur continentes (2)....
Quas quidem litteras suprascriptas, ac omnia et singula in eis contenta, ratas, firmas et gratas habentes, ipsas volumus, laudamus, approbamus, et tenore presentium de gratia speciali confirmamus, mandantes dilectis et fidelibus gentibus compotorum nostrorum, necnon thesaurariis Parisius, ceterisque officiariis nostris, et eorum cuilibet prout ad eum pertinuerit, quatenus heredes, successores seu causam habentes deffuncti Villani de Fayo, quondam militis, in dictis litteris nominati, omnibus et singulis in eisdem litteris contentis nostraque presenti confirmatione uti et gaudere plenarie et

---

(1) Gournay-sur-Marne, canton de Gonesse, arrondissement de Pontoise.
(2) Voyez la pièce du 28 décembre 1355.

integre faciant et permittant absque contradictione quacumque. Quod ut firmum et stabile in perpetuum perseveret, nostrum his presentibus sigillum duximus apponendum, salvo in aliis jure nostro, et in omnibus quolibet alieno. Datum Parisius, mense octobris, anno Domini millesimo quadringentesimo, et regni nostri vicesimo primo. — Copie du xviiie siècle. — Papiers du Fay.

Bail par l'abbaye Saint-Victor à Robin Chastelain d'une maison, d'un jardin et d'une vigne sis à Amblainville, rue de la Corberie, moyennant une rente annuelle de trente-six sous parisis.

9 octobre 1401.

A tous ceuls qui ces lettres verront, Guillaume, seigneur de Tignonville, chevalier, conseillier, chambellan du Roy nostre sire, garde de la prevosté de Paris, salut. Savoir faisons que, par devant Guillaume Piedur et Mile Dubreuil, notaires dudit seigneur ou Chastellet de Paris, fu present Robin Chastelain, demourant à Amblainville, lequel, de son bon gré, sanz force ou fraude, recognut et confessa avoir prins à rente annuel et perpetuel, pour lui, ses hoirs et aianz cause, de religieuses personnes et honnestes l'abbé et convent de Saint Victor lez Paris, une maison, jardin et vigne devers, ainsi comme tout se comporte et extent de toutes pars, avec leurs appartenances, que lesdiz religieux avoient, assiz en ladite ville en la rue de la Corberie, tenant d'un costé et aboutissant au chemin qui va d'Amblainville à Sandricourt, et d'autre part à monsieur d'Omont, aboutissant d'autre bout à Jehan le Cheiron, en la sensive et seignourie desdis religieux; cette prinse faite pour et parmi trente et six sols parisis de croix de cens ou rente annuel et perpetuel, que ledit Robin sera tenuz, gaiga et promist rendre et paier ausdits religieux ou au porteur de ces lettres pour eulx, le jour Saint Martin d'hiver, en l'ostel d'iceux religieux qui est en ladite ville d'Amblainville, dont le premier terme de paiement sera à la Saint Martin d'iver qui sera l'an mil iiiic et deux, et senz ce que ledit Robin ou ses hoirs puisse ou puissent charger ledit lieu d'autre charge ou rente senz le congié ou licence desdits religieux; et ou cas que ledit Robin chargeroit ledit lieu de grenieur charge, iceux religieux pouront de fait oudit heritage entrer comme leur et comme se ceste prinse ou le bail de ce n'eussent onques esté faiz ou passez, nonobstant usages, coustumes, droiz ou autres choses contraires ad ce. Avec ce, ledit Robin sera tenuz et promist ledit lieu et appartenances tenir et maintenir en bon estat et si souffisant que ladite rente puist estre dorrenavant perceue et levée par lesdits religieux et leurs successeurs. Et jura et promist ledit Robin, par son serement fait aux saints Euvangilles de Dieu et par la foi de son corps donnée ès mains desdits notaires, que contre ces lettres et leur contenu il n'yra, aler, dire ou venir fera par lui ou par autres, en couvert ou en appert, par voie de fait, de droit et autrement, ainçois voud et consenti que ces lettres aient et sortissent leur effet et vertu; rendra et paiera tous coux, fraiz, despenz, dommaiges et interez qui faiz seroient par faute de paiement et de ce que dit est non accompli, sur l'obligation de ses biens et de ses hoirs, meubles, immeubles, presens et avenir, qu'il souzmist à la juridiction, cohercion, force, vigueur et contrainte de nous, de noz successeurs prevoz de Paris, et de touz autres justiciers soubz qui ilz seroient trouvez. Et renonça expressément ledit Robin par ses serement et foy à action en fait, à condicion senz cause ou de non juste et indeue cause, à tout droit escript et non escript, canon et civil, à toutes excepcions, decepcions, fraudes, cautelles, cavilations, oppositions, lettres, graces, franchises, libertez, privileges, dispensacions, absolucions, et generalement à toutes les autres choses qui aidier et valoir lui pouvent à dire contre ces lettres et execucion d'icelles, et au droit disant general renonciacion non valoir. En tesmoing de ce, nous, à la relation desdits notaires, avons mis le scel de ladite prevosté de Paris à ces lettres, le dimenche neuf jours d'octobre, l'an mil IIII^c et ung. M. Dubrueil. G. Piedur. Arch. nat., S 2079.

Lettres patentes, données en confirmation de celles de novembre 1355, portant permission aux héritiers de Vilain du Fay de fonder une chapellenie dans sa maison du Fay, avec une dotation de vingt-quatre livres parisis.

18 octobre 1401.

Carolus, Dei gratia Francorum rex, notum facimus universis presentibus et futuris nos alias nostras litteras vidisse, seriem que sequitur continentes..... (1) : Nos igitur, ad supplicationem liberorum et heredum deffuncti Villani de Fayo, quondam militis, in litteris preinsertis nominati, asserentium per eumdem deffunctum ac per ipsos nihil de premissis in dictis litteris contentis aut in aliquo eorumdem huc usque disposuisse vel ordinasse, ipsas litteras pretranscriptas, ceteraque omnia et singula in ipsis contenta, ratas, gratas et firmas habentes, eas laudamus, ratificamus et approbamus

---

(1) Voyez la pièce d'octobre 1400.

ac, de speciali gratia nostraque auctoritate regia, tenore presentium confirmamus, ac ex uberiori dono dicte gratie dictis liberis et heredibus prefati defuncti, si et quatenus de premissis ante aliquo eorumdem huc usque non fuit dispositum vel ordinatum, ut prefertur, concedimus, per presentes, ut de omnibus et singulis redditibus et bonis dicti deffuncti quibuscumque acquisitis, vel per ipsos liberos et heredes in posterum acquirendis, tam in feudo quam in justitia bassa, usque ad sexaginta solidos dumtaxat ascendente, unam capellaniam pro anime ipsius deffuncti et suorum parentum remedio in domo sua de Fayo fundare, et eam de dictis viginti quatuor libris parisiensium terre, seu annui et perpetui redditus, dotare valeant perpetuo, quodque capellani dicte capellanie predictas viginti quatuor libras terre seu annui et perpetui redditus tenere, retinere et possidere tanquam admortissatas in perpetuum valeant pacifice et quiete, absque eo quod ipsas in toto vel in parte futuris temporibus vendere, alienare, transferre, seu alias extra manus suas ponere, non obstantibus quibuscumque aliis gratiis per nos vel per predecessores nostros eisdem defuncto et suis liberis et heredibus aut aliquibus ipsorum factis. Quocirca dilectis et fidelibus gentibus computorum nostrorum, thesaurariisque Parisius, ceterisque justiciariis et officiariis nostris, modernis et futuris, et eorum cuilibet prout ad eum pertinuerit, damus tenore presentium in mandato quatenus predictos liberos et heredes seu ipsorum causam habentes, necnon capellanos predictos et eorumdem singulos, litteris suprascriptis ac etiam nostris presentibus approbatione, confirmatione et gratia, uti, gaudere, disponere et ordinare perpetuo, libere et quiete faciant et patiantur, eosdem et singulos ipsorum in contrarium nullatenus molestantes aut molestari permittentes a quocumque. Quod ut firmum et stabile perseveret, nostrum sigillum his presentibus duximus apponendum, salvo in aliis jure nostro et in omnibus quolibet alieno. Datum Parisius, die decima octava octobris, anno Domini millesimo quadringentesimo primo, regni vero nostri vicesimo secundo.

Per Regem, in consilio suo, in quo domini duces Bituricensis, Aurelianensis et Borbonensis, vos et alii, cratis. — L. Blanchet.

Copie du xviii° siècle. — Papiers du Fay.

Lettres patentes portant mainlevée de la moyenne et basse justice du prieur d'Amblainville, qui avait été saisie à la requête du procureur du roi à Pontoise, parce que le prieur avait laissé évader un homme accusé de meurtre.

26 août 140?.

Charles, par la grace de Dieu roy de France, à nostre prevost de

Pontoise ou à son lieutenant, salut. Reçue avons humble supplication de noz bien amés les religieux abbé et convent de Saint Martin sur Vyone lez Pontoise, contenant comme, entre leurs autres droitz et possessions, ilz aient une petite prieuré assise en la ville d'Amblainville, en ladicte prevosté, où ilz ont droit de moienne et basse justice sur leurs hostes ; et il soit ainsi que naguières debat se meut entre deux hommes de ladicte ville, prouchains parens l'un à l'autre, l'un nommé Clement Sagosne, et l'autre Jehan Buisson, et tant que ledit Jehan fu navré en une de ses jambes, où il sembloit que il n'eust aucun peril de mort ne de mahaing; après lequel cas ledit Clement, qui estoit hoste dudit prieuré, se rendy prisonnier en l'ostel de icellui prieuré, et par le prieur commis en icellui eslargi jusques à certain jour ensuivant, pour ce que ledit blessé auroit dit, si comme on disoit, que de icelle blessure il ne demandoit riens ; auquel jour icellui Clement retourna et demoura prisonnier, mais ce ne fu pas en vifve jaolle si tost, pour ce que ledit prieur, qui est simple homs et qui par simplece avoit receu ply d'amende dudit Clement pour ledit cas, cuidoit que ledit Clement se tenist prisonnier, et aussi disoit on que icellui Jehan garissoit de icelle blessure. Neantmoins ledit Clement, par l'envortement d'aucuns qui lui dirent que ledit Jehan estoit moult agrevés et que ilz se doubtoient de sa mort, se party desdictes prisons en brisant icelles et s'en alla, ne scavent lesdiz supplians quel part; et tantost après avint que ledit Jehan alla de vie à trespassement, pour lequel cas, à la requeste de nostre procureur audit lieu, tu as fait prendre et mettre en nostre main ladicte justice desdiz supplians, disant icelle estre à nous confisquée pour la cause dessusdicte; sur quoy, iceulx supplians ont obtenu noz lettres sur ledit ply d'amende, par lesquelles nous avons remis, quitté et pardonné ausdiz supplians ledit cas et negligence et toute amende et offence en quoy ilz povoient estre encourus envers nous et justice, et sur ce imposé sillence à nostredit procureur, comme il puet apparoir par icelles ; lesquelles lettres aient esté presentées pour en avoir par lesdiz supplians l'enterinement, et sur ce, nostredit procureur appellé, enqueste ait esté faicte par toy et nostredit procureur, et jour assigné à certain jour à venir pour voir sur ce ton appointement, ou proceder comme de raison à l'encontre de nostre devantdit procureur. Depuis lesquelles choses, ledit Clement, si comme on dit, a obtenu noz lettres de remission pour raison dudit cas et sur ce fure (?) à sa partie; mais icelles lettres ne sont pas encore presentées ne verifiées, et toutesvoies lesdiz supplians se doubtent que, pour occasion de ce que, en noz dictes lettres à eux ottroyés sur ledit cas, ils ont ceu (sic) ledit ply d'amende que de nouvel est venu à leur congnoissance par le simplece de leurdit prieur, nostredit procureur ne veuille dire et maintenir nozdictes lettres estre subrepticées et empescher la delivrance de ladicte justice, qui seroit et pourroit estre en leur grand grief, prejudice et dommage, doubtans que par ce nozdictes lettres ne leur sortissent aucun effet, sy nous ont humblement supplié et requis que, attendu ce que dit est, nous leur veullons estendre notre grace. Pour quoy, toutes ces choses considerées, inclinans à leurdicte supplication, et que voulons nozdictes lettres à eulx sur ce octroyées avoir leur plain effet, à iceulx supplians, ou cas dessusdit, et en empliant nostre grace à eulx sur ce faicte, avons remis, quitté et pardonné la reception dudit ply d'amende, et encores quittons et pardonnons comme se icellui ply n'eust onques esté receu, en imposant sillence de ce à nostredit procureur. Sy te mandons que tu, de nostredicte grace et pardon, tu faces et sueffrez iceulx supplians joir et user plainement et paisiblement, sans les plus, pour ce, travailler ne molester, ne souffrir estre travueillés ne molestés en aucune manière au contraire, mais, nonobstant ce, leurdicte justice pour ce mise en nostre main leur met à plaine delivrance, en obstant et levant nostredicte main. Car ainsi nous plait il estre fait, et ausdiz supplians l'avons ottroyé et ottroyons de grace especial par ces presentes. Donné à Paris le xxvi° jour d'aoust, l'an de grace mil quatre cens et deux, et le xxii° de nostre regne. — Par le Roy, à la relation du Conseil : R. Coste.

        Arch. de Seine-et-Oise. — Saint-Martin de Pontoise, prieuré d'Amblainville, liasse 1.

Sentence du Châtelet de Paris rendue entre l'abbaye Saint-Victor et l'abbaye Saint-Martin de Pontoise, portant que Saint-Victor a droit de prendre la dîme entière du terroir d'Amblainville, et spécialement la dîme des grains d'une pièce de terre contenant sept arpents, sise au lieudit la Fosse de Fauxtrait.
Autres lettres, scellées du sceau de la prévôté de Paris, contenant désistement de l'appel que les religieux de Saint-Martin avaient formé en cour de Parlement contre ladite sentence.

1403.

Extrait. — Bibl. nat., ms. lat. 15056, p. 206 (n° 64).

État des cens de la terre de Froidmantel.

1er octobre 1403.

Cenz receuz à Froitmantel l'an mil cccc et troiz, jour Saint Remy. Premièrement :
Jehan Daubuef, pour son desert de Potiévoisin, tenant à Colin

Mainfroy, II s. Colin Mainfroy, pour sa vigne et desert de Potiévoisin, tenant à M⁰ Jehan Parcourt, II s. Philipot de Hen, pour sa terre des Haiez Louveresses, tenant à Monsieur d'Omont, x s. Item, pour sa vigne de Venancourt, III s. Item, pour son desert, tenant d'une part à Taipier, XVI d. Brunet de Leremont, pour sa vigne de Potiévoisin, par Martinet, et a paié pour II, III deniers (1). Thibaut Tassel le joeune, pour sa vigne qui fut Perot Renoult, tenant à Marieulx, IIII d. ob. Jehan Parcourt et ses parçoniers, pour sa vigne, tenant à Perin Bertin, XVIII d. Item, pour son frische de Grateleu, III d. tournois. Item, pour sa meson et masure qui fut à Estiene de Hen, XXVII d. Messire Jehan Parcourt, chapellain d'Outrevoisin, pour sa vigne de Potiévoisin, tenant d'une part à Madamoiselle de Clery, XII d. Perrin Roucignol, pour sa vigne au terrouer de Venancourt, tenant à Preterre, XX d. Perrin Hure, pour sa vigne de Potiévoisin, tenant d'une part à Thibaut d'Orenge, XII d. Thomas Deulieu, pour sa terre qui fut Jehan Faunier, tenant audit Thomas, XII d. Messire Jehan Tarent, curé d'Amblainville, pour sa vigne de Potiévoisin VII d. ob. [Le mi]nistre de la Trinité, pour sa vigne de Potiévoisin, tenant à Thomas Deulieu, III d. .....Champion, de la Villenuefve, pour sa terre de la Pommeraie, XIII d. Jehan de Marivalz, pour sa vigne de Potiévoisin, tenant à..... Tassel, IX d. Perrin le Couvreur, pour sa part de la terre qui fut Berthaut le Couvreur, seant au terrouer de Venancourt, tenant d'une part à Jehan le Barbier, et d'aultre à Michelet Jolivet, XXXIII d. Lorens Justice, pour sa terre qui fut Marie d'Auviller, tenant d'une part à Monsieur d'Omont, II s. Item, pour sa masure qui fut Jehan Justice, tenant d'une part à Estiene de Hen, II d. ob. Marguerite, damoiselle de Clery, pour sa vigne de Potiévoisin, tenant à Monsieur d'Omont, XXII d. ob. Jehan Roussel, pour II journaux de terre assis à l'Ourmetel du Fay, VI s. VIII d. Item, pour un journal de terre au chemin de Fontenelles, XII d. ob. Thibaut d'Orenge, pour sa loge qui fut Jehan de Hen, x d. ob. Item, pour sa vigne de Potiévoisin, tenant à Pierre Aure, IIII d. ob. Jehanne la Paisande, pour sa terre au terrouer de Venancourt, tenant d'une part aux hoirs Jehan Tassel, v s. VI d. Pierre Bertin, pour sa vigne de Potiévoisin, tenant d'une part aux enfans Parcourt le jeune, x d. Guillaume....., pour sa masure et jardin qui fut messire Ancel, tenant d'une part aux enfans Boucher, XVIII d. Guillaume Tassel, pour sa terre de la Maladrerie, tenant d'une part à Pierre le Mere, et d'aultre au chemin du Roy, XXVIII s. p. Jehan Parcourt l'aisné, pour I journal de

---

(1) *Nota* : Ventes paiez par Preterre VI s., *ut post in fine istins rotuli*.

terre assis à l'Ourmetel du Fay, tenant à Jehan Roussel, III s. IIII d.; et nota que fet c'est à cause de sa femme, et fut Guillot Alateste.

Berger Mitaine, pour sa terre des Arpens qui fut Jehan de Gonnesse, dit le Begue, XXI d. Symon le Fevre, pour sa vigne de Feucherolez, tenant d'une part à Jehan Parcourt, et d'aultre à Pierre Berthin, II d. Gautier de Froquegni, qui a espousée la fille de feu Estiene Caille, pour la terre qui fut André Caille, III s.

Aujourd'uy ont esté paiés les ventes de la vigne qui fut Perrot Regnoult par Jehan Preterre, si comme il appert sy dessus, par le propriétaire, nommé Thibaut Tassel le jeune, VI s.

Deffaulx de l'an IIII° et trois :

Primo, Jehan Chantecler, pour IIII anz, pour chascun an, XXVI d.; et est la vigne au trouet de Venancourt, tenant d'une part à Perrin le Cordier, et est vendue à Guillemois Lorens. Et nota que un nommé Jehenin Bassat l'a tenue..... et l'a vendue audit Guillemin Lorens, et est vray que nul n'a prisez le saizinez.

...... me Jehan Preterre, pour sa vigne du trouet de Venancourt, XIIII d. Item, pour sa terre et vigne qui fut Beloche, VIII d. Perrin le Cordier, pour sa vigne au trouet de Venancourt, VIII d. Item, pour son frische de Grateleu, VII poitevines. Monsieur d'Omont, pour la comtesse, XV d. deulz depuiz la mort Garnot le Riche. Estiene de Leurmesonz, XV d. deulz de III ans. Les heritiers Symon de Gonnesse, III anz, pour an II s. Les hoirs Guillot Alateste, de l'an IIII° et I, III s. IIII d. Michel Jolivet, debet pro pluribus annis, pro quolibet anno XXXIII d. (1). Messire Jehan Parcourt, pour sa vigne de Potiévoisin, pour l'an IIII° I, XII d.

Arch. nat., S 4170 (2).

Lettres patentes portant amortissement en faveur du chapelain du Fay de l'hôtel du Fay et ses dépendances, moyennant la cession faite au Roi, par Pierre du Fay, d'une rente de huit livres parisis sur la Botte au poisson de la halle de Paris.

Mars 1405 (1406).

Charles, par la grace de Dieu roy de France. Sçavoir faisons à tous presens et à venir que, comme, de la partie des enfants et heritiers de feu le Villain de Fay, jadis chevalier, consors en cette par-

---

(1) Cet article est rayé dans l'original.

(2) Le même carton contient d'autres états des cens reçus en 1395, 1404, 1405 et 1406.

tie, ayant esté à noz amez et feaux gens de noz comptes à Paris presentées et exhibées les lettres par nous auxdicts enfants et heritiers octroyées, desquelles la teneur ensuit : (1) ...... En leur requerant que, comme, pour la fondation de la chapellenie dont ésdites lettres est fait mention, iceux enfans et heritiers voulussent bailler et assigner admorties au chappelain de ladite chapelle les possessions et heritages dont les parties et la declaration ensuit : premièrement, l'hostel du Fay aux Asnes, en la chastellenie de Pontoise, couvert de chaume, avec le coulombier couvert de thuilles, lequel hostel est moult ruineux, et est le pignon de la grande maison estaié et au peril de cheoir; item, environ deux arpens de jardin et vigne, dont il y a trois quartiers de vignes, et ledict jardin contient un arpent et un quartier, tout planté d'arbres portant fruits; item, environ un quartier de bois joingnant à ladicte vigne, lequel jardin fut clos de murs de terre jadis, lesquels sont dechus; item, vingt deux arpens de terre en une pièce nommée la Couture, dedans le Coudray, joignant aux religieux du Val Nostre Dame; item, une autre pièce nommée le Champ Bruslé, contenant huit arpens, tenant au maistre de la Trinité; item, devant la porte dudit hostel, une pièce contenant seize arpens ou environ, tenant audit maistre; item, quatre arpens de terre arable joignant à ladite vigne; toutes lesquelles terres sont en fief et sont franches de dixme, car la dixme appartient à la seigneurie dudit hostel, excepté un arpent qui est desdits quatre arpens devant dits, qui dixme des seigneurs de Saint Meulon de Pontoise; item, quatre arpens de terre en une pièce seant au sentier qui maine de Henonville au Fay, lesquels quatre arpens sont redevables de dismes et champarts; item, la dixme de quatre journels de terre qui sont de l'hostel du Coudray. Item, audit hostel appartiennent quatre sols parisis de cens portant amende, que doit la maison Jean de Gonnesse chacun an, au terme Saint Remy. Item, sur le lieu Robin Piché, un septier d'avoine, deux chappons, demie mine de froment, une poule et demie et quinze œufs par an, une corvée et demie à mars à peine de bras, que doivent trois quartiers de vigne que possède Gillot Caille. Item, sur la vigne et jardin de Jean Bartel, tenant à Gillot Caille, demie poulle à la Saint Remy, demie mine d'avoine, demi chappon, demie quartier de froment à Noel, cinq œufs à Pasques, et demie corvée d'homme à mars. Item, audit hostel appartient la dixme desdits trois quartiers de vigne que tient ledit Gillot et la dixme d'environ un quartier de vigne et un quartier de terre que possède ledit Robin Piché. Item, la justice foncière, rouage, forage, bournage, ventes, saisines,

---

(1) Voyez la pièce du 18 octobre 1401.

reliefs et remuemens ès lieux dessusdits qui sont tenus dudit hostel, sur laquelle terre ledit ministre prend chacun an trois mines de grain motoien (1). En offrant à nosdits gens des comptes payer pour l'admortissement desdites possessions et heritages dessus declarés telle finance comme il appartiendroit. Et nosdits gens des comptes, voullans sur ce benignement proceder avec lesdits enfans et heritiers, eussent composé et accordé avec eux que, au cas que lesdits heritages n'excederoient vingt quatre livres parisis de revenu annuel, nos lettres d'amortissement d'iceux heritages dessus inserées seroient en la Chambre de nosdits comptes expediées, en nous baillant et assignant par lesdits enfans et heritiers huit livres parisis de rente annuelle et perpetuelle bien assises, pour augmentation de nostre domaine. Et après ce, par certains commissaires à ce députés de par nosdits gens des comptes, ait esté faite information de la valeur et revenu desdits heritages, comment ils estoient tenus, quelle justice, noblesse et dignité y appartenoit, et des circonstances et dependances ; et ait esté ladite information en la Chambre de nosdits comptes raportée et veue et examinée ; et pour ce qu'elle n'estoit pas suffisamment faite, ait esté seconde fois faite et recolée par autres commissaires, et derechef en la Chambre de nosdits comptes raportée, veue et visitée. Et ayant esté trouvés lesdits heritages valoir la somme de vingt quatre livres parisis de revenus annuels et au dessous, rabatues les charges, compris en ce la basse justice appartenante auxdits heritages. Et après ce, Pierre de Fay, ecuyer, heritier ou ayant cause dudit deffunt, ait offert bailler à nosdits gens des comptes, pour l'octroi dudit admortissement, huit livres parisis de rente par luy naguerres acquiestés de Pierre de la Crique, ecuyer, et de Cardine Dol, sa femme, par avant femme de Guillaume Lempereur et fille de deffunt Yvain Dol, lesdites huit livres de rente prises en la somme de treize livres parisis de rente que lesdits de la Crique et sa femme, du propre heritage d'elle, avoient accoustumé et avoient droit de prendre sur la boeste au poisson des halles de Paris, à nous appartenant. Et après ladite offre, nosdits gens des comptes ayant fait sçavoir si ladite rente estoit bonne et seure, et si lesdits vendeurs avoient droit de prendre icelle rente sur ladite boete, à cause d'icelle femme, nous, adcertes (?) considerée la relation qui faite nous a esté du droit que lesdits vendeurs avoient sur icelle rente, avec tout ce qui faisoit à considerer en ceste partie par deliberation de nosdits gens des comptes, à la requeste et en faveur desdits enfans et heritiers dudit Villain du Fay, et mesmement dudit Pierre du Fay, et

---

(1) 29 mars 1406 : matieu, méteil.

requerant instamment, avons octroyé et octroyons de grace speciale, par ces presentes, au chapelain present et à venir de la chapellenie dont mention est faite en nos autres lettres dessus inserées, que doresnavant, à toujours perpetuellement, il et ses successeurs en ladicte chapellenie puissent tenir comme admorties les possessions et héritages dessus specifiés et declarez, avec la justice basse d'iceux, sans ce qu'ils soient ne puissent estre contraints à les vendre, transporter ne mettre hors de leurs mains, ne en payer à nous ni à nos successeurs rois de France aucune finance, moyennant toutesvoyes que ledit Pierre nous a cedé, quitté et transporté les huit livres parisis de rente par luy acquestée, comme dit est cy dessus, sur nostre boete à poisson des halles de Paris, et tout le droit qu'il pouvoit avoir, et nous a rendu les lettres de l'acquisition qu'il en avoit faicte, avec celles du transport par lui à nous de ce fait, pour mettre et demeurer au Tresor de nos chartres à perpetuité. Si donnons en mandement à nosdits gens des comptes, aux bailly et receveur de Senlis, et à tous nos autres justiciers et officiers, presens et à venir, ou à leurs lieutenans, et à chacun d'eux, si comme à luy appartiendra, que de nostre presente grace et admortisation ils facent, souffrent et laissent jouir paisiblement ledit chapelain et ses successeurs en ladite chappellenie à tousjours, sans les molester, travailler ne empescher aucunement au contraire. Et afin que ce soit ferme chose et stable à tousjours, nous avons fait mettre nostre scel à ces presentes, sauf en autres choses nostre droit, et l'autruy en toutes. Donné à Paris au mois de mars, l'an de grace mil quatre cens et cinq, et de nostre regne le vingt sixiesme.

Sur le repli : Par le Roy, à la relation du Conseil estant en la Chambre des comptes : G. Milerac. Registrata in Camera computorum Regis Parisius, libro cartarum hujus temporis, folio centesimo sexagesimo, et ibidem expedita inspectione thesaurarii. Scriptum in dicta Camera, decima octava maii, millesimo quadringentesimo sexto: Martel. Collation est faite. Visa. Contentor : N. Freron; et scellée en lacs de soie rouge et verte. Et inferius scriptum : Collatio fuit facta cum originalibus per me, regiorum computorum auditorem Parisius : Michon.   Copie du xviii° siècle. — Papiers du Fay.

Transfert au Roi par Pierre du Fay, écuyer, d'une rente de huit livres parisis à prendre sur treize livres que Pierre de la Crique, son vendeur, avait sur la Boîte au poisson de la halle de Paris.

29 mars 1406 (1407).

Du troisième registre des chartes, commençant en l'année mil trois cens quatre vingt sept et finissant en mil quatre cens huit, estant au greffe de la Chambre des comptes, a esté extrait ce qui suit, folio cent soixante :

« Liberi et heredes deffuncti domini Villani de Fayo, militis, gratia eisdem facta per dominum Regem de admortissatione plurium possessionum et hereditagiorum quorum partes et declarationes infra designantur, convertendorum et assignandorum capellano cujusdam cappellanie quam dictus Villanus, de bonis sibi à Deo collatis, pro remedio anime sue et parentum suorum, in domo sua de Fayo, fundare, et eam vigenti quatuor librarum parisiensium annui et perpetui redditus, absque in feodo et justitia, dotare proponebat, quam quidem fundacionem et administrationem viginti quatuor librarum parisiensium confirmavit rex Johannes, cujus anima in pace requiescat, per litteras suas datas anno millesimo trecentesimo quinquagesimo quinto, vigesima octava die decembris, in litteris domini Regis de hujusmodi gratia insertas, eidem militi concederat ; utque de dicta fundacione seu dotatione dicte capellanie vita comite dicti militis nichil fuit depositum vel ordinatum, dictus dominus Rex concessit dictis liberis et heredibus ut, de omnibus et singulis redditibus et bonis dicti deffuncti quibuscumque, acquisitis vel per ipsos liberos et heredes in posterum acquirendis, tam in feodo quam in justitia bassa, usque ad sexaginta solidos parisiensium dumtaxat, unam capellaniam in dicta domo de Fayo fundare, et eam de dictis viginti quatuor libris parisiensium terre seu annui redditus dotare perpetuo valeant ; quapropter dicti liberi et heredes dictam capellaniam dotaverunt de predictis possessionibus et hereditagiis infra declaratis, in valore viginti quatuor librarum parisiensium annui et perpetui redditus, in quo reperti fuerunt per informationem super hoc factam de ordinatione dominorum compotorum, inclusa bassa justitia dictis hereditagiis spectante; concedentes per dictum dominum Regem capellano dicte capellanie, pro se et suis successoribus capellanis dicte capellanie, quatenus omnia predicta hereditagia et possessiones, una cum dicta bassa justitia, tenere, retinere ac perpetuo possidere tanquam admortissata valeat pacifice et quiete, absque eo quod ea vel aliquam partem ipsorum, inde vel in posterum, compelli aut cogi possit vendendi, allienandi aut extra manus suas ponendi quoquomodo, prout hoc lacius continetur in litteris dicti domini Regis, in fillo serico et cera viridi sigillatis, datis Parisius mense marcii, anno millesimo quadringentesimo quinto, sic signatum : Par le Roy, à la relation du Conseil estant en la Chambre des comptes : G. Milerac. Mediante summa, tamenque juxta ordinationes nuper in consilio regio super facto admortissationum factas de tradendo et assignando Regi redditus ascendentes ad tertiam partem reddituum admortissationum, Petrus de Fayo, scutifer, heres dicti deffuncti, tradidit et transportavit domino Regi octo libras parisiensium annui et perpetui census, per ipsum nuper emptas et acquisitas a Petro de la Crique, scutifero, ut advente sunt ejus uxore, capiendas in summa tredecim librarum parisiensium annui redditus quas dictus de la Crique et ejus uxor de suo proprio hereditagio consueverunt capere et habere supra pyxidem piscium halarum Parisius Regi pertinentem, prout constitit per litteras dicti transportatus factas in Castelleto Parisiensi vigesima nona marcii, millesimo quadringentesimo quinto ante Pascham, traditas Johanni Chanteprime, custodi cartarum Regis, pro ipsis reponendis in Thesauro dictarum cartarum.

« Sequuntur vero declarationes possessionum et hereditagiorum, ut prefertur, per dicte capellanie admortisacionem (1)..... »

Extrait des registres de la Chambre de comptes. Collationné ;

MARSOLAN.

Copie du xviii° siècle. — Papiers du Fay.

Remise par l'abbaye Saint-Victor à Robin Gilles, ménestrel, qui avait acquis de Jean Chastellain, une maison sise rue de Corberuz, à Amblainville, des charges de ladite maison, moyennant payement d'une rente annuelle de seize sous parisis.

14 février 1415 (1416).

A tous ceuls qui ces presentes lettres verront, Tanguy du Chastel, chevalier, conseillier chambellan du Roy nostre sire et garde de la prévosté de Paris, salut. Savoir faisons que, par devant Giles Havage et Helie Prestit, clercs notaires jurez du Roy nostredit seigneur de par lui establiz en son Chastellet de Paris, fut present Robin Gilles, menesterel, demourant en la ville d'Amblainville, en la chastellenie de Pontoise, si comme il disoit, et affirma pour verité que dès pieça il acquist et acheta de Jehan Chastellain une maison et terre, tout contenant environ ung arpent d'eritaige, assises en la ville dudit lieu d'Amblainville, en la rue de Corberie, tenant à Lorin Alateste, Jehan Sagonne, d'un costé, et audit Robin Giles d'autre cousté, aboutissant au chemin d'une part, et à Philibert Duhan d'autre, en la censive et seignorie des religieux, abbé et convent de Saint Victor lez Paris, chargée envers eux des charges cy après declairées, chascun an perpetuelment, c'est assavoir : de demie mine de blé et d'un sextier d'avoine, mesure de Pontoise, deubz au terme

---

(1) Voir plus haut la pièce de mars 1450.

de Noel; de deux chappons et douze deniers parisis deubz par an, c'est assavoir quatre deniers à Noel, quatre deniers à la Nostre Dame en mars, et quatre deniers à la Saint Remi ; de trois poules deues chascun an ledit jour Saint Remi, et de vingt œfs deubs le jour de Pasques ; lesquelles charges paier chascun an, aux jours et en la manière que dessus, ledit Robin estoit tenuz envers lesdiz religieux à cause de ladicte maison et heritaige. Et pour ce que les dictes charges, telles que dessus sont declairées, estoient et sont moult grevables audit Robin et trop excessives à les paier ainsi et par la manière que dit est, icellui Robin se soit naguères trait par devers lesdiz religieux et leur ait prié et requis que icelles charges il leur pleust muer et remectre en autre charge d'argent telle qu'ilz leur plairoit selon ledit heritaige, afin que icelle il leur paiast plus aisement chascun an, à ung terme tel qu'ilz ordonneroient; à laquelle requeste et prière iceulx religieux ont obtemperé et remis lesdictes premières charges en autre charge d'argent, c'est assavoir à seize solz parisis de croix de cens ou rente annuelle et perpetuelle, qui seront prins comme première charge et sortissant la nature desdictes autres charges sur ladicte maison et heritaige, chascun an doresenavant perpetuelment à touzjours mès, au terme et feste de Noel, si comme tout ce ledit Robin disoit et affirmoit. Et pour ce, icellui Robin Giles, de son bon gré, bonne volenté, propre mouvement et certaine science, sanz aucune force ou contrainte, si comme il disoit, recognut et confessa par devant lesdiz notaires, comme en droit par devant nous, avoir volu, accordé, promis et enconvenancié, et encores, par la teneur de ces presentes lettres, veult, accorde, enconvenance, gaige et promect en bonne foy rendre et paier pour et en lieu desdictes premières charges, qui par ce sont nulles, chascun an doresenavant perpetuelment à touzjours mès, ausdiz religieux, à leurs successeurs, procureur ou au porteur de ces lettres, lesdiz seize sols parisis de croix de cens ou rente annuelle et perpetuelle, sortissant la nature que dessus, audit terme de Noel, dont le premier terme et paiement sera et commencera au jour et feste de Noel prouchain venant, sur ladicte maison et heritaige. Laquelle maison et heritaige ledit Robin Giles, ses hoirs, successeurs et aians de lui cause seront tenuz, parmi ce faisant, et promist icellui Robin de tenir, soustenir et maintenir bien et convenablement et en tel et si bon estat que lesdiz religieux, leursdiz successeurs, procureur ou porteur y aient et puissent avoir, prendre, recevoir et percevoir doresenavant chascun an, à tousjours perpetuelment, lesdiz XVI sols parisis de croix de cens ou rente annuelle et perpetuelle, au terme et en la manière que dessus est dit, divisié et declairé, pour et en lieu desdictes autres premières charges. Et avec ce, sera tenu et promist, et encores promeet icellui Robin Giles rendre et paier à plain et sanz plait, ausdiz religieux ou à leurs diz successeurs, touz coulx, etc...... Et renonça en ce fait, etc...... En tesmoing de ce, nous, à la relacion desdiz notaires, avons mis à ces lettres le seel de la prevosté de Paris, le venredi xiiii° jour du moys de fevrier, l'an de grace mil quatre cens et quinze. G. HAVAGE. — HELIE PRESTIT..

Arch. nat., S 2079.

Bail par l'abbaye Saint-Martin de Pontoise à Philippot Gallet, d'une pièce de pré sise au lieudit Herpin, terroir d'Amblainville, moyennant six deniers parisis de chef-cens, une mine d'avoine, un chapon et un boisseau et demi de froment.

7 juin 1417.

A tous ceulx qui ces presentes lettres verront, Philbert Ferrebouc, garde de par le Roy notre sire du seel de la chastellerie de Pontoise, et Estienne Germe, tabellion juré du Roy nostredit seigneur en ladicte chastellerie, salut. Savoir faisons que par devant nous vint et fut present en sa personne Philipot Galet, demourant à Amblainville, lequel, de sa bonne volenté, sanz force, recongnut et confessa avoir prins et retenu pour lui, ses hoirs et aians cause, dès maintenant à tousjours perpetuellement, à chief cens ou rente annuelle et perpetuelle portant amende quant le cas y escherra sanz aucun rappel, de religieuses personnes et honnestes les religieux abbé et convent de Saint Martin sur Viosne lez Pontoise, bailleurs, une pièce de pré, si comme elle se comporte, contenant un arpent ou environ, que lesdiz bailleurs disoient avoir à cause du prioré d'Amblainville, membre de l'eglise dudit Saint Martin, assis au terrouer dudit Amblainville, ou lieudit Herpin, tenant d'un costé à Thibaut Tassel et d'autre costé à Jehan Pelart, aboutissant d'un bout au chemin, et d'autre bout à Jehanne La Paissande; ceste presente prinse faicte pour et parmi six deniers parisis de chief cens portant amende, une mine d'avoine, un chapon et un boissel et demy de fourment de rente, que ledit preneur en sera tenus, si a prins et gaigé en noz mains rendre et paier, et ses aians cause, chacun an, audit prieur d'Amblainville ou au porteur de ces lettres, c'est assavoir lesdits six deniers au jour et terme de Saint Remy, et ladicte avoine, chappon et fourment au jour et terme de Noel, dont le premier terme de paiement dudit chief cens commencera à la Saint Remy prochainement venant, et celui de ladicte rente commencera à Noel prochainement après ensuivant, etc..... En tesmoing de ce,

nous, garde dessus nommé, avons mis à ces lettres ledit seel. Ce fut fait le lundi septiesme jour de juing, l'an mil quatre cens et dix-sept.
Arch. de Seine-et-Oise. — Saint-Martin de Pontoise, prieuré d'Amblainville, liasse 1.

Vidimus d'un aveu et dénombrement rendu à Henri V, roi d'Angleterre, régent de France, le 10 mars 1420 (1421), par les religieux du Val, pour leurs possessions en Normandie.

5 avril 1421.

A tous ceulx qui ces lettres verront ou orront, Pierres Dubust, garde du seel des obligations de la vicomté de Rouen, salut. Savoir faisons que, l'an de grace mil quatre cens et vingt ung, le cinquiesme jour d'avril après Pasques, par Pierres Charité, tabellion juré en ladite vicomté, nous fu tesmoingné avoir veu unes lettres saines et entières en seel et en escripture, desquelles la teneur s'ensuit : « De très hault et très puissant prince Henry, par la grace de Dieu roy d'Engleterre, heritier et regent du royaume de France et seigneur d'Irlande, nous, les religieux, abbé et convent du Val Nostre Dame, de l'ordre de Cisteaux, ou diocese de Paris, tenons et advouons à tenir par feaulté, en sa duché de Normandie, les heritages, rentes et revenus qui s'en suivent :

. . . .

« Item, en la paroisse d'Ambleville, avons une maison nommée Beauvoir, avec plusieurs terres labourables, et souloit valoir environ un muid de grain.

« Item, en ladite paroisse, avons ung autre hostel nommé Froitmantel, avec plusieurs terres, menus cens, et souloit valoir environ cent sols.

« Item, près de là, avons ung autre hostel nommé le Couldroy, etc...

« Toutes lesquelles maisons sont inhabitables de present et de nulle valeur passé a quatre ans..... En tesmoing desquelles choses, nous avons scellé les presentes de nos propres sceaulx. Ce fu fait le dixiesme jour du mois de mars mil IIII^c et vingt. » En tesmoing de ce, nous à la relacion dudit tabellion, avons mis à ce present transcript le seel desdites obligations. Ce fu fait l'an et jour premiers dessus dits. Signé : P. CHARITÉ.

Arch. nat., S 4170, copie.

Bail par l'abbaye Saint-Victor à Garnot Ade, d'Amblainville, d'une maison en ruine, jardin et vigne, à Corberue, moyennant une rente de vingt sous parisis.

22 avril 1417.

Garnot Ade, laboureur, demourant à Amblainville, confesse avoir prins et retenu à cens et rente, dès maintenant à tousjours, pour lui, ses hoirs, de religieuses personnes et honnestes les abbé et convent de Monseigneur Saint Victor lez Paris, une maison en ruyne, jardin et vigne entre tenans, si comme tout le lieu se comporte et extend, appartenant auxdiz religieux à cause de l'office de chambre, assiz en ladicte ville d'Amblainville, au lieudit Courberue, tenant d'une part à Monseigneur d'Aumont, et d'autre part à la voie qui va d'Amblainville à Sandricourt, aboutissant aux hoirs feu Jehan le Charron, et laquelle maison fut et appartint à Robin Chastellain, en la censive desdiz religieux; ceste prinse faitte pour et parmi vint solz parisis, tant de fons de terre que de rente, que ledit preneur, par lui, sesdiz hoirs et ayans cause, en sera tenus, promet et gaige rendre et paier ausdiz religieux, à leurs successeurs ou au porteur, et par chascun an à tousjours, au terme Saint Martin d'iver, premier terme commençant à la Saint Martin d'iver prouchain venant, en et sur ledit lieu adcensé; lequel lieu ledit Garnot sera tenus et promet par lui, sesdits hoirs, soustenir et maintenir en tel et si bon estat que lesdis vint solz parisis, tant de fons de terre que de rente, ilz puissent estre prins et perceuz à tousjours, sans aucun dechiet ou diminucion. Et promet, etc. Ce fut fait l'an mil cccc quarante sept, le samedi vint deux jours du mois d'avril après Pasques. BAISELAT.

Arch. nat., S 2079.

Bail perpétuel par l'abbaye du Val à Jean Yoernel, de Mons, et Jeanne, sa femme, de la ferme d'Amblainville, moyennant un fermage de trois setiers de blé.

6 juillet 1448.

A tous ceuls qui ces presentes lettres verront, Thomas le Forestier, garde de par le Roy nostre sire du seel de la chastellerie de Pontoise, et Durant de Gieufossé, clerc tabellion juré commis et estably de par le Roy nostredit seigneur en ladicte chastellerie, salut. Savoir faisons que par devant nous vindrent et furent pour ce presens en leurs propres personnes Jehan Yvernel et Jehanne, sa femme, de lui suffisaument autorisée en ceste partie, demourans à Mons, en la chastellerie de Chaumont en Veulguessin, si comme ilz disoient, lesquelz, et chascun d'eulx pour le tout et au mieulx apparissant, recongnurent et confessèrent de leurs bonnes et liberales voulentez, sans force ou contrainte, avoir prins et retenu, et par ces presentes prennent et retiennent à tiltre de ferme ou moison de grain, dès maintenant et du jour d'uy, à la vie d'eulx deux et de chascun d'eulx, de Katerine, fille dudit Jehan Yvernel et de feux Guillemette, sa première femme, des enffens qui seront nez et procreez de leur mariage, et du survivant d'eulx tous, que le derrain yra de vie à trespassement, de religieuses personnes et honnestes les religieux abbé et convent de l'eglise du Val Nostre Dame, bailleurs, par les mains de reverend pere en Dieu monseigneur Pierre (1), abbé de ladicte eglise, pour ce present par devant nous, ung hostel ou manoir, jardins et toutes ses appartenances et appendences, ainsy comme tout le lieu se compose, appartenant à ladicte eglise ; item, toutes les terres arables et labourables, les champars, ung quartier de boys, et tous les autres droiz, prouffiz, revenues et esmolumens, excepté les droiz seigneuriaux que lesdiz religieux ont et pevent avoir, et qui leur compettent et appartiennent en la ville et terrouer d'Amblainville, pour en joir et user par lesdiz preneurs en la manière et tout ainsy comme ou temps passé les fermiers qui ont tenu ladicte ferme en ont jouy, et comme iceulx heritages ont esté baillez à ferme, et en prendre et recevoir les fruiz, revenues et emolumens durant le temps dessus dit. Ceste presente prinse et retenue faicte moiennant et parmy ce que lesdiz preneurs, et chascun d'eulx pour le tout, doivent et seront tenus de rendre et paier par chascun an ausdiz religieux ou au porteur de ces lettres, et au terme de Saint Martin d'iver, la quantité de trois sextiers de blé valant disme et champart, à la mesure de Pontoise, et prins sur le lieu de ladicte ferme, dont le premier terme de paiement sera et commencera du jour de la Saint Martin d'iver prouchainement venant en deux ans, et ainsy de là en avant, de an en an et de terme en terme, audit jour de Saint Martin, durant le temps dessus dit. Pendant lequel temps, lesdiz religieux, ou au moins ledit monseigneur l'abbé a voulu, consenty et accordé ausdiz preneurs qu'ilz prendront et pourront prendre, se bon leur semble, ès boys d'iceulx religieux qu'ilz ont audit Amblainville ou illec environ, du glan, des pommes de boys et

---

(1) Pierre IV, de Pontoise, abbé jusque vers 1460; la *Gallia christiana* ne le cite pour la première fois qu'en 1451.

autres fruys de pesture, pour aidier à soustenir, vivre et gouverner le bestail d'iceulx fermiers preneurs, lequel bestail iceulz preneurs pourront envoyer pestre en iceulx boys, sans les empirer ne dommaiger. Et avecques ce, a esté accordé ausdiz preneurs que, ce ainsy estoit que, aprez le trespas du derrain mourant desdiz preneurs, il y avoit heritiers de eulz qui voulsissent prendre et despouiller lesdiz fruis, s'aucuns en avoit prestz pour despouiller ou à despouiller au temps dudit trespassement, faire le pourront en paiant ausdiz religieux la ferme d'icelles terres et pour ladicte année, pourveu toutes voies et aprez ce que lesdiz preneurs auront mis en bon et suffisant estat de couverture et reparacions necessaires ladicte maison ou manoir, jardins et heritages y dessus declarés. Et pour ce faire, lesdiz preneurs pourront avoir et prendre, pour merronner ledit manoir et employer en ce qui sera necessaire, du boys prins ès boys de ladicte eglise, si comme lesdiz preneurs disoient, et comme ainsy et en ceste manière ilz le vouldrent, consentirent, passèrent et accordèrent par devant nous; promettans iceulz preneurs, et chascun d'eulx pour le tout, mesmement ladicte femme à l'auctorité avant dite, par la foy et serement, etc..... En tesmoing de ce, nous, garde dessus nommé, avons seellé ces lettres du seel de ladicte chastellerie de Pontoise. Ce fut fait le samedi vi° jour de juillet, l'an mil cccc et quarante huit. GIEUFOSSE.

Arch. nat., S 4171.

Bail par l'abbaye du Val à Jean Boucher, marchand à Beauvais, et à Jean Piart, laboureur à Amblainville, de la ferme de Beauvoir, pour soixante années, moyennant un fermage de trois muids de blé.

18 mai 1456.

A tous ceulx que ces presentes lettres verront ou orront, Guillaume Laurens, prestre, curé de Nogent et garde des seaulx de la chastellerie de l'Isle Adam pour noble et puissant seigneur Jaques de Villers, seigneur chastelain dudit lieu, salut. Savoir faisons que par devant nous Guillaume le Natier, clerc, tabellion juré commis et establi de par icellui seigneur en ladicte chastellerie, vindrent et furent presens en leurs personnes Jehan Boucher, marchant, demourant à Beauvais, et Jehan Piart, laboureur, demourant à Amblainville, si comme ilz disoient, et recongnurent et confessèrent de leur bonne et liberalle volenté, ad ce faire non contrains, avoir prins à tiltre de ferme ou louyer de grain, de la Saint Martin d'iver prochainement venant jusques à soixante ans entresuivans et acconplis, de religieuse personne l'abbé et convent du Val Nostre Dame lès l'Isle Adam, c'est assavoir : ung hostel et terres tout en ruinne nommé l'ostel de Beaurevoir, et toutes les appartenances dudit hostel, excepté les bois dudit hostel, desquelz bois lesdis preneurs pouront prendre pour ediffier audit hostel et pour leurs nessecités, leurdit temps durant ; dont lesdis ne paieront rien les trois premières années, et, les neuf années en suivant, lesdis preneurs seront tenus de paier audit abbé et convent, chascun an, deulx muys de grain à la mesure de Pontoise, les deux pars blé et le tiers avoine, et les aultres années enssuivant, chascun an trois muis, les deulx pars blé et le tiers avoine, dont le premier terme de paiement commenssera à la Saint Martin d'iver qui sera l'an mil IIII^c cinquante neuf. Et avec ce seront tenus lesdis preneurs de maisonner et faire maison et estables pour eulx loger, eulx et leurs bestaulx et grains, tant et sy largement que bon leur semblera, et pareillement de labourer et defruscher desdites terres tant et sy largement comme il leur plaira ; et avec seront tenus lesdis preneur de tenir et maintenir ladicte ferme et terres en tel et sy suffisant estat que lesdis abbé et convent y puissent prendre et percevoir par chascun an leurdicte ferme durant leurdit temps, sy comme lesdits preneurs disoient, et dont ilz se tindrent pour bien conptens par devant nous. Ladicte prinsse par eulx faite, etc...... En tesmoing de ce, nous garde dessus nommé, à la relacion dudit juré, avons mis à ces lettres lesdis seaulx de ladicte chastellerie. Ce fu fait l'an de grace mil quatre cens cinquante six, ou moys de may dix huit jours. — G. LE NATIER.

Arch. nat., S 4170.

Accord entre les abbés de Saint-Victor et de Saint-Martin de Pontoise sur le payement des trois muids de grain dus au prieuré d'Amblainville.

4 septembre 1459.

Nous Jehan (1), humble abbé de Saint Victor lez Paris, certifions avoir accordé à reverend pere en Dieu Monsr l'abbé de Saint Martin de Pontoise du procès que son prieur d'Amblainville avoit encommencié par devant Monsr le vicaire de Pontoise contre Jehan le Sec, nostre fermier de Saint Victor à Amblainville, en la manière qui s'ensuit : c'est assavoir que, pour trois muys de grain d'arrerages que ledit prieur demandoit à nostredit fermier, eschus dès le jour Saint Martin d'iver

---

(1) Jean V Lamasse, abbé de 1448 à 1462.

derrenièrement passé, et pour tout le temps passé, à cause de trois muys de grain de rente qu'il disoit avoir droit de prendre chacun an, le jour Saint Martin d'iver, en nostre granche dimeresse de la ville d'Amblainville, à la mesure dudit lieu, icellui prieur aura, pour lesdits trois muys d'arrerages qu'il dit à luy estre deubz, deux muys trois sextiers de grain, c'est assavoir : dix huit sextiers blé et neuf sextiers avoyne, bon grain et souffisant, à la mesure dudit Amblainville, que nostre fermier luy baillera dedans la Toussains ou Saint Martin prochain venant ; et par ce moyen seront lesdictes parties hors reproches, en paiant chacun son costé des fraiz dudit procès. Et avecques ce avons accordé audit reverend pere en Dieu Mons' l'abbé de Saint Martin de Pontoise, en la presence et du consentement de son prieur d'Amblainville, que, pour cause que la terre d'Amblainville est en grant ruyne à l'occasion des guerres, que, pour lesdits trois muys que ledit prieur dit avoir droit de prendre chacun an sur les dismes dudit Amblainville, aura chacun an, d'icy à six ans, au jour Saint Martin d'iver, la somme de deux muys de grain, au lieu et à la mesure dudit Amblainville, c'est assavoir : dix sept sextiers blé bon et souffisant, et sept sextiers avoyne, le premier paiement commençant à la Saint Martin d'iver prochain venant, ainsy de an en an jusques à la fin desdictes six années, et tout sans prejudice, ou temps à venir, des drois des parties. Ce fut fait le vingt et quatriesme jour du mois de septembre, l'an quatre cens cinquante et neuf, tesmoing nostre seing manuel, cy mis l'an et jour dessusdits (1). — NICOLAS, abbé de Saint Victor.

Arch. de Seine-et-Oise. — Saint-Martin de Pontoise, prieuré d'Amblainville, liasse 3.

Aveu de Guillaume de Vitry, conseiller au Parlement, pour les seigneuries d'Amb'ainville et de Sandricourt.

12 janvier 1460.

Charles, par la grace de Dieu roy de France, à noz amez et feaulx les gens de nos comptes et tresoriers, aux bailly de Senlis et pre-

---

(1) En 1424, le 18 novembre, il y avait eu une première transaction, et Saint Victor s'était engagé à payer, pour les arrérages échus et non payés, quarante livres parisis, « attendu que, depuis l'an mil cccc dix-huit avoit et a eu presque continuellement guerre ès environs de Paris et entour la ville de Pontoise....., et que, pour lesdiz empeschemons et autres, en ladite ville d'Amblainville et terrouer d'icelle, n'avoit esté riens labouré ne semé, et par ce ne leur avoit riens valu les dites dimes..... »

vost de Pontoise, ou à leurs lieuxtenans, et à noz procureur et receveur oudit bailliage, salut et dilection. Savoir vous faisons que nostre amé et feal conseiller en nostre court de parlement, Maistre Guillaume de Victry, nouz a ce jourd'huy fait au bureau en la Chambre desdiz comptes, à la personne de nostre amé et feal conseiller et president en icelle Simon Charles, chevalier, les foy et hommage qu'il nous devoit pour raison de la terre et seigneurie d'Amblainville et de Sandricourt en Veulquessin le françois, tenant et mouvant de nous à cause de nostre chastel et chastellenie de Pontoise, ausquelz foy et hommage il a esté receu pour et ou nom de nous, sauf nostre droit et l'autruy. Si vous mandons, et à chacun de vous si comme à lui appartiendra, que se, pour occasion desdiz foy et hommage à nous non faiz, ladite terre et seigneurie d'Amblainville et Sandricourt estoit mise en nostre main ou autrement empeschée, mectez la lui ou faites mectre sans delay à plaine delivrance, pourveu qu'il sera tenu d'en bailler par escript son adveu et denombrement dedens temps deu, et qu'il face et paye les autres droiz et devoirs, se faiz et paiez ne les a. Donné à Paris, le xiie jour de janvier, l'an de grace mil cccc soixante, et de nostre regne le xxxixe. — Par le Conseil estant en la Chambre des comptes : DE BADOVILLER.

Arch. nat., P 5, n° 1417.

Bail par les religieux de Saint-Martin de Pontoise à Jean le Sec, d'Amblainville, et Colin Canillon, d'Outrevoisin, des grosses dîmes d'Outrevoisin, pour trois années, moyennant un fermage annuel de sept setiers de grain.

6 juillet 1465.

A tous ceulx qui ces presentes lettres verront, Pierre Cossart l'aisné, garde de par le Roy nostre seigneur du seel de la chastellenie de Pontoise, et Olivier François, clerc tabellion juré du Roy nostredit seigneur en ladite chastellenie, salut. Savoir faisons que par devant nous vindrent et furent presens en leurs personnes Jehan le Sec, laboureur, demourant à Amblainville, et Colin Canillon, aussi laboureur, demourant à Oultrevoisin, si comme ils disoient, et recongnurent et confessèrent de leurs bonnes, pures, franches et liberales volentés, sans aucune force, fraulde, erreur, contrainte ou decepvance, avoir prins et retenu, chacun pour le tout, à tiltre de ferme et moison de grain, du jourd'huy jusques à trois ans et trois despeuilles entresuivans et acomplies, des religieux et honnestes personnes les abbé et convent de Saint Martin sur Viosne lès Pontoise, bailleurs, toutes les grosses dismes que lesdits religieux ont et pevent avoir et à eulx competter et appartenir à Oultrevoisin, en la parroisse d'Amblainville, pour en joir, user et posseder doresenavant, plainement et paisiblement, par lesdis preneurs, leurs hoirs ou aians cause, comme de leur propre chose, ledit temps durant. Ceste presente prinse et retenue faicte pour et parmy le pris et la quantité de sept sextiers de grain, c'est assavoir : quatre sextiers de blé vallant disme et champart, et trois sextiers d'avoine, mesure de Saint Martin et rendu audit lieu de Saint Martin ; que, pour ce, lesdits preneurs, et chacun d'eulx pour le tout, leursdits hoirs ou ayans cause, en doivent et sont tenuz de rendre et paier par chacun an ausdits religieux bailleurs, à leur procureur et recepveur, ou au porteur de ces lettres, au jour et terme Saint Martin d'iver, premier terme de paiement commençant à la Saint Martin d'iver prochain venant, et ainsi d'illec en avant en continuant d'an en an audit terme, ledit temps durant, si comme tout ce que dessus est dit, lesdits preneurs disoient, et dont ils se tindrent pour bien contens par devant nous. Promettans, etc..... .... En tesmoing de ce, nous, garde dessus nommé, avons seellé ces lettres du seel de ladite chastellerie de Pontoise. Ce fut fait et passé audit Pontoise, le samedi sixiesme jour de mois de juillet, l'an de grace mil quatre cens soixante et cinq. — O. FRANÇOIS.

Arch. de Seine-et-Oise. — Saint-Martin de Pontoise, Amblainville, mense conventuelle, carton 4.

Autres baux :

18 février 1479. — A Jean Moruier et Jean Canillon, de Sandricourt, pour quatre setiers de grain, deux tiers blé, un tiers avoine, pour cinq ans.

8 juillet 1496. — A Jean Taupin, d'Outrevoisin, pour huit setiers de grain, moitié blé, moitié avoine, pour neuf ans (voir 11 août 1498).

23 septembre 1497. — A Jean de Sains et Jean Blaire, son fils, potiers de terre, à Sandricourt, pour huit setiers blé et quatre setiers avoine, et deux chapons, pour neuf ans.

7 juillet 1499. — A Jean Taupin, pour six setiers, deux tiers blé, un tiers avoine, et un chapon, pour trois ans.

Union des deux parties de la cure d'Amblainville, moyennant le payement annuel, par le titulaire, d'un muid de grain à Saint-Martin de Pontoise, huit sous parisis à l'archevêque de Rouen et quatre sous à l'archidiacre.

6 janvier 1467 (1468).

Universis presentes litteras inspecturis, vicarius in spiritualibus et temporalibus generalis reverendissimi in Christo patris et domini domini Guillermi, miseracione divina episcopi Ostiensis, sacrosancte romane ecclesie cardinalis de Estoutevilla, archiepiscopi Rothomagensis (1), nunc absentis, salutem in Domino. Cum, vacante nuper altera porcione ecclesie parrochialis de Amblainvilla, decanatus de Calvomonte, Rothomagensis diocesis, per obitum sive mortem defuncti domini Nicolai le Gros, dum viveret presbiteri, ultimi rectoris et possessoris ejusdem, cujusquidem porcionis jus patronatus et presentandi ad eandem venerabili patri domino Johanni, abbati monasterii Sancti Martini juxta Pontisaram, ordinis Sancti Benedicti, Rothomagensis diocesis, racione et ad causam sui predicti monasterii, prout nobis latissime constitit atque constat, prefato vero reverendissimo patri collatio et provisio, racione sue dignitatis archiepiscopalis Rothomagensis, spectare et pertinere dignoscuntur, prefatus venerabilis pater dominus Johannes, abbas, et dominus Johannes de Merly, presbiter, rector alterius porcionis hujusmodi parrochialis ecclesie, nobis exponi fecerunt quod, licet dicta parrochialis ecclesia regi et gubernari temporibus retrolapsis per duos soleat et consueverit rectores sive curatos, actamen fructus, redditus et proventus ambarum porcionum fuerunt et sunt adeo tenues et rari quod exinde duo rectores sive curati ex eisdem victum et vestitum sibi necessarium invenire et in suis porcionibus hujusmodi residere non possunt. Quare, pro parte ejusdem domini abbatis Sancti Martini, qui nobis, ad dictam porcionem per obitum predictum vacantem prefatum, de Merly, presbiterum, Rothomagensis diocesis oriundum, tanquam sufficientem et ydoneum presentavit, ipsiusque de Merly presentati, atque nobilis viri Philippi de Hedouville, armigeri, regie domus magistri, necnon majoris et sanioris partis parrochianorum dicte parrochie, nobis fecit humiliter supplicatum quatenus ipsas ambas portiones simul unire, annectere et adunare, ipsamque portionem nunc vacantem eidem presentato conferre, et de ea sibi providere

---

(1) Guillaume d'Estouteville, archevêque de Rouen de 1453 à 1483.

per eundem presentatum suosque successores curatos, sinml cum sua priori portione, possidendam et habendam; atque, ne, propter unionem hujusmodi, prefatus dominus abbas et ejus successores ipsius monasterii abbates qui unicum de cetero haberent ad dictam ecclesiam, pro ambabus portionibus prefatis sic uniendis, presentare et instituere rectorem sive curatum, minime dispendium patiantur, ipsi domino abbati et ejus successoribus hujusmodi ipsique mense seu camere abbassiali unum modium grani ad mensuram loci predicti super fructibus, redditibus et proventibus dicte parrochialis ecclesie, per modum pensionis annue, in festo hyemali Sancti Martini creare, reservare et assignare perpetuis futuris temporibus, per ipsum de Merly suosque ipsius ecclesie rectores sive curatos persolvendum dignaremur et vellemus; nos autem, supplicationi hujusmodi annuentes, super premissis cum ea qua decebat maturitate procedere volentes, super omnibus et singulis jamdictis et inde dependentiis et circumstanciis informacionem fieri fecimus diligentem per dilectum nostrum dominum Henricum Poupel, presbiterum, ipsius reverendissimi patris promotorem apud Pontisaram, commissarium nostrum in hac parte specialiter commissum et deputatum, per quam nobis latissime constitit atque constat omnia et singula premissa et nobis petita fore et esse justa, racionabilia et juri consona, unionemque infrascriptam cedere et esse ad utilitatem et commodum ecclesie et prenominatorum. Idcirco portionem predictam, ut dictum est vacantem et liberam, portioni dicti de Merly, ab eo et per eum suosque successores rectores sive curatos tenendam, regendam et gubernandam, ex certa nostra scientia, auctoritate dicti reverendissimi patris qua fungimur in hac parte, univimus, anneximus et adunavimus, tenoreque presentium unimus, annectimus et adunamus, ipsamque porcionem sic annexam et unitam et, ut premittitur, vacantem, eidem de Merly, presenti, idoneo ad hoc et sufficienti, contulimus et conferimus per easdem presentes, tenendam ut supra et gubernandam per eum, quoad vixerit, cum sua priori portione ejusdem ecclesie, et de ipsa, cum suis juribus et pertinentiis universis, providemus ad curam et requiem animarum parrochianorum cujusque et servicium ejusdem portionis sibi committentis, salvis tamen juribus sinnodalibus et aliis archiepiscopalibus et archidiaconalibus; pro quibus prefato reverendissimo patri archiepiscopo Rothomagensi suisque successoribus archiepiscopis Rothomagensibus canonice intrantibus, qui de cetero, occurrente ipsius ecclesie vacatione, unicam dabunt collationem pro ambabus portionibus predictis sic unitis, pensiones annuas octo solidos parisiensium, et archidiacono loci, quatuor solidos similium, in festo Sancti Martini hyemalis predicti persolvendos, necnon etiam unum modium grani, per modum pensionis annue super, fructibus, redditibus et proventibus predictis, ad terminum predictum ipsi abbati Sancti Martini ejusque successoribus solvendum ad mensuram supradictam, eadem auctoritate creamus, reservamus et assignamus, de voluntate et assensu ejusdem de Merly, curati, presentis, ut supra, coram nobis, et premissa ac infrascripta requirentis, fructusque, redditus et proventus predictos ejusdem ecclesie, ac eumdem de Merly et suos ipsius ecclesie rectores fore efficaciter obligatos ad solutionem pensionum predictarum, modo, forma et termino quibus supra, auctoritate predicta decernimus et declaramus. Dictus autem de Merly, spontanea voluntate, coram nobis et in manibus nostris, tam pro se quam suis successoribus curatis in eadem ecclesia, pro dictis duabus portionibus sic unitis, per unicum rectorem de cetero, ut premictitur, regendis et gubernandis, in et ad persolutionem realem pensionum predictarum se et suos successores hujusmodi pro tempore existentes, atque fructus, redditus et proventus predictos, eisdem reverendissimo patri, archidiacono et domino abbati, suisque successoribus archiepiscopis, abbatibus et archidiaconis canonice intrantibus, efficaciter obligavit, ypothecavit, et se suosque successores et fructus predictos submisit modo, forma et termino quibus superius est expressum. Promictens pro se et suis sepedictis successoribus, in verbo sacerdotis, se contra premissa aut eorum aliquod non venire aut facere venire in futurum, de canonica etiam reverentia et fideli obedientia prefato reverendissimo patri et suis hujusmodi successoribus archiepiscopis Rothomagensibus canonice intrantibus, ejusque et eorum vicariis et officialibus, fideliter faciendum et exhibendum, necnon de juribus, franchisiis et libertatibus ejusdem ecclesie et portionum predictarum, ut dictum est, unitarum, conservandis et non alienandis, ac alienata, si qua fuit, pro posse recuperandis et habendis, deque residentiam faciendo personalem in dicta ecclesia, atque comparendo in sacris sinodis Pontisare et kalendis sive capitulis ejusdem decanatus, nisi super hoc fuerit cum eo dispensatum, et de aliis circa hec jurari solitis, debitum et consuetum prestitit idem de Merly juramentum consuetum. Quocirca dilecto nostro decano dicti decanatus ac omnibus et singulis presbiteris in civitate et diocesi Rothomagensi constitutis, et eorum cuilibet in solidum, auctoritate qua supra, mandamus quatenus dictum de Merly seu ejo, procuratorem pro ejus in ejusdem portionis sic unite juriumque et pertentiarum ejusdem universarum possessionem corporalem, realem et actualem ponant, inducant et instituant, seu eorum alter ponat, inducat et instituat, ut est moris, adhibitis solennitatibus in talibus assuetis. In quorum omnium et singulorum fidem et testimonium premissorum, sigillum magnum curie Rothomagensis, una cum signeto nostro, presentibus hiis litteris duximus apponendum. Datum Rothomago, anno Domini millesimo cccc^mo sexagesimo septimo, die sexta mensis januarii. J. DE GISORTIO.

Au dos est écrit : Anno in albo designato, et die vicesima seconda mensis januarii, ego Radulphus Prioris, presbiter, curatus ecclesie parrochialis de Montibus, posui et induxi prefatum dominum Johannem de Merly, in eodem albo nominatum, in possesionem corporalem, realem et actualem ecclesie de Amblainvilla, cum suis juribus et pertinentiis universis ejusdem ecclesie et sollempnitalibus ad hoc requisitis; cui siquidem pocessioni nullus se opposuit aut contradixit; presentibus ad hec discretis viris domino Thoma de la Mare, presbitero, Dionisio Jacete, Gilleto Maillart, Guillelmo le Chartier, Andrea de Troys, Michaelle Hermant et Collino Helart, cum pluribus aliis testibus, et me Radulpho Prioris, prenominato. — R. PRIORIS.

Arch. de Seine-et-Oise. — Saint-Martin de Pontoise, Amblainville, mense conventuelle, carton 2.

Saisie de la grange de Saint-Victor à cause du non-payement pour l'an 1473 des trois muids de grain dus au prieuré d'Amblainville.

1er juin 1476.

L'an mil IIII° LXXVI, le premier jour de juing, je Guillaume Barbeau, huissier sergent du Roy notre sire ès requestes de son Palais à Paris, par vertu des lettres de sentence et executoire de messeigneurs desdites requestes (1) données sur icelle, cy atachées soubz mon seel, et à l'instance et requeste des religieux abbé et convent de Sainct Martin sur Viorne lez Ponthoise, et de frère Jehan de Neesle, prieur du prioré d'Amblainville, membre deppendant de ladicte abbaye, nommez ès dictes lectres, ou de leur procureur pour eulx, me transportay en l'eglise et abbaye de Monseigneur Sainct Victor lez Paris, et ilec, par devers et à la personne de frere Germain Lemoyne, abbé de ladicte abbaye (2), freres Jehan du Fuche et Jehan du Flos, religieux de ladicte abbaye, en parlant aux personnes desquelz, et après ostencion et lecture à eulx faicte desdictes lettres, et qu'ilz furent contens d'accepter l'exploict pour les religieux abbé et convent dudit lieu, feiz commandement de par le Roy noustredict seigneur et vous, mesdicts seigneurs, ausdicts religieux abbé et con-

---

(1) Datées du 29 mai. (Arch. de Seine-et-Oise.

(2) Abbé de 1474 à 1488.

vent de rendre et paier audit frere Jehan de Nesle, illec present, la quantité de trois muys de grain, c'est assavoir xxvi sextiers de blé yvernage à la mesure et tesmoing des dismes et champs dudit lieu d'Amblainville, et dix sextiers d'avoine à la mesure commune d'icelle ville, escheuz pour une année d'arrerages que ledit frere Jehan de Nesle disoit estre pour le terme Sainct Martin d'iver mil iiii° lxxiii, à cause de semblable quantité de grain que lesdits religieux et prieur ont droit de prandre et parcevoir chacun an sur la grange dismeresse, rentes, revenues et appartenances d'icelle, que ont lesdits de Sainct Victor en ladicte ville d'Amblainville, ou au moins de garnir la main de justice d'iceulx trois muys de grain, lesquels furent de ce faire reffusans et delayans ; et pour ce, pour lesdiz reffuz et delay, leur deis et signiffiay que, à deffault de paiement, je prenoie, saisissoye et mectoie, prins, saisy et mis en la main du Roy nostredit seigneur ladite grange, rentes, revenues et appartenances d'icelle, jusques à plaine satisfacion et paiement d'iceulx troys muys de grain, leur signifiant que moy ou autre sergent se transportera sur icelle grange pour ycelle mectre reaument et de fait en la main du Roy et commectre commissaire au gouvernement d'icelle grange, rentes, revenues et appartenances, jusques à plain paiement desdicts troys muys de grain, comme dit est. En tesmoign de ce, j'ay signé et seellé ces presentes de mes seel et seing manuel, qui furent faictes l'an et jour dessusdicts. G. BARBEAU.

Arch. de Seine-et-Oise. — Saint-Martin de Pontoise, prieuré d'Amblainville, liasse 3.

Déclaration et dénombrement des terres, champarts, cens, rentes, vignes, prés, dîmes et autres revenus appartenant au prieuré d'Amblainville, baillée par frère Jean de Nesle, prieur, au chapitre général de la Saint-Martin d'hiver 1477.

11 novembre 1477.

Premièrement, la maison, court, colombier et jardin, avec ung arpent de pré où souloit avoir vuigne, tout en un tenant, assis près de l'eglise parroissiale.

(*Suit l'énumération des terres tenues à cens.*)

Le prieur d'Amblainville a toutes les oblacions qui sont faictes en sa chapelle dudit Amblainville.

Le prieur d'Amblainville a, en toute sa terre et seignourie, et sur ses hostez, justice moyenne et basse, toutes amendes, ventes, saisines, forages, rouagez, mesuragez, bournages et reliefz et rachatz, tels comme ils sont acoustumés en ladite ville d'Amblainville.

Item, ledit prieur a droit par toute la ville d'Amblainville, le mercquedi prochain après la Penthecouste, de toutes les denrées et choses qui sont vendus cedit jour audit Amblainville, il en doit avoir le tonlieu.

Item, ledit prieur a et peult avoir ung huys en l'eglise de la parroisse dudit Amblainville, et doit estre du costé du chemin qui va du prieuré au Darrain Estal (1), et doit le prieur la clef avoir dudit huys, sans autre personne, pour aler et venir en ladicte eglise parroissial toutes et quantes foys qu'il ly plaira.

Item, ledit prieur n'est point tenu de faire, ne de aidier à faire quelque service en ladicte eglise parroissial, synon de sa devocion et bonne voulenté.

Item, toutes et quantes foys que ledit prieur a ou aura devocion de celebrer messe en ladicte eglise paroissial, il peut et doit prendre livre, calice et aournemens, luminaire et tout ce qui est convenable pour ce faire......

OUTREVOISIN. — Le prieur d'Amblainville a à Oultrevoisin la disme des aigneaulx, pourceaulx, viaulx, oisons, de lins, chanvres, et, de toutes choses qui y croissent en ladite ville, toutes menues dismes, etc.

Item, ledit prieur d'Amblainville a les dismes des vuignes de ladicte ville de Oultrevoisin.

AMBLAINVILLE. — Le prieur d'Amblainville a droit de prendre chacun an de rente, en la granche de Saint Victor et sur toutes les appartenances d'icelle, meubles et immeubles, trois muys de grain, c'est assavoir, XXVI sextiers blef et X sextiers avaine; item, le tiers des menues dismes de vin, de lins, de chanvres, d'aignyaulx, porceaulx, chevres, oysons, et de toutes les choses que on dit estre menuez dismes; item, pour la ferme des terres labourables que tient pour le present Jehan le Grant, demourant audit Amblainville, ung muy de grain, et assavoir VIII sextiers blef et IIII sextiers avaine, à la mesure de Pontoise et livré au grenier dudit prieur.

Dénombrement de 1478.

Le prieur d'Amblainville a,..... en la court, siège pour son prevost et ce qui appartient pour la plaidoyerie en son auditoire, pour le fait et la seignourie de sa terre et appartenances, et aussy de ses subgetz, à laquelle seignourie ilz sont sortissables.....

Item, ledit prieur a seignourie en sa terre et congnoissance de sanc et de meslée......

Arch. de Seine-et-Oise. — Saint-Martin de Pontoise, prieuré d'Amblainville, liasse 3.

---

(1) Darnestal : voir le dénombrement de 1399.

Reconnaissance par Pierre le Moelleur, ancien fermier de l'abbaye Saint-Victor, envers le prieuré de Boran, de vingt-six mines de blé pour les arrérages de la rente annuelle que le prieuré a droit de prendre sur les terres de Saint-Victor à Amblainville.

8 mars 1477 (1478).

A tous ceulx qui ces presentes lettres verront, Simon Thibault, garde de par le Roy nostre sire du seel de la prevosté de Chambli, et Jehan Laurens, clerc tabellion juré commis et establi de par le Roy nostredit seigneur en ladicte prevosté, salut. Savoir faisons que par devant nous vint et fut present en sa personne Guillaume le Moelleur, laboureur, demourant à Sanducourt, en la paroisse d'Amblainville, si comme il disoit, et recongnut et confessa de sa bonne voulenté, sans force ou contraincte aulcune, debvoir et estre loyaulment tenus, sans fraulde, à et envers religieuse et honneste personne dame Michelle, seure prieuze du prioré Saint Martin juxte Borrencq, ou nombre et quantité de vint six muignes de blé, mesure de Pontoise, bon blé, loyal et marchant, rendu et livré par ledit debiteur et à ses despens en l'hostel dudit prioré, par appoinctament, traictié et accord fait par ledit debiteur avec ladicte prieuze à cause des arrerages de certaine rente de grain que ladicte prieuse a droit de prendre et parcevoir sur l'ostel, terres, fermes et dismes de Saint Victor d'Amblainville, appartenant aux religieux abbé et convent de Saint Victor lez Paris, duquel hostel et ferme ledit debiteur a esté fermier le temps passé, et desquelz arriérages ledit debiteur estoit tenu, et estoient iceulx ariérages demourez à sa charge ; par quoy ledit debiteur s'est constitué et constitue debiteur desdictes xxvi mines de blé envers ladicte dame....... En tesmoing de ce, nous, garde dessus nommé, avons seellé ces lettres du seel de ladicte prevosté de Chambli. Ce fut fait et passé audit Chambli, le vmᵉ jour de mars, l'an de grace mil cccc soixante dix sept.   J. LAURENS.

Arch. de l'Oise. — Prieuré de Saint-Martin-lès-Boran, Amblainville.

Reconnaissance par Jean de l'Aumône, prêtre, prétendant à la cure d'Amblainville, vacante par la résignation de Jean de Merly, de la rente d'un muid de grain due à l'abbaye Saint-Martin de Pontoise.

17 novembre 1480.

Omnibus hec visuris, vicarius Pontisare et Vulgassini Francie, salutem in Domino. Notum facimus quod, in presentia dilecti nostri

Guillelmi Renier, presbiteri, in artibus magistri, curie nostre notarii jurati, cui in hiis et majoribus fidem indubiam adhibemus, personaliter constitutus discretus vir dominus Johannes de Laumosne, presbiter, pretendens, ut dicebat, ad obtinendum et adipiscendum ecclesiam parrrochialem Sancti Martini de Amblainvilla, decanatus de Calvomonte, Rothomagensis diocesis et vicariarii nostri predicti, per dimissionem aut resignationem fiendam in manibus reverendissimi in Christo patris et domini nostri domini Rothomagensis archiepiscopi, seu venerabilium vicariorum generalium ipsius, seu venerabilis vicarii generalis in spiritualibus, aut alterius ad hoc plateam habentis, per venerabilem virum dominum Johannem de Merly, presbiterum, curatum seu rectorem pacificum predicte ecclesie parrochialis de Amblainvilla, cujusquidem ecclesie jus patronatus et presentandi ab antiquo spectat et pertinet venerabili in Christo patri domino abbati Sancti Martini juxta Pontisaram, ordinis Sancti Benedicti, Rothomagensis diocesis, notificavit quod, cum dictus dominus Johannes de Merly olim obtineat unionem duarum porcionum temporibus preteritis in dicta ecclesia existentium, certo pacto atque decreto passato coram venerabili et discreto viro domino vicario generali prefati reverendissimi in Christo patris et domini nostri Rothomagensis archiepiscopi, sub sigillo magno curie predicte ac signeto ipsius domini vicarii generalis, signatoque signo manuali magistri Johannis de Gisortio, curie predicte Rothomagensis secretarii, datato de die sexta mensis januarii, anno Domini millesimo quadringentesimo sexagesimo septimo, sub annua pensione unius modii grani percipiendi annis singulis in festo sancti Martini hyemalis per prefatum venerabilem patrem dominum abbatem Sancti Martini, super fructibus, proventibus et emolumentis dicte ecclesie de Amblainvilla, causis, rationibus et condicionibus in dicto contractu et decreto contentis ac declaratis ; idem de Laumosne, sua voluntate spontanea, confessus fuit quod, si et in quantum dictam ecclesiam parrochialem de Amblainvilla, sic unitam, pacifice a prefato reverendissimo patre seu ejus venerabili vicario generali obtineret et possideret sub onere annue pensionis predicti modii grani solvendi singulis annis in predicto festo Sancti Martini hiemalis eidem venerabili patri domino abbati sancti Martini, super fructibus et emolumentis ejusdem ecclesie parrochialis de Amblainvilla, presentationem ejusdem ecclesie ab eodem domino abbate acceptaret, prout et acceptat ; promictens dictus de Laumosné bona fide, in verbo sacerdotis, eidem venerabili patri domino abbati et ejus successoribus dictam annuam pensionem prefati modii grani, termino predicto, super fructibus predicte ecclesie, reddere annis singulis et fideliter solvere, juxta et secundum quod idem de Merly, suus predecessor, est obligatus per formam et tenorem predicti contractus, sub ypotheca et obligatione omnium bonorum et fructuum dicte ecclesie; renuncians quoad hec specialiter et expresse, tenore presentium, omnibus deceptionibus, cavillationibus et rationibus, tam juris quam facti, que contra tenorem presentium dari et objici possent in futurum. Datum sub sigillo curie nostre, anno Domini millesimo iiii° octuagesimo, die veneris post festum beati Martini hiemalis. G. Renier.

Arch. de Seine-et-Oise. — Saint-Martin de Pontoise, Amblainville, mense conventuelle, c. 3.

Décharge donnée par les commissaires aux francs-fiefs et nouveaux acquêts du bailliage de Senlis, au ministre de la Trinité du Fay, des droits dus au Roi de ce chef, sur l'affirmation que la ministrerie n'a fait aucune acquisition depuis cent ans.

16 novembre 1481.

A tous ceulx qui ces presentes lettres verront, Nicolas Mannessier, licencié en loix, lieutenant general de monseigneur le bailly de Senlis, et Robert de la Place, receveur ordinaire de Senlis, commissaires sur le fait des francs fiefz et nouveaulx acquestz dudict bailliage et des anceans ressors, salut. Comme, par nostre ordonnance et par vertu du povoir à nous donné, eussions fait appeller et adjourner par-devant nous les menistre et religieux de la maison de la Trinité lez le Fay, affin de bailler par devers nous la declaracion de toutes les revenues et pocessions non admorties qu'ilz tiennent et pocessent oudict bailliage de Senlis, par eulx ou leurs predecesseurs acquises par don de aulmosne ou autrement depuis cent ans en ça, pour sur ce lever finances telles qu'il appartient selon les instructions et ordonnances royaulx faictes sur le fait desdicts francs fiefz et nouveaulx acquestz, savoir faisons que, en obtemperant audict adjournement, le jour d'uy, dacte de ces presentes, est venu et comparu en sa personne religieuse personne et honneste frere Jehan Leguerre, menistre, lequel a affermé que, depuis cent ans en ça, ne ont esté faictes aucunes acquisitions, tant de rentes, revenues que autres possessions, en ladicte maison de la Trinité, par dons d'aulmosnes, ne autrement en ça, autres que celles qui sont admorties dès pieça, et que à ceste cause, il a veu et visité tous les pappiers, registres, lectres, cartullaires, tiltres et enseignemens de ladicte religion. Par quoy, veue par nous ladicte affirmacion, nous, en la presence et du consentement du procureur du Roy nostre sire oudict bailliage, avons renvoyé et renvoyons ledict menistre et religieux sans paier aucune finance pour ceste fois, sans prejudice aux droiz du Roy nostredict seigneur. En tesmoing de ce, nous avons scellé ces presentes du contrescel aux causes dudict bailliage. Ce fut fait le seiziesme jour de novembre, l'an mil cccc quatre vings et ung. — DE BULLY. Arch. nat., S 4266.

Transport par Guillaume Petit, écuyer, à Jacotin Touppin, laboureur à Ivry-le-Temple, de ses droits au bail de la ferme des Granges qui lui avait été consenti par l'abbaye du Val, moyennant cent quarante livres tournois.

20 mars 1483 (1484).

A tous ceulz qui ces presentes lettres verront, Jehan Cossart, bourgois de Ponthoise, garde de par le Roy nostre sire des sceaulx de la ville et chastellenie dudit lieu, et Jehan Muterne, clerc tabellion juré commis et estably de par icellui seigneur en ladicte ville et chastellenie, salut. Comme il soit ainsi que, dès l'an mil IIII° soixante et quatorze, le premier jour du moys de may, les religieulx, abbé et convent du Val Nostre Dame, de l'ordre de Citeaulx, ou diocese de Paris, et tout le convent d'icelluy lieu, eussent dès lors baillé à tiltre de ferme à Guillaume Petit, lors preneur, dudit jour jusques à soixante six ans finis et acompliz, la ferme et hostel de Biauveuoir, dit les Granches, avecques ses appartenances et appendances quelzconques, ainsi que plus à plain est contenu et declaré ès lettres sur ce faictes et passées soubz les seaulx dudit abbé et convent; et il soit ainsi que ledit Guillaume Petit, escuier, dès le dix septiesme jour d'aoust, l'an mil IIII° IIII^{xx} et deulx, ait baillé et transporté ladicte ferme, hostel et appartenances à ung nommé Jehan la Mouche, à certain temps qui est encorres à eschoir, tout selon et ainsi que contenu est ès lettres sur ce faictes et passées soubz les ceaulx de la bailliage de Senlis, par devant Pierre de Fouquières et Jehan Pinart, auditeurs jurez en la prevosté d'Angy (1), savoir faisons que, le jour d'uy, datte de ces presentes, s'est comparu par devant nous, garde et tabellion dessus nommez, ledit Guillaume Petit, escuier, lequel, de sa bonne volenté, congnut et confessa avoir vendu, ceddé, quicté, transporté, delaissé et promis garantir de ses faictz, promesses et obligacion seullement, et, pour toutes autres garanties, à bailler en nostre presence lesdictes lectres d'abbé et convent à Jacotin Touppin, laboureur, demourant à Ivry

---

(1) Angy, canton de Mouy, arrondissement de Clermont (Oise).

le Temple, present acheteur, pour luy, ses hoirs et aians cause, c'est assavoir tout et tel marché que ledit Guillaume Petit avoit prins desdis religieulx ledit temps de soixante six ans durant. Ceste vente et transport faitz moiennant et parmy la somme de cent et quarante livres tournois, que, pour ce, ledit escuier confesse avoir eu et receu dudit Touppin, et dont il se tint pour content et l'en quieta, luy, ses hoirs et autres qu'il appartient; et aussi moiennant ce que ledit Touppin sera tenu entretenir le bail fait par ledit vendeur audit la Mouche de point en point, selon sa forme et teneur, et pareillement l'acquitter envers lesdis religieulx des charges et conditions à quoy il avoit prins ladicte ferme, et que plus à plain sont contenues esdictes lectres de prinse, et de ce le decharger et rendre indempne envers lesdis religieulx et tous autres. Item, sera tenu ledit achecteur rendre et paier audit vendeur la quantité de quatorze sextiers de semence de blé dedans le jour Saint Remy prochain venant, en son hostel de Bauffremont. Item prendra et recuillira ledit vendeur la despeulle de douze arpens de blé et douze arpens d'avoine, franches de moison, par luy semez sur lesdictes terres en ceste presente année ; et aussi aura ledit vendeur trois espaces en la granche de ladicte ferme pour meetre sesdis grains en l'aoust prochain venant. Item, pourra ledit vendeur metre et hebergier son bestial ès estables de ladicte ferme pour faire user les fourrages desdis blés et avoine; le tout à son choix, ainsi qu'il verra bon estre, si comme tout ce ledit vendeur disoit, et dont il se tint pour bien content par devant nous. Promectant, etc..... En tesmoing de ce, nous, garde dessus nommé, avons sceullé desdis sceaulx ces presentes, qui furent faites et passés le vingtiesme jour de mars, l'an mil cccc quatre vings et trois. — J. MUTERNE. Arch. nat., S 4170.

Bail par l'abbaye du Val à Jacotin Touppin, laboureur à Ivry-le-Temple, de la ferme des Granges de Beauvoir, pour cinquante-six ans, moyennant un fermage de trois muids de grain.

12 mars 1484 (1485).

A touz ceulx qui ces presentes lettres verront, Jehan Cossart, bourgoys de Pontoise et garde de par le Roy nostre sire des seaulx de la ville et chastellenie dudit lieu, et Guillaume Loysel, clerc tabellion juré commis et estably de par icelluy seignour en ladicte ville et chastellenie, salut. Savoir faisons que par devant nous vint et fut present en sa personne Jacotin Touppin, laboureur, demourant à Yvry le Temple, lequel, de sa bonne voulenté, sans force ou contrainte aucune, recongnut et confessa avoir prins et receu, à tiltre de ferme et moison de grain, du jour Saint Martin d'iver dernier passé jusques à cinquante six ans finiz et accompliz, des religieux abbé et convent du Val Nostre Dame, ou diocese de Paris, bailleurs audit tiltre, c'est assavoir l'ostel et ferme des Granches de Beauvoir, avecques ses appartenances et deppendances, excepté les boys estans des appartenances dudit hostel, tant seullement desquelz boys ledit preneur pourra prandre pour edifier sur ledit lieu, aussi pour son chauffer ledit temps durant; pour d'icelluy hostel et ferme dessusdits jouyr, user et possesser par ledit preneur, ses hoirs et ayans cause, ledit temps durant. Ceste presente prinse faicte pour, moyennant et parmy troys muys de grain, les deux pars blé et le tiers avoine, mesure Pontoise, et rendu en l'ostel et abbaye du Val, que, pour ce, ledit preneur, sesdits hoirs et ayans cause seront tenuz paier et rendre par chascune desdictes années auxdits religieux, leur procureur ou recepveur pour eulx, au jour Saint Martin d'iver, premier terme de paier conmançant au jour Saint Martin d'iver prouchainement venant, et ainsy en continuant de paier de là en avant, d'an en an, audit jour, ledit temps durant. Et sy sera tenu ledit preneur labourer, cultiver, fumer lesdits heritaiges comme les dessaisonner, et iceulx mainctenir, soustenir, tenir et mectre en tel et soufflsant estat et valleur, tellement que ledit grain, tel que dit est dessus, y puisse estre prins, receu et perceu par chascun an audit jour, durant ledit temps; si comme tout ce ledit preneur disoit, et que ainsy le voult, promist, passa et accorda par devant nous. Promectant, etc...... En tesmoing de ce, nous, garde dessus nommé, avons scellé ces presentes desdits seaulx. Ce fut fait et passé audit Pontoise, le samedi douziesme jour de mars, l'an mil quatre cens quatre vingtz et quatre. — LOYSEL (1). Arch. nat., S 4170.

Bail à vie par l'abbaye du Val, à Marc Perrenet, d'Amblainville, d'une pièce de terre sise sur le terroir d'Amblainville, à Fontenelles, moyennant une rente annuelle de quatre sous parisis.

22 août 1489.

A tous ceulx qui ces presentes lettres verront, Jehan Cossart, bourgois de Pontoise, garde de par le Roy nostre sire des sceaulx

---

(1) Au dos : « Nota quia ledit Jacotin Touppin, ses hoirs ou aians cause sont tenuz de tenir, soustenir et maintenir les maisons, granche et bergeriez dudit lieu des Granches de Beauvoir, et, à la fin du temps, les rendre en bon estat et valleur; et sy sont tenus de querir les despens de monsieur l'abbé, des religieux et serviteurs de l'eglise, toutes et quantes foiz qu'ilz passeront ou rapasseront par ledit lieu ; et sont ces deux articles declérez ès lettres que ledit Jacotin a de l'eglise. »

de la ville et chastelenie dudit lieu, et Jehan Alix, clerc tabellion juré commis de par icelluy seigneur, salut. Savoir faisons que par devant nous fut present en sa personne Marc Perenet, manouvrier, demourant à Amblainville, lequel, de sa bonne voulenté, sans force ou contrainte aucunes, congnut et confessa avoir prins à tiltre de rente ou pencion viaigière à la vie de luy, de Katerine sa femme, de leurs enffans et des enffans de leurs enffans, et du dernier deceddé d'eulx, et d'un chascun d'eulx subsecutivement, des religieulx abbé et convent de l'eglise du Val Nostre Dame, de l'ordre de Cisteaulx, ou diocese de Paris, absens, pour eulx, leurs successeurs et ayans cause, lesdites vies durant, c'est assavoir une pièce de terre contenant deux arpens ou environ, la pièce, ainsi qu'elle se comporte, sciutée et assise ou terroir d'Amblainville, au lieu dit Fontenelles, tenant d'un costé à la sante qui maine d'Amblainville à Fontenelles, et d'autre costé à Jean le Sellier, aboutissant d'un bout à la sante qui mayne de Berville à Chambly, et d'autre bout à Loys Bernard, à cause du seigneur d'Omont; pour en joyr par ledit preneur, sadicte femme, enffans et les enffans de sesdits enffans, la vie d'un chascun d'eulx durant, en tous fruitz, prouffis, revenues et esmolumens quelzconcques. Ceste presente prinse faicte moyennant et parmy le pris et somme de quatre solz parisis de rente ou pencion viaigière, que, pour ce, ledit preneur et ceulx qui de lui auront cause, les vies dessusdictes durant, seront tenus payer pour chascun an ausdiz religieulx et leurs successeurs et ayans cause, ou au porteur de ces lettres pour eulx, au jour Saint Remy, premier terme de payer commençant au jour Saint Remy prochainement venant, et ainsy de là en avant continuer par chascun an, lesdictes vies durant. Et sera tenu ledit preneur de faire et ediffier sur ledit lieu une maison manable, bonne et suffisante; ce fait, l'entretenir, soustenir et maintenir, et, en la fin desdites vies, le tout rendre en bon et suffisant estat et valeur. Si comme tout ce ledit preneur disoit, et que ainsy le voult, promist, passa et accorda, etc...... En tesmoing de ce, nous, garde dessus nommé, avons mis à ces lettres les sceaulx dessus dits. Ce fut fait et passé audit Pontoise, le sabmedi vingt deuxiesme jour d'aoust, l'an mil cccc quatre vings et neuf. J. ALIX.

Arch. nat., S 4171.

Bail à vie par l'abbaye du Val à Perrette, veuve de Jean Robert, du Fay-aux-Anes, d'une pièce de terre sise au terroir d'Amblainville, au lieu dit la Boullaye, moyennant une rente annuelle de quatre sous parisis.

8 janvier 1494 (1495).

A tous ceulx qui ces presentes lettres verront, Jehan Cossart, bourgoys de Pontoise, garde de par le Roy nostre sire des seaulx de la ville et chastellenie dudit lieu, et Jehan Alix, clerc tabellion juré commis et de par icelluy sire establly en ladicte ville et chastellenie, salut. Savoir faisons que par devant nous fut presente en sa personne Perrete, veufve de feu Jehan Robert, dame de soy et usant de ses droitz, demorant au Fay aux Asnes ; laquelle, de sa bonne, pure, franche et liberalle voulenté, sans force, fraulde ou contrainte aucune, congnut et confessa avoir prins et retenu à tiltre de ferme et loyer d'argent, à la vie d'elle et de ses enfens, et du survivant d'eulx, des religieulx abbé et convent de l'esglise du Val Nostre Dame, pour ce bailleurs audit tiltre, c'est assavoir troys arpens de terre scituez et assis ou terrouer d'Amblainville, ou lieu dit la Boullaye, tenans d'un costé à la *(un blanc)*, d'autre costé à Gillot Champion, d'un bout à Pierre le Fevre, et d'autre bout à ladicte veufve, pour en joyr, possesser et user par ladicte veufve, sesdits enffens et le survivant d'eulx, leur dicte vie durant. Ceste presente prinse faicte moyennant et parmy la somme de quatre solz parisis de rente ou pencion viagère que, pour ce, lesdiz veufve et enfens et le survivant d'eulx seront tenuz paier, bailler et rendre ausdiz religieulx, leurs successeurs, ou au porteur de ces lectres pour eulx, par chacun an, au jour Saint Remy, premier terme de paiement commançant au jour Saint Remy prochainement venant, et ainsi de là en avant à continuer par chacun an, audit terme, leurs dictes vies durans. Et sera tenue icelle veufve preneuresse de labourer, cultiver et entretenir ladicte pièce de terre dessus declairée tellement que ladicte rente de quatre solz parisis y soit prinse et perceue par chascun an, comme dit est, sans aucun dechet ne diminucion, et icelle rente fournir et faire valloir bien prenable par chascun an audit jour, ausdiz religieulx, leurs successeurs, ou au porteur de ces dictes lectres pour eulx, tant sur ledit lieu comme generallement sur tous et chascuns ses autres biens meubles et heritages quelzconques, presens et advenir, quelque part qu'ilz soient situez et assiz, qu'elle en a, pour ce, du tout submis au paiement et fournissement de ladicte rente, l'une pièce respondant pour l'autre et pour le tout ; si comme tout ce ladicte veufve preneresse disoit, et que ainsi le voult, passa, promist et accorda par devant nous, promettant en noz mains, etc......... En tesmoing de ce, nous, garde dessus nommé, avons mis à ces presentes lectres lesdiz seaulx. Ce fut fait et passé audit Pontoise, le huitiesme jour de janvier, l'an mil quatre cens quatre vings et quatorze. — J. ALIX.

Arch. nat., S 4171.

Bail par l'abbaye du Val à Jean Touppin, d'Amblainville, de quatre journaux de terre sis au terroir d'Amblainville, pour quarante années, moyennant un fermage de cinq sous parisis.

14 mai 1496.

A tous ceulx qui ces presentes lettres verront, Jehan Cossart, bourgois de Pontoise, garde de par le Roy nostre sire du seel de la ville et chastellenie dudit lieu, et Jehan Alix, clerc tabellion juré commis et de par ledit seigneur estably en ladicte ville et chastellenie, salut. Savoir faisons que par devant nous fut present en sa personne Jean Touppin, laboureur, demourant à Amblainville, lequel, de sa bonne, pure, franche et liberalle volenté, sans force, fraulde, erreur, decepvance ou contrainte aucune, congnut et confessa avoir pris et retenu à tiltre de ferme et loier d'argent, du jour Saint Martin dernier passé jusques à quarente ans et quarante despeueilles entressuivans, finis, revolus et acomplis, des religieulx abbé et convent du Val Nostre Dame, de l'ordre de Siteaulx, en acceptant par frere Jehan le Lievre, religieulx de ladicte abbaie et leur procureur, bailleur pour lesdiz religieulx, leurs successeurs et aians cause, durant ledit temps, c'est assavoir une pièce de terre contenant quatre journeulx, assis ou terrouer d'Amblainville, ou lieu dit *(un blanc)*, tenant d'un costé au ministre de la Trinité, d'autre costé au seigneur de Sandricourt, d'un bout au grant chemin qui maine de Senlis à Gisors, et d'autre bout aux terres de la chappelle de Flavacourt. Ceste presente prinse faicte moiennant la somme de cinq solz parisis de ferme et loier, que ledit preneur, ses hoirs et aians cause en seront tenuz rendre et paier par chascun an, durant ledit temps, ausdiz religieux, abbé et convent, ou au porteur de ces lectres pour eux, au jour Saint Remy, premier terme de paiement commençant audit jour Saint Remy prochainement venant, et ainsi continuer de paier d'an en an, audit terme, durant ledit temps. Et laquelle pièce de terre ledit preneur print desdix religieulx dès le vingt sixiesme jour du mois de mars mil cccc quatre vings et cinq, à ladicte charge. Et sera tenu ledit preneur, ses hoirs et aians cause, labourer et cultiver ladicte terre, et icelle fumer bien et deuement, et, en la fin dudit temps, les rendre en bon et souffisant estat et labur. Si comme tout ce ledit preneur disoit, et que ainsy le voult, passa et acorda par devant nous, promettant en noz mains par les foy et serement de son corps, etc..... En tesmoing de ce, nous, garde dessus nommé, avons mis à ces lectres ledit seel. Ce fut fait et passé audit Pontoise, le samedi quatorziesme jour de may, l'an mil cccc iiii^{xx} et seize. — J. ALIX.   Arch. nat., S 4171.

Bail par l'abbaye du Val à Tassin Fleury, pour sa femme Péronne, veuve de Jean le Fèvre, et à Guillaume le Fèvre, comme tuteur des enfants mineurs dudit Jean, de plusieurs pièces de terre sises au terroir d'Amblainville, pour quarante années, moyennant un fermage de deux sous parisis par arpent.

14 mai 1496.

A tous ceulx qui ces presentes lettres verront, Jehan Cossart, bourgois de Pontoise, garde de par le Roy nostre sire des seaulx de la ville et chastellenie dudit lieu, et Jehan Alix, clerc tabellion juré commis et de par ledit seigneur establi en ladicte ville et chastellenie, salut. Savoir faisons que par devant nous vindrent et furent presens en leurs personnes Tassin Fleury, laboureur, demourant à Amblainville, à cause de Peronne, sa femme, par avant luy femme de deffunct Jehan le Fevre, en son vivant demourant audit lieu d'Amblainville, Guillaume le Fevre, ou nom et comme tuteur et curateur des enffans mineurs d'ans dudit deffunt et de ladicte Peronne; lesquelz, esdiz noms, de leurs bonnes, pures, franches et liberalles voulentez, sans force, fraulde, erreur, decepvance ou contraincte nulle, recognurent et confessèrent avoir prins et retenu à tiltre de ferme et loyer d'argent, du jour Sainct Martin d'iver derenier passé jusques à quarente ans et quarente despeulles entressuivans, finis, revolus et acomplis, des religieulx abbé et convent du Val Nostre Dame, de l'ordre de Siteaulx, ce acceptant par frere Jehan le Lievre, religieulx de ladicte abbaye, present, bailleur pour eulx, leurs successeurs et aians cause durant ledit temps, c'est assavoir les pièces cy après declairez : et premièrement, une pièce de terre contenant unze arpens ou environ, assise ou terrouer dudit Amblainville, au lieudit le Rouge Fossé, tenant d'un costé aux religieulx de Saint Victor et au prieur dudit Amblainville, d'autre costé au boys de Carnelle, appartenant ausdiz religieulx de Sainct Victor, aboutissant d'un bout au chemin Marche et d'autre bout aux hoirs feu Gillet Maillard; item, une autre pièce de terre contenant quatre journeux, seant audit terrouer d'Amblainville, près la croix du Fay, tenant des deux costés et d'un bout ausditz religieulx de Saint Victor, et d'autre bout ausdiz preneurs; item, ung journel de terre seant en ce mesme lieu, tenant d'un costé ausdiz religieulx du Val, bailleurs, d'autre costé et d'un bout audiz preneurs, et d'autre bout audit chemin Marche. Ceste presente prinse faicte moiennant et parmy le pris et somme de deux solz parisis de ferme et loyer d'argent, que, pour ce, lesdiz preneurs, esdiz noms, leurs hoirs et aians cause en seront tenuz rendre et paier pour chascun arpent desdictes terres, par chascun an, ausdiz religieulx, abbé et convent du Val Nostre Dame, à leurs successeurs et aians cause, ou au porteur de ces lectres pour eulx, au jour Saint Remy, premier terme de paier commençant audit jour Saint Remy prochain venant, et ainsy de là en avant continuer de paier d'an en an, audit terme, durant ledit temps. Et seront tenuz lesdiz preneurs, esdiz noms, labourer et cultiver lesdictes terres par chascun an sans les desaissonner, icelles fumer bien et deuement, et les rendre à la fin dudit temps en bon et souffisant estat et labour. Et lesquelles pièces de terre dessus declairez furent baillez par lesdiz religieulx bailleurs, audit deffunt Jehan le Fevre, dès le dix neufviesme jour du mois de novembre, l'an mil cccc quatre vings et cinq, à ladicte charge dessusdite. Si comme tout ce lesdiz preneurs, esdiz noms, disoient, et que ainsy le vouldrent, passèrent, consentirent et acordèrent par devant nous. Promectans en noz mains, etc............ En tesmoing de ce, nous, garde dessus nommé, avons mis à ces lectres lesdiz seaulx. Ce fut fait et passé audit Pontoise, le samedi quatorziesme jour de may, l'an mil cccc quatre vings et seize. — J. ALIX.

Arch. nat., S 4171.

Accord passé devant le prévôt de Pontoise, entre l'abbé de Saint Martin et Jean Taupin, d'Outrevoisin, sur le bail des dîmes dudit lieu.

11 août 1498.

A tous ceulx qui ces presentes lettres verront, Jehan Cossart, bourgois de Pontoise, garde do par le Roy nostre sire des seaulx de la ville, et Jehan Aliz, clerc tabellion juré commis et establi de par ledit seigneur en la ville et chastellenie dudit lieu, salut. Savoir faisons que par devant nous vindrent et furent presens en leurs personnes reverend pere en Dieu monsr Pierre Doigne (1), abbé de l'eglise et abbaye de Saint Martin sur Viosne lez ledit Pontoise, d'une part, et Jehan Tauppin, laboureur, demourant à Oultrevoisin, paroisse d'Amblainville, d'autre part; affermans lesdites parties que, comme procès fust meu et pendant ou Chastellet de Paris, par devant monsr le prevost dudit lieu ou son lieutenant civil, contre ledit abbé, demandeur en cas de saisine et nouvelleté à l'encontre dudit Tauppin, deffendeur et opposant, pour raison des grosses dismes du terrouer dudit lieu d'Oultrevoisin, auxdits religieux abbé et convent

---

(1) Pierre d'Ongne, abbé de 1497 à 1504.

de Saint Martin appartenant, desquelles dismes ledit deffendeur s'efforçoit joir à cause de certain bail qu'il disoit luy en avoir esté fait par ung nommé maistre Jehan Dufour, prebtre, comme procureur de ladite abbaye de Saint Martin ; et au contraire ledit abbé disoit et maintenait que, quant il y auroit eu aucun bail, sy n'estoit il de nulle valeur; sur quoy lesdites parties estoient en voye d'entrer en grant procès. Pour à quoy eviter, lesdites parties ont fait l'appoinctement qui s'ensuit, c'est assavoir que ledit Tauppin confessa avoir prins à tiltre de ferme et moison de grain, du jour Saint Jehan Baptiste derrenier passé jusques à deux ans et deux despeulles finis, revolus et acompliz, desdits religieux abbé et convent dudit Saint Martin, bailleurs, ledit temps durant, lesdites grosses dismes dudit lieu et terrouer d'Oultrevoisin, pour en jouyr, user et posseder par ledit preneur durant ledit temps. Ceste prinse faicte moyennant et parmy la quantité de douze septiers de grain, les deux pars blé et le tiers avoine, mesure de Pontoise, et renduz audit lieu ou à ladite abbaye, avecques deux chappons pour chacune desdites deux années, payables au jour Saint Martin d'iver, premier terme de payer quictant au jour Saint Martin d'iver prochainement venant, et ainsi continuer d'an à an durant ledit temps. Et oultre ledit Tauppin confessa devoir audit abbé la somme de trente solz parisis pour les despens dudit procès, ung cent de feuvre et trois chappons, à payer à la voulenté dudit abbé. Et partant, tous baulx et procès, faits à cause de ce auparavant le jourd'uy, mis au neant. Si comme tout ce lesdites parties, et mesmement ledit preneur disoit, et dont il se tint pour bien content par devant nous. Promectant, etc........ En tesmoing de ce, nous, garde dessus nommé, avons mis à ces lectres ledit scel. Ce fut fait et passé audit Pontoise, le samedi unziesme jour d'aoust, l'an mil quatre cens quatre vingts et dix huit. — J. ALIX.

   Arch. de Seine-et-Oise. — Saint-Martin de Pontoise, Amblainville, carton 4.

FIN.

TABLE ALPHABÉTIQUE

DES NOMS DE LIEUX.

Agnicourt............... *Asini curia*, commune et canton de Méru, arrondissement de Beauvais (Oise).
Alleré................... *Alerium, Allerayum*, Aleroe, commune de Neuville-Bosc., canton de Méru (Oise).
Amblainville............ *Amblevilla, Ambelenvilla, Emblenvilla, Onblainvilla, Ombleingvilla, Embloinvilla, Omblevilla, Umblenvilla*, Ambleinvile, Embleinvile, Ambleville, canton de Méru (Oise)s
Andelu.................. *Andeliacum, Andeleacum*, arrondissement et canton de Mantes (Seine-et-Oise).
Andelys (Les)........... Andeli, chef-lieu d'arrondissement (Eure).
Angy.................... Canton de Mouy, arrondissement de Clermont (Oise).
Arronville.............. *Harunvilla, Arronvilla, Arnouvilla*, canton de Marines, arrondissement de Pontoise (Seine-et-Oise).
Aumont.................. Commune et canton de Noailles, arrondissement de Senlis (Oise).
Auneuil................. Aunoil, Aunueil, chef-lieu de canton, arrondissement de Beauvais (Oise).
Auteuil................. *Autholium*, Autueil, canton d'Auneuil (Oise).
Auvers.................. Alvers, canton et arrondissement de Pontoise (Seine-et-Oise).
Avernes................. Avesnes, canton de Marines, arrondissement de Pontoise (Seine-et-Oise).
Bailleul-sur-Esches..... *Ballolium*, Balluel, aujourd'hui Fosseuse, canton de Méru (Oise).

TABLE ALPHABÉTIQUE DES NOMS DE LIEUX.

BANTHELU.............. Banterlu, canton de Magny, arrondissement de Mantes (Seine-et-Oise).
BAYENCOURT............ Baancort, Baancourt, commune et canton de Ressons-sur-Matz (Oise).
BEAUMONT-SUR-OISE...... *Bellus Mons*, Biaumont sur Oyse, canton de l'Isle-Adam (Seine-et-Oise).
BEAUVOIR.............. *Bellus Visus, Bellum Videre*, Biauvaair, Beauveer, Biauveoir, Bieauveuoir, Belvaier, Belveer, paroisse d'Amblainville (Oise).
BECQUERELLE........... Becquerel, Becherel, commune d'Essuiles, canton de Saint-Just-en-Chaussée, arrondissement de Clermont (Oise).
BELLE-ÉGLISE.......... *Bella Ecclesia*, canton de Neuilly-en-Thelle, arrondissement de Senlis (Oise).
BERNES................ *Baernia*, canton de l'Isle-Adam (Seine-et-Oise).
BERVILLE.............. *Behervilla, Beharvilla, Beervilla*, canton de Marines (Seine-et-Oise).
BIARD................. Biart, Biarz, Viard, commune de Frouville, canton de l'Isle-Adam (Seine-et-Oise).
BLAINCOURT............ Baancort, commune de Jouy-le-Comte, canton de l'Isle-Adam (Seine-et-Oise).
BOISSY-LE-BOIS........ Boysi, canton de Chaumont, arrondissement de Beauvais (Oise).
BORAN................. Borrenc, canton de Neuilly-en-Thelle (Oise).
BORNEL................ *Boornellum*, Boornel, canton de Méru (Oise).
BOUBIERS.............. *Boberii*, Bobiez, Boubiez, canton de Chaumont (Oise).
BOUCONVILLERS......... Boconviler, canton de Chaumont (Oise).
BOULONVILLE........... *Bolonvilla, Bolenvilla*, Bolonville, commune de Jouy-le-Comte, canton de l'Isle-Adam (Seine-et-Oise).
BOURY................. Bourriz, canton de Chaumont (Oise).
BRÉANÇON.............. Briençon, canton de Marines (Seine-et-Oise)
BRUNOY................ *Bruneium*, canton de Boissy-Saint-Léger, arrondissement de Corbeil (Seine-et-Oise).
BUCHET................ *Bocheium*, commune de Parnes, canton de Chaumont (Oise).
CAMPREMY.............. *Campus Remigii*, canton de Froissy, arrondissement de Clermont (Oise).
CHAMBLY............... *Chambliacum*, Chambli, Chambeli, canton de Neuilly-en-Thelle (Oise).
CHAMPAGNE............. *Campaniae*, canton de l'Isle-Adam (Seine-et-Oise).

Chantemelle...............	Commune de Haute-Ile, canton de Magny (Seine-et-Oise).
Chars.....................	Charz, canton de Marines (Seine-et-Oise).
Chaumont-en-Vexin	*Calvus Mons*, chef-lieu de canton (Oise).
Chavençon................	*Chavenco*, Chavencun, canton de Méru (Oise).
Clermont..................	*Clarus Mons*, chef-lieu d'arrondissement (Oise).
Cléry.....................	Canton de Marines (Seine-et-Oise).
Corberue..................	Corberie, lieudit d'Amblainville.
Coudray (Le)..............	*Coriletum*, *Coldretum*, commune de Berville, canton de Marines (Seine-et-Oise).
Coudray (Le)..............	*Coudreium*, Coudroi, ferme, canton de Noailles (Oise).
Courcelles................	*Corcellae*, commune de Bornel, canton de Méru (Oise).
Crouy-en-Thelle..........	*Croiacum*, canton de Neuilly-en-Thelle (Oise).
Dammartin.................	*Domnus Martinus*, chef-lieu de canton, arrondissement de Meaux (Seine-et-Marne).
Dampont..................	*Dampnus Pons*, commune d'Us, canton de Marines (Seine-et-Oise).
Darnestal.................	Darrain Estal, lieudit d'Amblainville.
Eaubonne..................	*Aqua Bona*, canton de Montmorency (Seine-et-Oise).
Épiais....................	Espeis, canton de Marines (Oise).
Éragny....................	Eregny, canton de Chaumont (Oise).
Ercuis....................	Ercueuz, canton de Neuilly-en-Thelle (Oise).
Fay-aux-Anes (Le).........	*Faiacum*, *Fayacum*, *Fayum*, Fahi, Fai, Fai d'Amblainville, commune d'Amblainville.
Fay-les-Étangs (Le).......	Fay, canton de Chaumont (Oise).
Feucherolles.............	*Foucherolioe*, Felcheroles, Feugerolles, lieudit d'Amblainville.
Flavacourt...............	Flavacort, canton du Coudray (Oise).
Fleury....................	Flori, canton de Chaumont (Oise).
Fly.......................	*Flayacum*, commune de Saint-Germer, canton du Coudray (Oise).
Frépillon.................	*Frapellio*, canton de Montmorency (Seine-et-Oise).
Fresnoy-en-Thelle.........	*Fraxinetum*, canton de Neuilly-en-Thelle (Oise).
Frocourt..................	Frécourt, canton d'Auneuil (Oise).
Fromantel.................	Froitmantel, Fretmantel, lieudit d'Amblainville.
Gagny.....................	Gaagni, Gahengni, commune de Loconville, canton de Chaumont (Oise).

GÉNICOURT...............	Génicour, canton de Pontoise (Seine-et-Oise).
GISORS..................	*Gisortium*, chef-lieu de canton (Eure).
GONESSE.................	Chef-lieu de canton (Seine-et-Oise).
GOURNAY-SUR-MARNE.......	Canton de Gonesse (Seine-et-Oise).
GRUMESNIL...............	Commune et canton d'Auneuil (Oise).
HAM.....................	Hen, commune de Cergy, canton de Pontoise (Seine-et-Oise).
HAMECOURT...............	*Hemecuria*, Haimocor, Hemoncort, commune de Bornel, canton de Méru (Oise).
HANECOURT...............	Hanencourt, commune d'Abancourt, canton de Formerie (Oise).
HÉDOUVILLE..............	Heudouville, canton de l'Isle-Adam (Seine-et-Oise).
HÉNONVILLE..............	*Hanovilla, Hennovilla, Henoldivilla*, canton de Méru (Oise).
HÉROUVILLE..............	*Heruvilla*, canton de l'Isle-Adam (Seine-et-Oise).
HODENC-EN-BRAY..........	*Hodencum, Haudencum in Brayo*, canton du Coudray (Oise).
IBOUVILLERS.............	Ibouviller, Ibovier, commune de Saint-Crépin, canton de Méru (Oise).
ISLE-ADAM (L')...........	*Insula*, chef-lieu de canton (Seine-et-Oise).
IVRY-LE-TEMPLE..........	*Ivriacum Templi*, Ivri, canton de Méru (Oise).
JOUY-LE-COMTE...........	*Joiacum*, Joi, canton de l'Isle-Adam (S.-et-O.).
LARDIÈRES...............	Canton de Méru (Oise).
LAY (LA TOUR-DU-).......	*Laium*, commune de Ronquerolles, canton de l'Isle-Adam (Seine-et-Oise).
LÉVEMONT................	Commune d'Hadancourt, canton de Chaumont (Oise).
LIANCOURT-SAINT-PIERRE.	Liencort, canton de Chaumont (Oise).
LORMAISON...............	*Lupidomus*, Leurmaisons, Lormesons, Leumesons, canton de Méru (Oise).
MARCHEROUX..............	*Marchesium Radulphi*, commune de Beaumont-les-Nonains, canton d'Auneuil (Oise).
MARGICOURT..............	*Major Curia, Margicuria, Margicurtis*, Margencourt, Margicort, Margecort, Marchecort, commune d'Arronville, canton de Marines (Seine-et-Oise).
MARINES.................	*Marinae*, chef-lieu de canton (Seine-et-Oise).
MARIVAUX................	Marivalx, commune de Saint-Crépin, canton de Méru (Oise).
MARLY...................	*Marliacum*, canton de Luzarches (Seine-et-Oise).

TABLE ALPHABÉTIQUE DES NOMS DE LIEUX.   387

MARQUEMONT	Markemont, canton de Chaumont (Oise).
MÉNOUVILLE	Canton de Marines (Seine-et-Oise).
MÉRU	*Meruacum*, chef-lieu de canton (Oise).
MEULAN	*Mellentum, Mullentum*, chef-lieu de canton (Seine-et-Oise).
MÉZIÈRES	Meisières, canton de l'Isle-Adam (Seine-et-Oise).
MOISENAY	Canton du Châtelet (Seine-et-Marne).
MONNEVILLE	*Monachivilla, Moinevilla*, commune de Marquemont, canton de Chaumont (Oise).
MONTAGNY	Montengni, commune de Bornel, canton de Méru (Oise).
MONTFERMEIL	Canton de Gonesse (Seine-et-Oise).
MONTHERLANT	*Mons Hellant*, canton de Méru (Oise).
MONTIERS	*Monasterii*, canton de Saint-Just (Oise).
MONTIVILLIERS	*Monasterium Villare*, chef-lieu de canton (Seine-Inférieure).
MONTS	*Montes*, canton de Méru (Oise).
MONTSOULT	Monceout, canton d'Écouen (Seine-et-Oise).
MOUCHY	*Montiacum*, canton de Noailles (Oise).
MUSSEGROS	Mucegros, Muchegros, commune d'Écouis, canton de Fleury (Eure).
NESLE	*Neella*, Naele, Neelle, canton de l'Isle-Adam (Seine-et-Oise).
NEUILLY-EN-THELLE	*Nulliacum*, arrondissement de Senlis (Oise).
NEUVILLE-BOSC	*Novus Vicus, Nova Villa in Bosco*, canton de Méru (Oise).
NOGENT	Commune et canton de l'Isle-Adam (Seine-et-Oise).
NOISEMENT	*Nocumentum, Noisementum*, Noissement, paroisse d'Amblainville.
OSNY	Ooni, canton et arrondissement de Pontoise (Seine-et-Oise).
OUTREVOISIN	*Ultravicini*, Eutrevisin, Outreveisin, Outrevaisins, paroisse d'Amblainville.
PARMAIN	Parmeng, Parmaing, commune et canton de l'Isle-Adam (Seine-et-Oise).
PARNES	Canton de Chaumont (Oise).
PERSAN	Parcenc, canton de l'Isle-Adam (Seine-et-Oise).
PLESSIS (LE)	Pleisseiz, commune d'Auteuil, canton d'Auneuil (Oise).
POMPONNE	*Pompona*, canton de Lagny (Seine-et-Marne).
PONTCHERMANT	Panchiermont, Ponciermont, annexe de la commune d'Amblainville.

388   TABLE ALPHABÉTIQUE DES NOMS DE LIEUX.

PONTOISE................ *Pontisara*, chef-lieu d'arrondissement (Seine-et-Oise).
PRESLES................. *Praeriae*, canton de l'Isle-Adam (Seine-et-Oise).
PUISEUX................. *Puteoli*, canton de Pontoise (Seine-et-Oise).
REILLY.................. *Relliacum*, canton de Chaumont (Oise).
RENOUVAL................ Rolleval, Roneval, commune de Ronquerolles, canton de l'Isle-Adam (Seine-et-Oise).
RESSONS................. Canton de Noailles (Oise).
RONQUEROLLES............ *Runcoroliae*, *Runcheroli*, Roncherolles, canton de l'Isle-Adam (Seine-et-Oise).
ROSNEL.................. Roonel, commune de Neuville-Bosc, canton de Méru (Oise).
RUE..................... *Rua*, canton et arrondissement de Clermont (Oise).
RUEL (LE)............... Ruoil, commune d'Haravilliers, canton de Marines (Seine-et-Oise).
Sᵗ-CRÉPIN-D'IBOUVILLERS.. Canton de Méru (Oise).
SAINT-DENIS-EN-FRANCE... Chef-lieu de canton (Seine).
SAINT-GERMAIN-EN-LAYE... Chef-lieu de canton (Seine-et-Oise).
SAINT-GERMER-DE-FLY..... *Sanctus Geremarus de Flayaco*, arrondissement de Beauvais (Oise).
SAINT-MACLOU............ *Sanctus Maculus*, canton de Mézidon, arrondissement de Bayeux (Calvados).
Sᵗ-NICOLAS DE COUTANCES. *Sanctus Nicholaus*, canton de Coutances (Manche).
SANDRICOURT............. *Sendecuria*, *Sandicuria*, Sandrecourt, Sandrecort, Sandricort, Sanducort, Sandoucort, Sandecort, commune d'Amblainville.
SANTEUIL................ Sanctoel, canton de Marines (Seine-et-Oise).
SURVILLIERS............. Sorviler, canton de Luzarches (Seine-et-Oise).
THÉMÉRICOURT............ Temericourt, canton de Marines (Seine-et-Oise).
THEUVILLE............... Teuville, canton de Marines (Seine-et-Oise).
TILLÉ................... *Tilleium*, canton de Nivillers (Oise).
TOMBEREL................ Commune de Neuville-Bosc, canton de Méru (Oise).
TOURNELLE (LA).......... Commune de Septeuil, canton de Houdan (Seine-et-Oise).
TRAINEL................. Triagnel (aujourd'hui Treigny), commune d'Ivry-le-Temple, canton de Méru (Oise).
TRIEL................... *Trierium*, canton de Poissy (Seine-et-Oise).
TRYE-CHATEAU............ *Tria*, *Triea*, canton de Chaumont (Oise).
VALDAMPIERRE............ *Vallis domini Petri*, Valdanpierre, canton d'Auneuil (Oise).

TABLE ALPHABÉTIQUE DES NOMS DE LIEUX.

VALLANGOUJARD.......... *Vallis Engueiardi, Vallis Engueliardis,* Valengoiart, Valengouiart, Vallengoujart, Valengugart, Valengougard, Vallengeiart, Valenguegart, Valengeujart, canton de Marines (Seine-et-Oise).
VALMONDOIS.............. *Vallismunda,* Vaumondeais, Vaumondais, Vallenmondais, canton de l'Isle-Adam (Seine-et-Oise).
VARIVILLE................ Wariville, Warinville, Variviler, commune de Litz, canton de Clermont (Oise).
VENENCOURT.............. *Venencuria,* Venocurt, Venoucort, lieudit d'Amblainville.
VILLENEUVE-LE-ROY (LA)... *Villa Nova Regis in Vulcassino,* canton de Méru (Oise).
VINESEUIL................ Vinnecuel, Vignetel, Vinuncel, hameau disparu, près Chambly (Oise).
VITRY.................... *Vitriacum,* canton de Villejuif (Seine).
VITRY.................... *Vitriacum,* commune de Berville, canton de Marines (Seine-et-Oise).
VROCOURT................ *Veraudicuria,* canton de Songeons (Oise).
WS....................... Us, canton de Marines (Seine-et-Oise).

FIN DE LA TABLE.

BEAUVAIS, IMPRIMERIE D. PERE. — A. CARTIER, GÉRANT.

www.ingramcontent.com/pod-product-compliance
Lightning Source LLC
Chambersburg PA
CBHW071912230426
43671CB00010B/1572